Tennis Magazine extra

# テニス丸ごと一冊 戦略と戦術 4

あなたは必ずゲームがうまくなる！

【ドリル編】

テニスなるほどレッスン

堀内昌一著
（亜細亜大学教授
/テニス部総監督）
テニスマガジン監修

ベースボール・マガジン社

# シリーズ4冊目は、テニスの理論がわかった今、それを獲得するための具体的な練習方法を紹介

２０２１年のオーストラリアン・オープンで、大坂なおみ選手がグランドスラム４度目の決勝進出を果たしました。対戦相手は、ジェニファー・ブレイディ（アメリカ）。ＵＣＬＡ出身のカレッジプレーヤーです。この試合はＮＨＫとＷＯＷＯＷで放送が予定され、そこで私はこのめったにないチャンス（日本人選手対元カレッジプレーヤーの試合）を生かそうと、学生たちに宿題を出したのです。

こういうことは学生たちにとっては〝いつものこと〟なのですが、その〝いつも〟なら、「試合を観て、観戦レポートを提出」と言うところを、言い換えて、次のような〝見どころ〟を用意して、見逃さないようにと課題を与えました。結果がわからない試合の流れの中で、そのゲーム、ポイントの意図、次の一手、どこで反転攻勢するかなどを見逃さないように、それらをライブで楽しんで試合を分析して、要約していこうと考えたのです。

また仲間のコーチや高校の先生方にもこの見どころを共有して、「選手たちがどのような反応をするか試しませんか」と声がけをしました。

### 見どころ

1 体力面（筋力、持久力、フットワーク、ボディーワークについて）
2 技術力（武器、強みと弱点について、技術の精度について）
3 精神力（チャンスとピンチでの勝負強さについて）
4 戦術力（お互いにどんな展開力があるのかについて）
5 セカンドサービス（ポイント獲得率の要因について）
6 ファーストサービス（コース、配球、深さ、ポイント獲得率について）
7 球際の処理（時間と場所のコントロールについて）

8 大坂選手とブレイディ（それぞれからの相手の観察について）
9 攻撃力、ニュートラル力、守備力について

そして、試合後。集まった観戦レポートを見るとその反響はとても大きく、見どころを軸に試合を詳細に観るきっかけができたと感じました。あるコーチは、技術的な視点から勝ち方のヒントをつかんだという報告をしてくれました。

学生は、試合を観ただけでテニスが上達した、そう感じることもできたようです。いくつかの項目は自分との比較につながり、ゲーム性を養うトレーニング（練習）につながりました。

この「試合の見どころを探る練習」は、みなさんにもおすすめできる方法です。見どころを持ってテニス観戦をしましょう。もちろん、自分で考える見どころをひとつ用意して観るだけでもいいです。目の前のライブの試合の中でその見どころを見逃さないようにすること。これにトライしてテニス上達を試みてください。

さて、この『テニス丸ごと一冊 戦略と戦術』のシリーズは今回が4冊目となりました。サブタイトルを1冊目から振り返ってみると、『戦術を考えるために必要な基礎知識』『サービスキープは勝つための絶対条件』『ゲームの最終局面、ポイント獲得！』と進み、4冊目の今回が『あなたは必ずゲームがうまくなる！［ドリル編］』です。これまでの3冊でテニスというスポーツ、ゲームへの理解はかなり深まっているに違いありません。上手さ、巧みさを獲得している方は多いと思うのです。ただし、こんな声もあるかもしれません。「試合になかなか勝てない」「勝ちにつながらない」など。それは発展的な欲望で、当然のこと。もちろん理解できます。

そこで今回の4冊目では、前述した「試合の見どころ（ゲーム）を探る練習」も含め、具体的な練習方法についてまとめました。理論がわかった今、それをどのようにすれば獲得できるのか、次へのステップを紹介します。

それぞれの練習方法は、次の①②③いずれかの意図を持っていることを知っておいてください。

①テニスはオープンスキルのスポーツで「ゲーム性を養う」
②テニスコートは細長く、その中でのゲームは特に「縦」の「時間」と「場所」を活用する
③自分が目指す組み立てのための技術や戦術の「精度を上げる」

これまでの3冊で学んだ知識をこの4冊目によって実践していきます。ひと言付け加えるなら、「練習は時間で区切らず、できるまで行うこと」。テニスのゲームセンスをさらに磨き、無双の力を発揮できるようになったら、私はとてもうれしいです。

堀内昌一

目次



テニスなるほどレッスン

# テニス丸ごと一冊 戦略と戦術

あなたは必ずゲームがうまくなる! 【ドリル編】

Tennis Magazine extra

4

## テニスは「時間」と「場所」を奪い合うスポーツ

# テニスは「間」と「場」のスポーツ

テニスはネットを挟んで相手と対峙し、
1ポイントを奪い合うスポーツです。
テニスコートの中で「間」＝時間をうまく使い、
「場」＝スペースを確保し、あるいは埋めるスポーツです。
それを対戦相手と自分が交互に考えながらプレーして、
「時間」と「場所」を奪い合うスポーツでもあります。
これがテニスの戦略と戦術を考えるときのベースとなります。

# テニスは3つの局面で成り立っている

テニスはゲームであり、いかに相手より多くポイントを取るかを争うスポーツです。1試合、1セット、1ゲーム、1ポイントにおいて、ゴールを目指します。

それとともに、ゴール＝第3局面（最終局面）をどのようにプレーするかを考えることが、戦略と戦術のベースとなります。それをしなければ、第2局面（中盤）も、第1局面（序盤）も、どのようにプレーするかが明確にならないのです。これを逆算理論と呼んでいます。

逆算理論の考え方は、ストーリー性のあるゲーム展開を生みます。それがテニスを面白くするのです。

| | | |
|---|---|---|
| 第1局面 | 序盤 | ポイントの最初の局面<br>サービス／リターン |
| 第2局面 | 中盤 | お互いを探り合う局面<br>ストローク／アプローチ |
| 第3局面 | 終盤 | 最後の決めの局面<br>アプローチ／ボレー／スマッシュ／ロブ／パス など |

## 第3局面

**ボレー**

**最終的にどうやってポイントを奪うか**

## 第2局面

**ストローク**

**もっともも確率の高いプレーを選ぶ**

## 第1局面

**サービス**

**目標達成のために必要な技術を使う**

相手からどうやってポイントを奪うかを考え、相手に対する効果を予想して、そのために必要なプレーをする

## 第1局面

**技術を使う**

## 第2局面

**ボールを打つことが目標であり目的**

## 第3局面

**ポイントを取る**

相手からどうやってポイントを取るか、相手に対する効果を考えず、自分が打ちたいボールを打つ、やりたいプレーをする

# Q

感じ取る力

# あなたはこの写真を見て何を感じ取りますか？

気づいたことを次ページのメモ帳に
すべて書き出してください。

# 当時世界5位、錦織圭選手の〝超攻撃的テニス〟を象徴する写真

8、9ページの写真は、テニスマガジン2017年2月号に掲載された特集「錦織圭 2016年の進化〜世界をリードする超攻撃的テニス」で使用されたものです。錦織選手は2016年を世界5位でフィニッシュし、トップ4を脅かす筆頭となっていました。フェデラー、ナダル、ジョコビッチ、マレーを倒しにかかるそのテニスは〝超攻撃的〟で、次代のプレーヤーたちが目指すべきスタイルとして認識されるようになっていました。その後の世界のテニスを動かしたと言っても過言ではありません。

この写真は2016年USオープン準々決勝、錦織選手対アンディ・マレーの試合で撮影されたもので、錦織選手が1—6、6—4、4—6、6—1、7—5で勝ってベスト4に進出しました。私はその特集で錦織選手の〝超攻撃的テニス〟を解説する一人だったのですが、この写真を最初に見たときはあまりの素晴らしさに感動してしまい、今でも時々この特集を引っ張り出して学生やジュニア、コーチたちに見せています。それくらいたいへん印象的で、大切なことを教えてくれる写真ですので、これを題材にレッスンを進めることにしましょう。

さてあなたは、この写真を見て何を感じ取ったでしょうか？ 気づいたことをすべて書き出し、ページをめくるのは、そのあとにしましょう。

当時の私たち亜細亜大テニス部は、同年末に2016年の反省と2017年の準備のための強化合宿を行っています。そこには全国からジュニアや高校生たちがやって来て加わり、大人数でのテニス勉強会となりました。そのときにも同じ質問をして、返ってきた答えで多かったものを次ページ以降にグループ分けしてまとめました。みなさんが書いた答えがどのグループに含まれるのかチェックしてみてください。

気づいたことをすべて書き出してください。

# あなたの答えはどのグループに多く含まれましたか？

あなたの答えがどのグループに多く含まれるかで、あなたのテニスの理解度が見えてきます。A、B、Cとグループ分けをしていますが、これはただ単にテニスがうまいか下手かということを示したわけではありません。しかしそうは言っても、実際のテニスのレベルが高い選手ほどテニスをゲームとしてとらえている結果、Cの視点が多くなることはほぼ間違いありません。

## Aグループ

※対象は学生、ジュニア約120名、実際の回答を要約

## 技術を見ている傾向がある

## 多かったメモ

- カッコいい
- 両手でテークバックしている
- グリップをゆるく握っている
- いつでもグリップチェンジができる状態
- 顔が相手を見ている
- ラケットの重心は手首寄り
- ラケットを立てている
- 左手でラケットを引いている
- テークバックがコンパクト
- テークバックが終わっている
- 肩甲骨を使えている
- グリップを握る手の薬指、小指の2本は力を入れていない
- 肩が入っている
- 足がどっしりしている
- 足が太い
- 軸がまっすぐ
- 左足が浮いて右足重心
- 軸が真ん中
- バランスがいい
- 体をひねってテークバック
- スタンスがしっかりしている
- スタンスが広い
- 姿勢が低い
- 走り終わって止まっている
- 下半身はしっかりとした土台、上半身はリラックス
- ベースラインの真上にいる
- 手打ちではない
- 足から入っているので強くボールが打てそう
- つま先が横(斜め)を向いている

# Bグループ

## 技術とともにボールを意識している

## 時間の要素を加えて見ている傾向がある

## 多かったメモ

- ボールをよく見ている
- ボールのラインに入っている
- クロスから飛んでくるボールに対して先回りしている
- 相手とボールをよく見ている
- ボールがバウンドする前にボールの後ろに入り、テークバックしている
- 準備が早い
- ボールの深さの判断ができている
- 左右どちらにも打てる
- どこにでも打てるように見える
- 打つコースを隠している
- 時間に余裕がある
- タイミングを早めることも遅くすることもできる
- 早く構えることでマレーの時間を奪える
- ボールに対してタメがある
- 軸足をボールのバウンド地点を予測して決めている

# C グループ

- 戦術的なプレーに取り組んでいる
- ポイントを取るためにプレー展開を逆算して考えられる
- 対戦相手がいる場所、自分がいる場所、時間と場所の計算ができる
- （テニスはきっとうまい、またはたとえ劣るとしても）テニスをゲームとしてとらえている傾向がある

## 多かったメモ

- USオープン準々決勝、錦織対マレー戦で、
  錦織がフルセットで勝利した（試合を知っている）
- 観客が多い
- 主導権を握っているのは錦織、3手先まで見えている
- オープンコートができている
- 早い準備がマレーの動きを止めている
- 錦織は予測しているが、マレーには予測させていない
- マレーがスプリットステップをする前にボールを打つことができる状況
- マレーはようやくボールに追いついたあと
- マレーが打ったボールがやや浅い
- 錦織はマレーをぼんやり見ながらボールの後ろに入る
- 錦織がフォアハンドをクロスに打ち、マレーはサイドに振られて、
  その後、クロスオーバーステップでリカバリー
- 錦織はフォアハンドの高い打点で打つことも、
  ドロップショットを打つことも、タイミングを早めることも、
  左右どこへでも打つことができる状態
- 錦織はボールを打つタイミングを変えられる状況にある
- マレーのステップを見て、どこに打とうか考えている
- 心理戦もしている
- どのコースにも打てる構えにより、相手の時間と場所を奪っている

# 14 ネットの向こうにいる相手を含めて、ゲームをとらえる

～19ページの回答をしたのは小学生から大学生までで、年齢もレベルもバラバラです。約120名の回答の中からもっとも多い答えをまとめました。

それにしても、人によってこうもテニスのとらえ方は違うのかと思いました。簡単に言えば、テニスのゲーム性を見ている人と、テニスの技術を見ている人がいるということです。年齢が低くてもそのような差は見られます。

技術しか見ていない人はゲーム性に乏しく、戦術的な意図を見抜いていません。一方で、テニスをゲームとして見ている人は、対戦相手がどこにいて、どのように動いているかまで読み取って、戦術的な意図をもってプレーしようとします。

実は、ネットの向こうにいる相手がアンディ・マレーというところまで回答したのは、ゲーム性の高い選手ばかりでした。この写真がUSオープンで、錦織選手とマレーの準々決勝であることをちゃんと読み取っています。というのも、ふたりの試合に興味があって、見たからこその答えです。これはゲームに関心があることの表れです。

マレーがクロスオーバーのステップを使っているところを見て、その前の錦織選手のショットがクロスへ入り、マレーはようやく追いついたショットで、だからリカバリーに時間がなく、クロスオーバーステップを使ったのだということまで読み取ります。サイドに振られたマレーは返球が浅くなり、また急いでリカバリーしたということも答えています。

私はこの写真について、マレー側から見ると錦織選手のテークバックが体の後ろに隠れて見えて、次が読みづらいということも挙げます。マレー側からのゲームも考えられるように、俯瞰して見られるようになってほしいです。この写真の錦織選手はドロップショットの選択肢も持っているはずで、マレーに次のショットを簡単に予測させません。ですからマレーは錦織選手にサイドに振られたときに（返球は浅くなり）、リカバリーを急いだわけですが、その後、錦織選手が完璧な打球前姿勢をとったため、マレーはショットが読めず身動きがとれなくなりました。

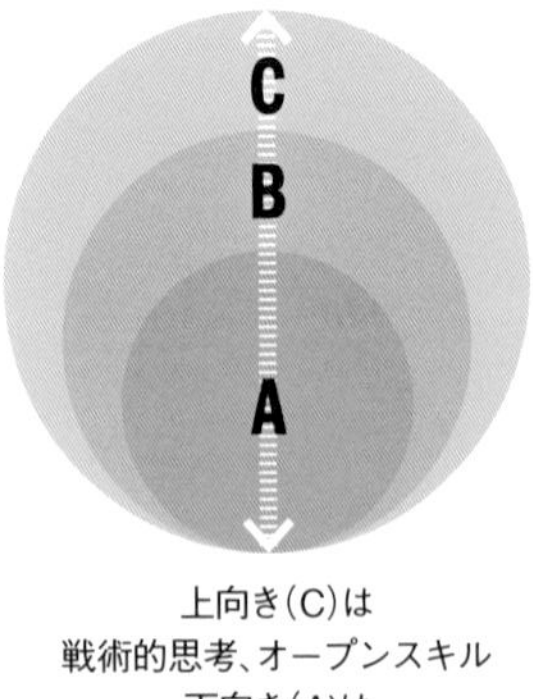


上向き(C)は
戦術的思考、オープンスキル
下向き(A)は
技術的思考、クローズドスキル

## それでは錦織選手の
## ワンプレーを
## 通して見てみましょう！
## マレーの動きにも注目です。

# 身につけたいのは（時間と場所を踏まえた）戦術的思考

アンケートは、ある種の「実験」になりました。この実験を行ってよくわかったことは、習慣的にゲーム性を高めるトレーニングができていないということです。ボールを打つ技術、打法にばかり大きな関心を寄せ、それが習慣化してしまっている結果、戦術的思考が欠如してしまっています。

テニスはゲームです。もっと戦術を読み解く力を身につける必要があります。そのためには、オープンスキル（状況が刻一刻と変わる中）での観察力、洞察力の向上を目指します。プレーもそうです。球出しのボールをフォアハンドでストレートに10回続けて打つことはみんなできますが、それはクローズドスキル（状況が変わらない中）でのことで、実際のゲームでそれと同じことができなくなるのは、テニスがオープンスキルのスポーツだからです。オープンスキルの中でトレーニングしなければ「実際」に近づけることはできません。

## 錦織選手は「時間」と「場所」を支配している

私が錦織選手の写真から読み取ったこと

さて、私が錦織選手の写真から読み取ったことを付け加えましょう。これは想像なのですが……錦織選手はそのとき、どこへどう打とうか、自分がどうしたいかを考えているだけでなく、相手のマレーにどう見られているかまで考えてプレーしているように思えてきます。あのフォアハンドの構えには、マレーをそこに止める力があり、まさしくそれが戦術的技術。ゲームで勝つための技術であり、完璧な打球前姿勢がもたらす効果が絶大であることを私たちに教えてくれます。そのことにみなさんが気づいた今から、これからのプレー、練習での意識は大きく変わることでしょう。

お互いが影響を与え合うオープンスキルの競技であるテニスは、たった一枚の写真であってもそこに2人が写っていることから、読み取るものはオープンスキル的な発想であるべきです。

錦織選手はとにかくテークバックが早く、体を素早くひねっています。スタンスは広めで、下半身に重心をおき、上半身はリラックス。その際、グリップを見るとゆるく握っているものの、ラケットの重心は手首寄りであることがわかります。決してボールに近づきすぎず、遠くになりすぎず。緊張して(固くなって)ラケットが振れないというようには見えず、リラックスを保っています。

対戦相手のマレーから見ると、そういう錦織選手のテークバック(手元)は錦織選手の体の後ろに隠れてよく見えず、おそらく次に繰り出されるショットが読めないでいます。クロス、ストレートにも打て、ドロップショットも打てるという状態です。マレーはそれでこれ以上は動けなくなります。

さらに錦織選手が一歩前に入り、タイミングを早めてボールを打てば、マレーはスプリットステップが合わず、そうすると出遅れるので、結果的に錦織選手はより難しくスピードボールを打ったり、コースを狙ったりすることなく、安全にストレートへ決めることができます。

錦織選手は相手の技術、戦術を読む力、予測力にすぐれるとよく言われます。さらに写真では、相手に自分の技術や戦術を予測させないテニスをしていることがよくわかります。実際にマレーは最後まで動けませんでした(連続写真でマレーを確認してください)。

さて、みなさんはこれからストレートを狙う練習を行うときは、どのように行いますか? クロスへ打つと見せかけてストレートへ打つ、クロスへ打つと見せかけてストレートへタイミングを変えて打つ……そういう発想になることを期待しています。テニスはゲームであり、ゲームでのポイント獲得率を上げるには、戦術的に効果がある技術をオープンスキルで磨くべきです。

# 技術が先か、戦術が先か

※アンケート対象◎第61回テニマガ・テニス部／講師：堀内昌一／2019年11月23日(土) 16～19時／会場：フェローズスポーツ／講義＆オンコートレッスン ／テーマ：ストロークの展開力～9つのボール調整／参加者：30名(小学生～70代まで)

一般的に戦術指導と言うと、ショットとショットを結びつけてポイント獲得を目指す「組み立て」をイメージしたり、実際にそれを指導されることが多いのではないでしょうか。大学に練習に来るジュニアや高校生、そして、私が定期的に指導を担当させていただいているテニスマガジンの読者コミュニティ「テニマガ・テニス部」の一般プレーヤーも、そのようなイメージを持っていることが多いと感じています。

そういう傾向がある中で私が一番大事にしていることは、みなさんが持っているテニスのイメージを書き換えることです。テニスのイメージが「間違っている」まま練習を進めるのではなく、正しいイメージを持って練習をすること。そのためのアプローチを紹介します。

方眼用紙とペンを用意します。そこに、「テニスコート（シングルスコートのみ）を正しい縮尺で描く」ことをしてもらいます。サイズも記入しましょう。描いたあとは、紙を裏返して、その描いたコートに対して「自分が考える戦術」をできるだけたくさん書きます。

以前集めたアンケートをここで紹介しますが、このアプローチをした30名のプレーヤーのみなさんの中には、すでに私の本を読んでいたり、以前「テニマガ・テニス部」に参加されたことのある方も何人かいて、「正しいテニスコート」の重要性は知っているはずだったのですが……正しいテニスコート（サイズも含む）が描けた方は、30名中4名、アンケートの集計結果は26、27ページのとおりとなりました。テニスコートの傾向と、それに対する戦術の傾向もご覧ください。それぞれのテニスコートに合った戦術を考えていることがわかると思います。

このように書き出すことで、今の自分がどういうプレーを目指しているかがわかります。特に、最初に書いた戦術というのは、今の自分のベースとなる戦術になっているはずです。こうして〝今の自分〟をあぶり出してから、レッスンを進めていきます。

# テニスコートを描いてください。

❶ 方眼紙を使い、シングルスのテニスコート（縮図）を正確に描いてください。

❷ 描き終わったら欄外に、そのテニスコートで行う戦術を書き出してください。

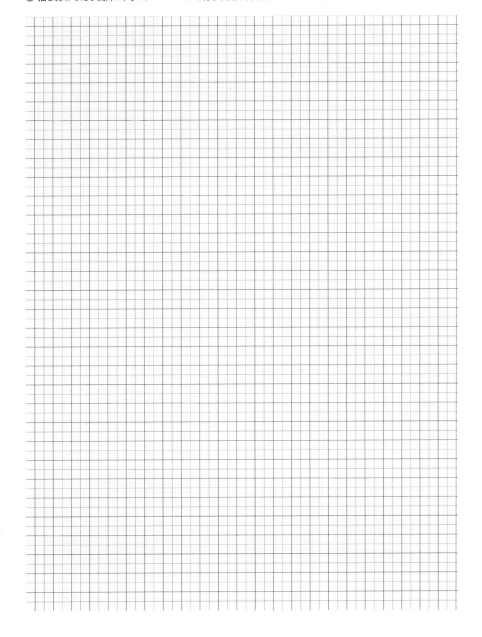

# 描いてもらったテニスコートの集計結果

もうおわかりだと思いますが、ここに正しいテニスコートはありません。答えは28ページ以降にあります。正しいサイズ（表）を示しますので、それを元に自分で一からテニスコートを描いてみてください。「テニスコートのサイズは？」と聞かれて答えられない、縦横の比率のイメージがしづらい方に、ヒントも紹介します。メートル（単位）をヤード（単位）に置き換えると簡単です（表参照）。

イメージと戦術の関係を見てほしい

## 1位　9名

### 横が長い

……と考えている人の戦術例

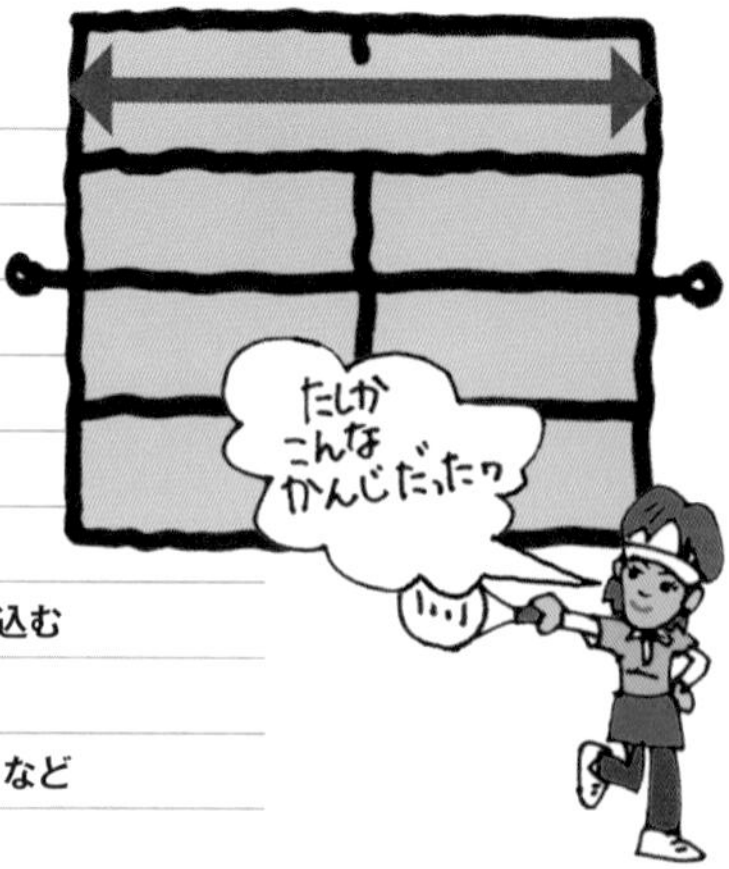


- 相手がミスをするまでつなぐ
- 遠くに走らせてオープンコートに打つ
- バックを狙ってオープンコートをつくる
- リターンをダウン・ザ・ラインへ打ち込む
- 深いボールを打って攻めさせない
- スライスで深くアプローチしたあとアングルボレー
- サイドを狙いオーンコートをつくって、フォアで回り込む
- 困ったときはセンターに打つ
- スピン量を多くして相手をベースラインにとどめる、など

# 2位　4名

## サービスラインが短い

……と考えている人の戦術例

- ワイドに打ってオープンスペース
- センターに打って角度をつけさせない
- 球種を変え、同じボールを打たない
- ライジングで時間を削る
- 深いスピンで後ろに下げる
- 相手の苦手なサイドを狙う
- 早いタイミングで打ってミスを誘う
- 相手のタイミングをずらす
- 速度を変える
- 左右に打ち分ける
- クロスへ打ってスペースをつくりストレートへ、など

# 3位　3名

## 正方形が2つ

……と考えている人の戦術例

- 左右に振ってオープンスペースに決める
- 相手を走らせて安定、体力を奪う
- 深く打って前に落とす
- 緩急をつけてリズムを崩す
- バックの高い打点で打たせてミスを誘う
- センターセオリーで角度をつけさせない
- 同じボールを２度続けない
- 浅いボールを引き出し、角度をつける
- スライスとスピンを混ぜて慣れさせない
- バリエーションをつけて相手を揺さぶる
- ドロップショットとロブで前後に走らせる、など

# 正しいテニスコートを知る

それでは、正しいテニスコートを描くためのヒントを紹介しましょう。

メートル（単位）をヤード（単位）に置き換えると簡単です（表参照）。

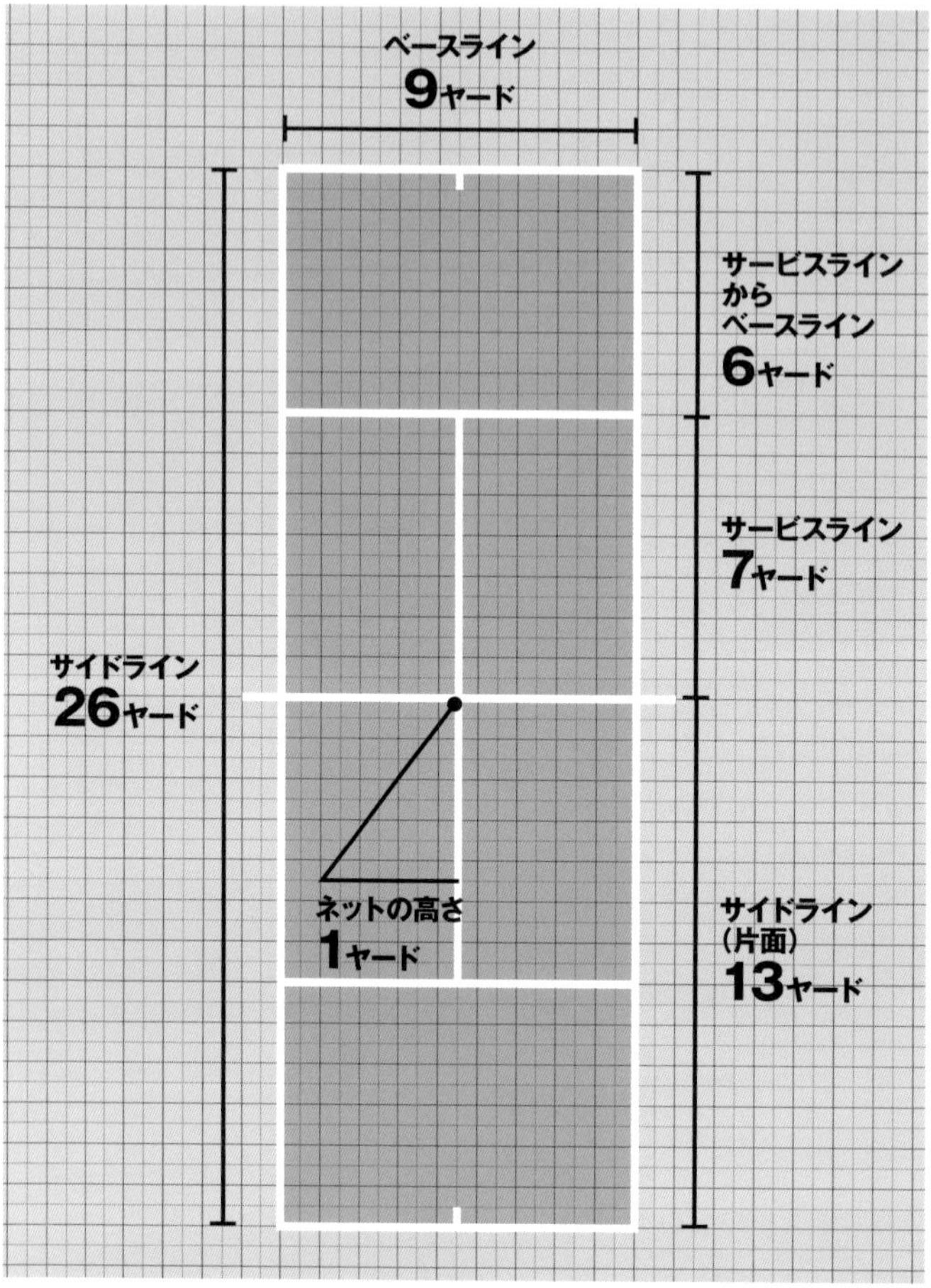

## テニスコートにまつわる数字

| | メートル | フィート | ヤード | シングルス スティック本数 |
|---|---|---|---|---|
| サイドラインの長さ | 23.77 | 78 | **26** | 26 |
| サイドラインの長さ（片面） | 11.89 | 39 | **13** | 13 |
| ベースラインの長さ（ダブルス） | 10.97 | 36 | **12** | 12 |
| ベースラインの長さ（シングルス） | 8.23 | 27 | **9** | 9 |
| サービスラインの長さ | 6.40 | 21 | **7** | 7 |
| センターラインの長さ | 12.80 | 42 | **14** | 14 |
| ネットの高さ（中央） | 0.914 | 3 | **1** | 1 |
| アレー | 1.37 | 4.6 | **1.5** | 1.5 |

※1ヤードは3フィート（1ヤードは91.4cm、1フィートは30.48㎝）

同じ
高さなんですヨ！
HORI

シングルススティックのマークは、ネット中央の高さ（センターベルトの高さ）です。中央は０・９１４ｍで、それはちょうど１ヤードになります。この１ヤードの単位を使って、テニスコートのすべてのラインを測ることができます。覚えておきましょう。

ほぉ～
シングルスコートのベースラインの長さは……
シングルススティックのマーク 9本分！

そうなんだぁ～
ちなみに、
ベースラインからネットまで
（サイドラインの長さ）は
13本分です！

へェ～
ネット中央は、両端よりも
ボール2個分（107㎝-91.4㎝＝15.6㎝）
低いんですよ！

# 正しいテニスコートを知ると戦術の内容は変わる

## 正しいテニスコート

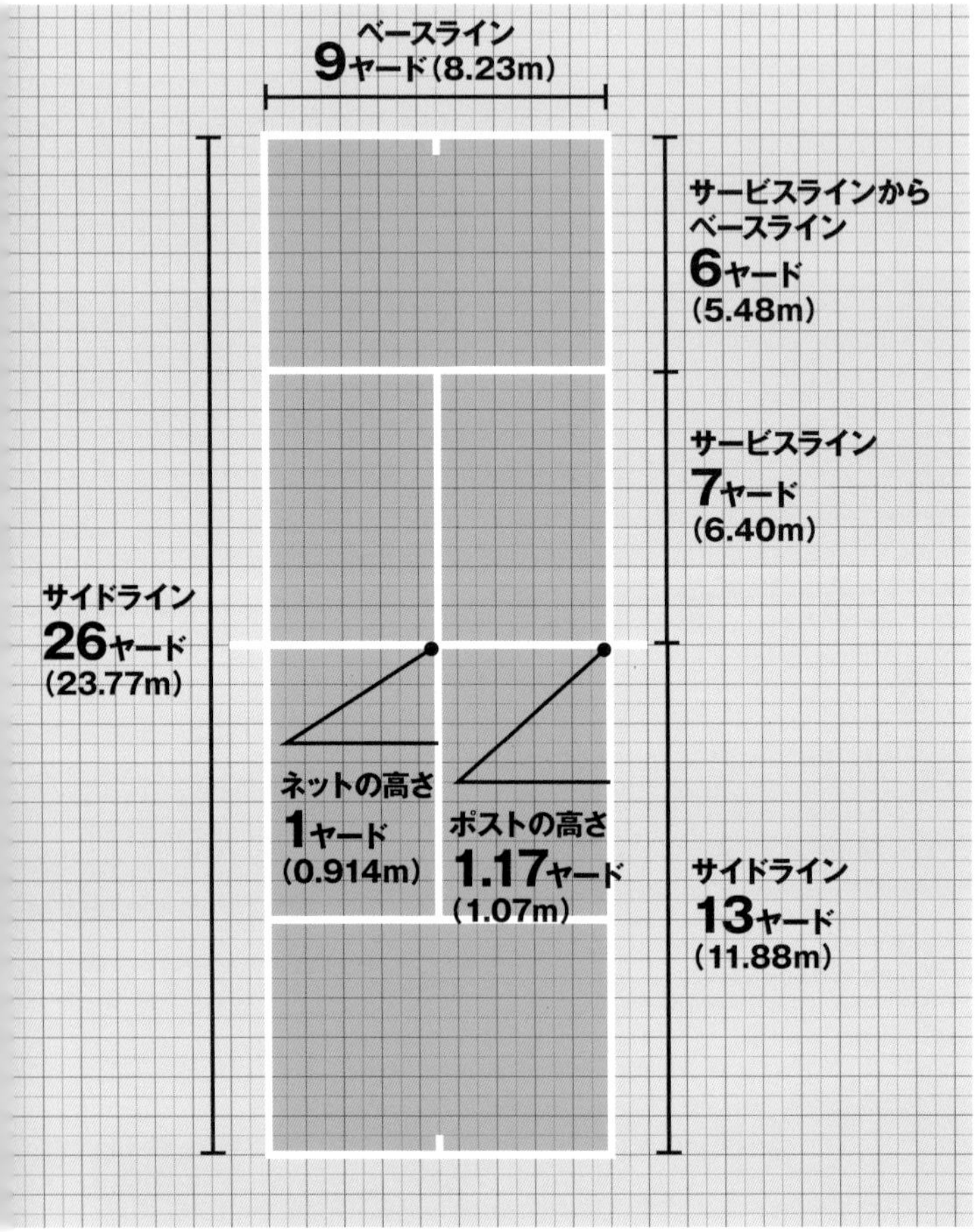


これまで30年以上テニスの指導をしてきた経験から、みなさんが正しいテニスコートを知らず、間違ったテニスコートを思い描いてプレーしていることは予想できます。

どんなにフォームがよくても技術があっても、ショットとショットを組み合わせることができ、戦術をたくさん知っていても、そもそも想像しているスペースが間違っているところに技術をはめたところで、噛み合うわけがないのです。その間違いを私は何度も見てきました。

## 正しいテニスコートを知ったあとで考える戦術はこう変わります。

- 深く打つ(多数)
- 角度を狙いすぎない(多数)
- 先にミスをしない(多数)
- センターセオリー(多数)
- (ずっと)エースを狙わない
- オフェンス、ニュートラル、ディフェンスのゾーンプレー
- 前後、高低、速度を変える
- 球種を変え、タイミングを変える
- クロスとストレート、コースを隠す
- 深く打ったあと浅く打ち、相手を走らせる
- ワイドサービスで相手をコート外へ追い出す
- ボディサービスで甘い球を引き出す
- アプローチと見せかけてドロップショット
- アプローチ＆ドロップボレー
- ドロップショットとロブのコンビネーション
- サーブ＆ボレー
- 前に出て時間を奪う
- 深く打って相手を後ろへ下げる
- 高く弾むボールで浅いボールを引き出しネットに出る
- 低く打たせ、浮いたボールを高い打点から角度をつけて打つ、など

## 実際のテニスコート(写真)

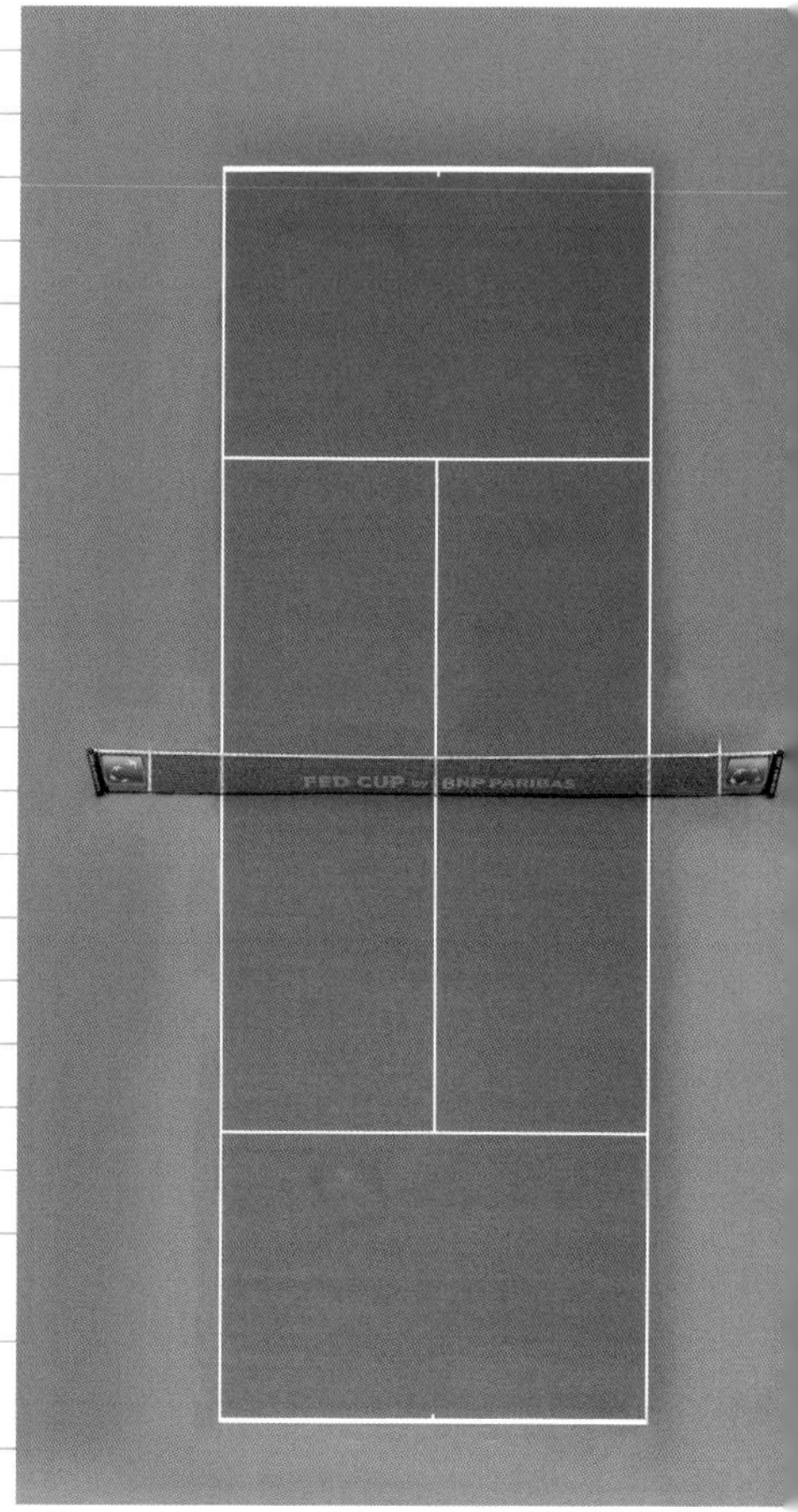

**テニスコートは長くて、細くて、狭いのだ!**

テニスコートはこんなにも長くて、細くて、狭いものであるということを最初に知ると、そのスペースでどうやったらポイントが取れるかという、正しい考え方でテニスを始めることができます。だから最初に正しいテニスコートを知るということはテニスプレーヤーにとって最低限必要な基礎知識なのです。ジュニアもシニアも、初心者もプロも、みんな同じサイズのテニスコートでプレーしています。

# ゾーンプレーのすすめ

あなたがテニスコートは横長だと思っていたら、おそらく左右のオープンスペースを優先してエースを奪おうと努力するでしょう。それと、左右にオープンスペースがあると考えているプレーヤーほど、遠いボールを打たれると拾えないと思い、諦めてしまう傾向も見られます。実際には半面はたった４ｍの長さで、ほとんどのボールに手が届くはずなのですが。

　これらのことは、正しい知識、イメージを持つことによって問題を解決へと導いていくことができるもので、その後は、プレーのやり方も練習も変わってくるはずです。

「テニスは技術が先か、戦術が先か」と聞かれたら、私は「戦術が先」と答えます。そのほうが正しい技術、すなわち戦術に必要な技術（戦術的技

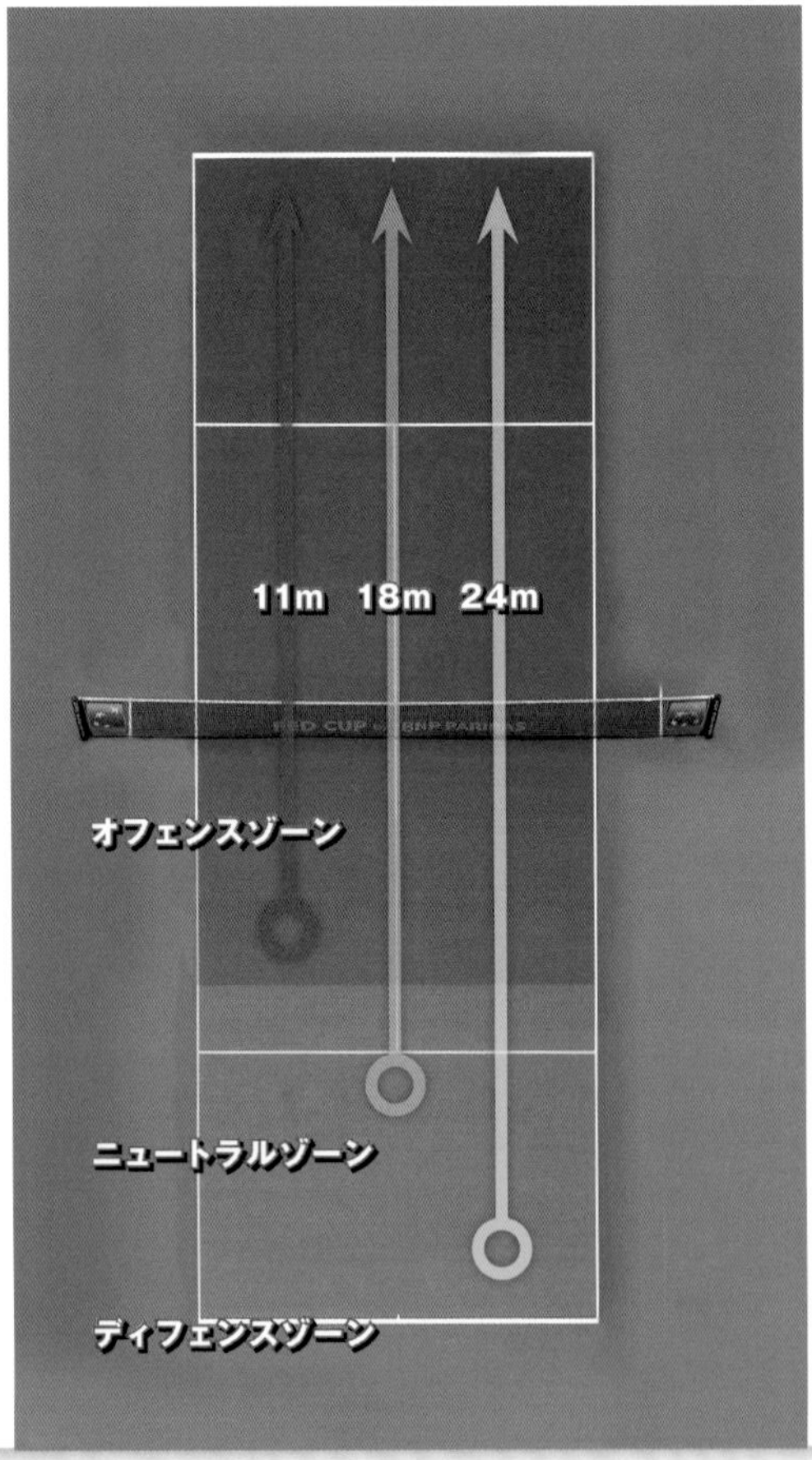

術）を身につけられるからです。

前述したアンケート結果では、８割以上の方が間違ったテニスコートを描いていましたが、その後、正しいテニスコートに描き換えて練習を始めると、全員がそれまでと違うテニスをやろうとしていました。

例えば、テニスの得点の８割は相手のミスによるものですが、それによってセンターセオリーが必要になることを理解していました。また、テニスにはゾーンプレー（ディフェンス、ニュートラル、オフェンス）があり、ポジションによって飛距離を調整する必要があることを意識していました。すなわち「時間」を変えることで相手のミスを引き出せることを練習していったのです。

それまで、左右攻撃ばかりだった横長コートを描いていた方が、縦長コートにイメージを描き換えたあとは、前後を使ったり、安全なミドルを意識したり、高さを使って時間をコントロールするなどして戦術の幅を広げていきました。

こうやって進めると、テニスの上達を阻む最大の敵は、自分の間違ったイメージかもしれないと思えてくるわけです。テニスは正しいルールを覚えることから始めたほうが確実に上達できるでしょう。

**正しい知識、イメージを持つとプレーのやり方も練習も変わる！**

例えば相手をベースラインの後方にとどめるためには、それぞれのゾーンから飛距離を調整しなければならない。回転や回転量、高さを調整し、長さ（深さ）を変える

# 戦術に必要な9つのボール調整

時間と場所をコントロールする戦術的技術の鍵は「ボール調整」にあります。「9つのボール調整」とは、どれもボールを打つことが目的ではなく、また、「自分が打ちたい技術」「自分が打ちやすい技術」を選び、それらを組み合わせてつくる戦術につながるものでもありません。ここに紹介する9つのボール調整は、どれもゲームに勝つために必要な技術です。相手に対する効果が高いボールをつくるために、これら9つのボール調整を駆使します。そのような目的達成のための技術を、私は「戦術的技術」と呼んでいて、プレーヤーはこの戦術的技術をとことん追求すべきです。自分が打ちたい技術、自分が打ちやすい技術ばかり選んでいるプレーヤーは、相手に対する効果というものを考えていませんから、いつまでたってもゲームに勝てるようにはなりません。大切なことは自分の心地よさではなく、相手への効果。9つのボール調整はそのために必要です。

## ① 場所を変える

**自分(または相手)の場所を変える(変えない)、狙うターゲット(クロス、ストレート、センター)を変える(変えない)**

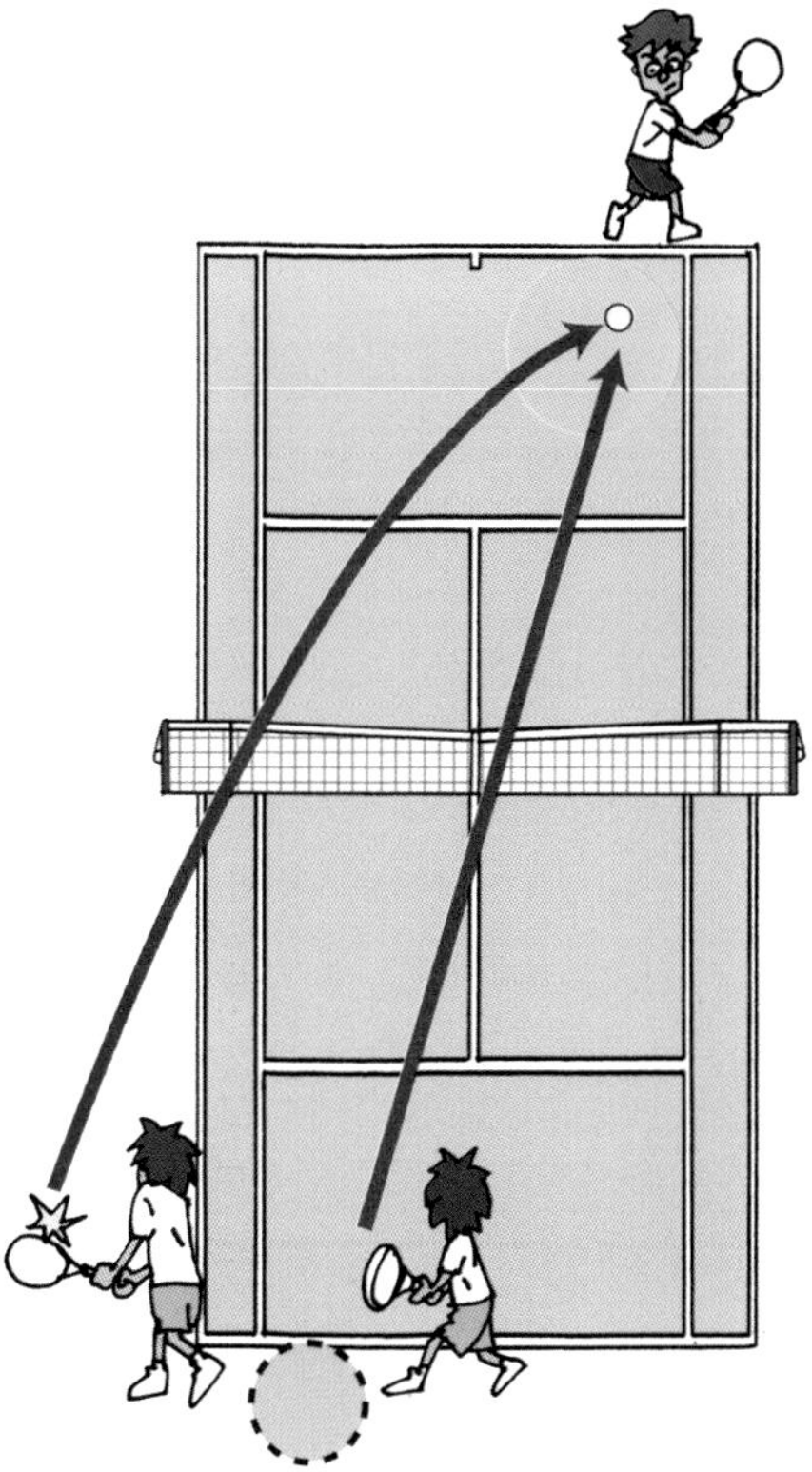

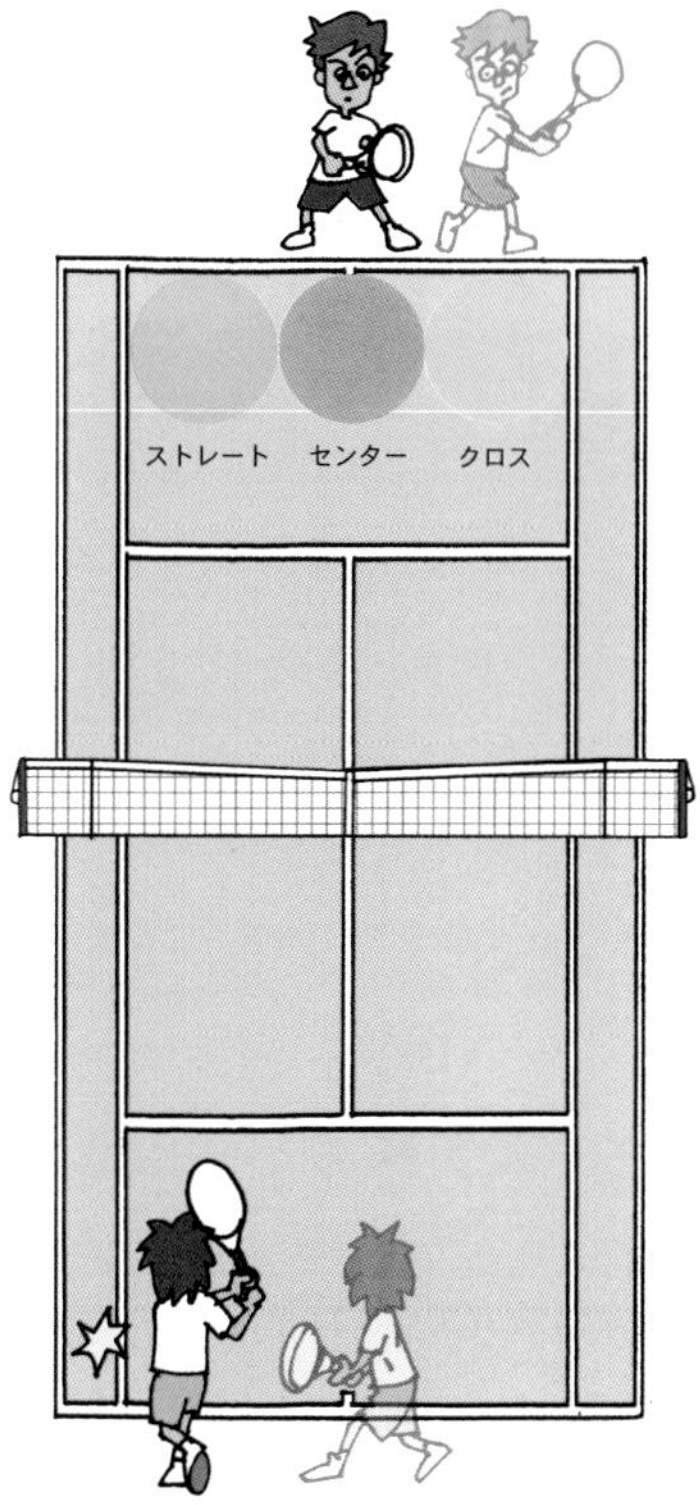
ストレート
センター
クロス

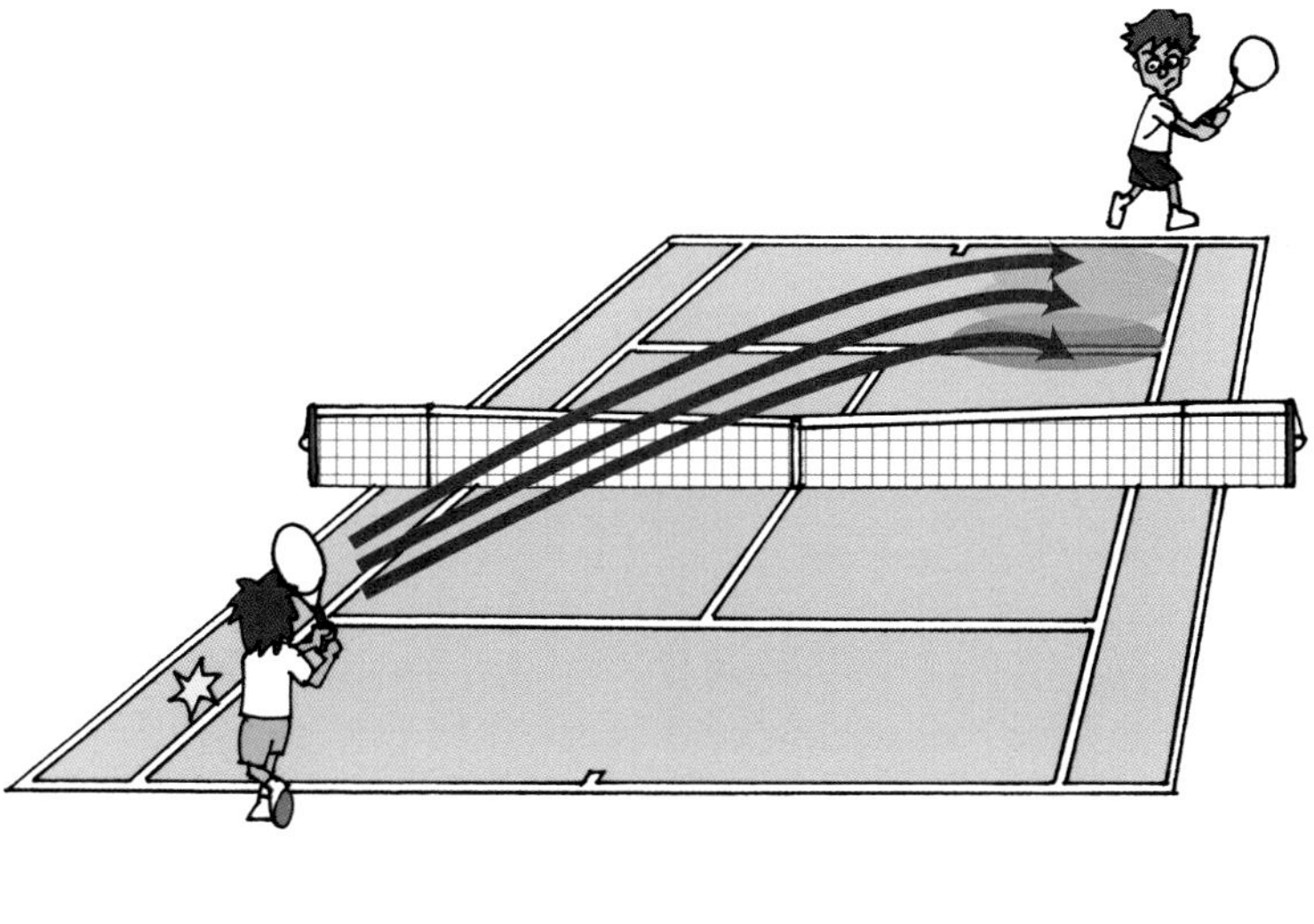

## ❷ 速度を変える

**速いボールを打つ、遅いボールを打つ**

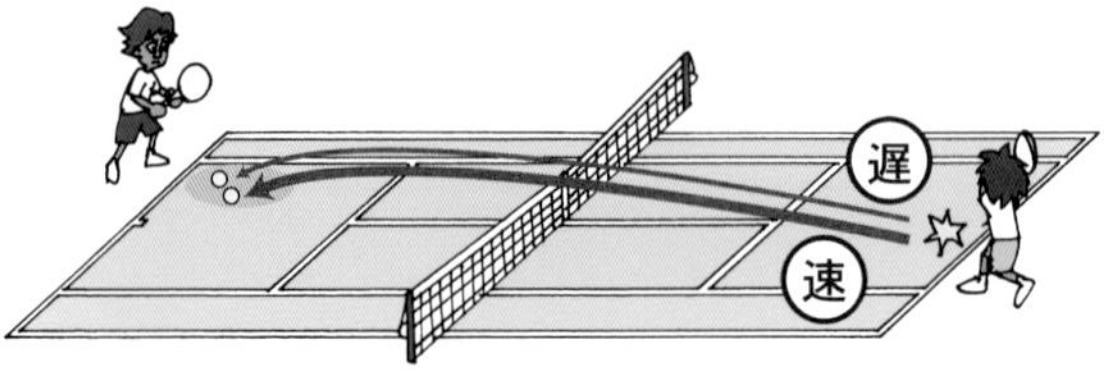


## ❸ 高さを変える

**(ネット上)高いボールを打つ、低いボール打つ**

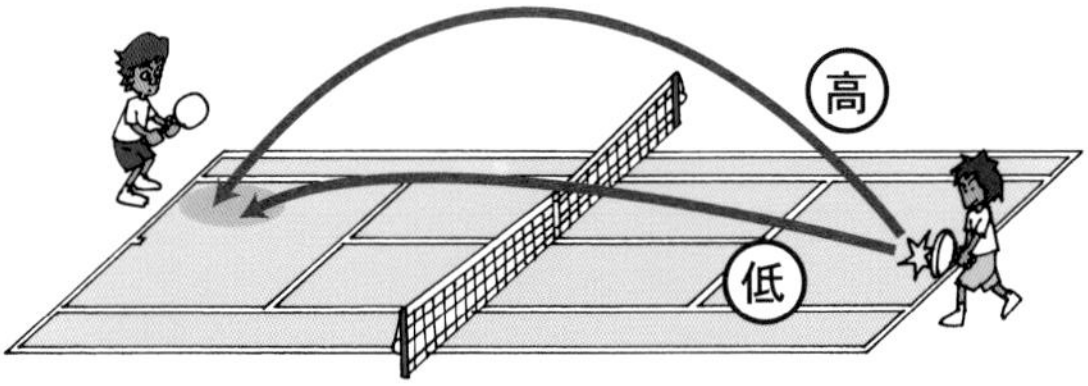


## ❹ 打点を変える

**打点を前にする、後ろにする、低くする、高くする**

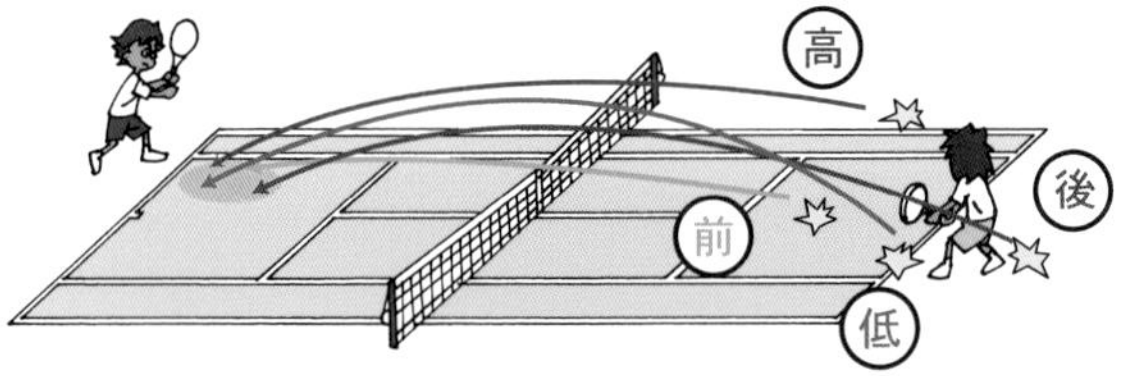


## ❺ タイミングを変える

**タイミングを早くする、遅らせる**

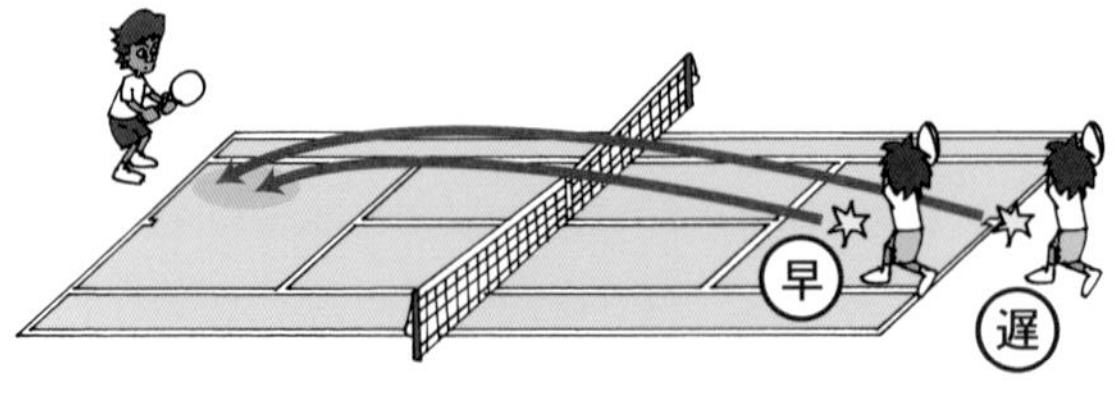

## 6 回転を変える

**フラット、トップスピン、スライスを打つ**

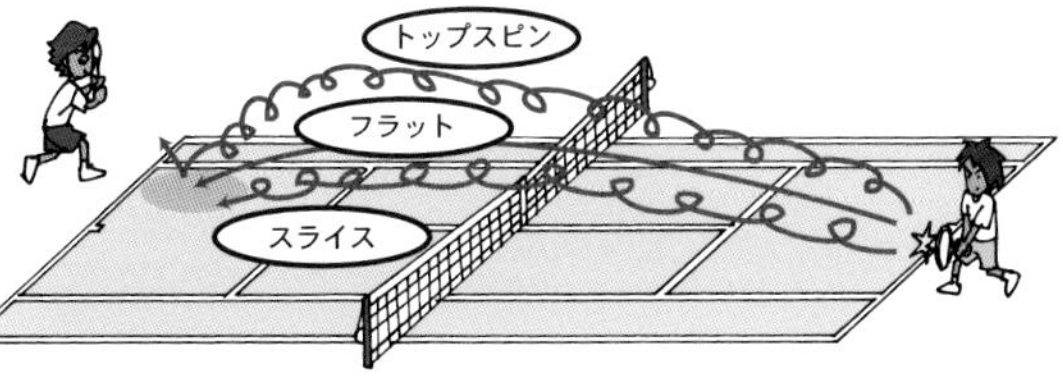


## 7 回転量を変える

**ヘビートップスピン、ヘビースライスを打つ**

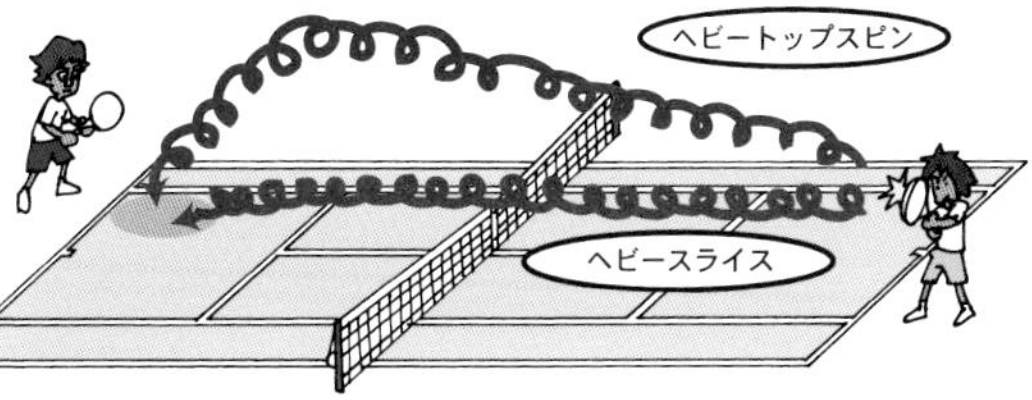


## 8 深さを変える

**深く打つ、浅く打つ(足元を狙う、ドロップショットなど)**

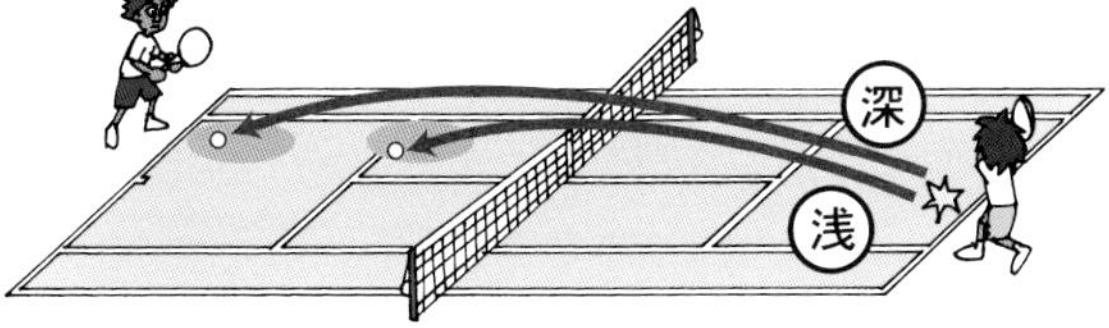


## 9 角度を変える

**角度をつける、つけない**

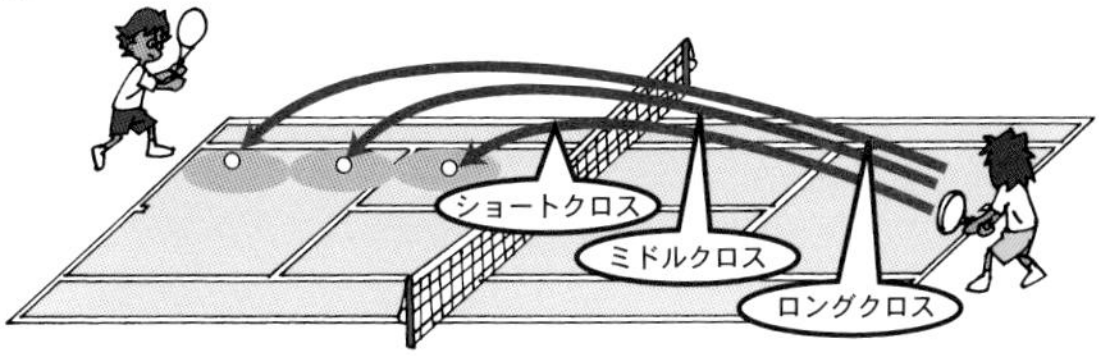

# 自分の技術・戦術を知る

「敵を知り、己を知れば、百戦危うからず」という孫子の言葉（兵法）がありますが、ここに大きなヒントがあります。自分のテニスを知り、相手のテニスを知ることによって、次にやるべきこと、プレーの方法、戦い方を学ぶことができるというわけです。

自分がどういう状態にあるのかを正しく知ることによって、次にやるべきこと、修正すべきポイントがわかります。ですから、自分で自分の技術・戦術を診断してみてください。そして修正すべきポイントを明確にしていきましょう。

ただボールを打つだけだったり、コーチのアドバイスの通りにプレーするばかりではいけません。自分を知らずに、どうやってゲームを立て直すというのですか？　自分を知るということは、すなわちテニスを上達させる「土台」をつくるということ、上達するということなのです。

さらに、自分を知れば知るほどに、相手についても知る、〝気づき〟がたくさん生まれてくるものです。

ここから紹介する自己診断の方法は、テニスのあらゆるストローク、ゲームに応用できます。

※戦略と戦術シリーズ❷
56〜59ページ「自分のサービスを説明する（戦術編／技術編）」の自己診断を再掲載しています。

# チェック項目｜戦術編｜サービス

**採点**　該当すると思われる点数に○をつけよう

悪い ←→ 良い

| | | | | | | | |
|---|---|---|---|---|---|---|---|
| 01 | スピード | ●必要なスピードは出ていますか？ | 1 | 2 | 3 | 4 | 5 |
| 02 | スピン | ●サービスはスピンが必要。多様なスピン（回転の種類、回転量）が可能ですか？ | 1 | 2 | 3 | 4 | 5 |
| 03 | コントロール／精度（コース） | ●コースおよび深さは正確ですか？ | 1 | 2 | 3 | 4 | 5 |
| 04 | 配球 | ●適切な配球ができていますか？ | 1 | 2 | 3 | 4 | 5 |
| 05 | 確率 | ●全体の確率だけでなく、各サイド、各コースに同じ確率で打てますか？ | 1 | 2 | 3 | 4 | 5 |
| 06 | フォーム | ●ひとつのフォームで応用できますか？ | 1 | 2 | 3 | 4 | 5 |
| 07 | ゲーム性（バリエーション） | ●試合に即した、多種多様なサービスが打てていますか？ | 1 | 2 | 3 | 4 | 5 |
| 08 | 戦術性 | ●サービス後の次の戦術、展開を考えて対応していますか？ | 1 | 2 | 3 | 4 | 5 |
| 09 | ビッグポイントでのパフォーマンス | ●大きなポイントやゲームなどでの駆け引きとその能力は？ | 1 | 2 | 3 | 4 | 5 |

※ここに挙げたのは主要項目です。他に気になる項目があれば足してください。

# 何が課題で どこから修正して いくべきか 自己診断が 教えてくれる

戦術的な課題、問題を見ていくことによって、どこに技術的な課題、問題があるのかがわかってきます。そうすると、どこをどのように修正する必要があるかもはっきりしてきます。ですから、まずは自分を説明しましょう。そうすると次に相手の技術的な課題、問題も見つけることができ、それはあなたがゲームに勝つ上での重要な情報となるはずです。

※自己診断はこのような
チャートにすることもできます。

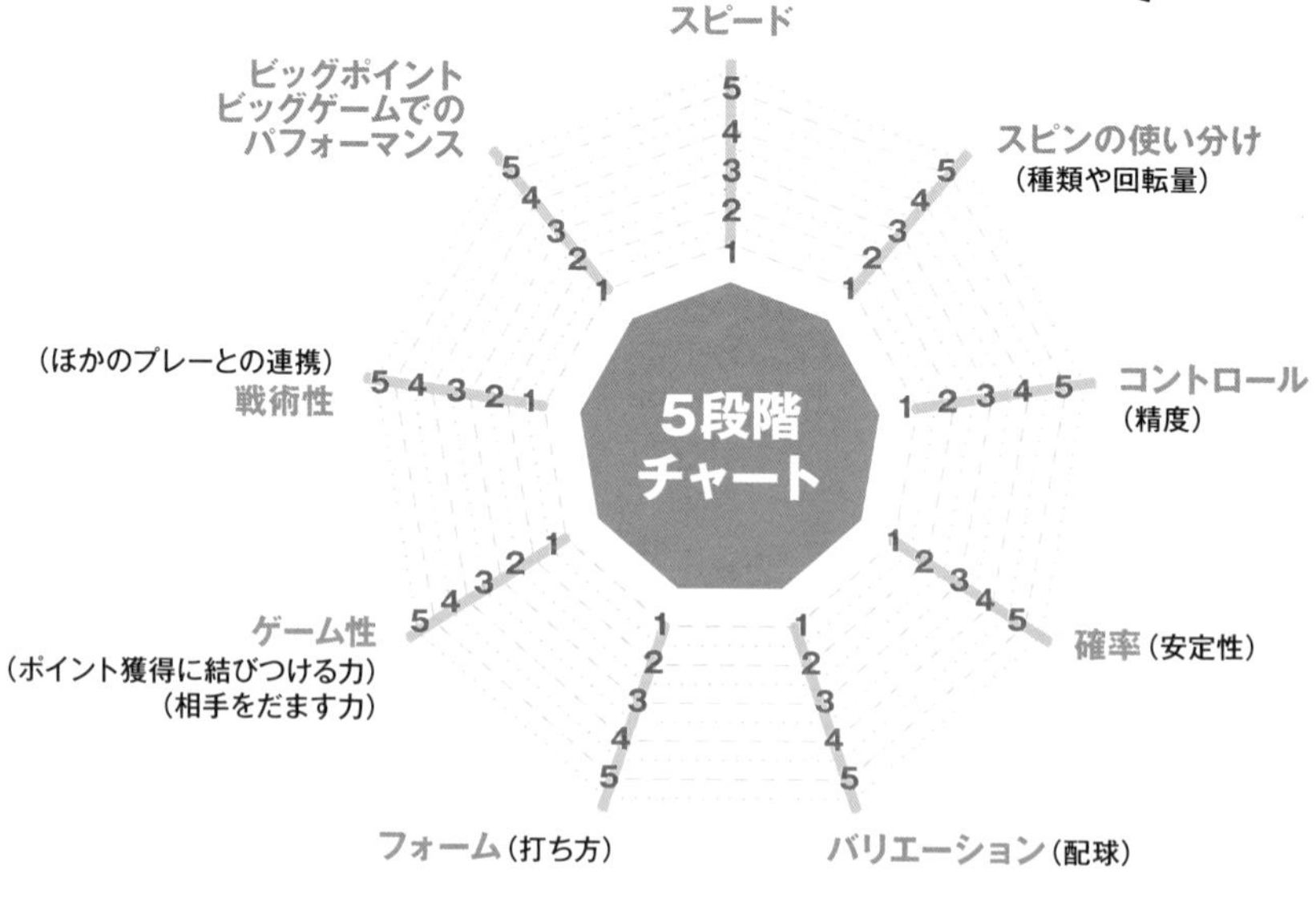

## 01 自分の技術(戦術)を説明する

- 自分のミスを説明する
- 自分のミスをどう修正すればいいか説明する

## 02 相手の技術(戦術)を説明する

- 相手のミスを説明する
- 相手のミスをどう修正すればいいか説明する
- そうすると相手の強みや弱みを見つけることもできる
- 次のプレーの予測や戦術に役立てられる

## 03 状況(ゲーム)を説明する

- (サービスまたはリターン)ゲームのあり方を知り、立て直すために必要な課題とその修正点を見つけ出せる
- (サービスまたはリターンでの)ポイント獲得率やゲームの獲得率を探ることで、次の(サービスまたはリターン)ゲームや(サービスまたはリターン)ポイントで適切な戦術の選択を行うことができる

次のページからの
「自己診断 技術編」は、
「サービス」を参考に
自分でチェック項目を書き込んで
お使いください。

# チェック項目 | 技術編 | サービス❶

**採点** 該当すると思われる点数に○をつけよう

← 悪い　良い →

| | 項目 | チェック内容 | 採点 |
|---|---|---|---|
| 01 | グリップ | ● 薄いグリップ(コンチネンタル)で握っていますか? | 1　2　3　4　5 |
| 02 | 構え | ● ラケット面はやや上向きですか?<br>● ラケットヘッドは(右利きの場合)左方向を指していますか?<br>● 懐には適度なスペースがありますか?<br>● 両サイドともほぼ同じ構えですか? | 1　2　3　4　5 |
| 03 | スタンス | ● クローズドスタンスですか?<br>● 広さは肩幅よりやや広いくらいありますか?<br>● 両サイドともほぼ同じスタンスですか? | 1　2　3　4　5 |
| 04 | テークバック | ● 身体を捻転しながら準備していますか? | 1　2　3　4　5 |
| 05 | トスアップ | ● トスを上げる腕が、斜め~横方向から上がっていますか?<br>● そのときボールはネット方向に上がりますか? | 1　2　3　4　5 |
| 06 | ラケットの重心 | ● テークバックから切り返しまで、ラケットの重心はグリップ寄りにありますか? | 1　2　3　4　5 |
| 07 | フォワードスイング | ● 身体の回転運動から前腕の回転運動まで使えていますか? | 1　2　3　4　5 |

## 自己診断

自分のサービス技術を説明しよう（ファースト、セカンドサービスそれぞれ）

| | | | | | | | |
|---|---|---|---|---|---|---|---|
| 08 | インパクト | ● 手首は安定した角度（やや「くの字」）が保てていますか？<br>● 手首は伸びたり、余計に動いたりしていませんか？ | 1 | 2 | 3 | 4 | 5 |
| 09 | フォロースルー | ● 動作方向に最後まで振り抜いていますか？ | 1 | 2 | 3 | 4 | 5 |
| 10 | スイングプレーン | ● 正しいスイングプレーン（回転運動によってラケットが描く軌道）で動作していますか？ | 1 | 2 | 3 | 4 | 5 |
| 11 | 運動連鎖 | ● 回転運動によって下半身から連動してエネルギーをラケット先端まで伝えていますか？ | 1 | 2 | 3 | 4 | 5 |
| 12 | ラケットの加速 | ● テークバックからフォワードスイング、インパクトへ向かって、エネルギーは先端部へ移動してラケットは加速していますか？ | 1 | 2 | 3 | 4 | 5 |
| 13 | 左手 | ● 打球前（右手が上がる前）に左手を早く下ろしていませんか？<br>● 右手と左手の入れ替えでは、左手は下ろし切らず、脇腹あたりにありますか？ | 1 | 2 | 3 | 4 | 5 |
| 14 | 顔の位置 | ● 顔と視線はインパクト方向にありますか？<br>● インパクト後も，顔はインパクト方向に残っていますか？ | 1 | 2 | 3 | 4 | 5 |
| 15 | 身体の向き | ● 打球方向（ネット方向）ではなく、動作方向（右利きは右斜め上）に身体は回転していますか？ | 1 | 2 | 3 | 4 | 5 |

# チェック項目 | 技術編 | サービス❷

採点 該当すると思われる点数に○をつけよう
← 悪い　良い →

| | | | | | | | |
|---|---|---|---|---|---|---|---|
| 16 | 体重の移動 | ● 地面からパワーをもらって、斜め前上方向に体重は移動していますか？ | 1 | 2 | 3 | 4 | 5 |
| 17 | 下半身 | ● 適度な膝の屈伸はありますか？<br>● 下半身始動によるジャンプをしていますか？ | 1 | 2 | 3 | 4 | 5 |
| 18 | 腰のキレ | ● 腰のキレ(骨盤の反転)は最大限に利用できていますか？ | 1 | 2 | 3 | 4 | 5 |
| 19 | 打球後のポジション | ● 打球後はコートの中に入っていますか？ | 1 | 2 | 3 | 4 | 5 |
| 20 | ルーティン | ● サービス動作を始める前の行動は常に一定していますか？ | 1 | 2 | 3 | 4 | 5 |
| 21 | 手首の角度 | ● 動作中の手首はほぼ一定の角度を保っていますか？<br>● 使いすぎていませんか？ | 1 | 2 | 3 | 4 | 5 |
| 22 | スイングのリズム | ● スイングに一定のリズムはありますか？<br>● いつも同じですか？ | 1 | 2 | 3 | 4 | 5 |

## 自己診断

**自分のサービス技術を説明しよう（ファースト、セカンドサービスそれぞれ）**

| | | | | | | | |
|---|---|---|---|---|---|---|---|
| 23 | ダイナミック | ● 動作はダイナミックですか？<br>● パワフルさはありますか？ | 1 | 2 | 3 | 4 | 5 |
| 24 | 力み | ● グリップを強く握りすぎていませんか？<br>● 特に上体に力みはありませんか？ | 1 | 2 | 3 | 4 | 5 |
| 25 | イメージ | ● 打球前に、ボールの軌道はイメージできていますか？ | 1 | 2 | 3 | 4 | 5 |
| 26 | スムーズさ | ● 一連の動作はスムーズに行われていますか？ | 1 | 2 | 3 | 4 | 5 |
| 27 | | ●<br>● | 1 | 2 | 3 | 4 | 5 |
| 28 | | ●<br>● | 1 | 2 | 3 | 4 | 5 |
| 29 | | ●<br>● | 1 | 2 | 3 | 4 | 5 |
| 30 | | ●<br>● | 1 | 2 | 3 | 4 | 5 |

※ここに挙げたのは主要項目です。他に気になる項目があれば足してください。

# チェック項目 | 技術編 | リターン

**採点** 該当すると思われる点数に○をつけよう

悪い ← → 良い

| | | |
|---|---|---|
| 01 | ● <br> ● | 1 2 3 4 5 |
| 02 | ● <br> ● | 1 2 3 4 5 |
| 03 | ● <br> ● | 1 2 3 4 5 |
| 04 | ● <br> ● | 1 2 3 4 5 |
| 05 | ● <br> ● | 1 2 3 4 5 |
| 06 | ● <br> ● | 1 2 3 4 5 |
| 07 | ● <br> ● | 1 2 3 4 5 |

# 自己診断

| | | |
|---|---|---|
| 08 | ● <br> ● | 1 2 3 4 5 |
| 09 | ● <br> ● | 1 2 3 4 5 |
| 10 | ● <br> ● | 1 2 3 4 5 |
| 11 | ● <br> ● | 1 2 3 4 5 |
| 12 | ● <br> ● | 1 2 3 4 5 |
| 13 | ● <br> ● | 1 2 3 4 5 |
| 14 | ● <br> ● | 1 2 3 4 5 |
| 15 | ● <br> ● | 1 2 3 4 5 |

# チェック項目 | 技術編 | フォアハンド&バックハンド

**採点** 該当すると思われる点数に○をつけよう

← 悪い 良い →

| | | | |
|---|---|---|---|
| 01 | | ●<br>● | 1 2 3 4 5 |
| 02 | | ●<br>● | 1 2 3 4 5 |
| 03 | | ●<br>● | 1 2 3 4 5 |
| 04 | | ●<br>● | 1 2 3 4 5 |
| 05 | | ●<br>● | 1 2 3 4 5 |
| 06 | | ●<br>● | 1 2 3 4 5 |
| 07 | | ●<br>● | 1 2 3 4 5 |

# 自己診断

自分のストローク技術を説明しよう

| | | |
|---|---|---|
| 08 | ●<br>● | 1　2　3　4　5 |
| 09 | ●<br>● | 1　2　3　4　5 |
| 10 | ●<br>● | 1　2　3　4　5 |
| 11 | ●<br>● | 1　2　3　4　5 |
| 12 | ●<br>● | 1　2　3　4　5 |
| 13 | ●<br>● | 1　2　3　4　5 |
| 14 | ●<br>● | 1　2　3　4　5 |
| 15 | ●<br>● | 1　2　3　4　5 |

# チェック項目 | 技術編 | ボレー

**採点** 該当すると思われる点数に○をつけよう

← 悪い 良い →

| | | | | | | |
|---|---|---|---|---|---|---|
| 01 | ● ● | 1 | 2 | 3 | 4 | 5 |
| 02 | ● ● | 1 | 2 | 3 | 4 | 5 |
| 03 | ● ● | 1 | 2 | 3 | 4 | 5 |
| 04 | ● ● | 1 | 2 | 3 | 4 | 5 |
| 05 | ● ● | 1 | 2 | 3 | 4 | 5 |
| 06 | ● ● | 1 | 2 | 3 | 4 | 5 |
| 07 | ● ● | 1 | 2 | 3 | 4 | 5 |

# 自己診断

自分のボレー技術を説明しよう

| | | |
|---|---|---|
| 08 | ● <br> ● | 1 2 3 4 5 |
| 09 | ● <br> ● | 1 2 3 4 5 |
| 10 | ● <br> ● | 1 2 3 4 5 |
| 11 | ● <br> ● | 1 2 3 4 5 |
| 12 | ● <br> ● | 1 2 3 4 5 |
| 13 | ● <br> ● | 1 2 3 4 5 |
| 14 | ● <br> ● | 1 2 3 4 5 |
| 15 | ● <br> ● | 1 2 3 4 5 |

# チェック項目 | 技術編 | スマッシュ

**採点** 該当すると思われる点数に○をつけよう

← 悪い 良い →

| | | |
|---|---|---|
| 01 | ●<br>● | 1 2 3 4 5 |
| 02 | ●<br>● | 1 2 3 4 5 |
| 03 | ●<br>● | 1 2 3 4 5 |
| 04 | ●<br>● | 1 2 3 4 5 |
| 05 | ●<br>● | 1 2 3 4 5 |
| 06 | ●<br>● | 1 2 3 4 5 |
| 07 | ●<br>● | 1 2 3 4 5 |

## 自己診断

自分のスマッシュ技術を説明しよう

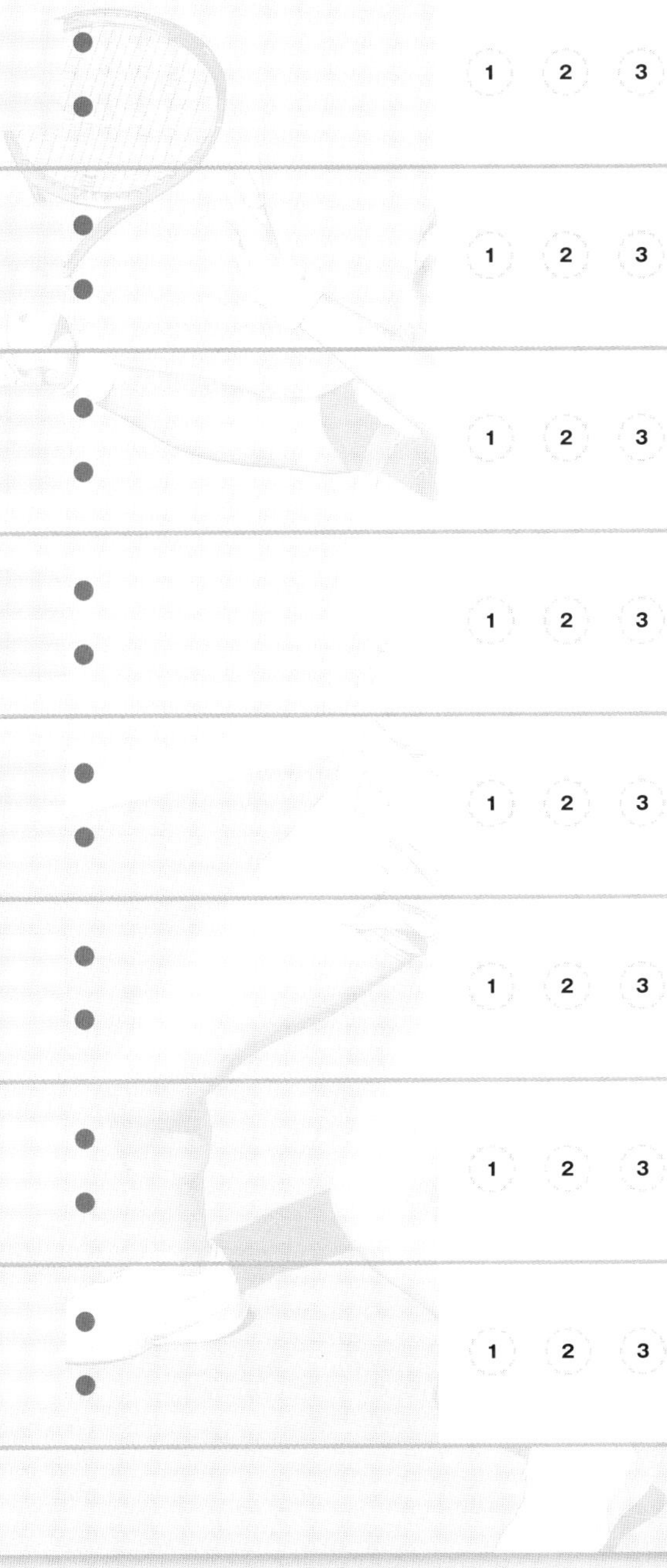

| | | |
|---|---|---|
| 08 | ●<br>● | 1　2　3　4　5 |
| 09 | ●<br>● | 1　2　3　4　5 |
| 10 | ●<br>● | 1　2　3　4　5 |
| 11 | ●<br>● | 1　2　3　4　5 |
| 12 | ●<br>● | 1　2　3　4　5 |
| 13 | ●<br>● | 1　2　3　4　5 |
| 14 | ●<br>● | 1　2　3　4　5 |
| 15 | ●<br>● | 1　2　3　4　5 |

# チェック項目 | 技術編 | ロブ

**採点** 該当すると思われる点数に○をつけよう

← 悪い　良い →

| | | 採点 |
|---|---|---|
| 01 | ● <br> ● | 1　2　3　4　5 |
| 02 | ● <br> ● | 1　2　3　4　5 |
| 03 | ● <br> ● | 1　2　3　4　5 |
| 04 | ● <br> ● | 1　2　3　4　5 |
| 05 | ● <br> ● | 1　2　3　4　5 |
| 06 | ● <br> ● | 1　2　3　4　5 |
| 07 | ● <br> ● | 1　2　3　4　5 |

# 自己診断

自分のロブ技術を説明しよう

| | | |
|---|---|---|
| 08 | ● <br> ● | 1 2 3 4 5 |
| 09 | ● <br> ● | 1 2 3 4 5 |
| 10 | ● <br> ● | 1 2 3 4 5 |
| 11 | ● <br> ● | 1 2 3 4 5 |
| 12 | ● <br> ● | 1 2 3 4 5 |
| 13 | ● <br> ● | 1 2 3 4 5 |
| 14 | ● <br> ● | 1 2 3 4 5 |
| 15 | ● <br> ● | 1 2 3 4 5 |

# 「自分」「相手」「状況」を説明できるようになるとあなたは必ずうまくなる!

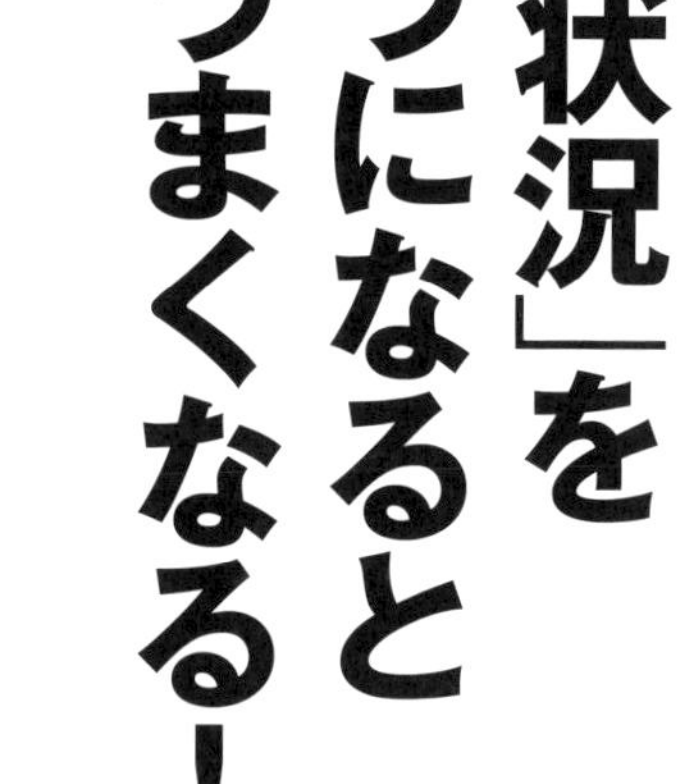


テニスは考えるスポーツです。考えるためには何が必要でしょうか?

❶あなたが打ったサービスは入りましたか? 入りませんでしたか? ボールはどこに落ちましたか? サービスを打ったときのグリップは? 構えは? トスは? どんな球種でしたか? どれくらいの回転量でしたか? どんな高さを通りましたか? どんなバウンドをしましたか? どれくらいの球威でしたか?

❷相手はどういう技術を持っていて、どのようにプレーしましたか?

❸そのサービスポイントはどういう状況(展開)で、どうしてポイントが取れましたか? どうしてポイントが取れませんでしたか?

このように「自分を説明できること」「相手を説明できること」、そして「状況を説明できること」ではじめて、次により良いプレーをするための『ミスの修正』ができます。自分のことは説明できるけれども、相手のことは説明できない。自分のこと、相手のことも説明できるけれども、状況が説明できない、あるいは自分のことすら説明できないということでは、どこをどう修正し、次に何をやるべきかがわからないということになってしまいます。

テニスは考えるスポーツなのです。だからこそまず❶自分を説明できる、❷相手を説明できる、そして❸状況を説明できるようになりましょう。これはテニスプレーヤーにとって必要なトレーニングです。そこから次に判断力や分析力が養われていくことになります。

# vol.
# 01

想像力（イマジネーション）を膨らませる

# うまくなる
# 球出し練習

# オープンスキル（ライブボールドリル）と クローズドスキル（フィードボールドリル）

2017年に85歳で亡くなられた日本サッカー協会元会長の岡野俊一郎さんとの思い出です。亡くなる一年ほど前、岡野さんがテニスの指導者のために講演会をされていたところへ聞きに行きました。私が小学生だった頃、岡野さんはサッカー番組をレギュラーで担当されていて、それを見ていた私はずっと親しみを感じてきました。番組の中で岡野さんは、想像力、イマジネーションという言葉を盛り込んでいて、私の中にはその頃から岡野さんによってイマジネーションという言葉がインプットされました。私が知ったそのときからもう

## クローズドスキル

ある一定の状況下で行うスポーツ（スキル）

次はⒶに、
その次はⒷに
球出しして
A
B

指定された場所へ球出しをする

この練習ばかり
やっていたら
×

50年以上が過ぎています。おそらく日本サッカーは早くからイマジネーションを大切にしてきたのだろうと想像します。

それをふと思い出す、あるきっかけがありました。

## イマジネーション〈想像力〉と球出し練習

学生たちの練習を見ていたときのことです。練習には、ボールを打ち合う〈ライブボールドリル〉と、球出し練習の〈フィードドリル〉があります。ひとりの学生が行っていた球出し練習に、おや？　何かが違うと気づきました。

学生たちはそれぞれ自分がやりたい練習をしていました。ほかの学生たちも球出し練習を行っていたのですが、彼らと決定的に違っていたのが「実戦的ではない」ということでした。その学生は球出しの場所を指定し、できるだけ自分の元へボールがくるように〈同じボールを出すように〉指示をしていました。本人はその場所から決まった場所へ、同じボールが打てるように練習しています。飛んでくるボールも打つボールも、いつも同じ回転、同じ高さ、同じ速さ、同じ深さです。そこにイマジネーションなどありません。

ある一定の状況下で行うスポーツ〈スキル〉を〈クローズドスキル〉と言います。一方、状況が刻一刻と変わる中で行うスポーツ〈スキル〉を〈オープンスキル〉と言います。テニスはオープンスキルのスポーツで、テニスのゲームがうまくなるために行う練習は当然、オープンスキルでなければなりません。でも前述の球出し練習は、クローズドスキルです。

ゲームに強くなる、うまくなる、楽しい、想像力＝イマジネーションが培われるオープンスキルのライブボールドリルを行いましょう。

### オープンスキル

刻一刻と変わる中で行うスポーツ(スキル)

球出しのコースと球種はランダム

# どのように打ちたいかより どのようにポイントを取りたいかを優先させる

クローズドスキルの球出し練習は、常に主体が自分で、自分が打ちたいボールを打つ、自分が……自分が……と、相手が不在となってゲーム性がありません。そういう練習ばかりするプレーヤーは試合でも同じやり方をすることが多く、相手との駆け引きができないため、なかなか勝てないでしょう。

そこで球出し練習をオープンスキルの球出し練習に変えます。ポイントは、「自分が打ちたいボールを打つ」よりも、「自分はどのようにポイントを取りたいか」を考えるようにします。これを考えて必要な球出し練習を行うようにするだけでも、だいぶ変わってきます。

テニスは相手との駆け引きが前提で組み立てを考えるため、球出しの位置、球出しのボールの種類（速さ、強さ、高さ、深さなど「9つのボール調整」、34～37ページ参照）、そして自分が打つボール（9つのボール調整）の選択、打つ場所、打つコースなども考えますし、何よりミスを減らすことも考えながらプレーをします。

自分主体のプレーヤーはクローズドスキルの球出し練習が好きな傾向がありますが、一方で、相手との駆け引きが前提のプレーヤーは、球出し練習があまり好きではありません。なぜなら、相手とボールを打ち合い、どうやってポイントを取ろうかと想像しながらプレーすることが楽しいからです。

また、自分が打ちたいボールを打つことを優先しているプレーヤーは、ゲームの中での判断力、修正力が欠けている可能性があります。なぜなら、相手との駆け引きの中での判断力、修正力が訓練されていないからです。ゲームに強くなるためにはオープンスキルの練習を行い、イマジネーションを膨らませて、想像力、判断力や修正力を磨いていくことです。

## 〈規則的〉な球出しと〈不規則的〉な球出し

球出し練習は、〈規則的〉であるか〈不規則的〉であるかが大事なポイントです。ゲーム性を培うためにはオープンスキルである必要があり、つまり、できる限り不規則的である必要があります。

例えば、球出しする場所が一定で、ボールを打つプレーヤーが左右に一定に動き、ストレートとクロスに打つ。高さはネットのやや上、といった規則的な球出しと打球練習がたいへん多いのですが、この規則的であることをやめましょう。規則的に球出しをしていると、プレーヤーは規則に則ったプレーしかできなくなってしまいます。そうすると、対戦相手は予測がしやすく、プレーもしやすくなります。そして、プレーヤー自身も予測をしなくなってしまいます。

ですから練習は、できる限り不規則にし、プレーヤー自身が予測するようにもっていきます。自分で想像して、判断して、修正していく形を目指しましょう。それが、予測できないものへの対応力、不規則なものへの対応力、イコール、ゲームで起こり得るさまざまな状況への対応力を身につけることにつながるのです。そうすると、さらにその先で、対戦相手に予測させない自分になることもできます。

### 球出しのリズムを変えよう

- 予測できる規則的な球出し
- 予測できるが不規則な球出し
- 予測できない不規則な球出し

# 球出しは〝一定〟にならないように 規則的↑↓不規則的を上手に取り入れる

球出しは〈規則的〉と〈不規則的〉を上手に取り入れる方法もあります。例えば、規則的に球出ししますが、出すボールは不規則であるなど……さまざまな方法を組み合わせることができます。

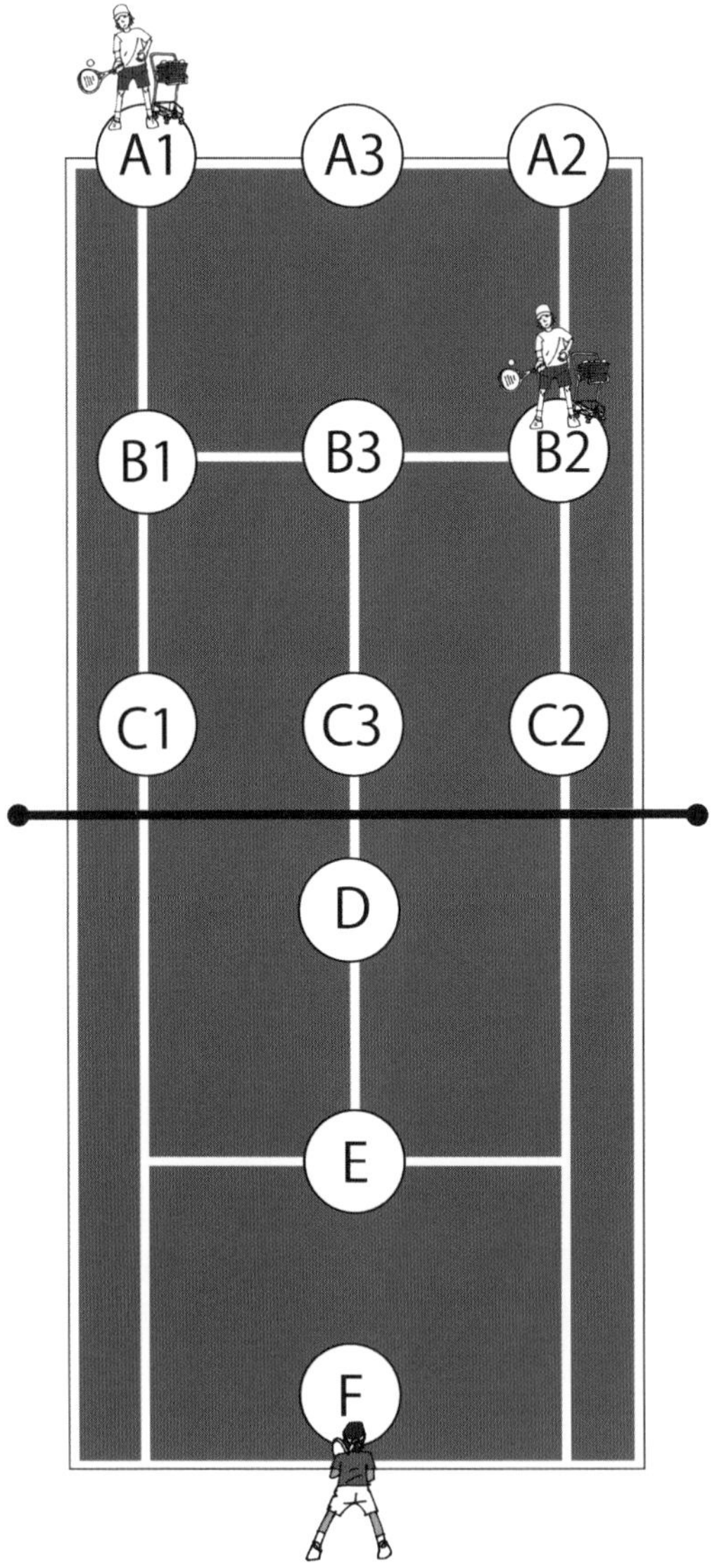

例

# 1 球出しの位置を変える

例えば、球出しの位置をA、B、C…、1、2、3…と変えます。さらに両サイド（自分側、相手側）も使います。

一般的に、定位置から球出しすることが多いのですが、オープンスキルを意識して、目的に応じて変える、違う場所から球出しをしていきます。球出し位置を変えることで、プレーヤーに届くボールの時間、角度、ボール軌道などが変わります。

また、球出しはひとりで行うだけでなく、複数人で行う方法もあります。

# 2 球出しの種類を変える

ボールの種類というのは、スピンやスライス、フラットなど球種を変えたり、回転量を変えたり、速さや高さを変えたりすることで増やします。それもいくつかを組み合わせることによって、同じボールが続きません。プレーヤーは、こういうボールがくると知っていて練習するときと、知らないで練習するときもあります。

限定して練習する方法やフリーで練習する方法もあります。最初から決めておいてやる方法と、プレーヤー自身が選択してやる方法もあります。プレーヤー自身が必要なボールを自分で判断して実行に移し、ミスをしたらそれを修正できるようにもっていくことがもっとも重要です。

# 球出しは〝一定〟にならないように
# 規則的↑↓不規則的を上手に取り入れる

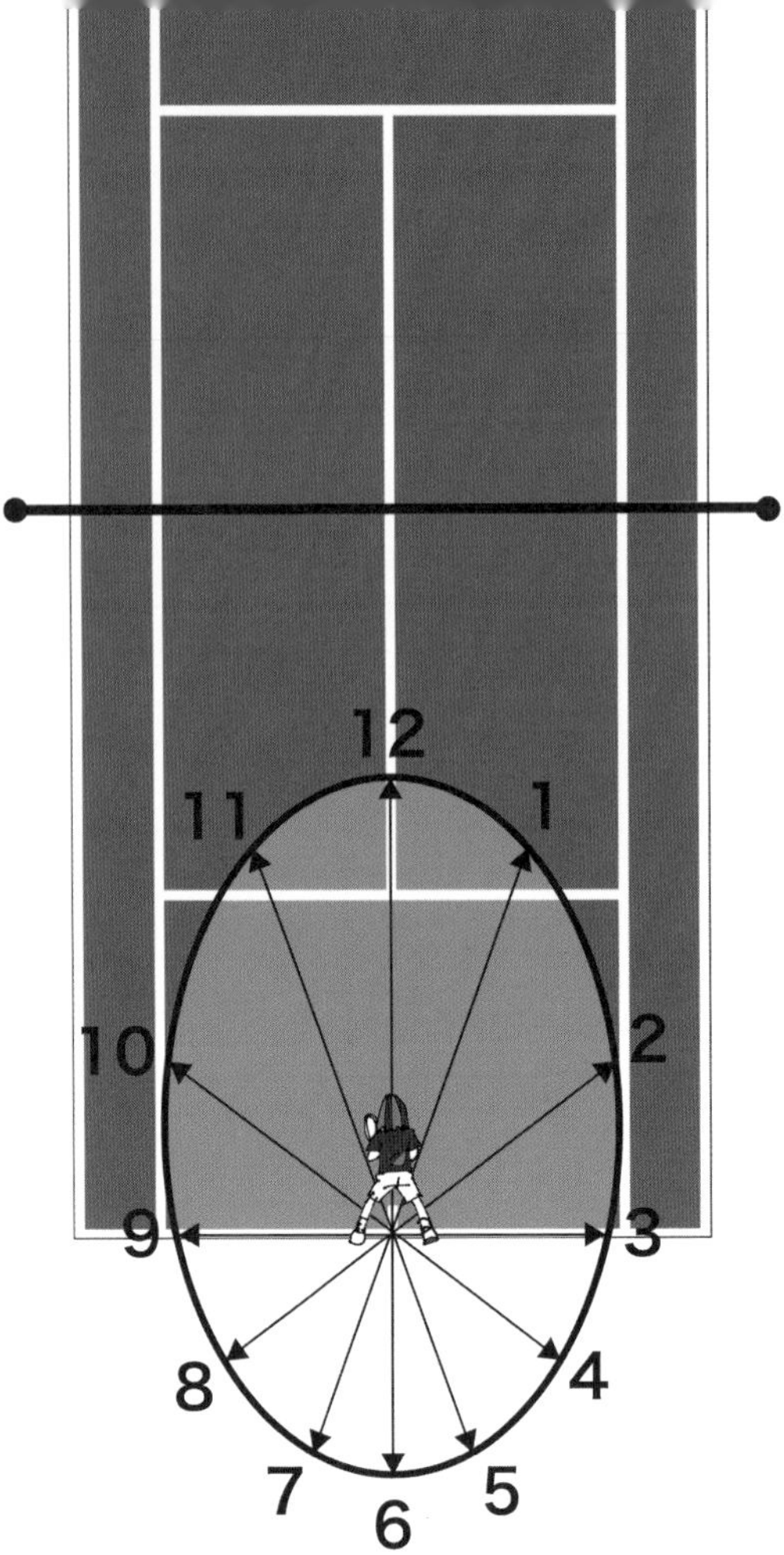

例

## 3 打つ場所を変える

プレーヤーが動いて、ボールを打つ場所(ポジション)を変えます。時計の文字盤を重ねると、わかりやすいのですが、よくあるクローズドスキルの球出し練習は、センターから3時、センターから9時の方向へ左右に動く練習です。

でも時計の針は1時から、ぐるっと12時までさまざまな方向があることがわかります。オープンスキルではすべての場所でフォアハンド、バックハンドを使っていきます。例えば右利きのプレーヤーが10時でバックハンドを打つこともあれば、11時で回り込みフォアハンドを打つこともあります。球出しに応じて打つ場所を変えたり、自らの意思で打つ場所を変えたり、あえて打つ場所を変えずに打つという方法もあります。

## 4 打点を変える

一定の高さの球出しと、不規則な高さの球出しがありますが、プレーヤーが同じ打点(高さ)だけにならないように、違う打点(高さ、低さ)にも対応できるように練習を進めます。

ボール軌道に時計の文字盤を当てはめるとわかりやすいです(172ページ〜参照)。例えばボール軌道の頂点を12時と仮定すると、1時で打ったり、11時で打ったりすることもできます。そのつど時間を変えて打ったり、プレーヤーが場所を変えて同じ打点(高さ)で打ったり(イラスト)、ボール軌道に対して打点をコントロールしていきます。

よくあるのは、プレーヤーが打点を変えないように打とうとすることですが、それをしているとその打点以外が不得意になってしまう可能性があります。ですから、あえて不得意な打点を探して、そこで打っていくという練習方法もあります。

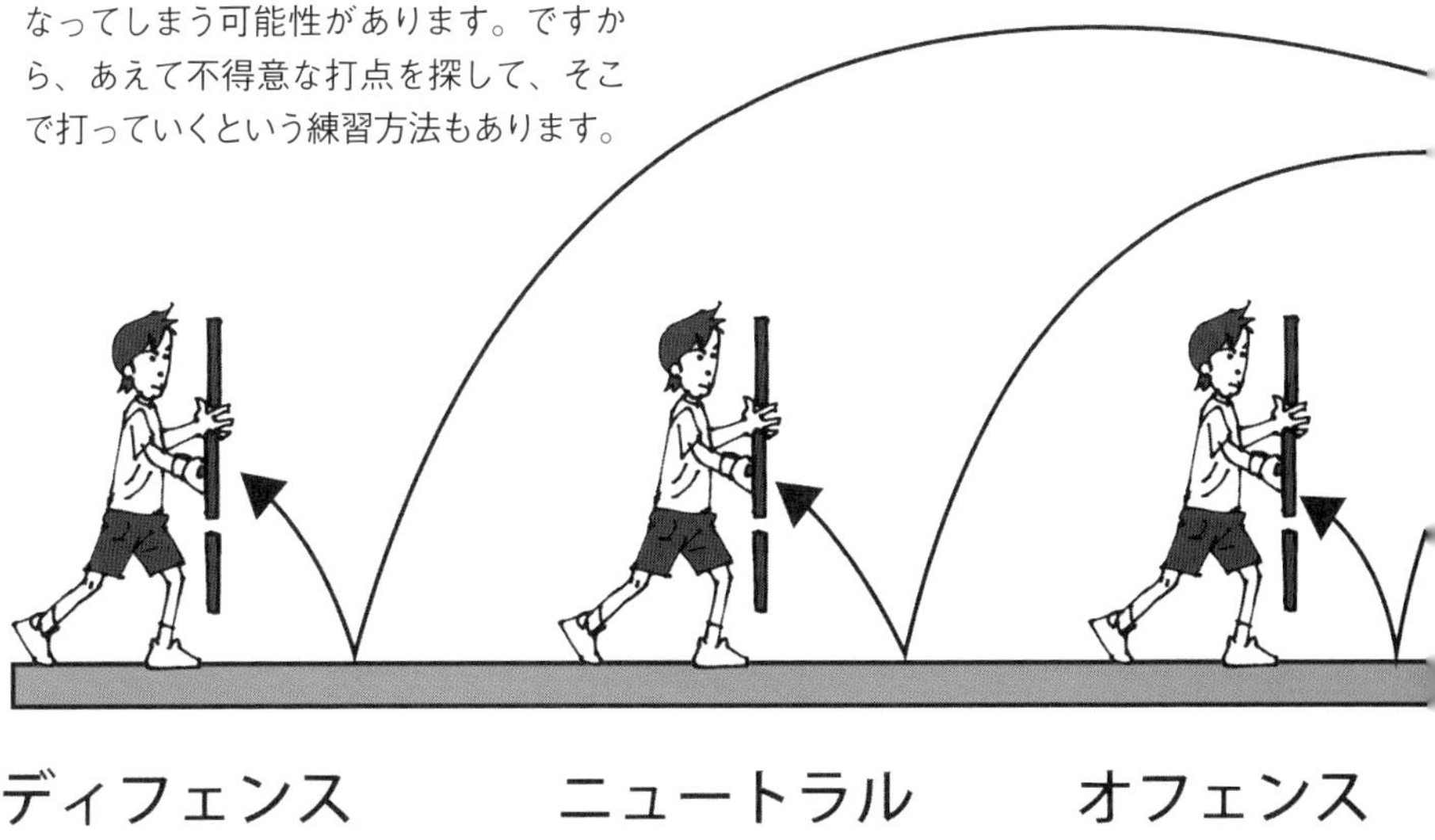

# 球出しは〝一定〟にならないように 規則的⇅不規則的を上手に取り入れる

例

## 5 時間を変える

ここまでの1から4を行うだけでも、すでに時間や場所、ボールは大きく変化しているはずですが、プレーヤーには、さらに自らイマジネーションを働かせ、時間と場所をコントロールしてもらいたいです。テニスは「間」＝時間をうまく使い、「場」＝スペースを確保し、あるいは埋めるスポーツです。それを対戦相手と自分が交互に考えながらプレーして、「時間」と「場所」を奪い合うスポーツでもあります。ですからよくある練習、左右の3時方向と9時方向を行ったり来たりする一定の動きをするだけでなく、自分と相手の間にある時間と場所を変える練習もしてください。例えば相手から「時間」と「場所」を奪うなら、2時の方向、1時の方向、12時半の方向へ動いて打っていく練習が考えられます。

球出し練習では、プレーヤー自身が想像力を膨らませていく、そういう環境をつくりましょう。次は同じボールばかり球出しするのではなく、さまざまなボール（同じボールではなく違うボール）を球出しして、その中で判断力や修正力を磨いていきます。

**さらに変化（課題）を加えて、プレーヤーの想像力を膨らませよう！**

## 例 変化1 9つのボール調整を使う

※詳細は34〜37ページ参照

❶ 場所を変える（ポジションや方向）
❷ 速度を変える
❸ 高さを変える
❹ 打点を変える
❺ タイミングを変える
❻ 回転を変える
❼ 回転量を変える
❽ 深さを変える
❾ 角度を変える

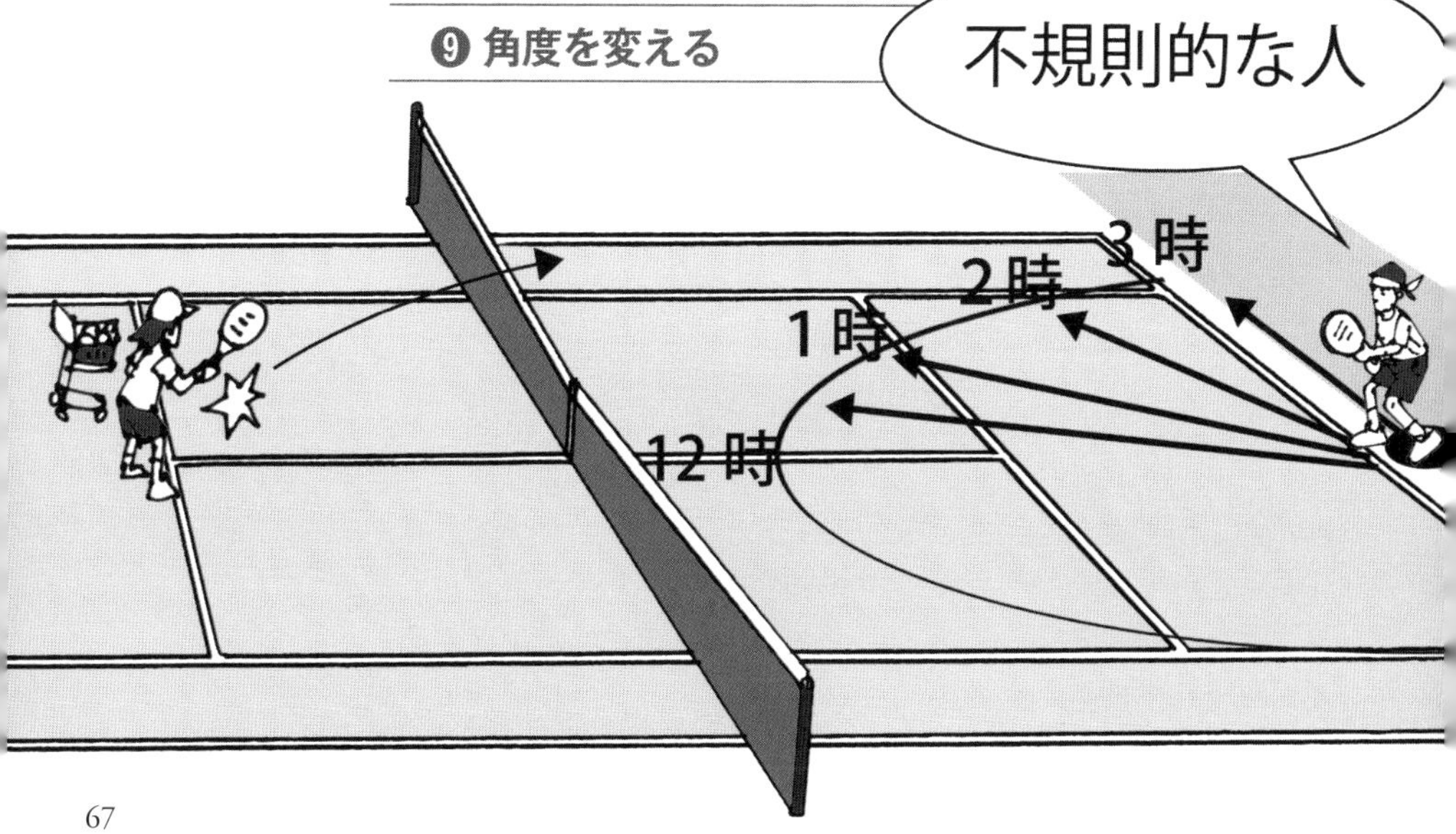

## 変化2 意識

例

- 意識を自分にもっていく
- 意識を相手にもっていく
- 意識をゲームの中にもっていく
- 相手を止めて打てるか？
- 相手を諦めさせて打てるか？
- 相手に山を張らせられるか？
- 相手に無理な選択をさせるくらいリカバリーできているか？

意識を自分、相手、ゲームの中にもっていく

## 変化3 狙うコース

- 決める ● 決めない ● 決めさせる
- 全部クロスに打つ
- 全部ストレートに打つ
- クロス、ストレートに交互に打つ
- クロス、ストレート、ミドルに打つ
- 2球クロスからストレート

**球出しは〝一定〟にならないように、規則的↑↓不規則的を上手に取り入れる**

## 変化4 攻守

- 攻撃、中立、守備を考えたボール
- すべて攻撃 ● すべて中立 ● すべて守備

## 変化5 量的、質的

- 打つ数を決める（量的）
- 入る数を決める（質的）

# vol. 02

想像力（イマジネーション）を膨らませる

# 苦手なプレーの練習

# 第2局面（コートの外）から第3局面（コートの中）への移行でミスが多い

ベースラインでプレーしていてショートボールが来たとき、ほとんどのプレーヤーはネットプレーをするためアプローチショットを打ち、ネットにつめるでしょう。ところが、そこでアプローチショットのミスが起きます。それまではベースラインでしっかりストロークを打っていたプレーヤーが、アプローチを打った途端にミスをしてしまうのです。

　第1局面（サービスやリターン）から第2局面（ラリーやアプローチショット）、第2局面から第3局面（アプローチショットからボレーやウィナー）と、局面が移った（変わった）途端に、え？　と思うような簡単なミスをするプレーヤーは多くありませんか？

　おそらくそういうプレーヤーは、ベースライン同士のプレーをものすごく練習していて、ベースラインからアプローチショット、ボレーといった第2局面から第3局面へ移行する練習が極端に少ないと考えます。中には、アプローチショット、ボレーの練習もやっています！　と言う人がいるかもしれません。しかし、それはひょっとするとアプローチショット、ボレー、というように一つひとつを分けて練習しているのではありませんか？

　ここで考えたいのは総合的なプレーです。テニスは、最終的にどのようにポイントを取るかをまず考えて（第3局面）、第2局面があり、第1局面があります。逆算の思考をします。つまり、プレーは連動しているものなのです。

## 学生たちに聞いてみたら、第2局面から第3局面への移行が苦手

　第2局面から第3局面の移行でミスが多い学生に、こんな質問をしてみました。お互いがベースライン付近にいてラリーをするときと、片方（相手）がベースラインにいて、片方（自分）がアプローチショットを打ってネットにつくときは、自分はどんなことを感じているか、何を考えているか、そして両者でどのような違いを感じているかなどを聞いてみたのです。

　すると、共通した答えが見えてきました。特に印象的だったのが、コートの中に入る（つまり第2局面から第3局面に移る）と緊張する、苦手意識を感じるというものです。ネガティブな答えが多く出ました。こういうプレーヤーは、コートの外（第2局面）ではしっかりしたラリーをし、攻勢をかけてチャンスをつかむのですが、いざ、ショートボールを叩き込んでコートの中（第3局面）、という過程に苦手意識を持っていることになります。

　学生たちがコートの外とコート中でそれぞれ感じていること、その〝違い〟についてまとめたものが72～75ページです。彼らに何が身についていて、何が身についていないか、足りないものは何かがよくわかります。この足りないものを補っていくことが目的です。

### コートの外とコートの中 あなたは何を感じ、何を考えているだろうか？

# Q

# コートの外とコートの中で あなたは何を感じ、何を考えているだろうか？

以下は学生たちの意見です。

## コートの外

- 自然
- 左右の動き
- スペースが限られる
- 外は時間がある
- 移動距離が一定
- 選択肢が少ない
- 対場所、対自分
- エースを狙わなくてよい
- 考えることが少ない
- 打つことに専念できる
- 自分のことに集中できる
- 自分主体でどこに何を打つか選択できる

## コートの中

- 不自然
- 左右、斜め、前後の動き
- スペースが広い
- 中は時間がない
- 移動距離が変わる
- 選択肢が多い、増える
- 対相手、対場所
- エースを狙う
- 考えることが多い
- 打ったあとを考える
- 常に相手が関係してくる、相手を見る
- 相手次第で選択を変える

## 学生A

### 「コートの外は自然、コートの中は不自然」

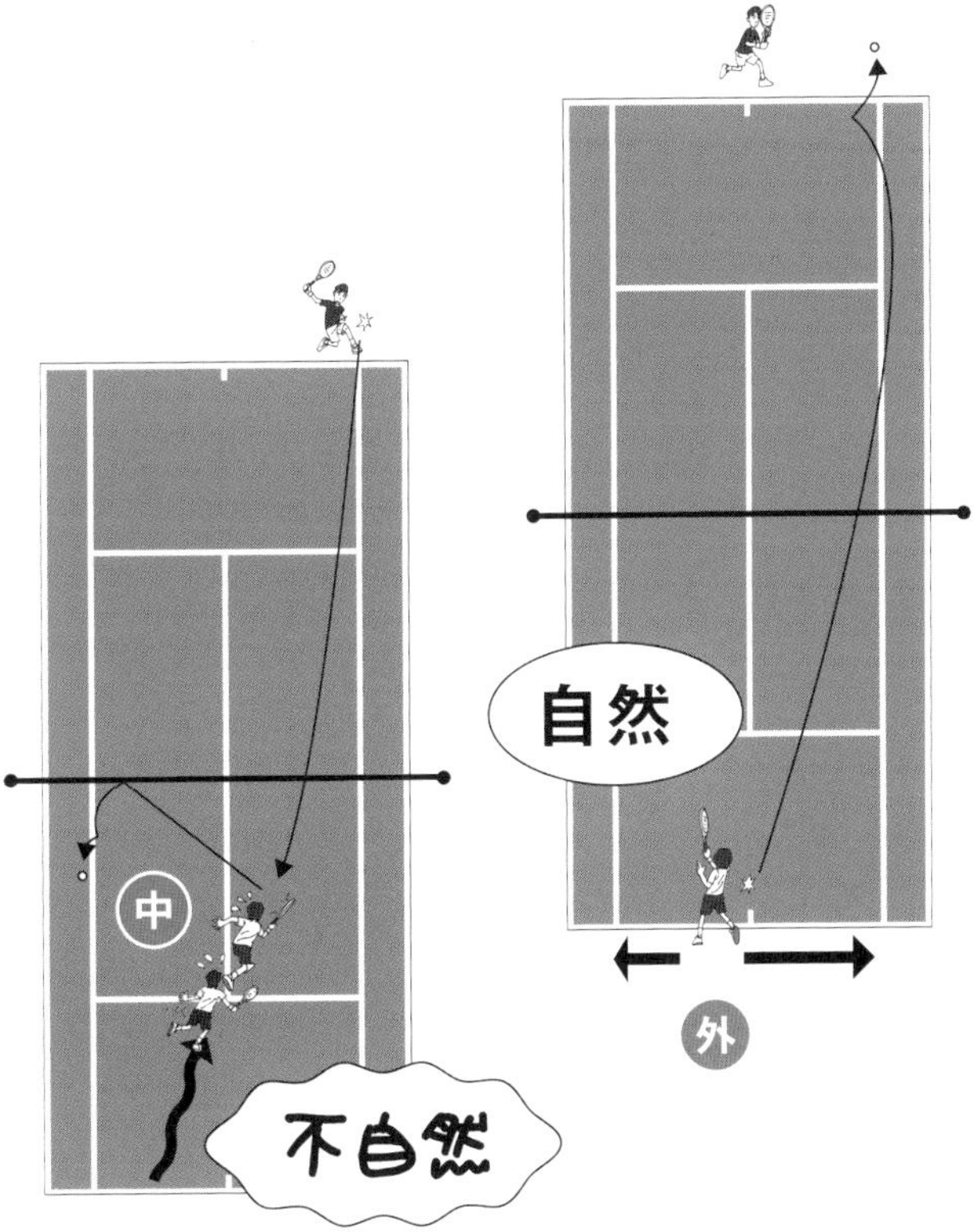


私は現役のときにネットプレーヤーでしたので、コートの中にいるときのほうが好き（自然）でした。ネットプレーヤーの多くは同じ気持ちではないでしょうか。ネットについたほうが断然楽しかったのです。それこそ、ベースラインでプレーしているときよりも、ネットに出たほうがイマジネーションをかき立てられました。

ところが、ある学生はこんなことを言っていました。コートの外にいるほうが心が穏やかでいられ、いいプレーができると言うのです。ベースラインプレーヤーが多いことを考えると、こういうプレーヤーのほうが多いのではないでしょうか。

そうすると、コートの外にいるときはミスをしないのに、コートの中に入った途端にミスをする理由が少し見えてきます。コートの外にいるときは自然で、コートの中に入ると不自然。このことに気づくことができたら、次に、どうすればそのネガティブな「不自然」を取り除くことができるかを考えることにつながります。

A

### 学生 B

**「コートの外は横の動きが多く、
コートの中は横、斜め、前後の動きが多い」**

コートの外にいるときは左右の動きが多く、コートの中に入ったら左右以上に斜め、前後の動きがものすごく増えるという声がありました。コートの中でプレーするためにはもっと動きのバリエーションを練習する必要があります。

### 学生 C

**「コートの外ではほとんどエースを狙わないが、
コートの中に入るとエースを狙う」**

コートの外にいるときはしっかりとラリーをして、無理にエースを狙うこともないのに、コートの中に入ると急にエースを狙い始めてしまうという声。この違いもたいへん興味深いです。

### 学生 D

**「コートの外では考えることが少ないのに、
コートの中に入ると考えることが増えてしまう」**

### 学生 E

**「コートの外では打つことに専念できるが、
コートの中では次を考えなければならない」**

コートの外にいるときより、コートの中にいるほうが考えることが多いという声がありました。それは、コートの外にいるときはボールを打つことに専念できるのに対し、コートの中に入るとボールを打ったあとの、次を考えなければならないということと近いものがあります。本当はポイントを獲得するために、どのようにプレーするかを最初に考えて、それを逆算して(考えながら)プレーしてもらいたいのです。

## 学生 F

### 「コートの外では自分に集中できるが、コートの中では相手を見なければならない」

コートの外にいるときは自分に集中できるのに対し、コートの中に入ると相手がどこにいて、どこへ打てばよいのか、そのボールに対して相手はどこからどう打ってくるのかなど、自分のことだけではなく、対相手、対場所と、やはり考えることが増えます。

## 学生 G

### 「コートの外では自分主体でどこに打つか選択できるが、コートの中では相手によって選択を変えなければならない」

学生Fと似ていて、コートの外にいるときはあまり相手のことは気にせず、自分がどこにどんなボールを打つか、自分主体で選択できるのに対して、コートの中に入ると相手に対してどこにどんなボールを打たなければいけないか、相手によって選択を変えなければならなくなります。

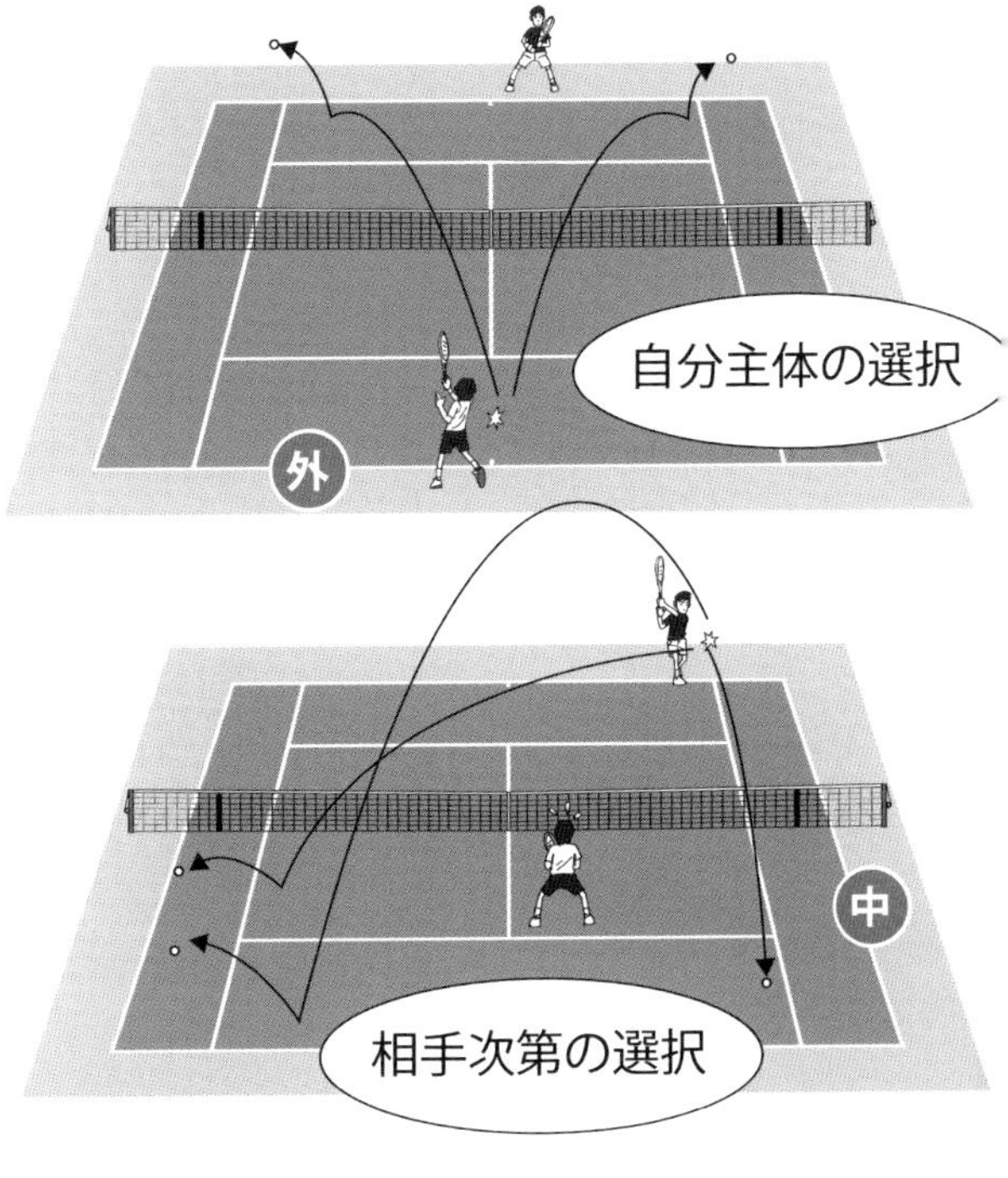


このようにコートの外、コートの中で感じていること、何を考えているか、起きていることについて違いを挙げたことで見えてきたものがあります。やはり足りていないのは「総合プレー」です。そうすると、どのような練習をする必要があるかがわかってきます。

# コートの外とコートの中でプレーが違ってしまうよくある例

## コートの外

ポイントを取られないように、相手以上にミスをしないという思考でいます。常にリカバリーし、同じ距離を保っていることが多いです。時間的には余裕を持っています。

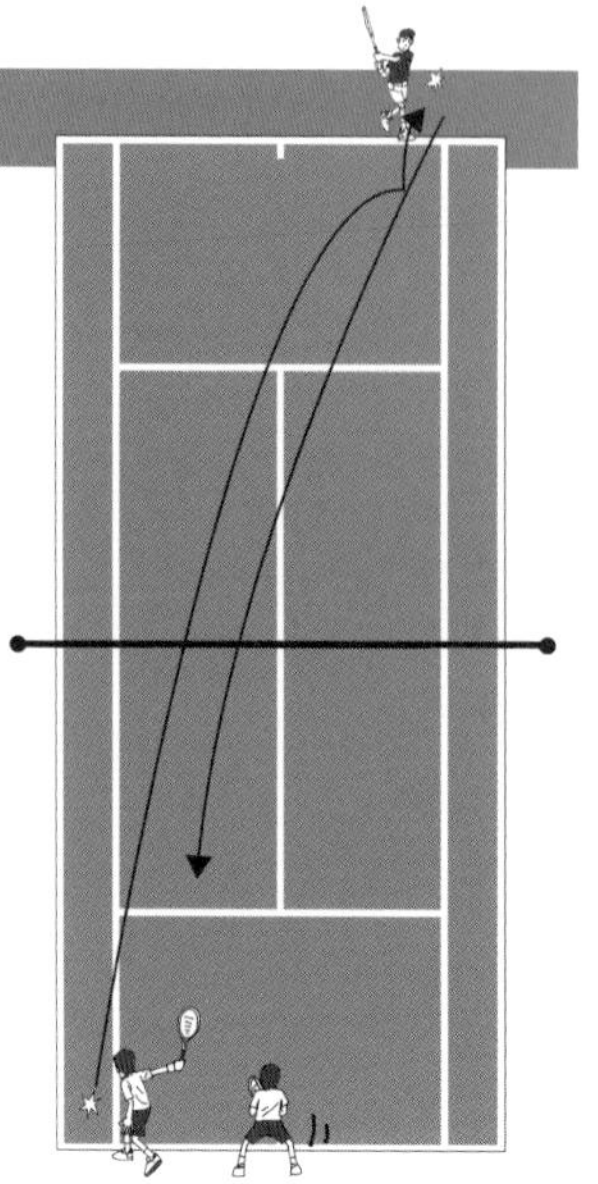

## コートの中

ポイントを取ろう、取ろうという思考でいます。プラスアルファのプレーをしようとしてしまいがちです。相手の場所、返球、動きも想定しなければならず、時間が少ない上に考えること、選択肢も増えて半ばパニック状態です。

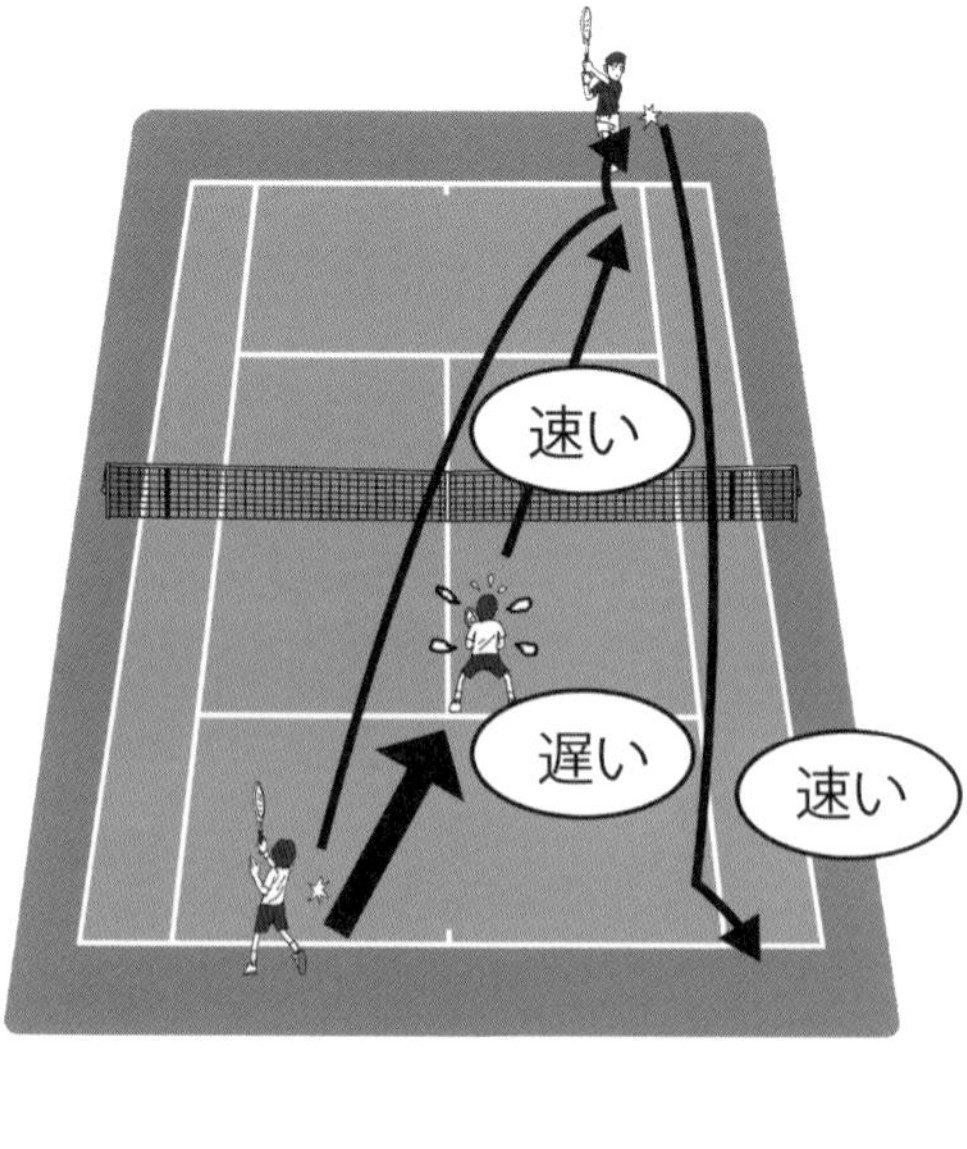

回転
場所
時間

**相**手をよく見るクセをつける、相手の裏をかくなど、イマジネーションを大切に、ボール調整を含め「間」と「場」を制することを練習の目標にしましょう。

相手を介して
ものごとを見る
癖をつけよう！

# 対ターゲットではなく、対人練習が必要だ！

コートの外にいる自分とコートの中にいる自分がまるで違うプレーヤーにならないように、第2局面から第3局面が連動する練習をしていきます。

コートの外にいても中にいてもイマジネーション（想像力）を使ってプレーすることが大切です。そのためには、対ターゲットの練習より、対人練習が重要で、相手をよく見る、相手を介してものごとを見る癖をつけることです。

**第3局面に移るときほど**
**自分も相手も、時間も場所も**
**〝大きく変化〟する**

## 相手がいない練習

コートの向こうにあるターゲットに向かって、好きなボールを好きなように打ちます。打ったら元の場所へリカバリーします。

コートの中

第3局面

コートの外

第2局面

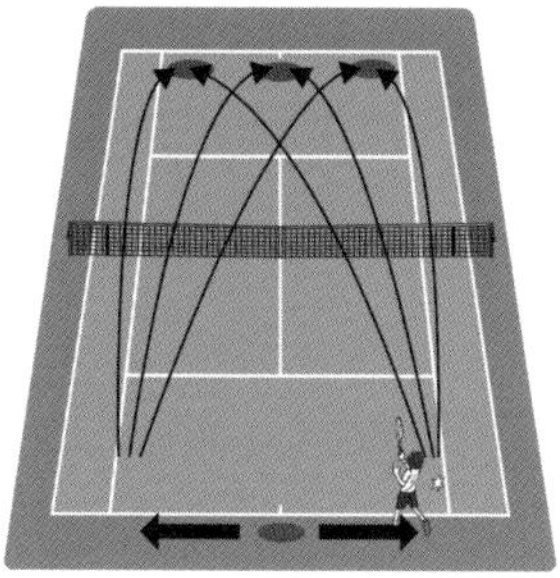

相手がいる練習のほうが
イマジネーションあり！
相手がいる場合と
いない場合ではショットの
選択がものすごく変わる

第2局面から第3局面に移ることの難しさを理解し、そこをもっと練習していく必要があります。ネットプレーでは、ボレーヤーが決まった場所にいることはほぼなく、打つ場所（ポジション）も、そして打つべき場所も刻々と変わります。それは相手に大きく影響を受けるためで、なおさら練習ではターゲットがモノでなく人であることが重要です。

モノは時間も場所も一定ですが、人であれば場所も時間も刻々と変わります。そうするとショットの選択肢、狙う場所、動くスピードやボールをとる高さ、打つスピード、さらにボールの回転の種類や回転量も変化をつけ、相手のタイミングをずらそうなどとより複雑になっていきます。すなわち常に相手、人を意識した練習をしていくことが非常に重要で、それを習慣化することによってコートの中でのプレーが鍛えられ、さらにコートの外と中を連動させるプレーを増やしていくことで自然になっていきます。

## 相手がいる練習

コートの向こうに相手がいれば、相手のポジションが目に入り、相手はどういうプレーヤーでどういうプレーをするのかと、必死に探るでしょう。そしてボールを打つ前にはイマジネーション（想像力）を働かせて、ボールを調整し、どこへ打とうか、場所を選んで打つことをします。そして、相手のいる場所や動きに応じて、自分のポジションも変えてリカバリーします。

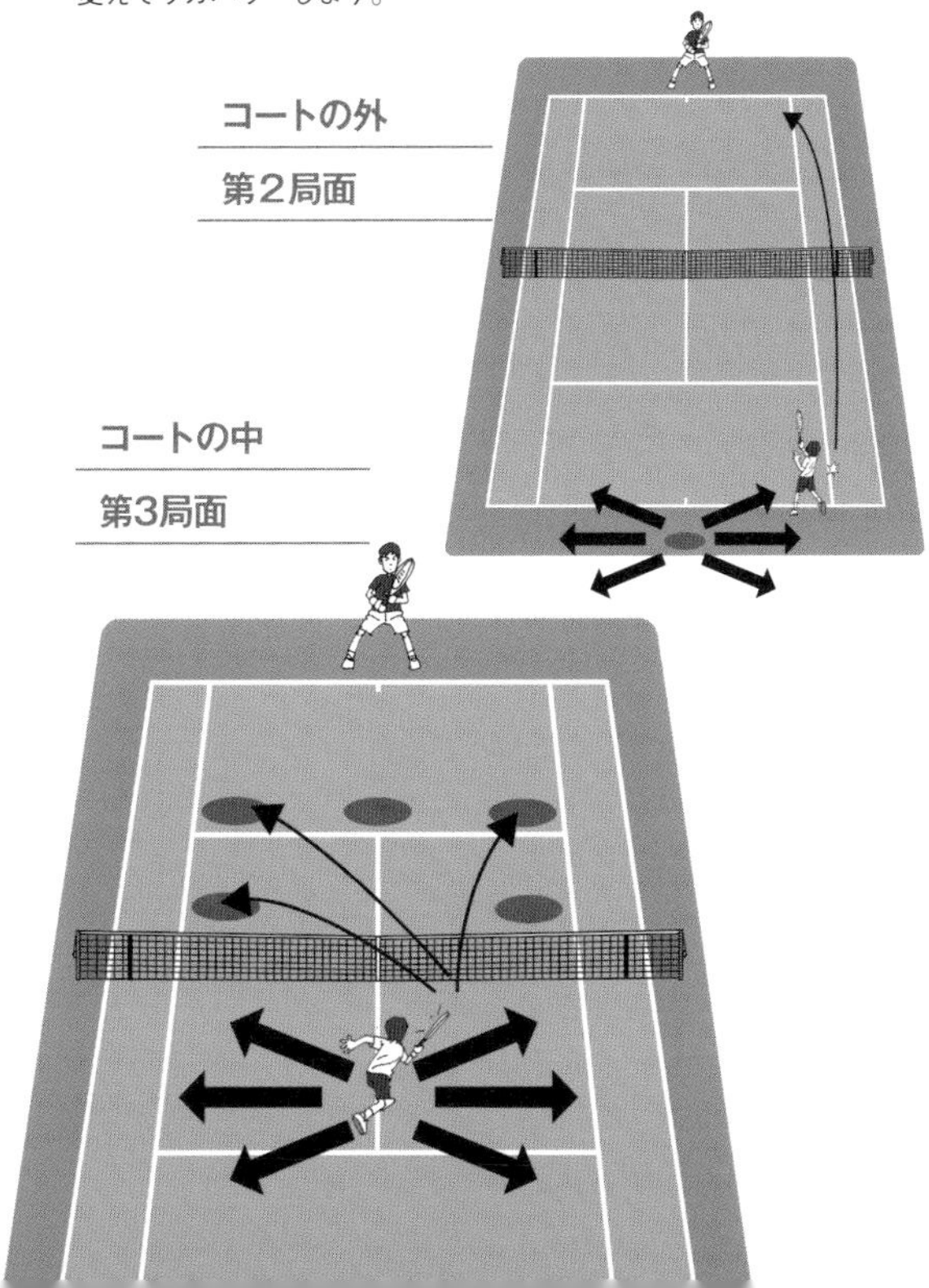


ベースラインの後ろにいて、決まったターゲット（場所）を狙うことばかりやっていると、対モノになってしまい、自分がいる場所から打てるボールを選択してしまいがちです。しかし実際には、その第2局面（ベースラインプレー）から、ポイント獲得が近い第3局面（アプローチショットやネットプレー）に移るほど相手も自分も大きく動く可能性が高く、場所も大きく変わりますし、それも急に（時間がない中で）選択して実行しなければならなくなります。

求められるのは対応力であり、順応性です。そういう練習を普段からしてください。

# 想像力（イマジネーション）を膨らませて練習する大切さ

A選手はある大会で決勝まで勝ち進み、ファイナルセットへもつれ込んだその試合で5－3とリードしていました。しかし最後はタイブレークを落として負けてしまいました。

ゲームカウント6－5でA選手がリードしているとき、相手はサービスゲームをキープすればタイブレークに持ち込める場面です。サービスを打ち、左右に強打してA選手を揺さぶってきました。A選手はそれをしっかりと打ち返してリカバリーし、対抗していましたが、（コート図右参照）あるボールが①ネットインしてきて、そのドロップショット気味のボールを猛ダッシュで取りにいき、②アプローチしてネットにつきました。

低いボールをフォアハンドスライスでとり、それをストレートにアプローチしてネットにつきました。相手はドロップショット返しも警戒していたのかベースラインの中にいたのですが、結局、A選手のアプローチに対し、③ロブを打ってしのぎ、さらにそのロブがA選手の頭上を抜けてエースとなりました。A選手はネットにつめすぎていました。

こうしたネットインしたボールをアプローチショットで打つことは多いと思います。そのときの選択肢には、ストレートへ打って相手のパスかロブを待つということがひとつあります。A選手はそれを選び、アプローチショットを相手のベースライン深くに打ち、パスを待とうとしたのです。しかし、それは適切な判断と行動ではありませんでした。これが“習慣”というものです。

本当は（コート図左参照）、その他の選択肢ももっておいて状況判断すべきでした。アプローチを相手のベースラインに向かって深く打つという選択肢だけでなく、他に❷ドロップショット返しでストレートまたはミドル（真ん中）へ打つことができれば、それを相手が強打することもロブを打つことも難しい状況だったと言えます。

このようなケースから見えてくることは、相手と自分との距離、相手と自分との間のスペース（場所）について、もっと考えるべきだということです。ベースラインにいるときに比べ、ネットについたときのほうが考えが希薄になりがちです。それもそのような練習が少ないからにほかなりません。テニスは人を介することで覚えられることがたくさんあります。特に第2局面から第3局面に強くなるためには「対人練習」をして、常にイマジネーションを膨らませて行うべきです。

A選手が身につけたい他の選択肢

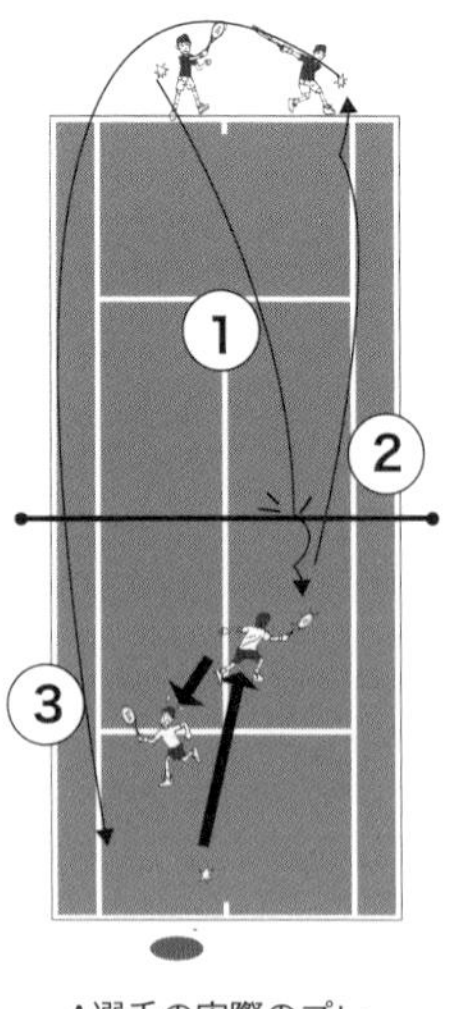

A選手の実際のプレー

vol.

03

想像力（イマジネーション）を膨らませる

# 時間を計算するクセをつける練習

# 時間を計算する（合わせる）プレーヤーはミスをしない

次はアプローチショットのドライブボレーを例に、具体的な「イマジネーション（想像力）」を考えていきましょう。コート図を見ながら読み進めてください。

A（あなた）とB（相手）は対戦していて、クロスで打ち合っています。Aが打ったボールでBは押されて、短いロブをコートの真ん中に返してきました。Aはコートの中に入り、アプローチショットの役割をもたせたドライブボレーを選択してネットにつめていきます……ここまでについてを、もう少し詳しく考えてみます。

押されたBは「時間」と「場所」を失ったため、ロブを上げるしかできませんでした。ロブで時間を稼いで、場所を確保（リカバリー）しようとしています。

対してAは、いくつかの選択肢があったと想像することができます。

Aは短いロブがくることをどの時点で判断したでしょうか。判断が早いと、素早く前進してネットに近づくことができ、ノーバウンドでドライブボレーを打つことができます。判断が遅いと、やや前進が遅れてネットにあまり近づけず、ノーバウンドでとるかワンバウンドでとるか考える必要があります。突然短いロブがきた！というハプニング的な状況だったらぎりぎりの判断となり、前進が遅れてワンバウンドでとるしかないかもしれません。

このように選択が変わる可能性もあります。その分かれ目はどこにあるかというと、Aの〝ボールに対する「時間」の考え方〟にあります。それは、どのショットをどこへ打つといった球種やコースを選択することとは違う考え方です。Aの選択で鍵となるのは、「時間を計算する（合わせる）」ことであり、これが非常に効果的な戦術のヒントになります。

AがBからポイントを取るために「時間を計算する（合わせる）」ことをすると、次の場面の「ショットの選択」が自ずと決まってきます。

まず、ショットで決めるのか、限りなく決めにいって次のプレーにつなげるのか、つなぐのかが変わってきます。

刻一刻と状況が変わる中でプレーする「オープンスキル」のテニスです。ハプニングはつきものであり、そこに多くのミスが生じてきます。そのミスを極力減らして、相手より多くのポイントを取ることを目指すのです、そのために「時間を計算する（合わせる）」プレーは、効果的な戦術のヒントになることは間違いありません。

**ここにいろいろな時間が存在していることを理解してほしい**

## コート図の前提

AとBがクロスの打ち合いをしていて、Aが放ったショットでBの返球が短いロブになりました。

そこでAはコートの中に入って前進し、アプローチショットのドライブボレーを選択、という場面です。

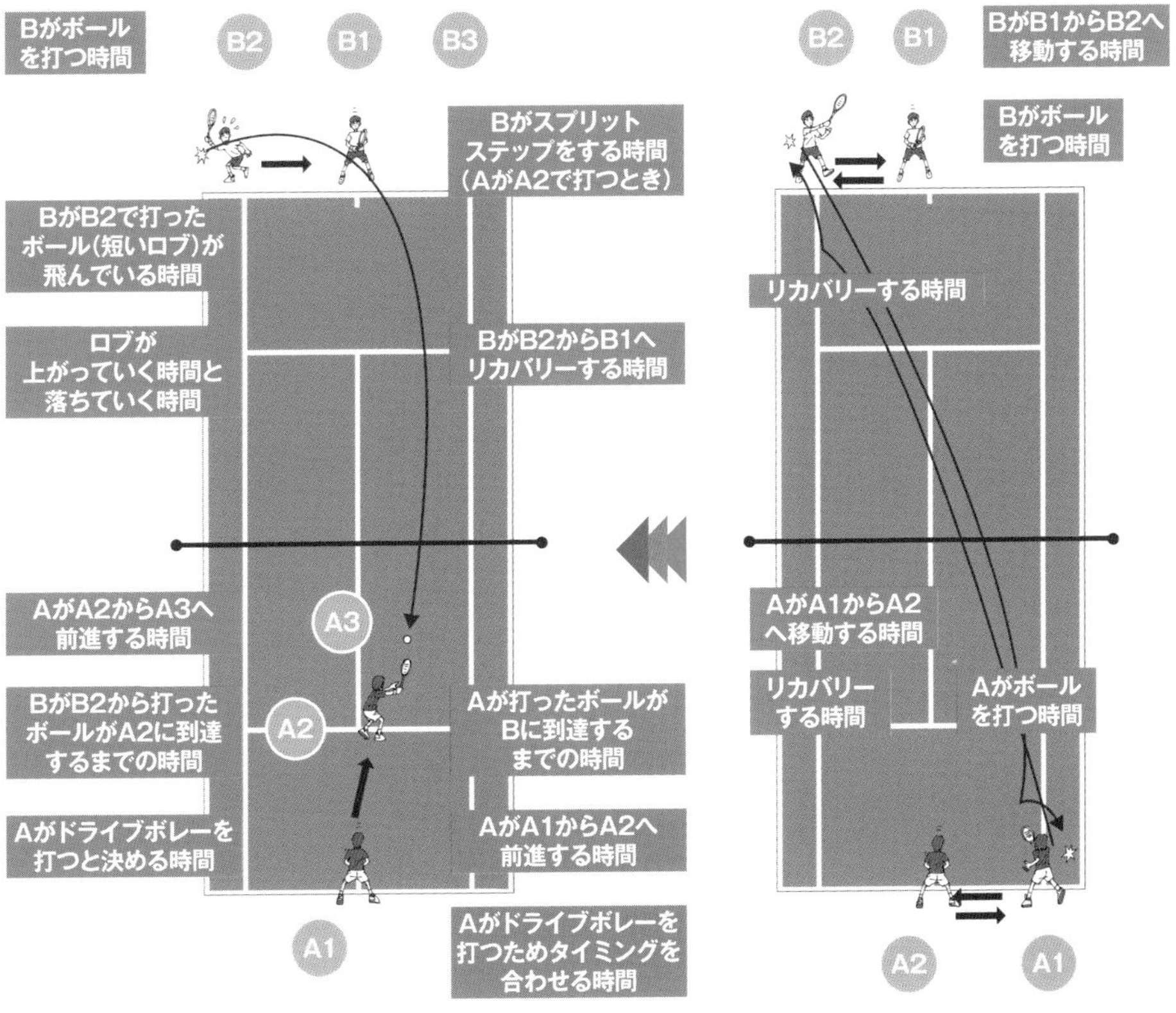


**……時間はまだまだ続く**

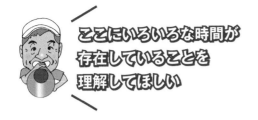

# 時間を計算する（合わせる）プレーヤーはミスを極力減らせる

効果的な戦術のヒントは「時間を計算する（合わせる）」ことにあります。

　コート図を見てください。AとBはボールが空中にある「時間」を使って、お互いに最適なポジションをとろうと争っています。Aは、A2、A3と進み、アプローチショットのドライブボレーをダウン・ザ・ラインに打っています。このときAは「時間を計算する（合わせる）」ことをしていて、決めにいくか（パワーや回転で圧倒したり、スピードボールでエースを取りにいったり）、アプローチショットとして打って次のボレーやスマッシュにつなげるか、いくつかある選択肢の中から〝ベスト〟な判断、最適なショットを選んで打っていきます。ですから「時間を計算する（合わせる）」と、極力ミスを減らすことができます。

## 時間を計算しない（合わせない）プレーヤーはミスをする

　アプローチショットを無造作に、無意識に打って前にいくプレーヤーが多いです。またアプローチで大事なのはショットの種類（スピンかスライスか）とコース（どこへ打つか）だと考えているプレーヤーも多いです。果たしてそれが一番大事なことですか？

　もうおわかりだと思いますが、「時間を合わせる（計算する）」と、意図を持ったショットの選択や判断ができ、だから極力ミスを減らせて、同時に相手に対して効果的となります。

## Aは時間の計算を続ける

Aはどの深さにどのくらいのスピードで打ったら、どの位置まで進めて、どこで止まり、どのパスでもどのロブでも対峙できるかと、時間の計算をし続けます。

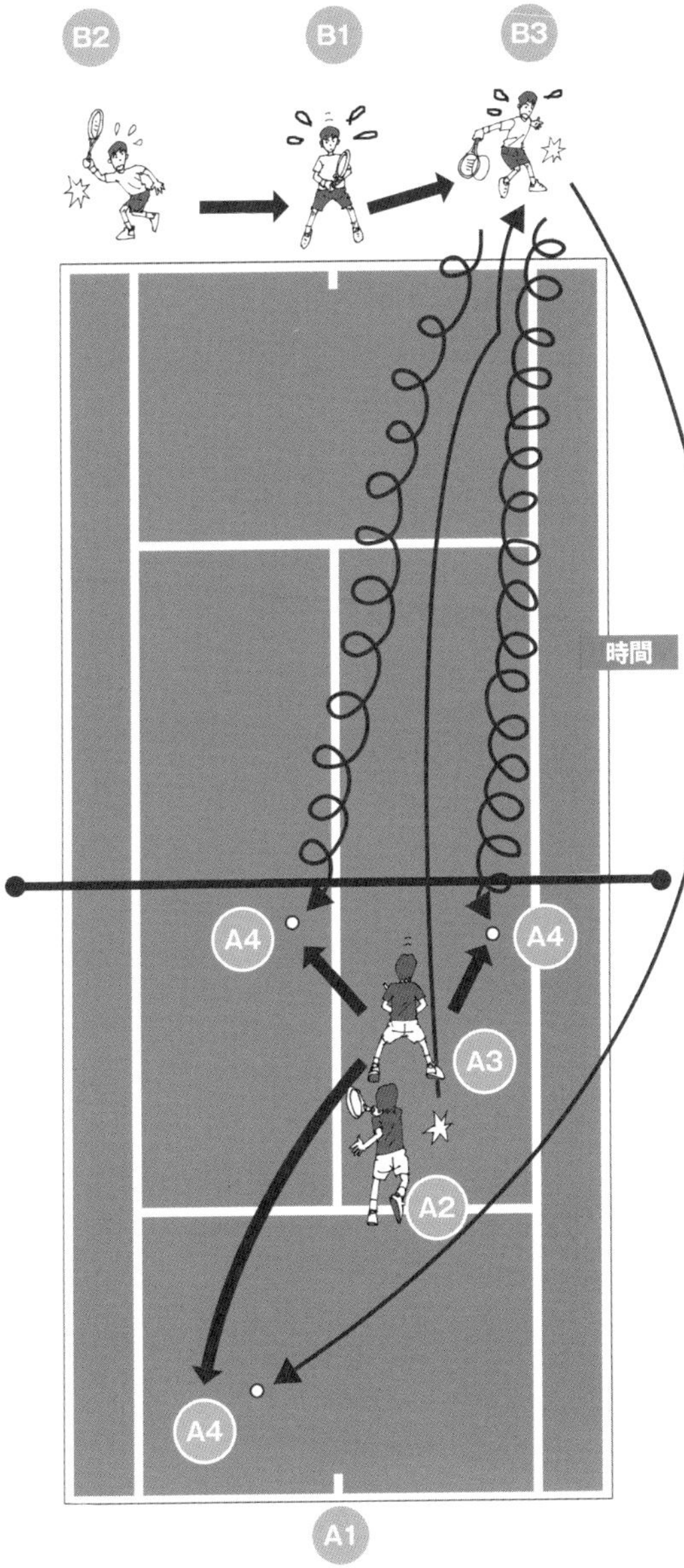

Aがやるべきは常に時間を計算するクセをつけること。それさえ守ればボレー、スマッシュの技術がどうとか、とやかくいうよりもずっと、ポイントを失う確率を減らすことができる

どこへどんなボールを打つか、それしか考えていないとポイントは取れない

ドライブボレーを例におすすめの練習方法を紹介します。この方法をいろいろアレンジして使ってください。

# 時間を計算しながらショットの精度を上げ、一番適切なポジションをとる練習

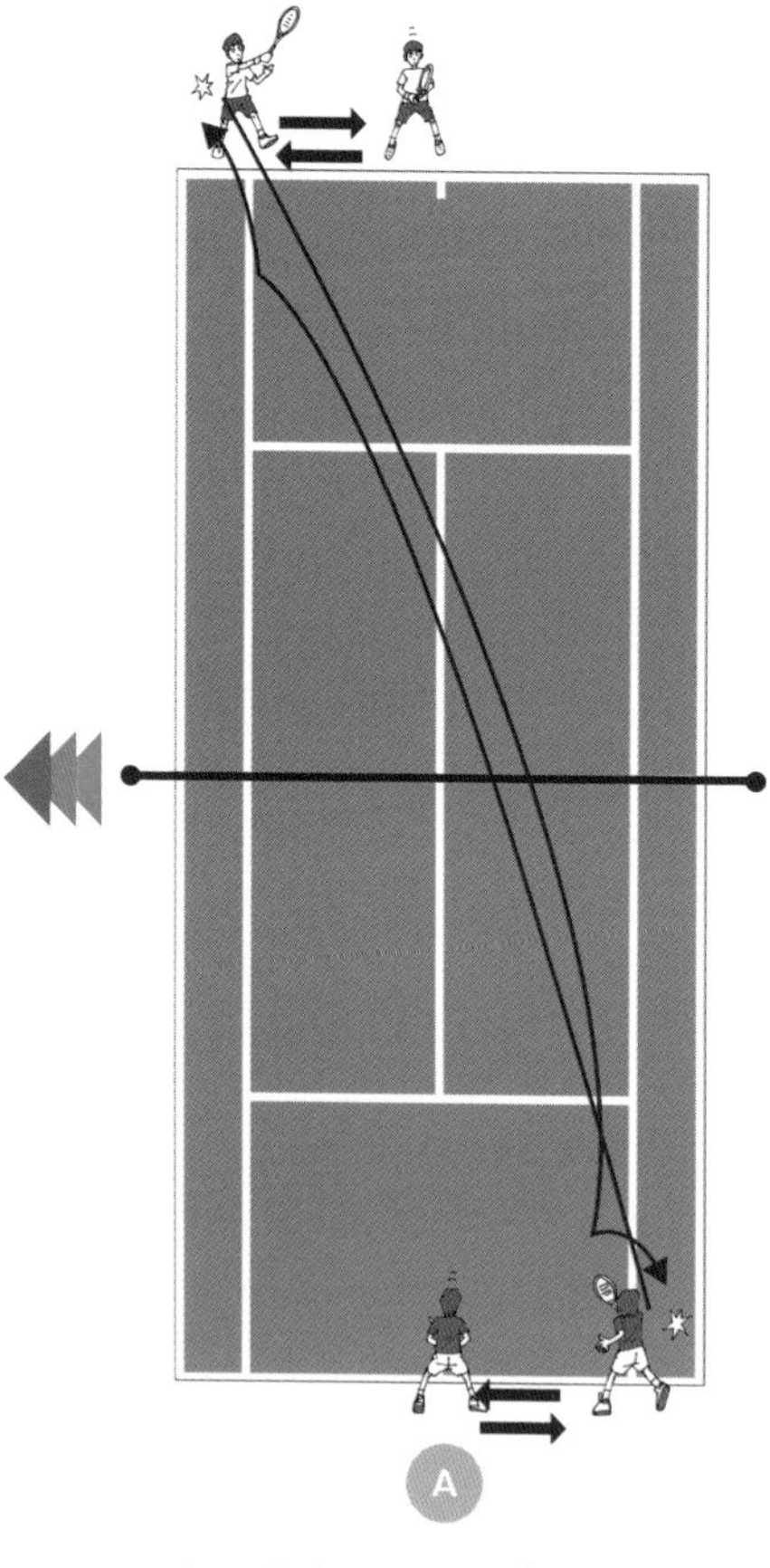


クロスラリーからドライブボレーへ移る前提

## 練習方法

Aがポイントを獲得することが目的の練習です。コーチはAに短いロブを球出しします（慣れてきたらいろいろアレンジしましょう）。アプローチショットのドライブボレーの精度を上げます。「時間を計算する（合わせる）」ことを常に頭に置いてプレーしてください。

Aはロブに対し時間を計算して（合わせて）前進し、ドライブボレーをターゲットを狙って打ちます。打ったあとは次のプレーを想定して、必ず構えてください（コート図◯）。

ターゲットは非常に重要です。ここではコートの中のターゲットではなく、相手をターゲットと考え、“移動式ネット”を設置することにします。相手にどう打たせるのか（打たせないのか）を考えて、設置場所を決めましょう。そしてネットにブルーシートをかけたり、鈴を結ぶなどして、ネットにボールが当たったら音が鳴るようにします。バンッ！とかチリン！と鳴れば、相手が返球してくる「場所」や「時間」が明確になります。それに合わせて次のプレーを考え、スプリットステップをします。ステップの向きやタイミングを合わせてください。

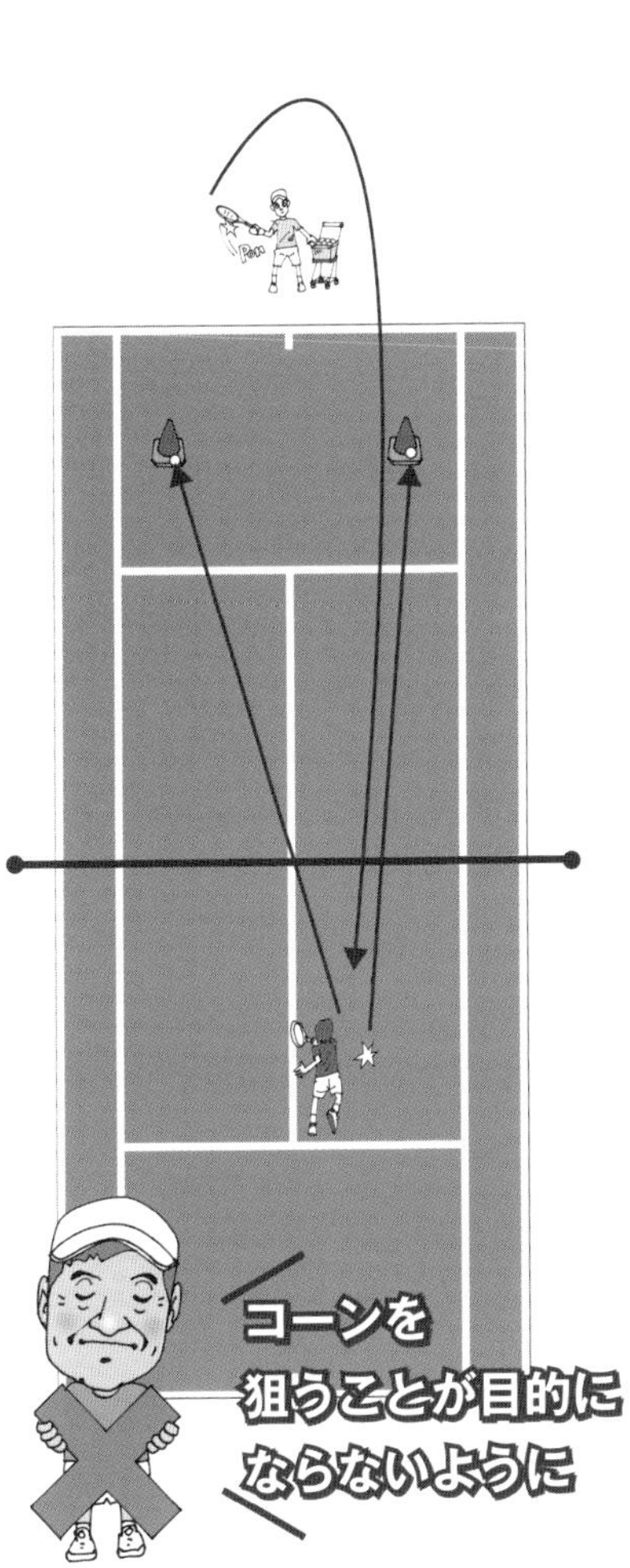


コート内のターゲットを狙うことが目的になってしまうと、実戦的ではなくなってしまう。ターゲットにボールが当たっても、実際にはそのボールがバウンドした先に相手がいて、簡単に返球されてはポイントは取れない

## 最終目的は相手から
## ポイントを奪うことにある

相手を想定して、どこでどういうボールを打たせればポイント獲得に近づけるかを考えてプレーする

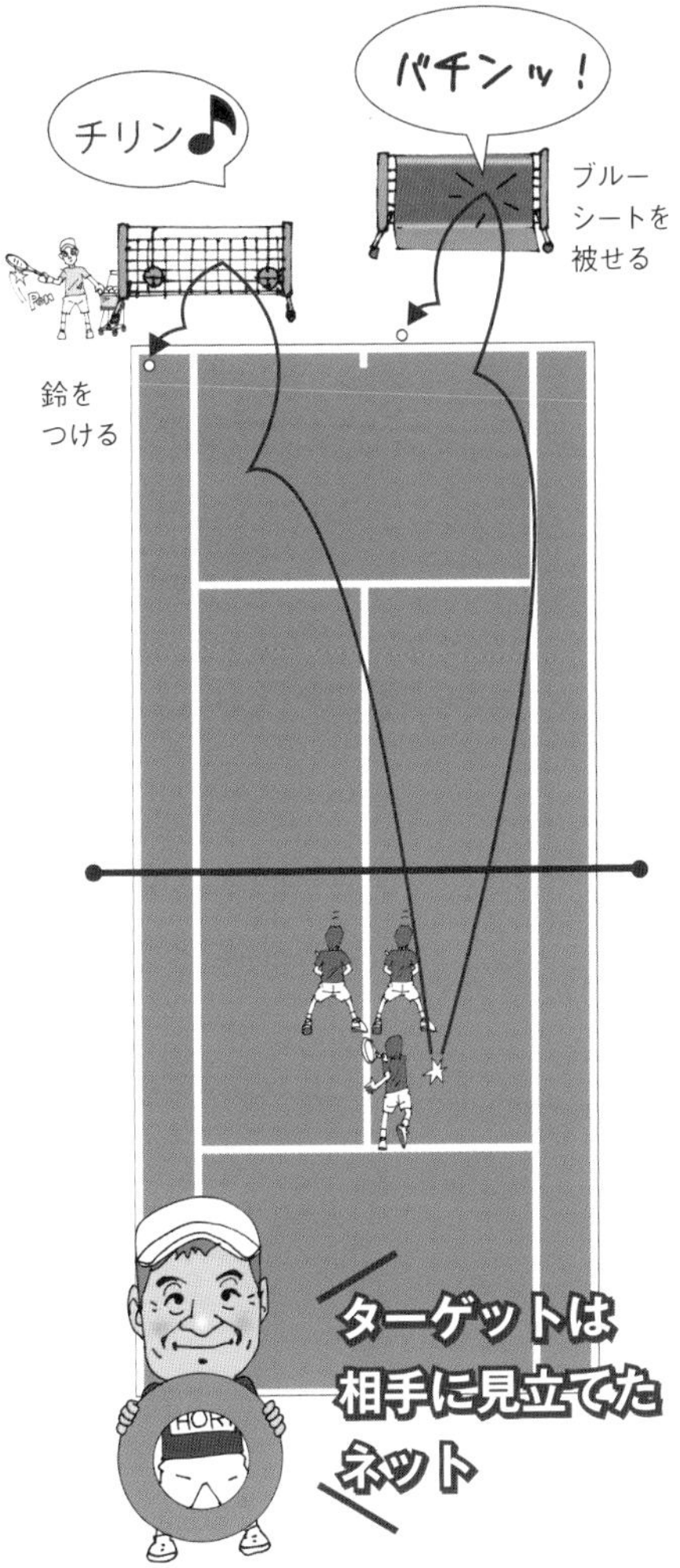


## ターゲットを
## 置く場所も重要

一般的には、ターゲットはコートの中、“地面”に設置することが多い。しかし、そこはボールの落下地点で、落下地点を狙うことが目的になってはいけない。最終目標は相手からポイントを奪うことであり、そのためにはバウンドしたボールがどのように弾んで相手に到達するかを考えてプレーしなければいけない。相手に、深い場所、遠い場所で難しく打たせればチャンスボールがくるはず。そこで相手(移動式ネット)と自分との間にある距離、時間を考えながらプレーする。いつでも時間を計算するクセをつけたい

## ゲームを観る力 1

# セルフジャッジは「自身の正しさ」を問いている

スポーツには審判(第三者)が必要ですが、テニスではプレーヤー自身が審判をする制度があります。これを「セルフジャッジ」と呼んでいます。ITF(国際テニス連盟)が管轄する国際大会から国内の地域大会、全国大会、公式戦でも行われているポピュラーな制度です。ジュニアからプロ、一般プレーヤーまで、みなさんも担当したことがあるのではないでしょうか。

時速200kmを超えるサービスを打つプレーヤーもいますし、ライン際に落ちるヘビートップスピンのストロークを打つプレーヤーもいます。それを自分が立つ側のコートは自分で判定して試合を進めなければなりません。言い換えると(正式な)審判不在の中で試合をすることが多いのです。

そもそもテニスは、自分が放ったエース以外に相手がミスをしても得点になるスポーツです。それをセルフジャッジで行えば、ボールがコートに「入った」「入っていない」を自分に有利に行うことができてしまいます。にも関わらず、テニスがセルフジャッジの制度を続ける意味は何でしょうか。

ルールブックには(要約すると)疑わしい場合はイン、確信ある判定以外はアウトとは言えない、とあります。ですから、勝ちたい一心から自分に有利に判定したい心情があっても、それはできないのです。そこが肝心です。スポーツは相手を尊重して初めてプレーが成立します。セルフジャッジは「自身の正しさ」が鍛えられる制度なのです。

テニスには、試合中は誰からもアドバイスを受けることができないというルールもあります。すなわちプレーも判定も、すべて自分の選択、判断で行い、強く自立が求められるのです。

テニスコートの「court」は、「宮廷」「法廷」、室内のサプリームコートは「最高裁」をも意味します。よってテニスプレーヤーは、実はコート上の「法廷」で己の正しさを試されているのです。

vol.

04

想像力(イマジネーション)を膨らませる

# サービス練習

# Q 練習では入るのに、試合では入らないのはなぜでしょうか？

# A 「おそらく練習でもできていません」と私は答えるでしょう。

講習会に行くたび必ずされる質問があります。「練習のときはできる（入る）のですが、試合になるとできない（入らない）のはなぜでしょうか？　メンタルが弱いのだと思いますが、どうすればいいですか？」という内容です。私はこの質問に対してほぼ決まって言うことがあり、「おそらく、それは勘違いです。練習のときからできていないと思います」と答えます。

聞いた方にしてみれば、何をすればいいか具体的な答えがほしかったはずですから、身も蓋もない答えでしょう。でも、サービス練習について、いつ、どれくらい、どのような方法でやっているのかを聞いていくと、やはり「勘違い」だったことに気づいていただけます。

ほかにも、次の3つの質問に対するよくある答えを挙げましょう。

## Q いつサービス練習をしていますか？

「練習の最後」「人数が多いとき」
「天候が悪くてボールが弾まないとき(ラリーができないとき)」

## Q どれくらい練習していますか？

「5分」「15分」「30分」

## Q どのような方法で練習していますか？

「一方向に打ちっぱなし」
「クールダウンをかねて、リラックスして打つ」
「的当て」「○球入るまで」

こうした答えが出てくる方は、これからは練習方法を変えたほうがよいでしょう。これらの内容は練習が試合とかけ離れていることを示していて、これらの練習は試合で生きてきません。

### 練習方法 1

### クロス担当とストレート担当に分かれてラリー

練習と試合を近づけることが重要です。例えば、サービスの練習は2球を持ち球にして、デュースサイドから始めます。1ポイントが終わったらサイドを変えます。また1ポイントが終わったら、普通はサービスを打ったあとに激しいラリーがあって息が切れることもあるため、それを取り入れ、サービス後に(ポイント間の20秒を使って)ダブルニージャンプを10回やってから次のポイントを始めます。実際にはポイント間に息が上がっていたり、疲労を感じていたりするものですから、それがサービスの精度に影響して徐々に低下していきます。その中で精度を上げるよう取り組むのがサービス練習です。

サービスの打ちっぱなし、クールダウンの意味合いで打つサービスは、試合で打つサービスと“別もの”ということです。

# 練習を試合に近づける——サービス後を考えてプレーしよう

試合でサービスを効果的に打つためには、サービス練習で〝実戦〟をイメージして行い、試合に近づけるようにします。まず、サーバーがひとりで行える練習方法を紹介していきます。これをもとにレシーバーを立てたり、アレンジをしてみてください。

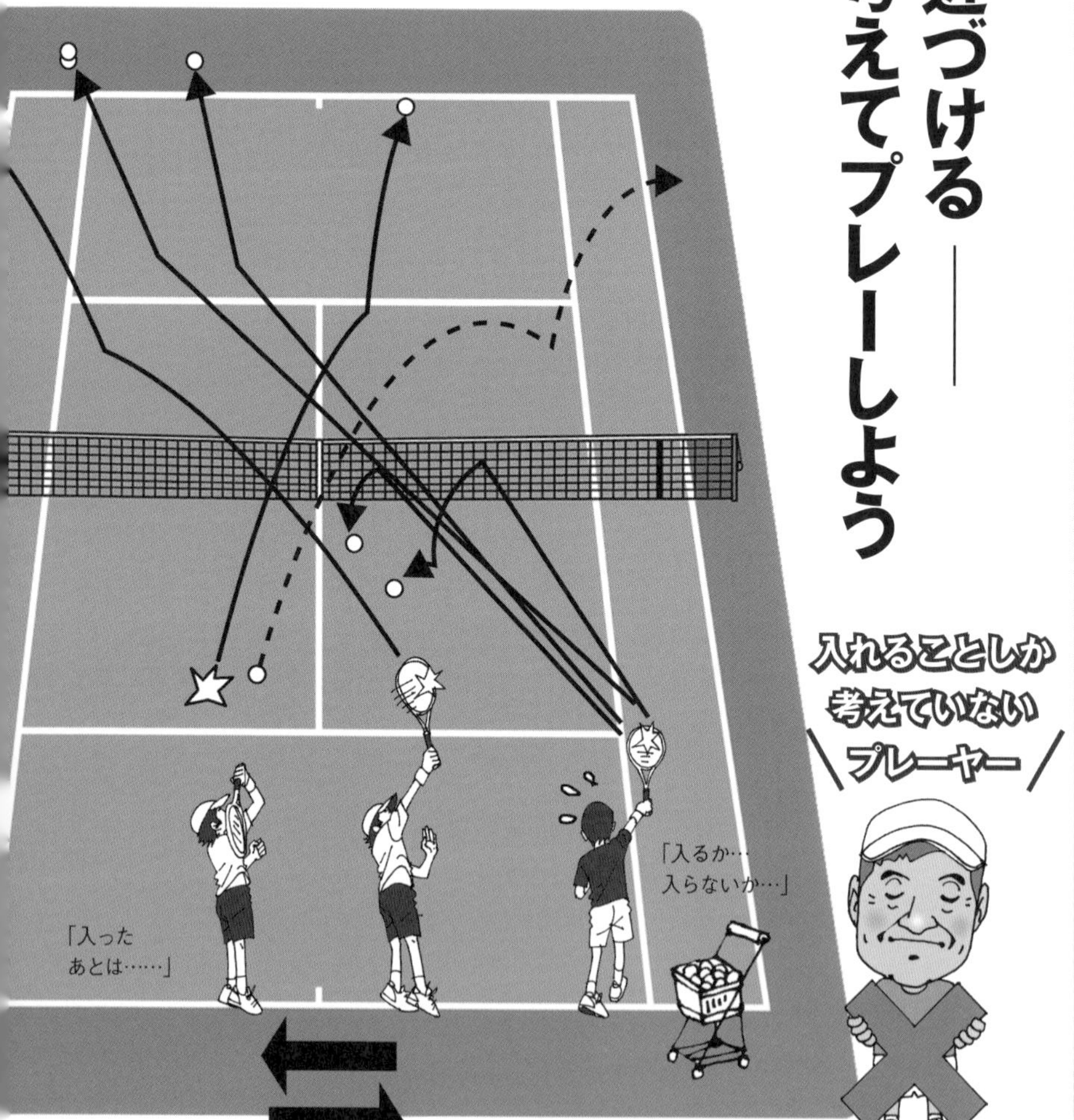
入れることしか
考えていない
プレーヤー
「入るか…
入らないか…」
「入った
あとは……」

## 練習方法 2

### 試合のようにサイドを変える

サービスゲームはデュースサイドから始まります。2球が持ち球で、ファーストサービスで始まり、ファーストサービスが入れば、(そのあとはプレーが続いた想定で、途切れたら)アドサイドに移ります。ファーストサービスをフォールトしたらセカンドサービスを打ちます。これを続けてスコアを数え(ダブルフォールトは失点)、1ゲーム分を行います。

**アドバイス**

## サービス後のプレーを想定して サービスを選択して打つ

ファーストサービスから打ち始め、フォールトしたらセカンドサービスを打ちます。ファーストが入ったらセカンドは打たず、隣りのサイド(次のポイント)に移動します。当たり前ですが、ファーストサービスは同じ場所で何度も続けて打つことはありません。まず、その理解と実践です。

ファーストがフォールトしたあとセカンドを打ち、それが狙い通りに入ったとします。ダブルフォールトはしませんでしたから、まだポイントは失っていません。そこから相手とやりとりをしてどうなるか次第です。

セカンドを打ったということは、この時点でサービスの確率は50%。サービスの確率を上げることはサービスキープにつながりますので、ファーストサービスを入れることが重要です。

しかもサービスはプレーの始まりのショットであり、そのあと続くプレーを有利にするためのものでなければなりませんから、サービス後のプレーを想定した上でサービスを選んで打つということを習慣づける必要があります。これを続けていくとサービスのクオリティーを考えるようになり、同時に修正も考えるようになります。これがサービス練習の基本です。

# 練習を試合に近づける——サービス後を考えてプレーしよう

## 練習方法 3

### サービス後のプレーを想像して打つサービスを選択する

デュースサイドの第1ポイントでファーストサービスが入り、アドサイドに移っての第2ポイントでファーストが入り、デュースサイドの第3ポイントでファーストがフォールトして……ファーストが入らなければセカンドを打つという、単純なルーティンにならないようにしましょう。そのサービスからどうポイントを展開するかを考え、そのためにどんなサービスをどこへ打つかを考えてプレーします。意図したサービスを狙いを定めて打ちます。

## アドバイス

### 同じサービスを同じ場所へ打つ、単純な打ちっ放しから脱却しよう

どうポイントを取るかを考えて、そのために必要なサービスはどんなサービスか、どこへ打つかと逆算して打つようになると、同じサービスを同じ場所へ打つという、単純なことを繰り返す悪習から脱却できます。いつもサービスは違って、それぞれに意図が生まれます。

もしファーストサービスを同じ場所へ打つとしても、あるサービスは時速170km、あるサービスは時速150km、あるサービスはスライス、あるサービスはスピン、あるサービスはスピン量10%増、というようにサービスをアレンジして、ゲームをしているように練習してください。

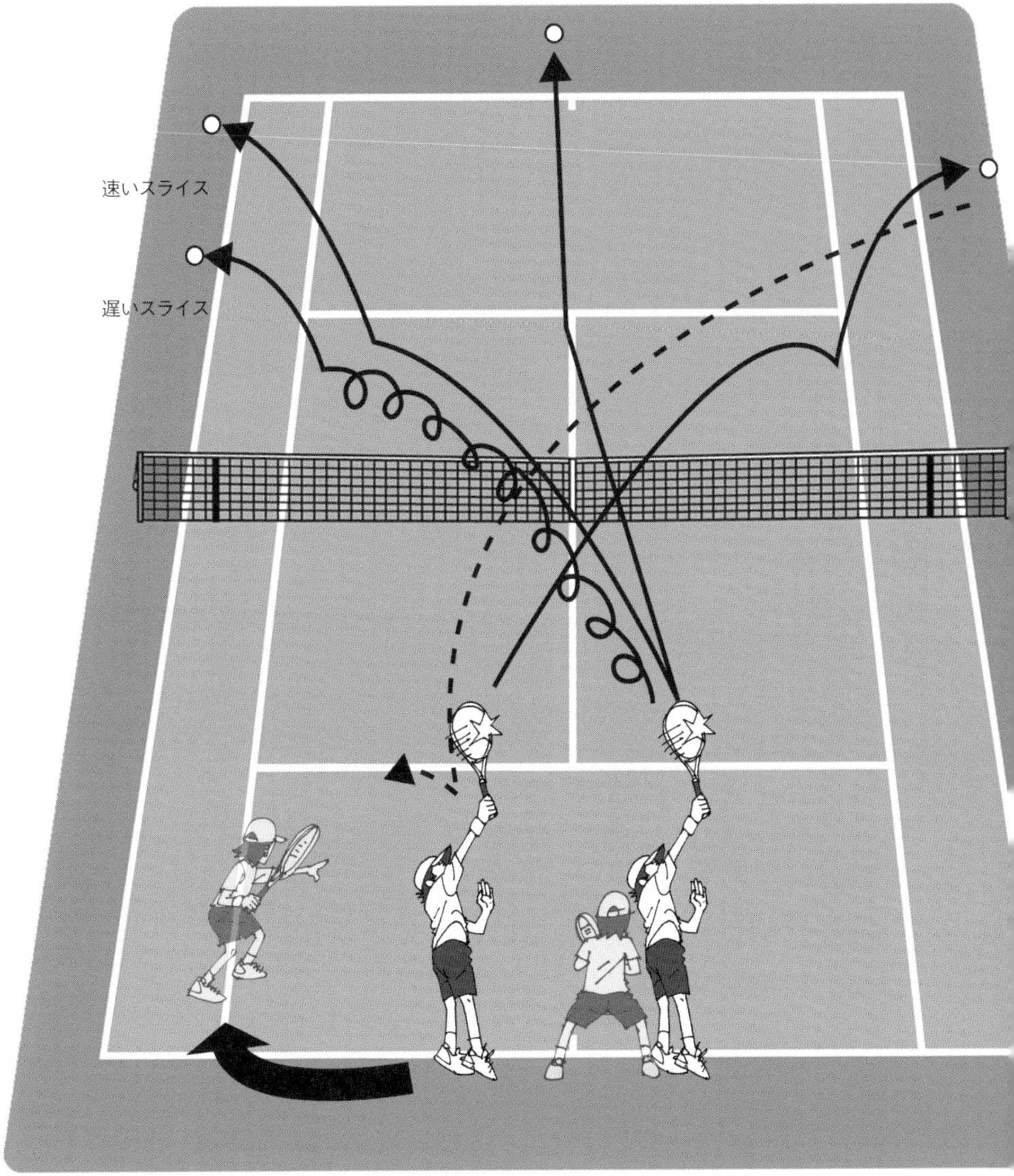


ワイドのスピンサービスを
打って甘い返球を
フォアで回り込む

サービス後のプレーを
想像してサービスを打つ

センターに
速いフラットを打ったら
返球も速いから素早く構える

## 練習方法 4

### サービスの精度を上げる
### 同じ場所に、違うサービスを打つ

今度はサービスの精度を上げる練習です。場所(コース)を正確に狙うことに集中して行います。ターゲットはディースサイドとアドサイドに、それぞれワイド、ボディ、センターと3ヵ所ずつつくり、合計6つのターゲットを1から6まで順にクリアしていきます。プレーはアドサイドの❶ワイド→❷ボディ→❸センター、デュースサイドの❹センター→❺ボディ→❻ワイドの順で進みます。この練習は達成型練習と呼んで、「できるまでやる」こと。ひとつのターゲットがクリアできたら(しっかり狙えたら)、次のターゲットに移ります。集中して行ってください。

**アドバイス**

### 目的は相手のレシーブ力を下げること
### ターゲットを狙うことではない

繰り返しになりますが、サービスの目的はターゲットを狙うことではありません。相手のレシーブ力を下げてポイントを奪うこと、次の攻撃をするためのアドバンテージを取ることにあります。ですから、同じターゲットを繰り返し狙うとしても、スピンの種類やスピンの量を変えたり、速度を変えるなどして、いつも相手レシーバーに簡単にリターンされないようにイメージして打ちましょう。戦術的な挑戦をしながら、精度を上げることを目指します。

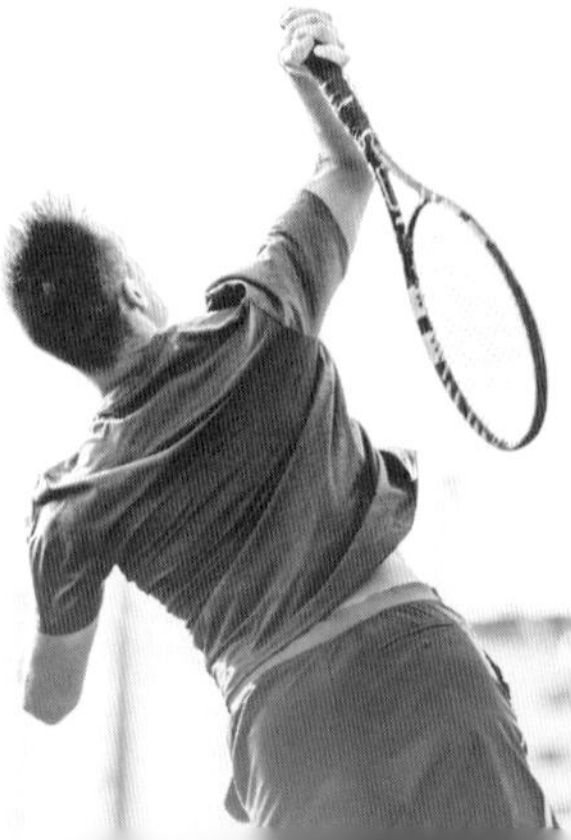

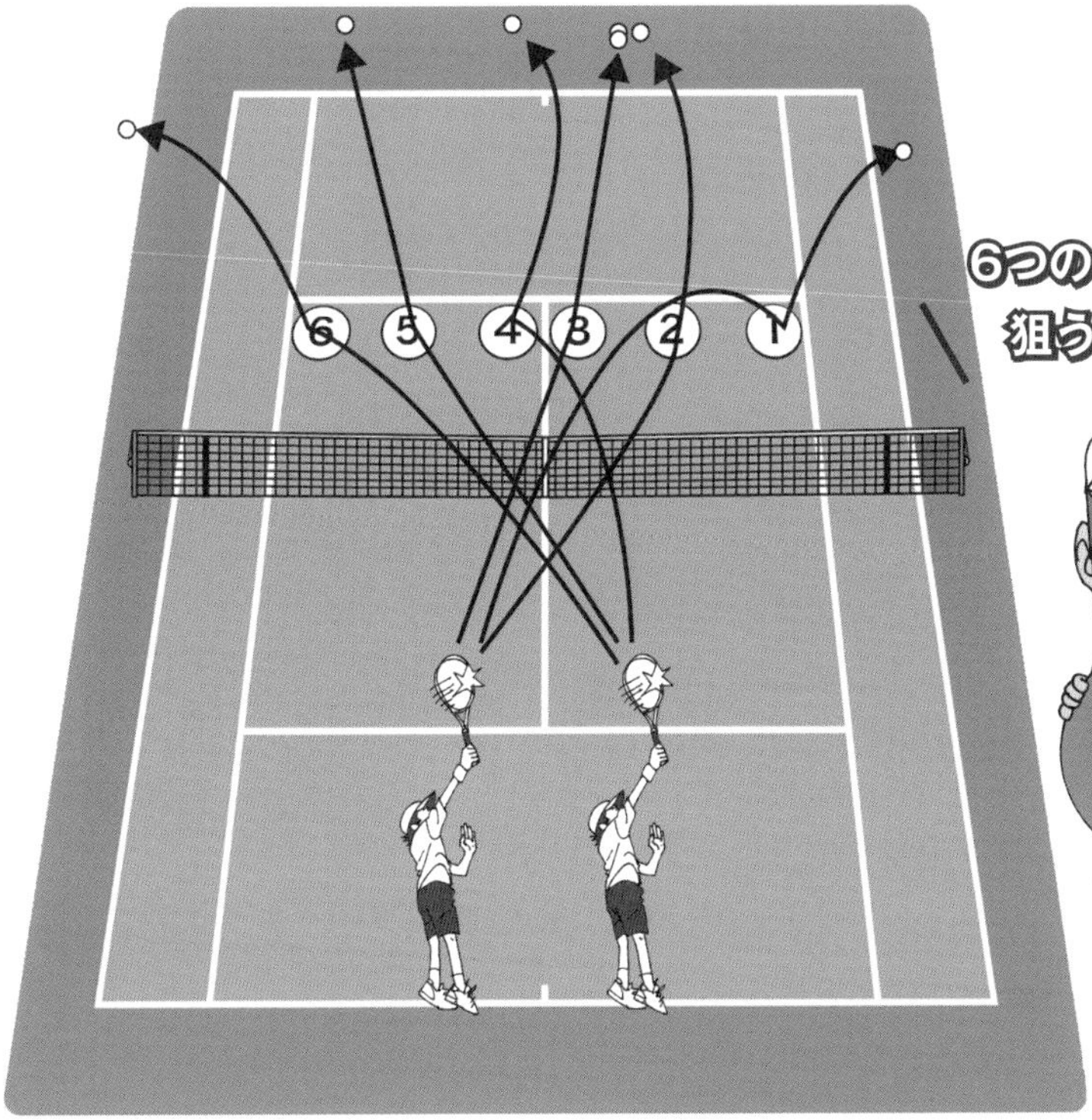

それぞれの場所にさまざまなサービスを打つ

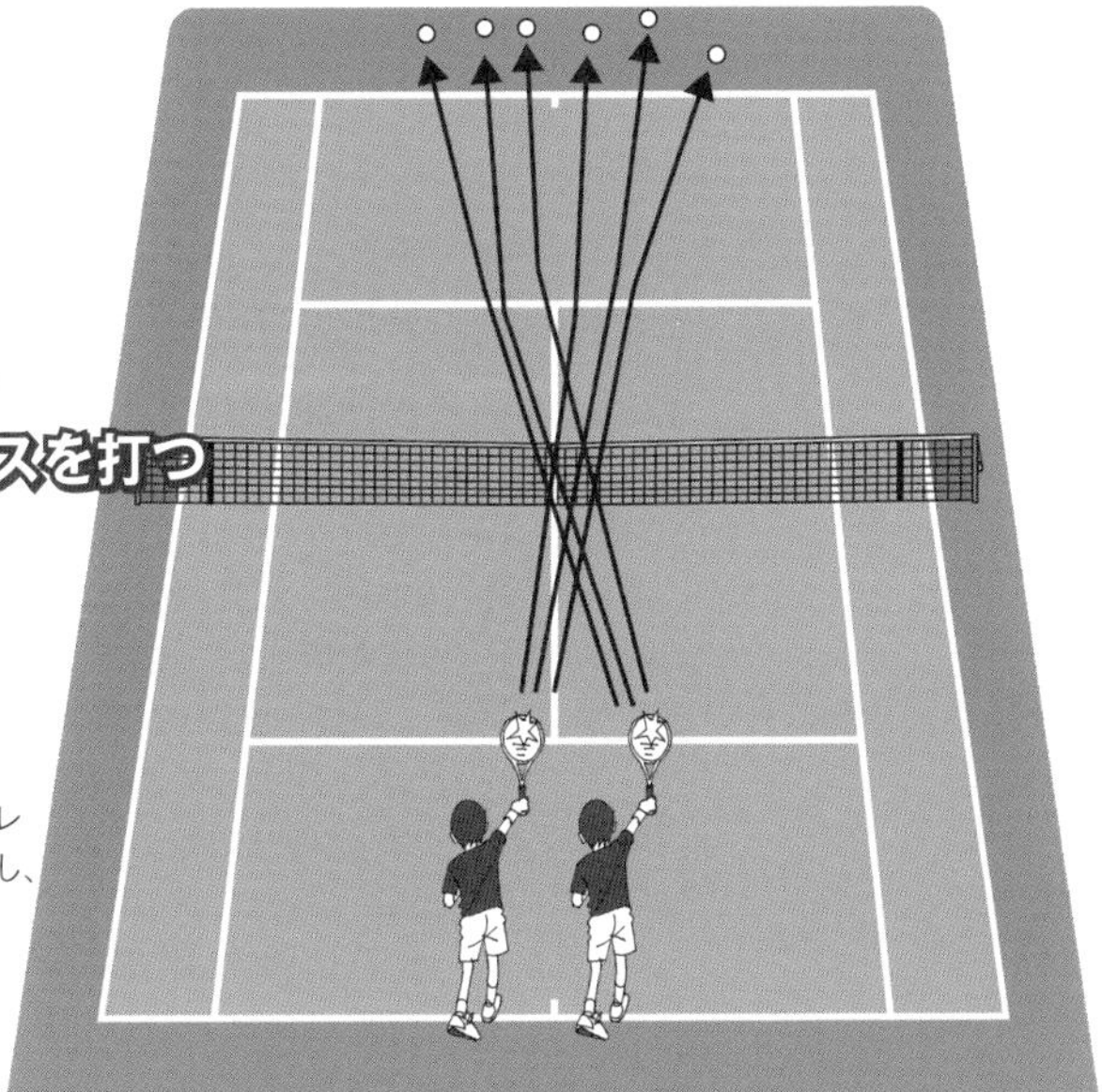

ボールが“揃っている”とレシーバーに読まれやすいし、合わせられやすい

# 練習を試合に近づける——サービス後を考えてプレーしよう

## 練習方法 5

### そのサービスでポイントはどうなった？ 想像して加点する 「エア・サービスゲーム」

サービスゲームをプレーしていると仮定し、0-0からスタートします。自分が打ったサービスの良し悪しを自分の想像力で判定し、サービス後にプレー展開してポイントが取れたと思えば15-0、取られたと思えば0-15というように数えていきます。自分が打ったサービスをできるだけ客観的に見て、そのポイントがどうなっていくかを想像して加点します。

ポイント0-0以外に、0-40(あと1ポイントでサービスゲームを失うところ)から始めたり、ゲームカウント6-5(サービング・フォー・ザ・セット)から始めたり、ゲームカウント4-5(キープしないとセットを落とす場面)からプレーするのもいいでしょう。

#### アドバイス

### サービスの選択肢から 選んで打つ習慣をつけよう

状況設定を変えると、選ぶサービスの内容もかなり変わってくるはずです。0-40のときにはもはやあとがないので、開き直ってダブルファーストを打つ、あるいは最初からセカンドを安全に打つなど、選択肢はいくつかあるでしょう。状況によってサービスの選択肢を用意できるようにこれも習慣づけします。

想像した相手の意表をつく、ルーティンを変えてみる、規則的にやるなど、より実戦に近づけて発展的なサービス練習にしてください。

このようなサービス練習を習慣にしていくと、練習と試合が限りなく近くなっていきます。練習でできて試合でできないことがあっても、何を練習する必要があるか〝気づき〟がしっかりできます。

もう一度、あの質問「練習ではできる（入る）のに、試合ではできない（入らない）のはなぜ……」を思い出してください。これは言い換えると、「練習では、サービスが入るか入らないかしか考えていない、ポイントを取ることを目的に打っていない。だから試合ではポイントが取れない」という意味になります。

サービスは非常に重要なショットですが、多くの方が技術（フォーム）やサービスを入れる練習に重きを置きがちだと感じています。ここで考えを改め、サービスは打つ目的と質を基準に練習したほうが技術も戦術も上達できると思います。

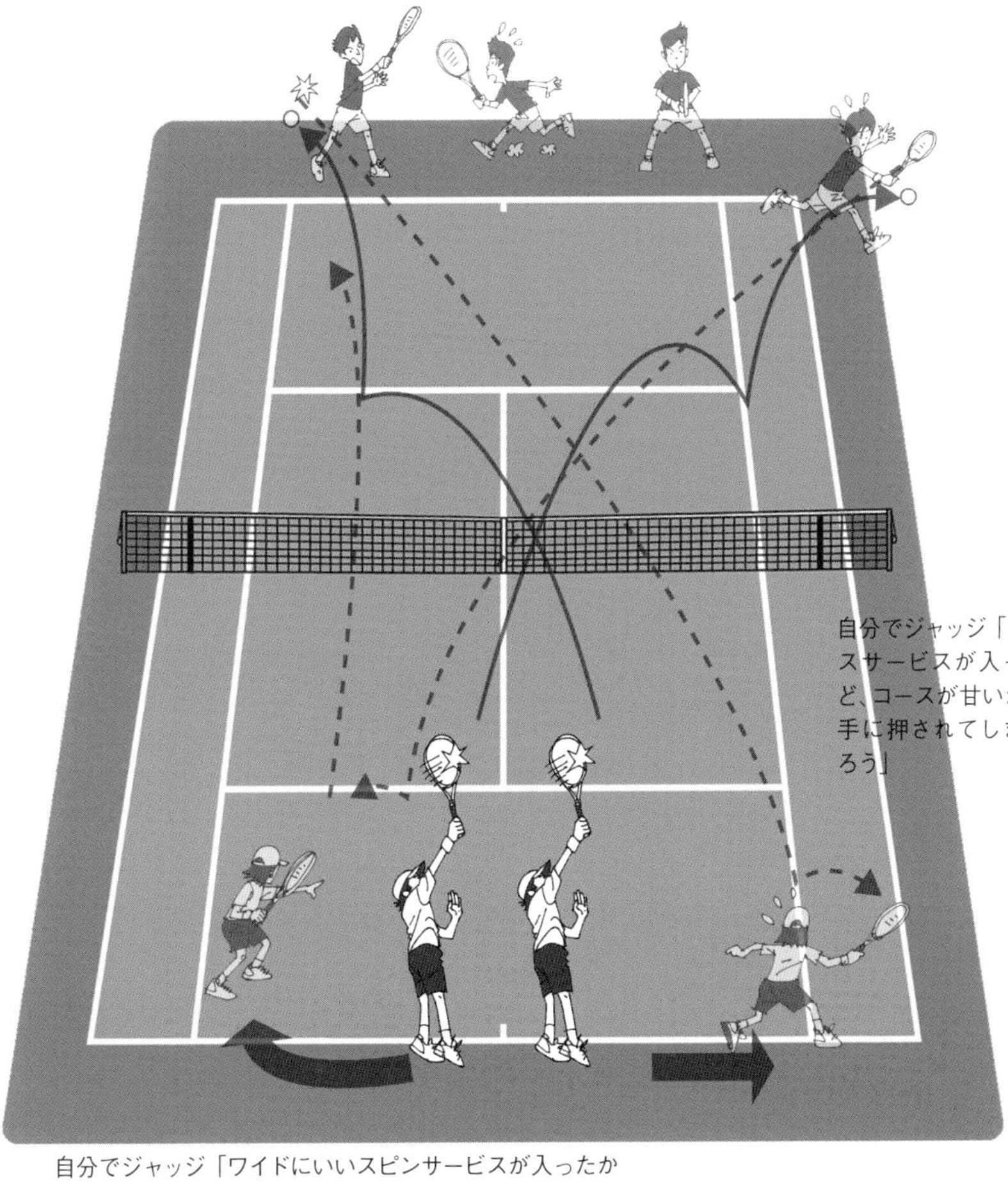

自分でジャッジ「スライスサービスが入ったけど、コースが甘いから相手に押されてしまうだろう」

自分でジャッジ「ワイドにいいスピンサービスが入ったから、相手の返球は甘くセンターにくると想像。回り込みフォアで、逆ストレートへエースが取れる展開だと思う！

## ゲームを観る力 2

# 負け審判で試合観戦

野球、サッカー少年だった私は16歳でテニスを始めました。試合に出られるようになると案の定負けてばかりで、同時に、試合に負けると審判（負け審／他の試合の審判をする）が私を待っていました。

負け審をしていると、早く試合が終わるようにと思う心理もありますが、他人の勝敗以上に試合の行方をタイムリーに観察できる絶好のゲーム分析の時間にもなっていました。自分は負けたくせに、「次はあそこを攻めればいいのに」「そんなに無理をしないほうがポイント取れたよ」などと心の中では言いたい放題でした。

第三者はとても冷静にゲーム分析をできるものです。初心者であっても、両者を見ていれば強み、弱み、それなりの駆け引きを勝手にアドバイスしたくもなる状況も生まれてきます。私の場合は以前やっていた野球やサッカーのチームスポーツで養ったものでもありました。テニスも第三者＝審判をしていると、自ずと戦術的思考は養われていくと思います。

テニスは個人スポーツで、自分、自分になりやすいもいのです。だからこそ、相手を見る力、第三者となり、自分と相手を観察する力をつけることはとても大切です。それができないとゲームが自分本位のクローズドスキルになってしまいます。テニスはオープンスキルのスポーツであることを忘れないでください。

今、テレビの地上波ではプロの試合を観る機会が少なくなりました。それだけが理由だとは思いませんが、学生は他人の試合をほとんど観ません。困ったものです。

私が学生だった頃は、試合に負けた翌日も大会会場に行き、私を負かした相手の試合を観戦しました。負けたのに会場に行くのは辛いものですが、でも次にまた同じ相手に負けたくなかったのでへっちゃらでした。何より強いプレーヤーが勝ち残っている会場で、自分とは違うゲーム、戦術を第三者の視点で観る。これほど勉強になるものはありません。YouTubeもいいですが、やはりライブを経験してほしいものです。

vol.

05

想像力（イマジネーション）を膨らませる

# 見えていないものを見る力をつける練習

# ピンチをチャンスに変える！アイディア、対応力、順応力を身につける

2021年のオーストラリアン・オープンでのことです。当時は大会に出場するため世界各国からメルボルン入りしたトップ選手たちは、新型コロナウイルス感染拡大を防ぐための措置として入国から2週間、ホテルで隔離される生活を強いられていました。その期間のSNSには、ホテルの部屋でそれぞれが思い思いに工夫を凝らし、大会に向けた準備をしている様子が公開されていました。

ベッドのマットレスを壁に立てかけ壁打ちをする選手。部屋の中にミニアスレチックをつくり、素振りを含めてサーキット・トレーニングをする選手。バルコニーでボレーボレーをする選手など、どうにかして大会に向けた準備をしたいという強いメッセージが発信されていた気がします。それと同時に選手たちのピンチをチャンスに変えるアイディア、対応力、順応力を見せつけられた気がしました。

私たちは日常生活において毎日さまざまな経験を積んでおり、いざ！というときには工夫を凝らすことができる能力を何かしら持っているのだと思います。突発的な出来事にも対処できるはずなのです。こうしたほうがいい！　こうすればよくなる！と行動できる、そういう力をきっと持っているのだと思います。その力を引き出すことをイメージした練習を紹介していきます。

## 同じ環境に慣れすぎていないか？

私たちのテニス部も新型コロナウイルスの影響を受けて活動に制限がある中では、限られた練習時間を大切に過ごしました。その年の2月、3月は春先特有の三寒四温、非常に寒いと思っていたら突然暖かくなったり、突風が吹いたかと思えば嵐になったり、雨が降ったりと、さまざまな気候にも対応しながら練習しなければなりませんでした。貴重な練習時間ですからそういう気候の中であっても、簡単に練習をあきらめるより、どうやって対応しようか、順応しようかと考えました。

2月は全日本学生室内テニス選手権大会（インカレ・インドア）が控えていたので、雨の日、風の日にもどうしてもボールを打って練習しておきたい状況でした。大会は室内ですから、室内で練習したい気持ちもあります。でも私たちのテニス部は屋外コートで行っていて、室内を簡単に選べる状況にはありません。そこで、目の前にある環境をどうにかする、いっそのこと雨の中で練習してみることにしました。まさに求めるのは、前述したトップ選手たちのアイディア（創意工夫）、対応力、順応力です。

2021年オーストラリアン・オープン会場で撮影
（2度のグランドスラムを達成しているロッド・レーバーのモニュメント）

# あえて突然の環境変化に対応する練習をする

さて、私たちが普段使用しているテニスコートはハードコートです。小雨が降ってくればボールはスリップして、低く速く鋭く手元にくることが多くなります。そうするとテークバックが遅い選手は、それまでのプレーと打って変わって別人のように振り遅れ始めます。また、グリップの厚い選手は、低くて速いボールをきちんとインパクトできず、さらにボールを擦り上げるのに必死です。普段から下半身を使ってボールを打っていない選手は、足を滑らせ、腰が高い選手はフレームショットでミス連発です。

## 実は変化に順応できることに気づいていない!?

初めは学生たちは嫌がっていました。「こんなに風が強い中で練習するのは嫌だな」「小雨が降っているから練習しないほうがいいと思う」、そんな感じです。

でも私はそこでちょっとしたアドバイスをしました。そうすると彼らのモティベーションが変わりました。

例えば5―4のデュース、追い上げているのはあなた。雨がポツポツ降り始めてきたとき、あなたはどうしますか？　という話をしました。相手のサービスゲームで、相手は試合を終えてしまいたい、続けたいという気持ちかもしれないし、もしくはあなたがどんどん追い上げてきた結果、試合を止めたいと思っているかもしれない。さまざまな心理が想像できます。

一方で、その状況を大会運営側が続けてくださいと指示を出したら、あなたは続けなければならないのです。ジュニアの大会や学校関係の大会、一般プレーヤーの大会では、砂入り人工芝コートを使うことも多く、小雨で続行されることが多々あります。そんなときこそ、その人が持っている総合的な創意工夫、対応力、順応力がとても重要になってくるはずです。だから、そのための練習をしようよ、という話をしたところ、学生たちはぐっとモティベーションを上げ、取り組み始めたのです。

足がすべる・・・またフレームショットだ！
わ〜っ！ボールがスリップ・・・

# 突然小雨が降ってきた——試合続行の指示（を想定した練習）

## 練習方法 & 対処法 1

### 左右に走らされたら

特に足元が滑りますからリカバリーが難しくなります。左右に振られるとスリップしてしまう可能性があり、戻れなくなることが考えられ、そうするとショットの選択が重要になります。リカバリーする時間を計算した上でショットを打たなければなりません。

例えばトップスピンをかけて高い軌道のボールを打ち、時間を稼ごうとしても、雨でボールが湿って回転はかかりづらい上、そのボールはバウンドしたあとそれほど弾みませんから、相手の打ちごろの高さになり、打ち込まれてしまう可能性があります。

ということは、相手が打ち込んでくるリスクの少ないフラット系かスライス系のショットを選んで、ボール軌道を低くしてバウンド後に弾まないようにします。イレギュラーな弾み方をすることもあるので、思いのほか威力を増す可能性もありますから、しっかりコートに入れます。スピードをコントロールしてある程度時間を生み出すことが最善です。

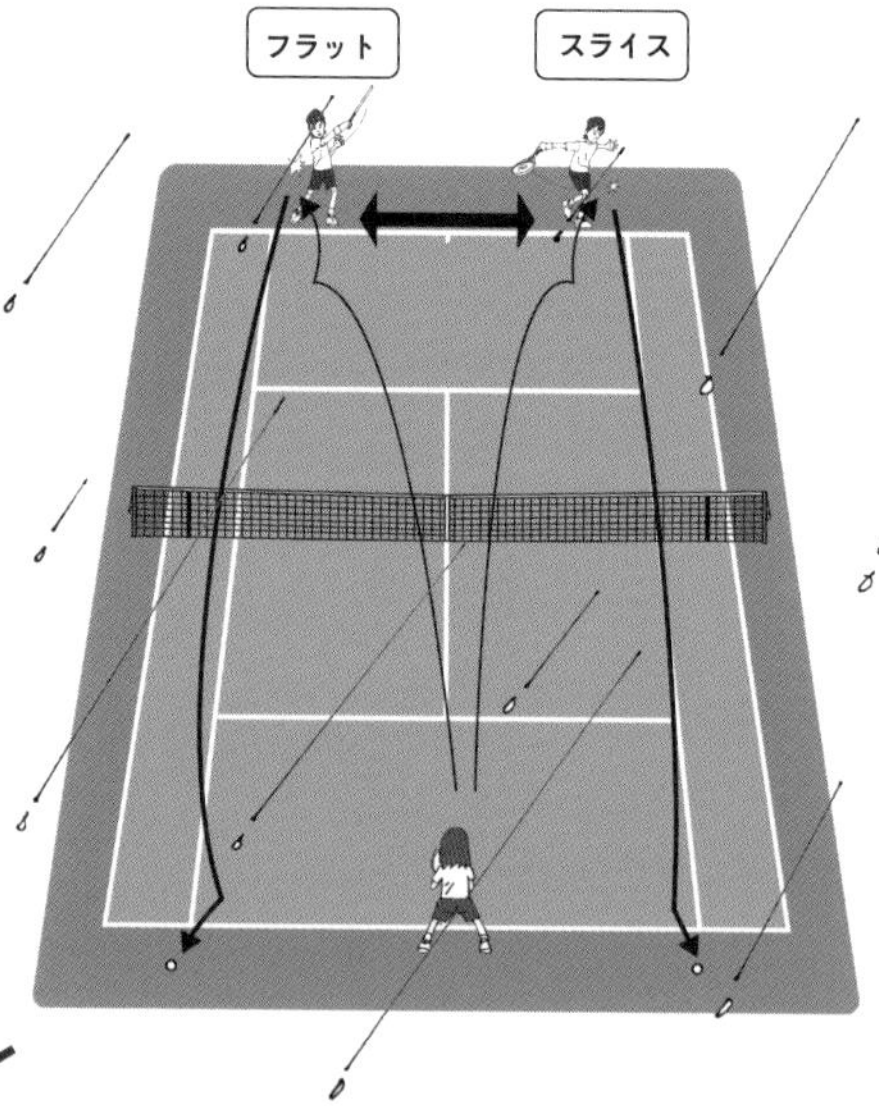

**ボール軌道を低く、弾まないように
スピードをコントロールして
ある程度時間を生み出す**

## 練習方法 & 対処法 2

### ボールが湿ってきたら

プレーが続けばボールはどんどん水を含み、飛ばなくなっていきますから、大きな力を使って飛ばさなければいけません。そうすると普段から“手打ち”と言われている選手は、普通にプレーしていればボールがどんどん浅くなっていきます。これは普段からしっかり深さのあるボールをコントロールできているかどうかが、もろに影響する場面です。

それから、相手が打ってきたボールがバウンド後にイレギュラーしたときに、その対応力も問われます。そういうときに、どこへどんなショットを返すのが最善かを考えましょう。左右へ配球するのが難しいのならば、もっとも安全なのはセンターへ返すことです。センターのネットは低く、またセンターは左右にボールがずれてもサイドアウトがありません。ですからセンターに低いボール、スライス系やフラット系のボールを打ってラリーに持ち込みます。

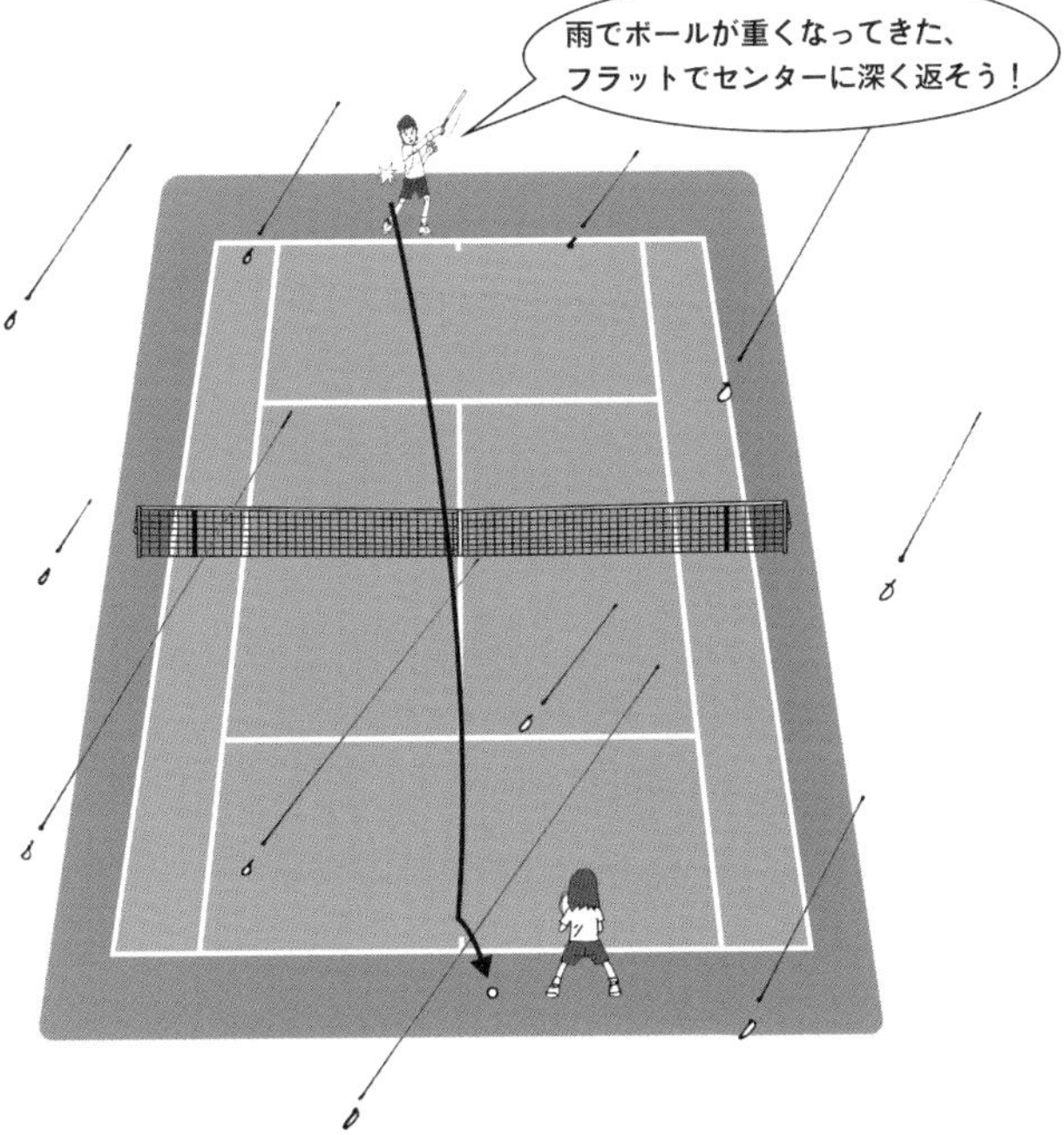

雨でボールが重くなってきた、
フラットでセンターに深く返そう！

**センターに低いボール、**
**スライス系やフラット系のボールを打って**
**ラリーに持ち込む**

# 突然小雨が降ってきた——試合続行の指示（を想定した練習）

## 練習方法 & 対処法 3

### 自分に向かって まっすぐボールが飛んできたら

相手がセンターにボールをコントロールしてきたときは、あなたはどういう対応をすべきでしょうか。そこであなたは、自分がボールを打つことばかりに必死になっていてはいけないのです。見えていないものを見ていく、それがどういうことかというと……観察力と洞察力にカギはあります。

テニスプレーヤーは（シングルスの場合）、ベースラインの8.23mを守り切りたい、ノータッチを避けたいと思っているもので、左右のボールには非常に敏感に反応して、動き出します。ところが、まっすぐ自分に向かって飛んでくるボール（前後のボール）には鈍感で、動きが緩慢になります。そうすると理想のヒッティングポイントに入るのが遅れ、誤魔化して手打ちになりがちです。これを狙って、わざと相手の正面に打つプレーヤーもいます。

さらに、もっと問題なのは、正面から自分に向かって飛んでくるボールは距離を測るのが難しいということです。特にボールが短かかったときに対応が間に合わず、低い打点から拾い上げて浮かせることになったり、最悪なときは拾えず2バウンドになるということもあります。正面から向かってくるボールに対しては、素早く判断し、左右どちらかに体をずらしていく必要があるのです。

センターに短い！
体をずらして！
素早く体を、
左右どちらかに
ずらして打つ

どうですか？　ちょっと小雨が降ってきただけでこんなにもたくさんのやること、戦術が出てくるのです。環境が変わったときにそれに順応する練習をしておけば、いざというときに自然と考えて行動ができる選手になれます。

いつもは行えていたことが小雨が降ってきて一気に崩れてしまう、なんてことは絶対に避けたいこと。ならば、さまざまなハプニング（雨、風、暑さ、日陰、太陽など、さまざまな環境変化）に強い選手になりましょう。

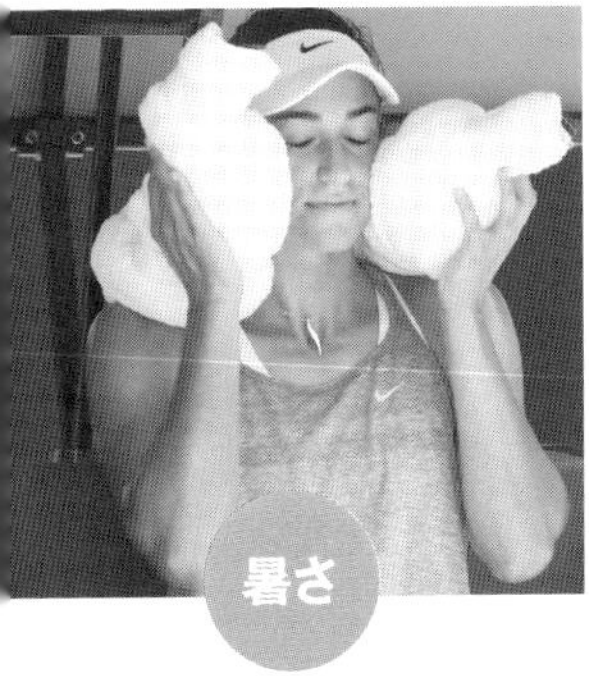

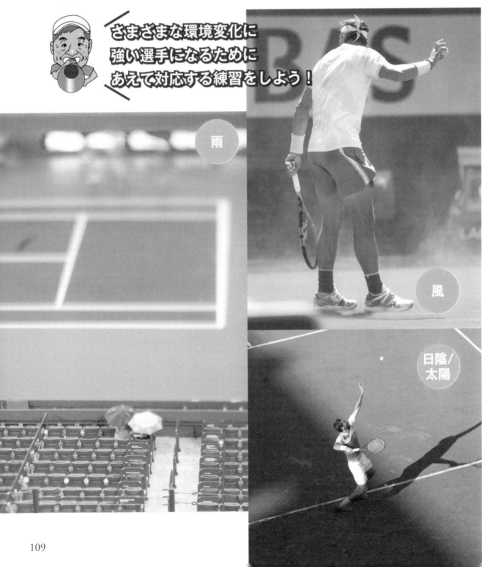

**さまざまな環境変化に**
**強い選手になるために**
**あえて対応する練習をしよう！**

# テニスはハプニングのスポーツ だからハプニングの中で強くなれ!

## 今も忘れないジュニアの試合 インドネシア選手に学んだこと

私は三十数年前にトップジュニア数人を連れて海外遠征をしました。雨上がりの芝生のコートで行った試合のことを今でも思い出します。前日に雨が降って、試合当日はすっきり晴れ上がっていました。ある選手の試合コートには一部に垣根があって、影ができていました。その部分の芝生は湿っていて、乾き切っていない状況……。

　対戦相手はインドネシアの選手でした。その選手は(コートが縦に南北だったとすると)南側からプレーするときはフォアハンドをクロスへ、バックハンドをストレートへ打ち、日本選手のフォア側にボールを集めました。エンドチェンジをして北側からプレーするときはバックハンドをクロスへ、フォアハンドをストレートへ打ち、日本選手のバック側にボールを集めました。要するに垣根によって影ができている、芝生が湿った場所にボールを集めていたのです。

　それに日本選手は対応しきれませんでした。来ると気づいてからも、そのようなボールに対処する術を持っていませんでした。足は滑るし、ボールも滑る。転びながらやっと返しているそんな状況でした。一方、インドネシアの選手はその環境を自分のものにして試合をコントロールしていました。コンディションを把握し、それに合ったショットを選び、フラット系、スライス系をじっくり打って日本選手の足をすくいました。途中からはもう、結果が見えていました。

負けた日本選手は試合が終わったあとに、「スリップばかりだった」と言って、プレーが悪かったのはコートのせいだ、スリップが原因だと話しました。しかしそれは違います。その環境に対応しようと、順応しようとしなかったことに気づかなければいけません。

スタンスを広くして姿勢を低くしたり、オープンスタンスを使ったり、ワイドサービスを打って相手を左右に動かしたり、スライスを使ってイレギュラーさせたり、方法はありました。選手だけでなく、私自身も多くを学ばせてもらった試合です。

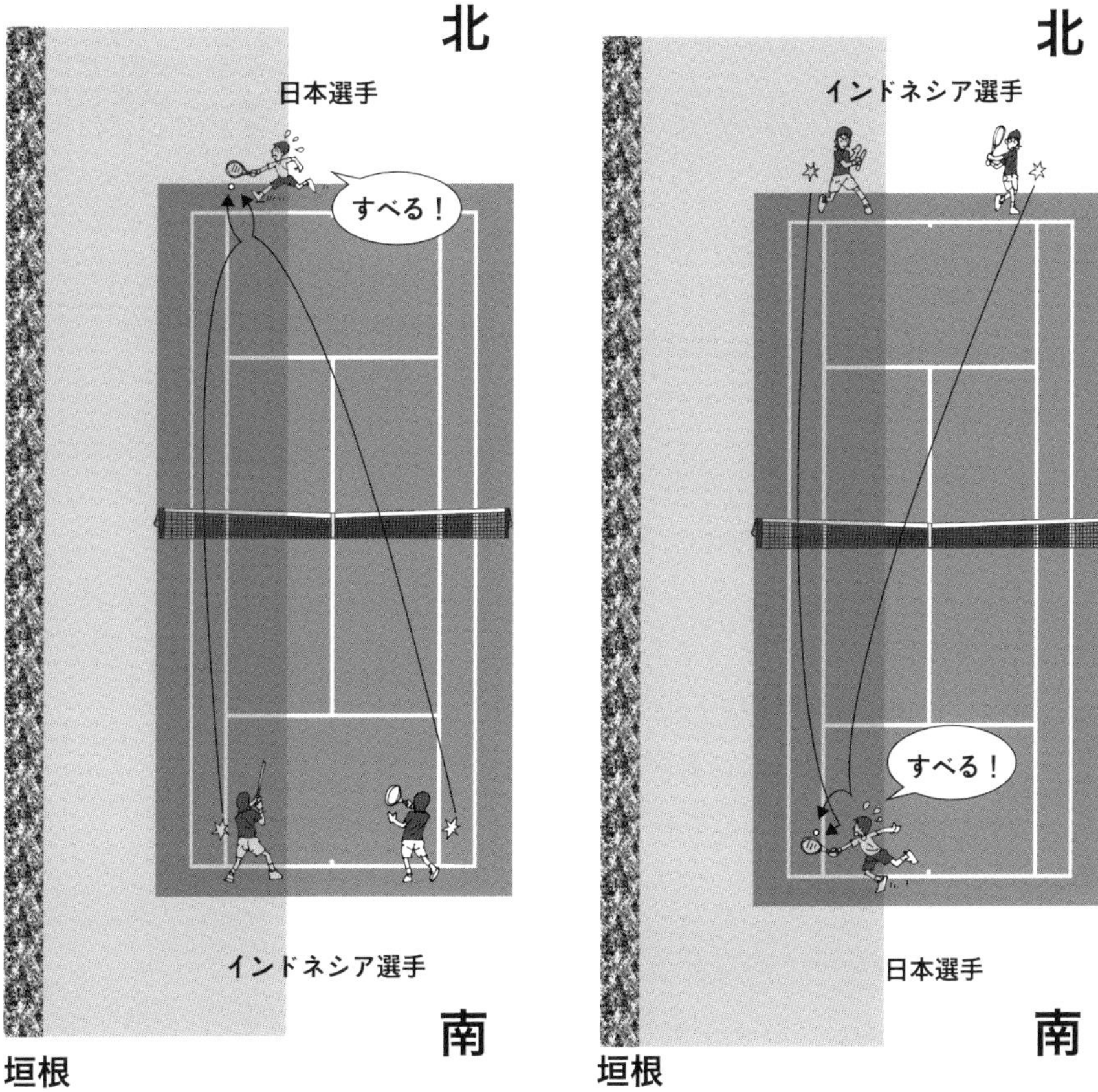


インドネシア選手は日本選手に対し、垣根によって影ができている、芝生が湿った場所にボールを集めてきた。日本選手は足を滑らせ、滑ったボールにも対処できず負けてしまった

# テニスは自分がやりたいことだけやるスポーツではない

見えていないものを見ようとする力が、このスポーツ、テニスにはすごく必要です。ただ単に自分がどこへどのようにボールを打つかというだけではなく、そのときのコートの状況と、自分の状況、相手の状況とを合わせて考え、最善の選択をしていく必要があるのです。

話を私たちの部活に戻しましょう。小雨の中や風の中で練習することを当たり前にしていくと、面白いことにやるたびにどんどんヒートアップしていき、いい練習になるのです。そして結果としてミスが減っていきました。

例えば設定はマッチゲームのデュース。次のポイントを逃したら追いつかれるかもしれない、もしくはそのポイントを取ればマッチポイントというギリギリの場面。そのときに腰高で手打ちのスピンを打てば、相手の打ちごろとなって、きっとその1ポイントを失うでしょう。そうならないためにはどういうプレーが必要かを真剣に考えて実行していく、練習するほどその力がついていくのです。

自分のことばかりでなく、自分が打ったボールに対する相手の入り方もよく見るようになります。ボールに対する近づき方や離れ方、テークバックのタイミングは早いのか遅いのか、打点の高さによるショット選択、スタンスの広さ、など。

さらに、ボールの状況も見逃さなくなります。雨を含んでいて重い、滑るとか、ボールの空気圧や弾み方、滑り方など、もっと知ろうとします。ま

見えていないものを
見ようとすることが
テニスでは必要！

た、天候の変化も意識するようになり、自分をどう順応させるのか、相手はどう変化していくのかを見て、予測し始めたりもします。

要するに自分がボールを打つこと以外の、見えていないものを見ようとする力、観察する力と背景を見る洞察力がついてくるのです。

とにかく見る！ それらの力を養うために、ハプニングがある状況の中で練習することをおすすめします。サッカー、野球、ラグビーなどを見てください。突如天候が変わってもしっかりと順応してプレーを続けています。そういう訓練をしているからできるのです。でもテニスは、風が吹いたり、雨が降ってくると練習をやめてしまうということがありがちですね。それではハプニングに弱くなっても仕方ありません。この習慣を変えましょう。ハプニングを受け入れて練習すれば、ハプニングが起きても何てことなく乗り越えることができるようになる。ぜひお試しあれ！

見えていないものを見る力
観察力、洞察力をつける！

## ゲームを観る力 3

# メモとスコアブックから試合を観る

学生たちに練習トレーニング日誌があるように、私には指導メモとスコアブックを付ける習慣があります。普段は手帳（ペンと手帳、または携帯電話のメモ）を使い、大会中はパンフレットやドローにも書き込みます。スコアブックも使います。試合と同時進行で行うことなので、コート図にドリル、記号を書いたり、戦術、技術、トレーニングは書き殴っています。

このメモを使うときに気をつけていることは、メモをしたすべてを相手に伝えないということ。そのメモの重要度です。実際に口に出すものはどれにするか、いつ学生に伝えるかタイミングまで、試合中から試合後まで、考えることは尽きません。

私はメディアにプロの試合の解説を頼まれることもありますが、それも実は同じです。一試合を追い続ける中で、技術的、戦術的な駆け引きを見て、勝敗のポイントを探り続け、総体的に見ながらも部分的に絞り込んで見ることもします。考えることは尽きず、非常に骨の折れる仕事ですが、これをするととても自分が鍛えられます。

いずれの場合も、相手にメモの内容を伝える上で重要なことは、根拠を持つということです。すぐに口にするのではなく、なぜこのゲーム、このセットを取ったか落としたか、偶然か必然か、判断は正しかったか、精度はどうだったか、心理状態はどうだったか、リスクは考えたか、それは積み重ねた結果起きたのか、それとも、積み重ねとは別に起きたのか。そうしたことを知るためにゲームを見続け、考えるのです。そしてゲームが終わったあとは、そのプレーヤーの内面で何が起きていたのかを聞きます。その上で口にするのです。

手帳にはカレンダーが付いています。そこには大会スケジュールを書き込むとともに、見つかった課題をいつ伝え、いつまでに仕上げるのか、時間を計算しながら、さらに書き込んでおくとよいでしょう。一度にすべてを伝える必要はありません。

vol.
06

時間と場所を乗り換える

# X（クロス）攻撃を極める練習

# ストロークの戦術〈XIVA攻撃〉を理解する

この戦略と戦術シリーズ❷で紹介した「第2局面 ストロークの戦術」の中の〈XIVA攻撃〉を、ここでもう一度取り上げます。テニスは主に次の4つの攻撃の組み合わせで戦っています。細長いテニスコートの中で、これら4つのコースの打ち分けを使って、攻撃と防御の戦術をつくっていきます。

さて、その中からこの戦略と戦術❹では、もっとも基本的であり、かつ重要な攻撃である〈X攻撃〉を取り上げます。フォアハンドクロス、バックハンドクロス、フォアハンド逆クロスを使ったX攻撃を徹底的に習得することは、ストロークの基軸をつくることになり、ストローク戦を支配する上でのカギを握ります。

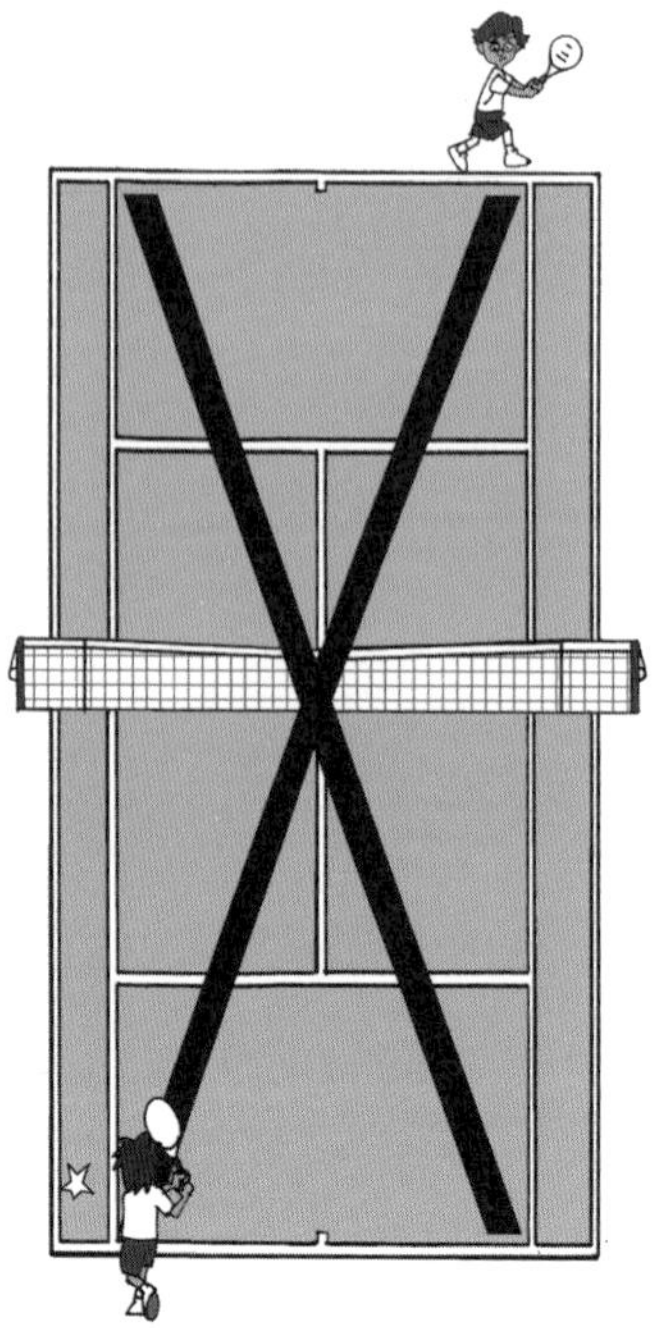

## X攻撃

### クロスへ打つ

クロスラリーはもっともベーシックな展開です。クロスへの打球は、ネットのもっとも低い場所を通すことができ、しかも、ストレートに比べてクロスは距離が長いので安全です。フォアハンドクロス、バックハンドクロス、フォアハンド逆クロスの3つのXの展開があります。

## I攻撃

### ストレートへ打つ

ストレートラリーは、相手の動きの逆をついたり、相手コートにオープンエリアがあるときによく使われます。フォアハンドストレート、バックハンドストレート、回り込みフォアハンドの逆ストレート、あるいはミドル（センター）に対するフォアハンドのストレート（ダウン・ザ・ミドル）などの展開があります。

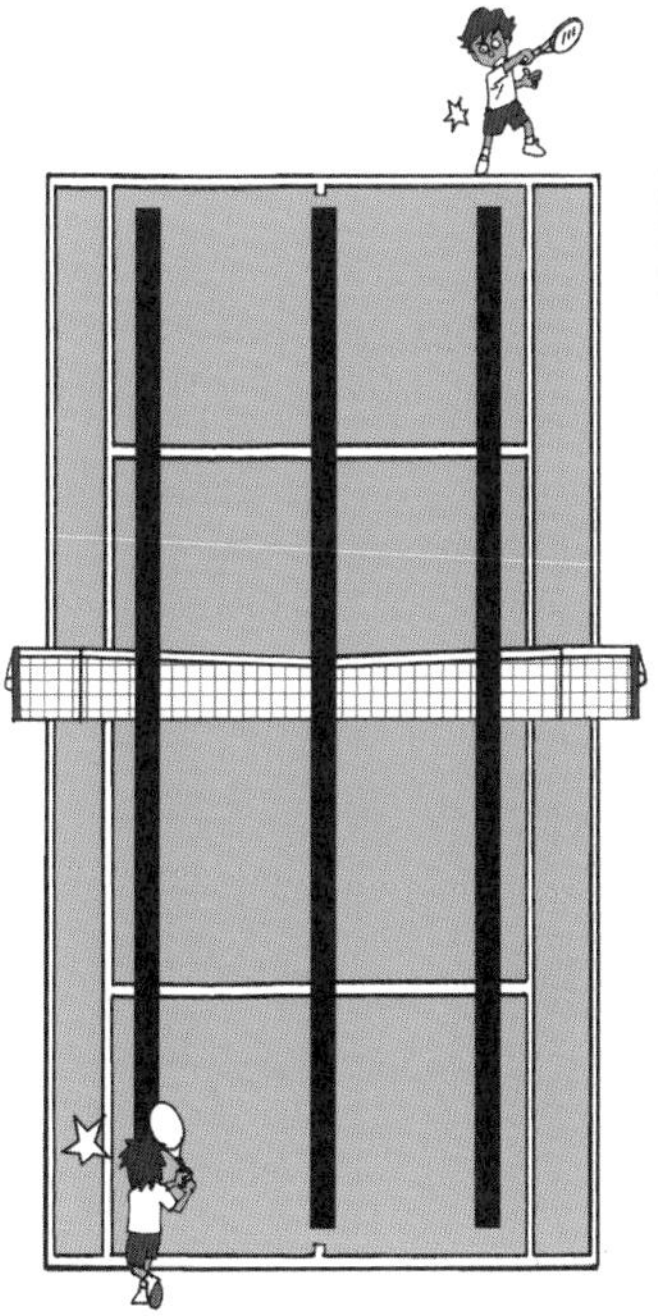

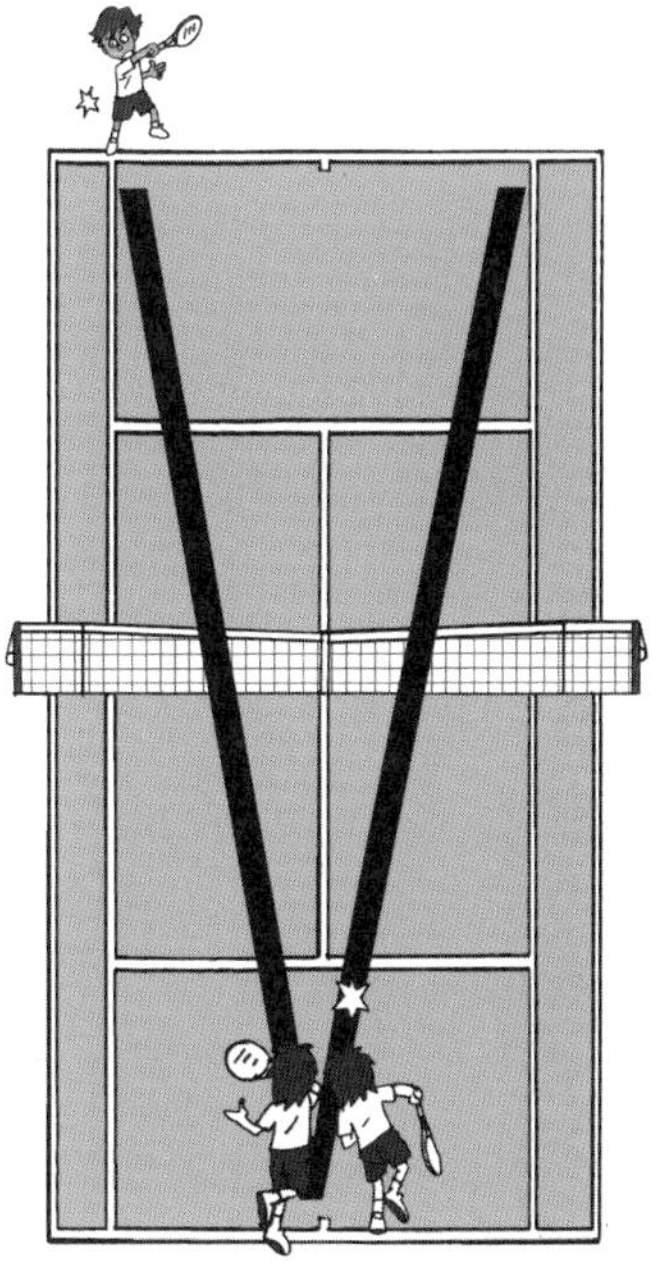

## A攻撃

### クロスからミドルへ打つ

V攻撃の逆、裏返しがA攻撃です。相手がオープンエリアに展開してきたときに、それをセンターに返球して態勢を整える、ニュートラルに戻すという展開です。

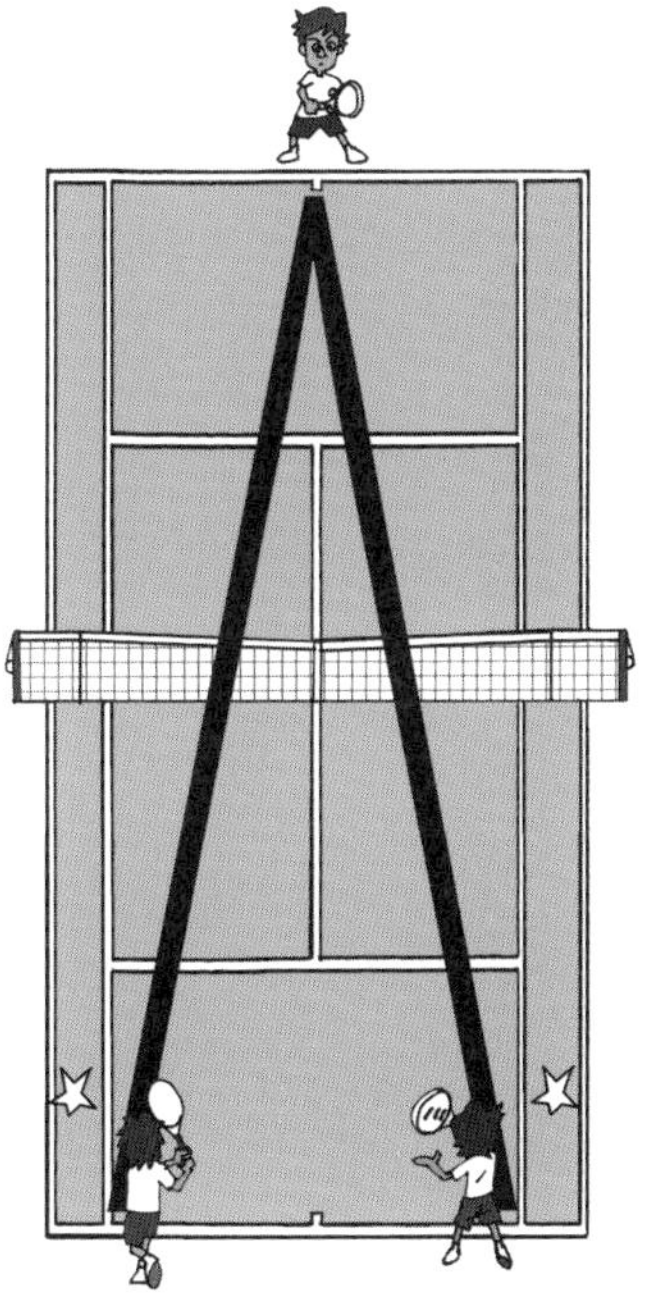

## V攻撃

### ミドルからワイドへ打つ

相手のセンターセオリーに対して、オープンエリアに展開する攻撃がV攻撃です。面白いことに、サーバーの第３打はほとんどこのV攻撃になります（よほどサービスが悪い場合を除きます。サービスが悪いとレシーバーはX攻撃か、I攻撃を選ぶはずです）。

# X攻撃のメリットを生かす

テニスコートの「クロス」というコースは、最大で25・15ｍあります。「ストレート」が23・77ｍですので1・38ｍ長いです。つまり、バックアウトがしにくいということがわかります。また、ネットのもっとも低い場所、91・4㎝の高さを使えます。それから、ショットが左右に多少ブレてもアウトが少ないこともクロスのメリットとして挙げられます。

そして、これにもっとも注目したいのですが、リカバリーが少なく済む、ということです。これらの点を押さえておきましょう。

① クロスラリーでのリカバリー距離はセンターまで戻る必要がないので
**3.5m**

② クロスラリーからストレートへ打った場合のリカバリー距離は、センターを超えるくらいまで戻る必要があるので
**3.5m+1m**
**=4.5m**

③ クロスラリーでは両サイドを移動するとリカバリー距離は
**3.5m+3.5m**
**=7m**

④ ストレートへ打ったあと相手がクロスへ打ってきた場合、反対のクロスへ走る必要があり、角度がつくかもしれないので
**3.5m+4.5m**
**=8m+α**

クロスはストレートより
距離が長く、時間があり、

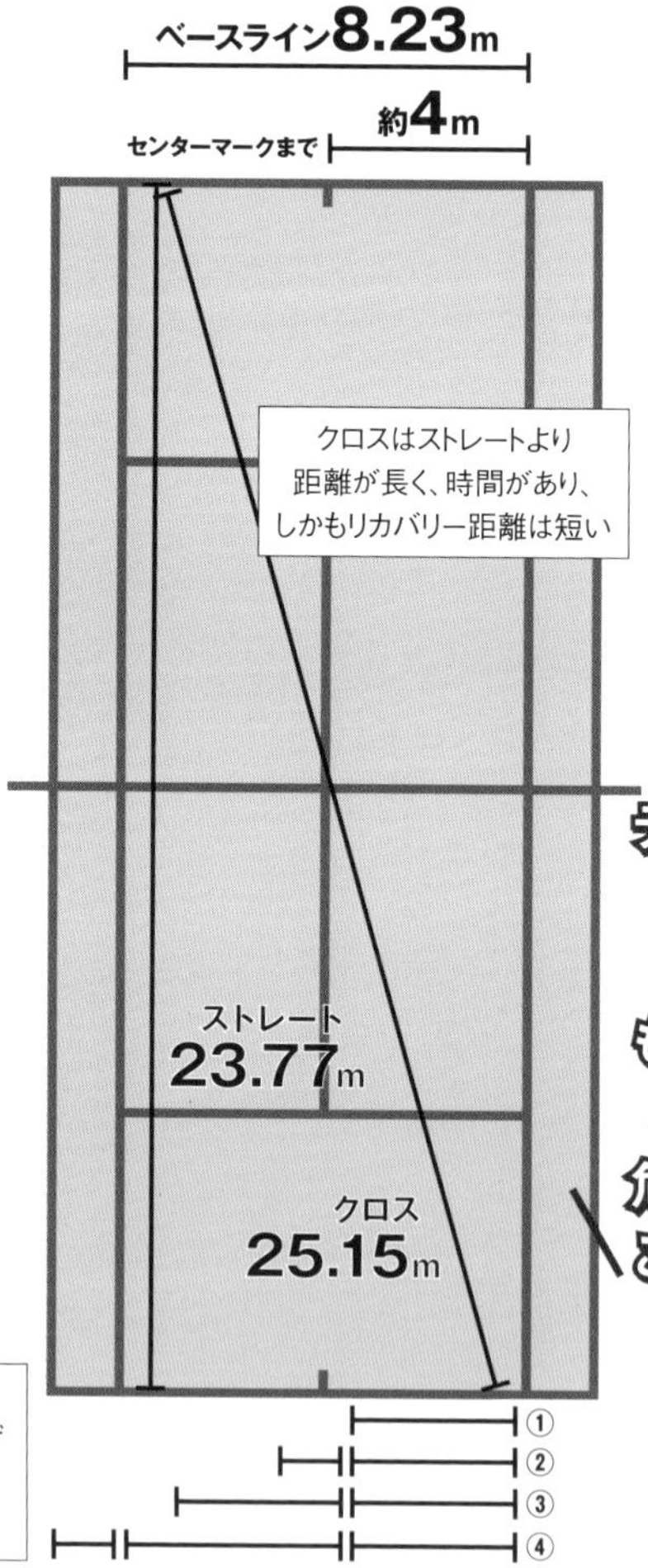
ストレートはクロスより
距離が短いにもかかわらず
リカバリー距離が長く、
しかも時間がない！

細長いから

ことを知ろう！

※リカバリー距離はわかりやすく大まかな数字を使用しています。

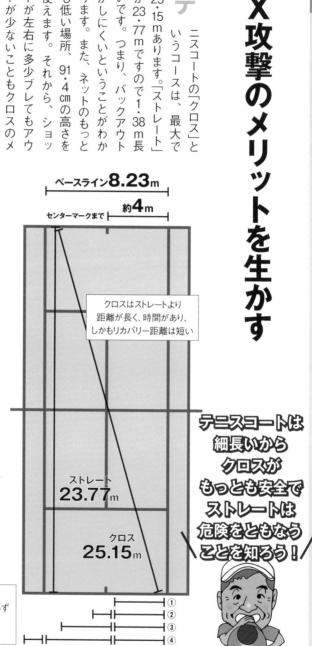

# テニスの攻撃と防御の関係
# リカバリーとポジショニング

自分がオフェンス（攻撃）のときは、相手はディフェンス（防御）、相手がオフェンスのときは、自分はディフェンスという関係になります。

**自分が攻撃しているのか、それとも相手に支配されているかで、リカバリーは左右に広がるか狭まるかが決まる**

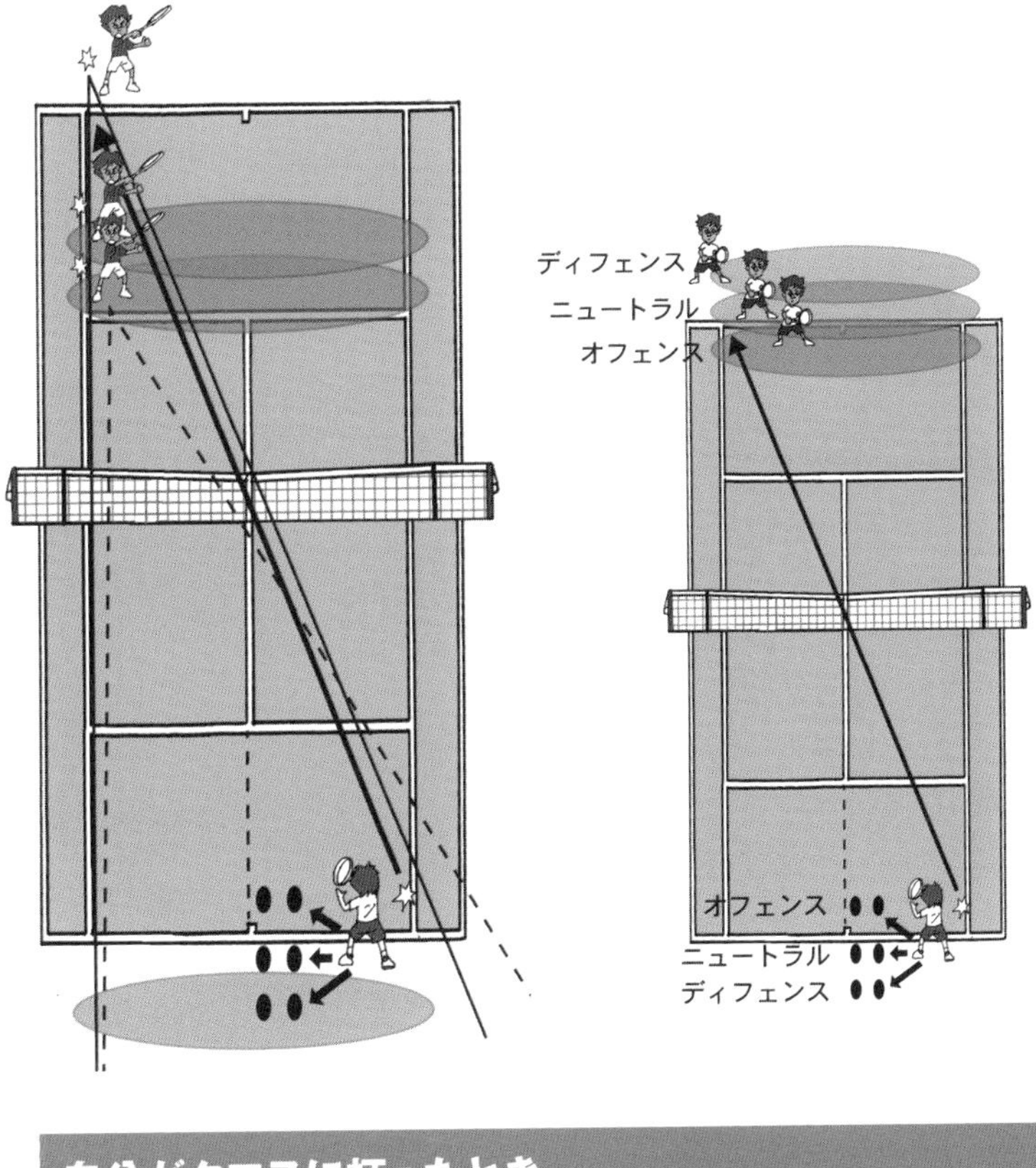


## 自分がクロスに打ったとき

あなたがクロスに打ったときは、相手の返球可能範囲はクロスとストレートの間、イラストのようなポジションがリカバリーのポジションになります。決してベースラインの真ん中でもなく、サイドライン寄りでもありません。センターマークよりややクロス側です。そのとき自分のショットがより攻撃的であれば、ポジションはより前に、自分のショットが浅かったり相手に支配されているときは、ポジションは後ろに下げます。

# X攻撃のメリットを生かす テニスの攻撃と防御の関係

## 自分がミドルに打ったとき

もしもあなたがミドルに打ったら、あなたは相手の返球可能範囲の中心(真ん中)にリカバリーしてポジションをとります。あなたが打ったボールが浅ければ、相手は前、オフェンスゾーンに入って攻撃してくるでしょう。そこであなたは返球するための時間を確保しようとポジションを下げて、ディフェンスゾーンをリカバリーします。

一方で、あなたが打ったボールが強く、あるいは速いために、相手の返球が甘くなる可能性もあります。そのときは、あなたが前、オフェンスゾーンに入ります。つまり、同じミドルにボールを打ったとしても、自分の打球や相手の返球状況に応じて、リカバリー、ポジショニングは変える必要があるのです。

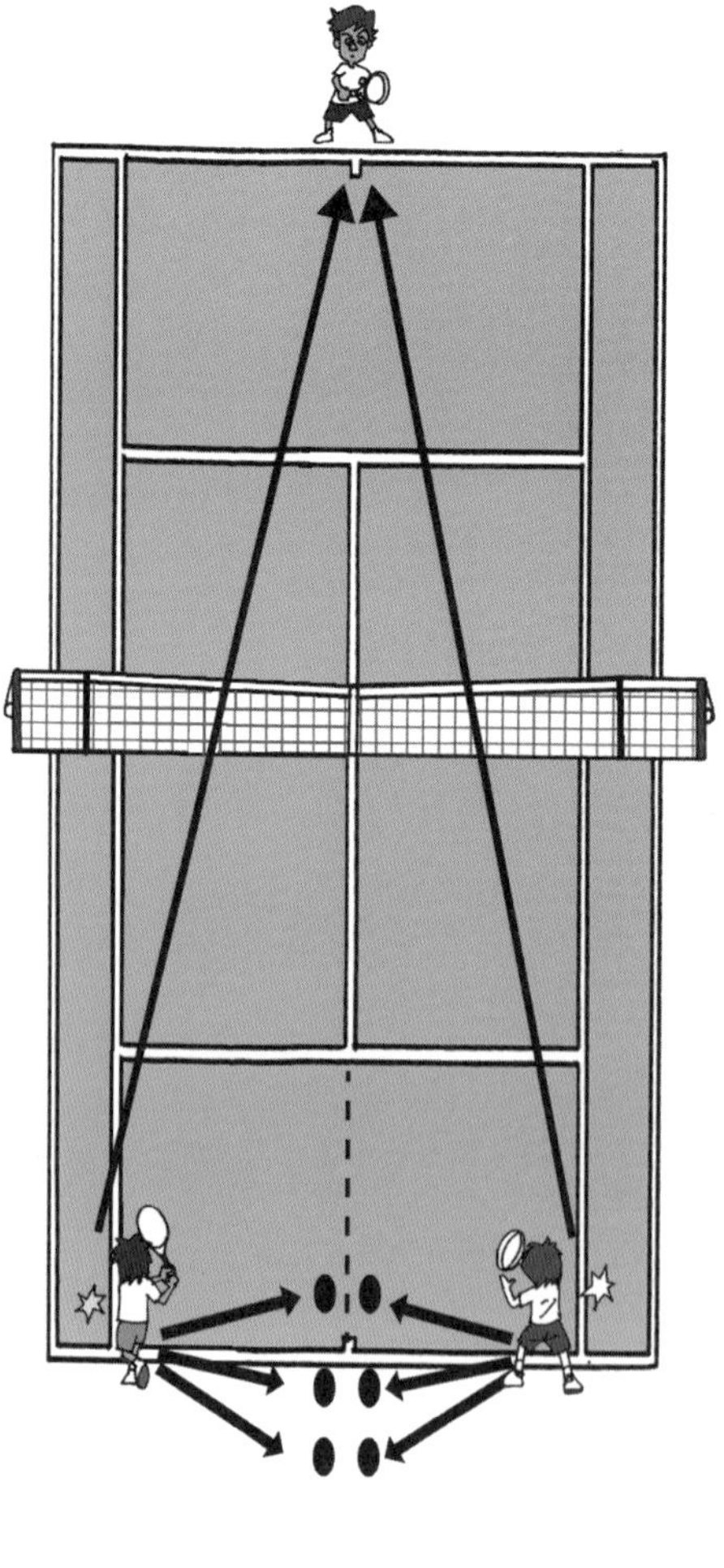

リカバリーと
ポジショニングは、
常に相手の
返球可能範囲の真ん中で
上げ下げしよう

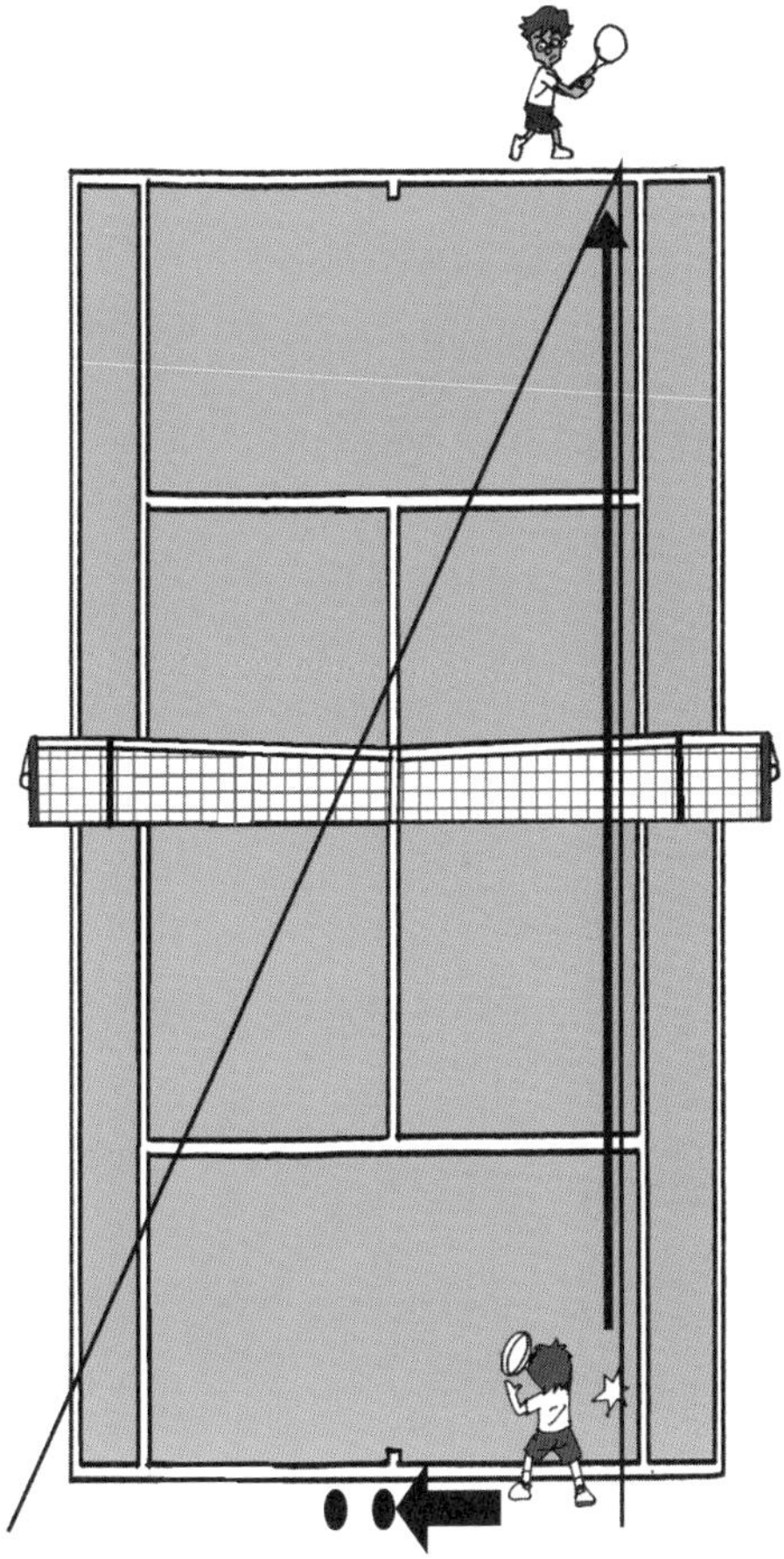

## 自分がストレートに打ったとき

次は、あなたがストレートに打ったときはどうなるでしょうか。これも相手の返球可能範囲の真ん中が、リカバリー・ポジションと考えます。

クロスのあとストレートへ打つと、およそ4.5m(※118ページの②参照) センターへ戻ることになります。ストレートへ打つことは強さの象徴のように思っているプレーヤーは多いかもしれませんが、ストレートへ打ったら、コースを変えたことにより相手の返球可能範囲がイラストのようにずれるので、およそ4.5m(※) センターへリカバリーする必要が出てくるのです(※クロスラリーからストレートへ打った場合のリカバリー距離は、センターを超えるまで戻る必要があるので、ベースラインの横幅およそ8mの半分＋αで4.5mと表現)。これは原則です。

その際、自分が攻撃して支配しているのか、それとも相手が攻撃して支配されているのかに応じて、リカバリー・ポジションは上げ、下げしなければなりません。

ストレートへ打つと、クロスへ打ったときとリカバリーポジションの「真ん中」が変わるということ。これは原則です。

ストレートへ打つと、
リカバリー・ポジション
(相手の返球可能範囲の真ん中)が
大きくずれる

# もっとクロスの攻撃を考えるリカバリーとポジショニング

これまでの話を前提に、よりX（クロス）攻撃を考えていきます。あなたはクロスへ打つとき、どのように打球を選び、リカバリーとポジショニングの時間を計算していますか？ そして適切なリカバリーとポジショニングをしていますか？

「9つのボール調整」（34～37ページ）、❶場所❷速度❸高さ❹打点❺タイミング❻回転❼回転量❽深さ❾角度を使っていますか？ 次のケースをいっしょに考えてみましょう。各イラストを参考にしてください。

## ケース1 あなたが速い（早い）クロスを打った場合

仮にあなたが速い（早い）クロスを打ったら、相手までの到達時間は短くなるので、あなたのリカバリーとポジショニングも短い時間で適切に行わなければなりません。一方で、遅いクロスを打ったら、相手までの到達時間は長くなるので、あなたはリカバリーとポジショニングをゆっくりと行うことができるということです。

## ケース2　相手がクロスに打ってきた場合

相手がクロスに打ってきたボールを自分が追いかけて打つとき、打球後にバランスを崩してしまうディフェンシブな状況になったら、リカバリーの時間をつくります。適切な場所に態勢を整えて戻れるように、クロスに打つべきです（クロスのメリットを思い出しましょう）。すなわち時間と場所を確保する必要があります。

ところが、リカバリーの時間を考えずに速いボールを打ってしまったら、適切なポジショニングができず、50㎝あるいは１ｍと正しいポジションから遠くなり、ずれてしまうことになります。つまり時間と場所を確保できないボールを打ってしまったということです。

そのとき、相手からあなたはどう見えているでしょう。リカバリーができていないのでオープンスペースが広く見えて、そこに展開されてしまうかもしれません。

**X（クロス）攻撃は**
**リカバリーとポジショニングを**
**常に考えて打たなければいけない**

このようにテニスにおいて、もっとも基軸となるX（クロス）攻撃は、リカバリーとポジショニングを常に考えて打たなければいけないのです。そうしたことを意識して練習を行いましょう。

# リカバリーとポジショニングを考えながら行うX攻撃練習

誰もがクロスラリーの練習をしますが、ここまで解説したような、適切なリカバリーとポジショニングを考えたクロスラリーを行っているでしょうか。これらを考えながら行うと、（これまでそういう練習をやっていなかったとしたら特に）練習の成果はかなり違ってきます。

どのような変化が起きるか。まず、ただクロスに打つのではなく、「9つのボール調整」（34～37ページ）を使おうと思うでしょう。そして、もっと「クロスラリーを支配しよう」と思うでしょう。それから、「いつダウン・ザ・ラインへ打てばいいか」ということ、そのときに「適切なリカバリーとポジショニングを考えてショットする」でしょう。

Vol・07で解説する「クロスラリーからの後手のストレート（自分はクロスを維持して展開をせず、相手にストレートへ展開させるという戦術）」にもつながります。

クロスラリーで適切なリカバリーとポジショニングを考えながら練習することにより、あなたは「相手の打球後の不適切さを見抜くこと」もできるようになります。そうすると、さらに優位に展開することができます。

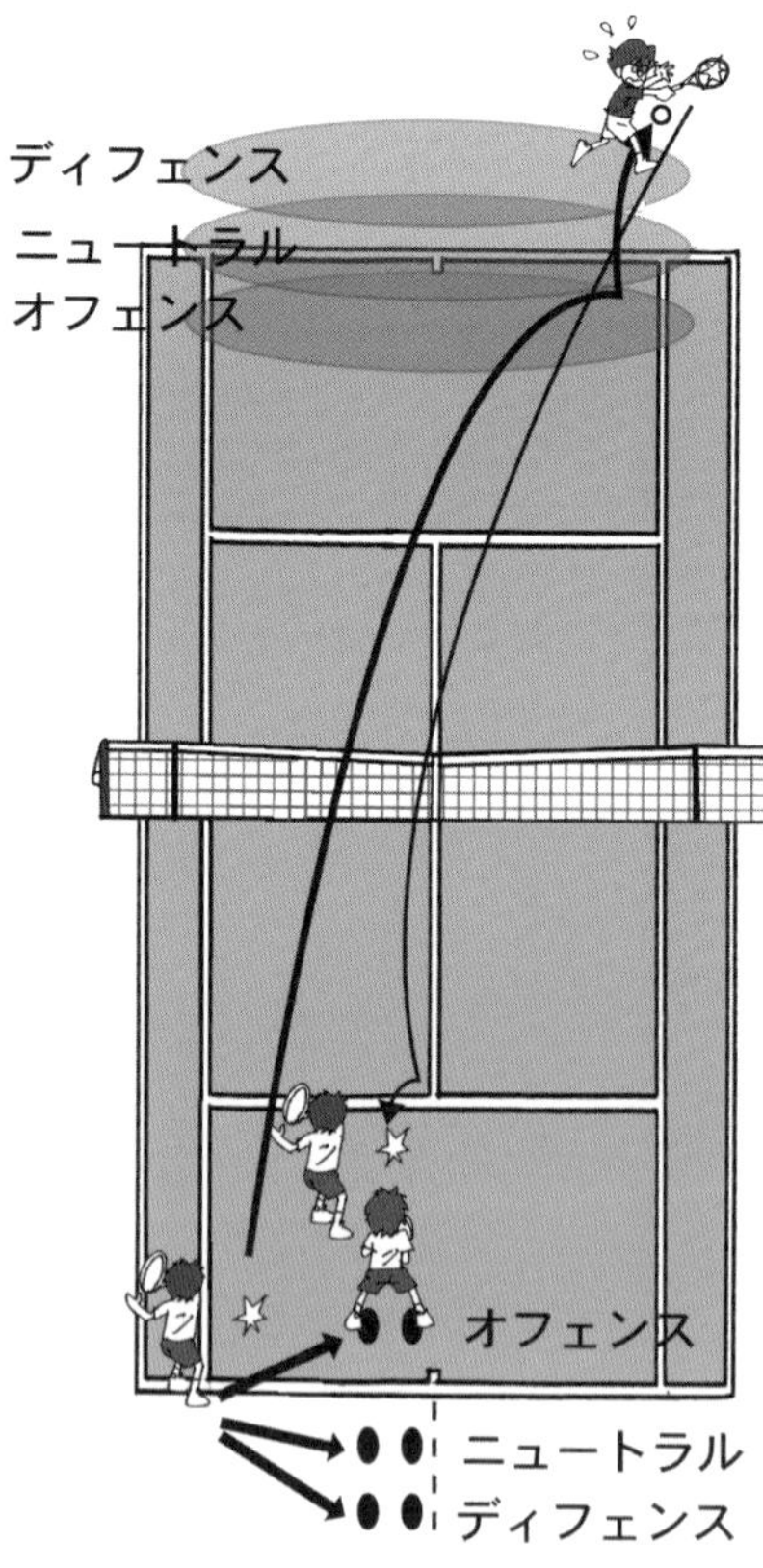

# あなたの戻るべき場所はどこ？

1

コートにチョークで丸印を描き（足型を描いても面白い）、目印をつくる。打球と相手の状況に応じて、適切な丸印の場所へリカバリーする

2

3

打球後は状況に応じて適切な丸印へリカバリー＆ポジショニングをする

リカバリーとポジショニングの関係をよく見て！

# やってはいけないクロスラリー練習

実はテニスで打球するということはお互いが相手を動かしてオープンスペースをつくろうとしているため、＝隙をつくるということにほかなりません。ですから打球をしたら、＝リカバリーとポジショニングが鉄則で、それを考えた上での打球なのかどうかが重要です。ただクロスで気持ちよく打ち合って、自分の打球に関しての質を求めるだけでは実のある練習とはいえません。「9つのボール調整」を使って、お互いの球威を把握して、相手のリカバリーの良し悪しなども見て、リカバリーとポジショニングを総合的に判断してください。

こちら側のプレーヤーに注目

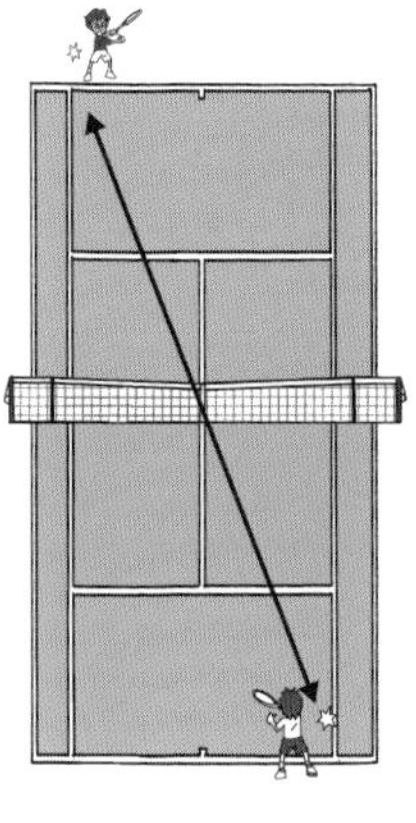

A

延々とクロスラリーをしてリカバリーをしない

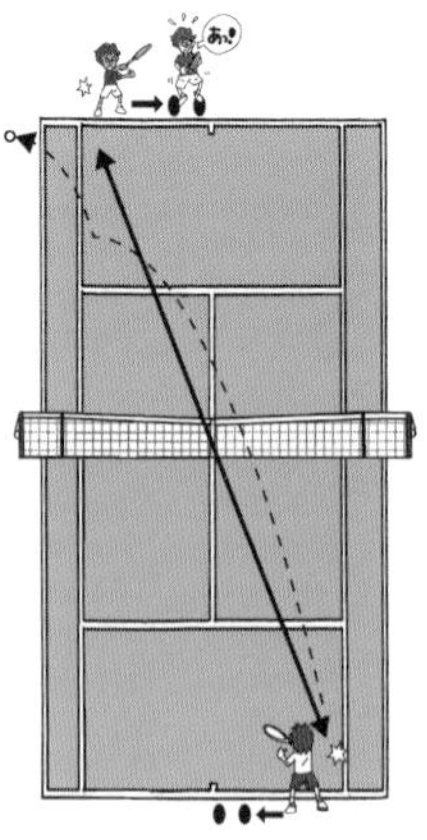


B

リカバリーはするがショットに関係なくポジショニングがいつも同じ

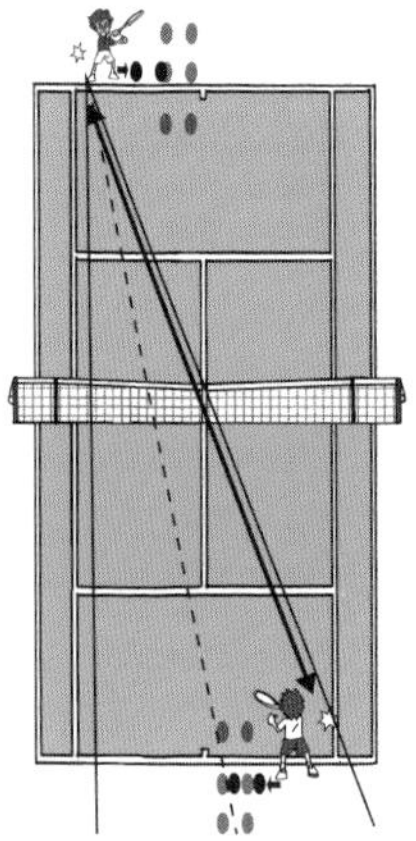

C

リカバリーはするがいつも50cm、1m外側にいて正しくない

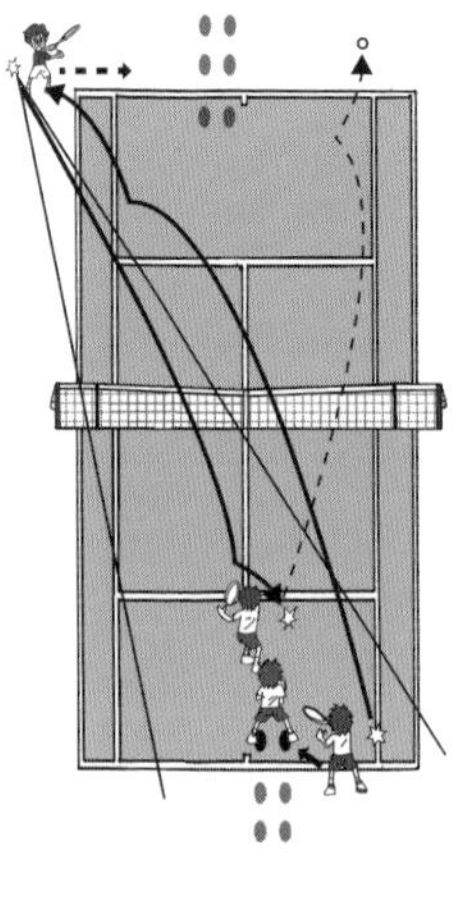

D

クロスに追いやられているのにリカバリーを考えずに速いボールを打ち返してしまう

vol.
07

時間と場所を乗り換える

# 後手に回って
# ポイントを取る
# 練習

# クロスラリーから先手をとるストレートと後手のストレート

クロスラリーからストレートへの展開を2つ紹介します。ひとつは先手をとるストレート、もうひとつが後手のストレートです。

前述したX(クロス)攻撃とは、文字通りクロスラリーを表現したもので、非常にベーシックな展開。拮抗した状態ではクロスラリー＝X攻撃となることが多く、勝負に勝つためにはこれを支配しなければなりません。

ただ単にクロスに打っていてもポイントは取れません。いくつもの課題があります。打球の深さの調整、回転、回転量、タイミング、高さ、角度の調整など、「9つのボール調整」(34～37ページ参照)を駆使して課題を解決していきます。

9つのボール調整には「場所」という要素も含まれ、ポジションという意味での場所と、ターゲットという意味での場所があります。どこへどのようなボールを打ち、打球したあとはどこへリカバリーするのか、場所と時間を考えたクロスボールを追求したいものです。

X攻撃では、自分も相手もチャンスを見出そうとしている状況です。お互いに打球するたびリカバリーをし、センター付近に戻ろうとしています。この状況の中でボールを支配している側になるためには、相手のショットが浅くなったり、遅くなったり、あるいはリカバリーがおろそかになるように仕向けることで、優位な状況に立つことができます。それに役立つ2つの展開を紹介します。

一つがX攻撃からI攻撃(クロス→ストレート)、もう一つがX攻撃からI攻撃のあともう一度、X攻撃(クロス→ストレート→クロス)という展開です。これらは非常にオーソドックスな攻撃パターンと言えます。

## クロスは距離が長く、ストレートは距離が短い

基本的にX攻撃（クロスラリー）をしているうちは「ニュートラル」で安全ですが、X攻撃からI攻撃に転じるときに、リスクをともなうことを理解しておきましょう。リスクとは、ただ単にコースを変えることだけを指しているわけではありません。クロスという長い距離から、ストレートという短い距離へ、深さを調整しなければなりません。それからストレートはクロスよりもネットが高く、高さを調整しなければなりません。コース、深さ、ボールをとらえる打点、タイミング、速度など、「9つのボール調整」が必要です。これらを、相手を騙しながら行わなければならないのです。

X攻撃からI攻撃、そのあとさらにX攻撃と展開することもあります。例えば（自分）フォアハンドクロス→（相手）フォアハンドドストレート→（自分）バックハンドクロス、またはX攻撃ではなくI攻撃、（自分）バックハンドストレートというパターンもあります。コースを続けて変更するときはなおさら、「9つのボール調整」が必要になります。

常にリスクをともなうということを理解しながら、ふさわしい選択をしてください。

さて、ここまではベーシックなX攻撃からの展開を紹介しましたが、その「裏バージョン」とでも言いましょう。より実戦的な戦術を紹介します。リスクを負ってポイントを取りにいく攻撃的なパターンは「先手を取る」という考え方ですが、もうひとつ、相手にリスクを負わせて（騙して）ポイントを取るという「後手に回る」という考え方もあります。

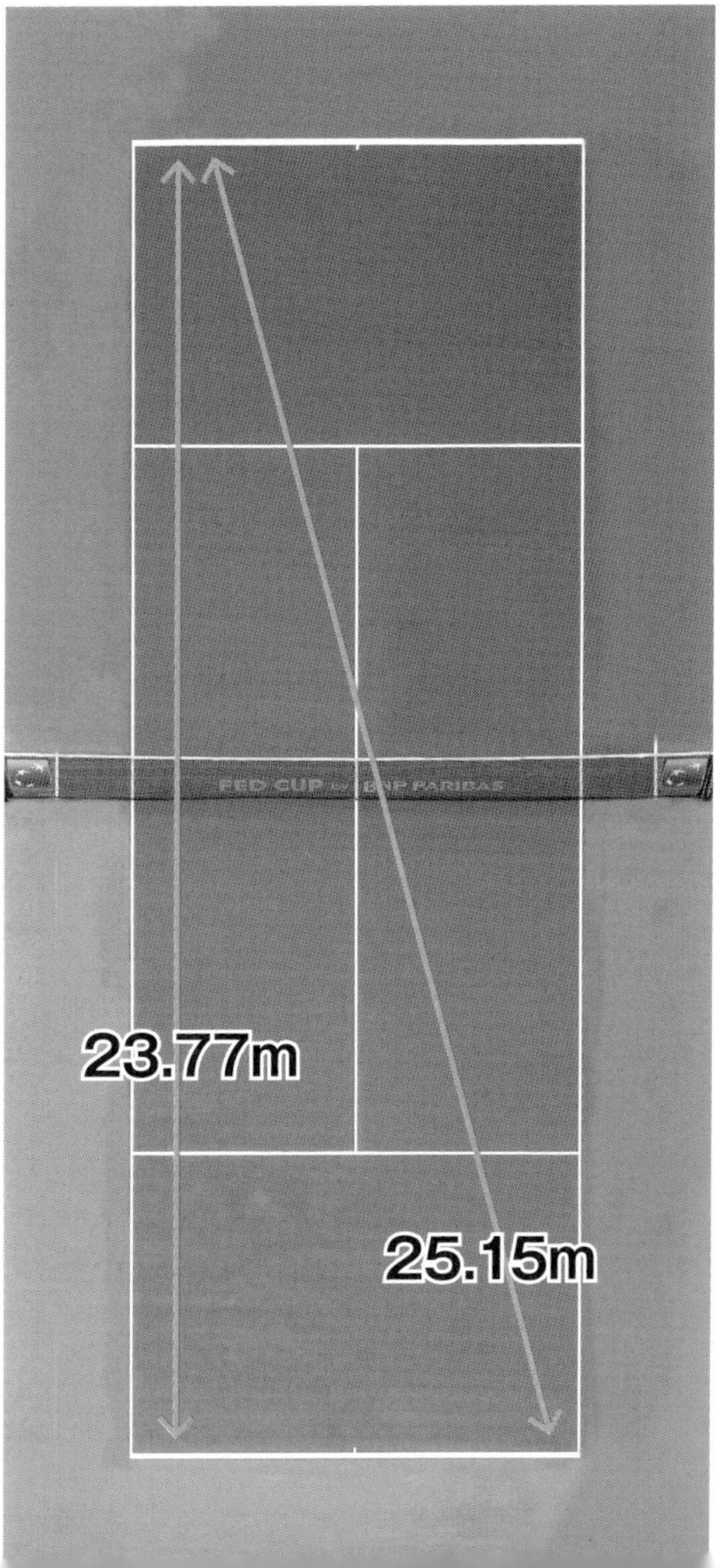

# 拮抗した状態のX（クロス）攻撃から、I（ストレート）攻撃と、もう一度X攻撃

私はこの戦術を「後手の戦術」と呼んでいます。X攻撃の中で、自分はクロスを維持して展開をせず、相手にストレートへ展開させるという攻撃です。とにかくしつこくクロスラリーをして、相手がショートクロスに打ってこようとも、緩いクロスボールを打ってこようとも、相手のストレートが空いていようとも、自分はストレートへは打たず、ひたすらクロスに打ちます（1）。

すると相手は耐えきれずに、オープンコートのストレートへ先に展開してきます（2）。それを待つのです（3）。クロスを固めて、相手に先手を取らせ、リスクを負わせます。ストレートへ打たせられた相手はミスをするかもしれませんし、甘いボールを打ってくるかもしれません。それを自分は待って（準備をしておいて）対応します。そのボールに十分追いつくことが重要で、そこで相手を大きく走ら

## 1 基本のクロスラリー

**ひたすらX攻撃をする**

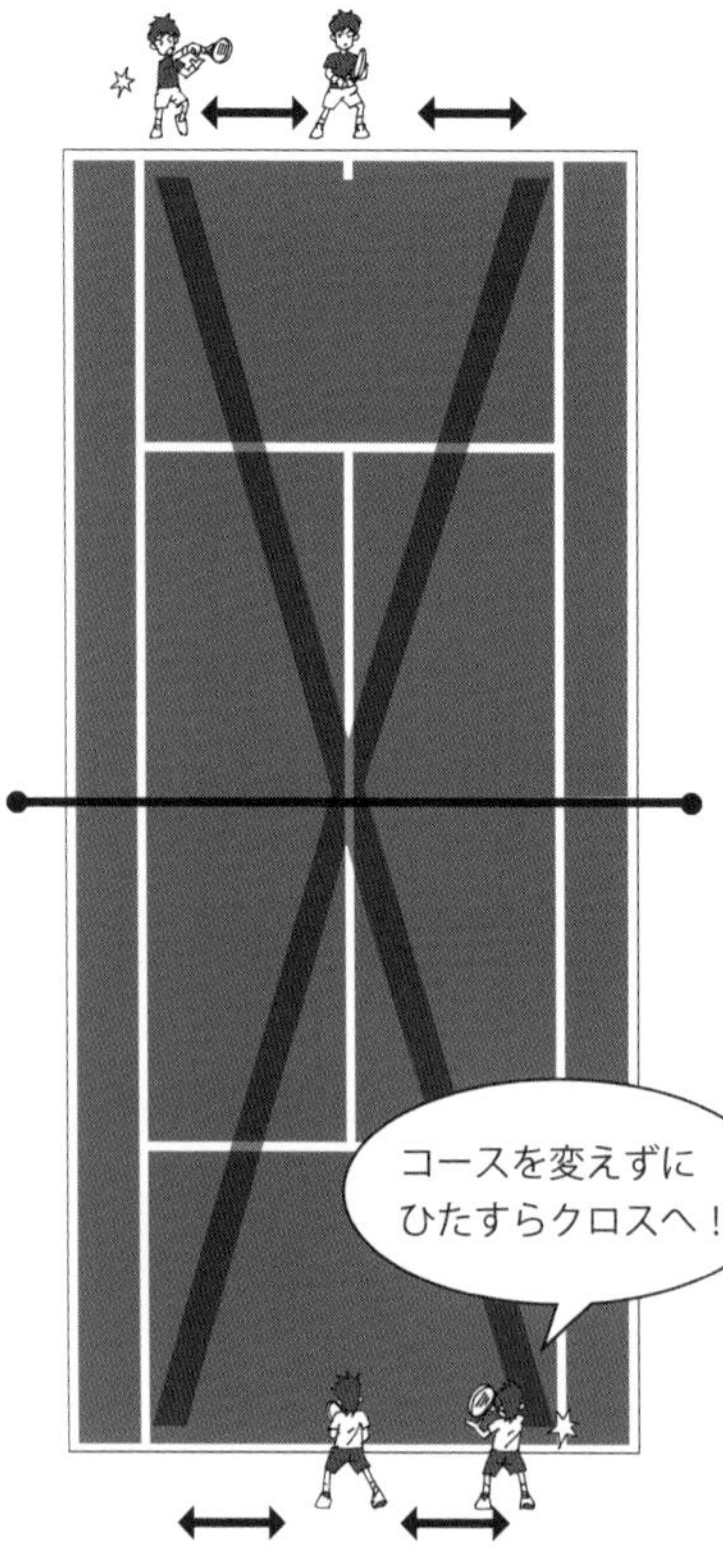

せるためクロスへ展開するか（3）、クロスをカバーしようとする動きの逆をついてストレートへ展開するか選択します。

先手と後手、両方のパターンを持ちましょう。自分が展開する（先手）ばかりで、リスクを負いすぎないためにも、相手に展開させる（後手）ということもポイント獲得のための方法です。

## 相手にストレートへ展開させるとこうなる

相手がリスクを負ってストレートへ打つように仕向けたら、そのショットはスピードの調整ができずバックアウトしたり、高さの調整ができずネットしたり、打点、タイミング、角度の調整ができずサイドアウトしたり、真ん中へ甘く入ったり、ということを引き出すことができる戦術です。

## 2 相手にストレートへ展開させる

### X攻撃から、相手にI攻撃をさせる

クロスラリーに我慢できなくなった相手はI攻撃に転じると、打点、タイミング、角度の調整がうまくいかずサイドアウトしたり、打球が真ん中のほうへ入っていったり、高さの調整がうまくなくネットしたり、スピードの調整がうまくできずバックアウトしたりする可能性がある

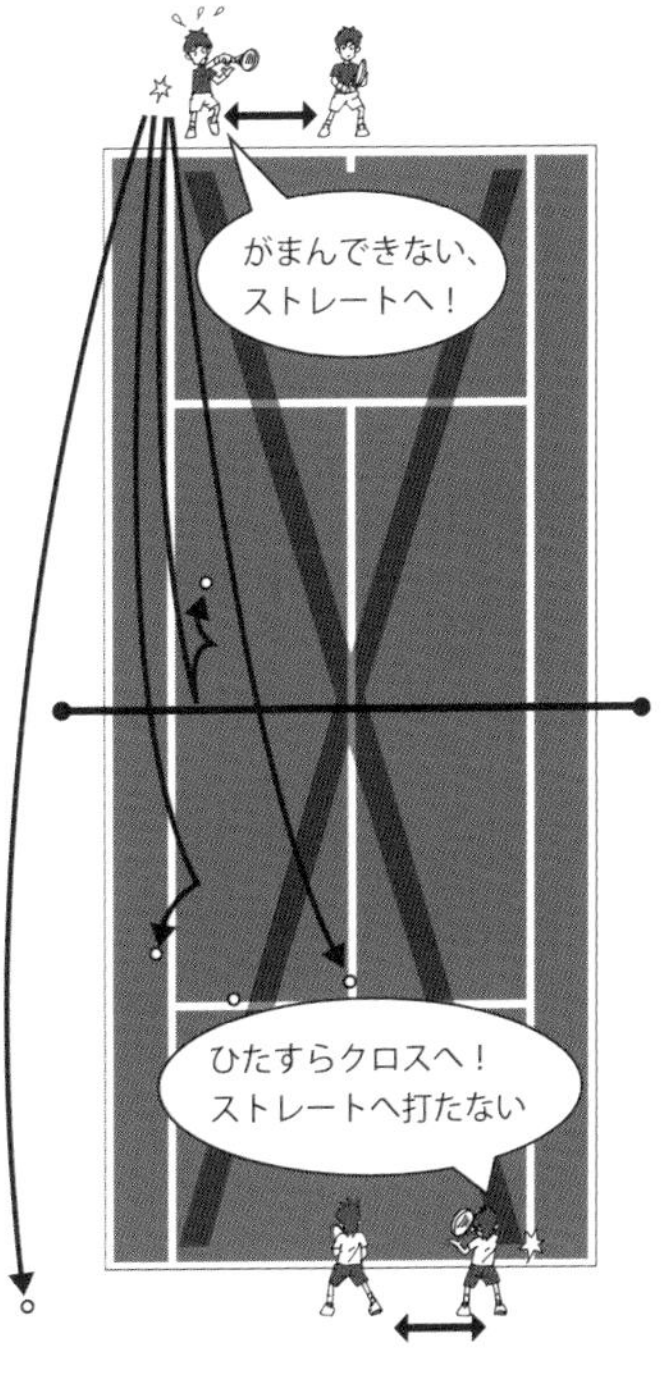


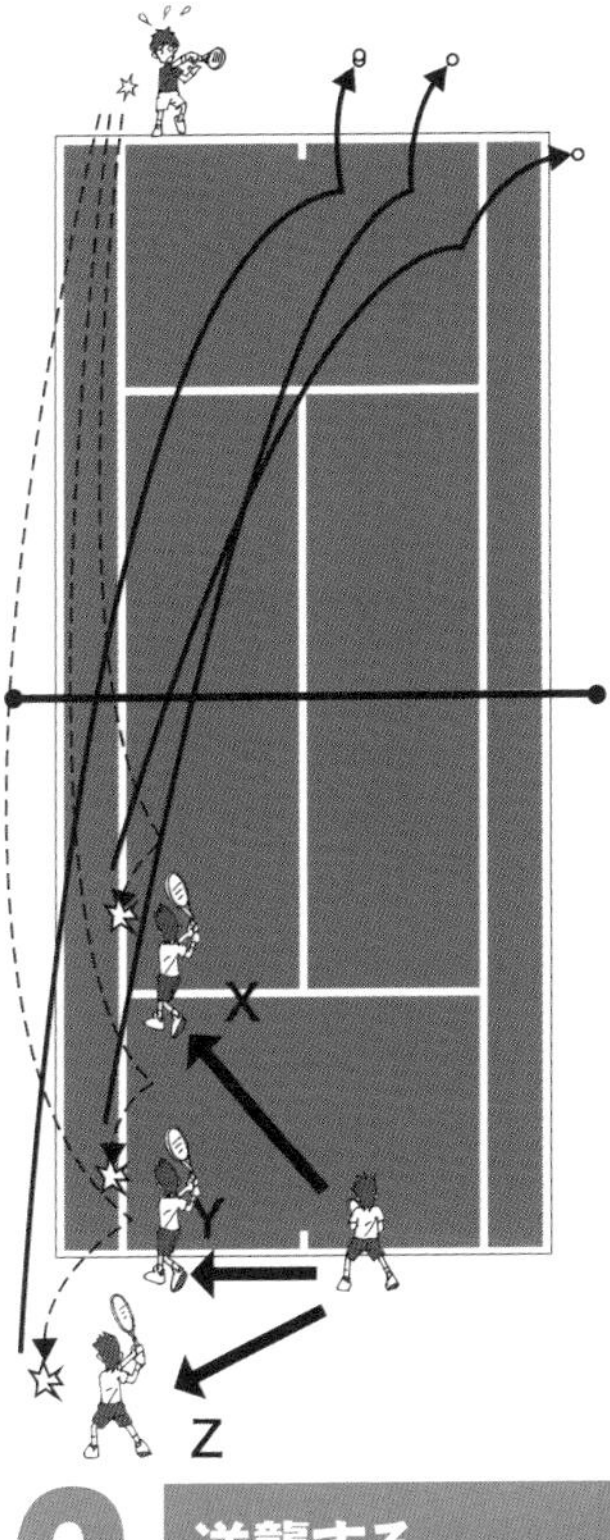


## 3 逆襲する

### 相手にI攻撃をさせて、自分はX攻撃でポイントを取る

相手にI攻撃をさせて、ストレートに入ってきたボールに対処する。浅いとき（X）は前に入ってクロスへ攻撃。ニュートラルなとき（N）は横に動いてクロスへニュートラルを維持する。深いとき（Z）は後方に下がり、クロスかミドルへできるだけ深く打ち、その間に態勢を整える

# X攻撃とI攻撃の裏バージョン〈後手の戦術〉で相手にリスクを負わせる

前ページのコート図をもう一度ご覧ください。自分はクロスにしか打たず、それによって相手が我慢の限界を迎えて、先にストレートへ打ってきたときの対応です。そう仕向けた自分は、心して準備して待て!です。

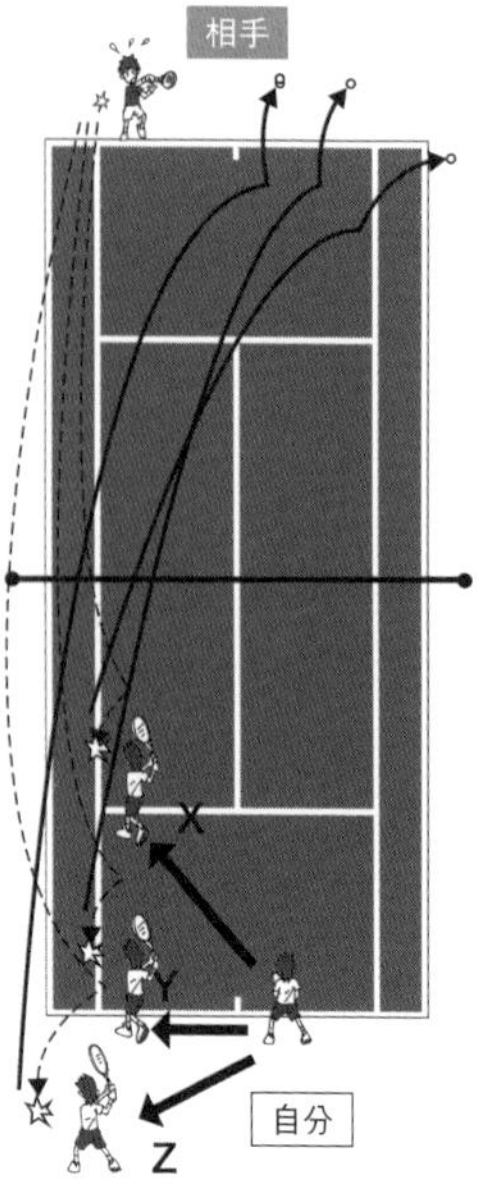

## 練習方法 1

### クロス担当とストレート担当に分かれてラリー

X(クロス)担当とI(ストレート)担当に分かれてラリーをします。両者は一打毎にサイドを変えるルールですが、さて、どちらのほうが技術的に難しく、体力的にきついかわかりますか?

答えはI(ストレート)です。なぜなら、自分が打つストレートへのボールは距離が短く、相手に早く到達します。つまり時間を失います。そして、相手が打つクロスへのボールは距離が長く角度があり、つまり言い換えると、クロスへ打たれることで移動距離が長く、場所を失っていると考えられるからです。

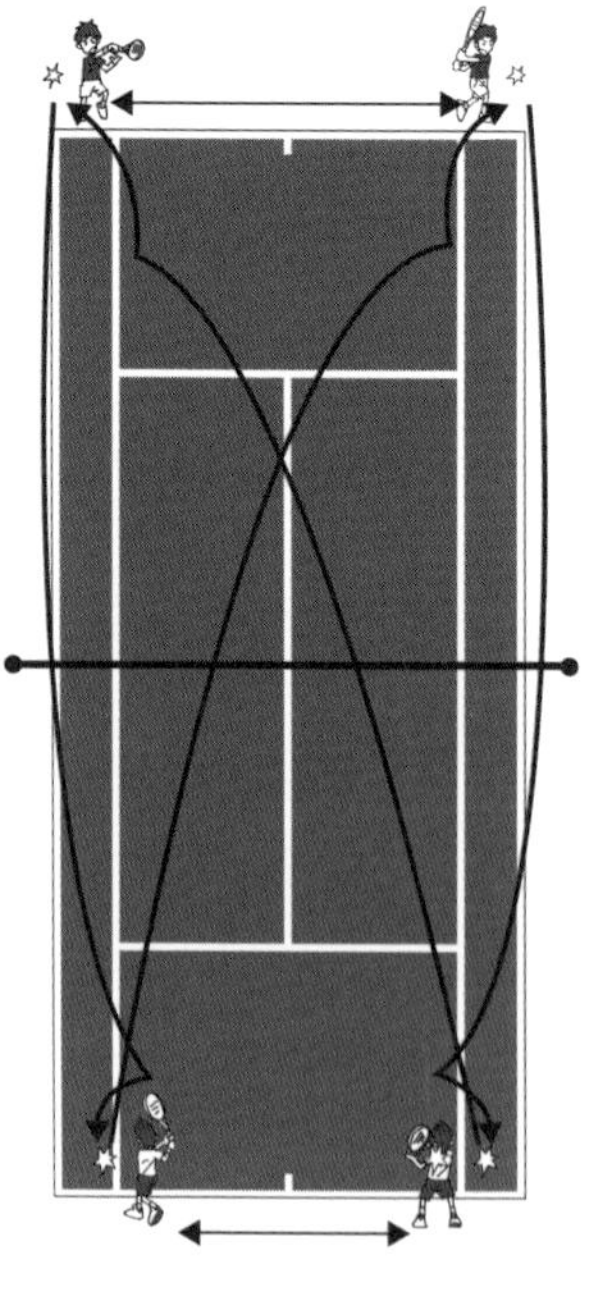

浅いとき（X）は前に入ってクロスへ攻撃し、相手を大きく走らせます。ニュートラルなとき（N）は、横に動いてクロスへ打ち、ニュートラルを維持します。深いとき（Z）は後方に下がり、クロスかミドルへ深く打って、その間に態勢を整えます。

X攻撃において、自分からはストレートへ展開せずに、相手にストレートへ展開させるという攻撃。こういう戦術もあるのです。相手のボールの精度が低ければ、自分がリスクを負ってストレートへ展開しなくても、相手にストレートへ展開させれば優位にゲームを運べることがわかります。

ただし、この〈後手の戦術〉は試合時間が長くなる可能性があります。クロスラリーが中心となるため時間がかかりますし、自分からストレートへ展開しないわけですから、相手がストレートへ展開しない限りラリーが長くなることは必然です。

## 練習方法 2

## バックのクロスラリーで相手に展開させる

今度はバックハンドのクロスラリーから展開します。

①バックハンドのクロスラリーをしつこく行い、相手が我慢できなくなるようにし、バックハンドのストレートを先に打たせて甘いボールかミスを誘います。②（相手のバックハンドのストレートを待っておき）十分に追いついてフォアハンドクロスで展開し、相手を大きく走らせます。今度はフォアハンドのクロスラリーをしつこく行い、相手にフォアハンドのストレートを先に打たせて甘いボールかミスを誘います。③ストレートを待っておいてフォアハンドに回り込んで逆クロスへ打つか、バックハンドをクロスへ打って相手を走らせ、わざとサイドを空けておき、バックハンドのストレートを打たせてミスを誘います。

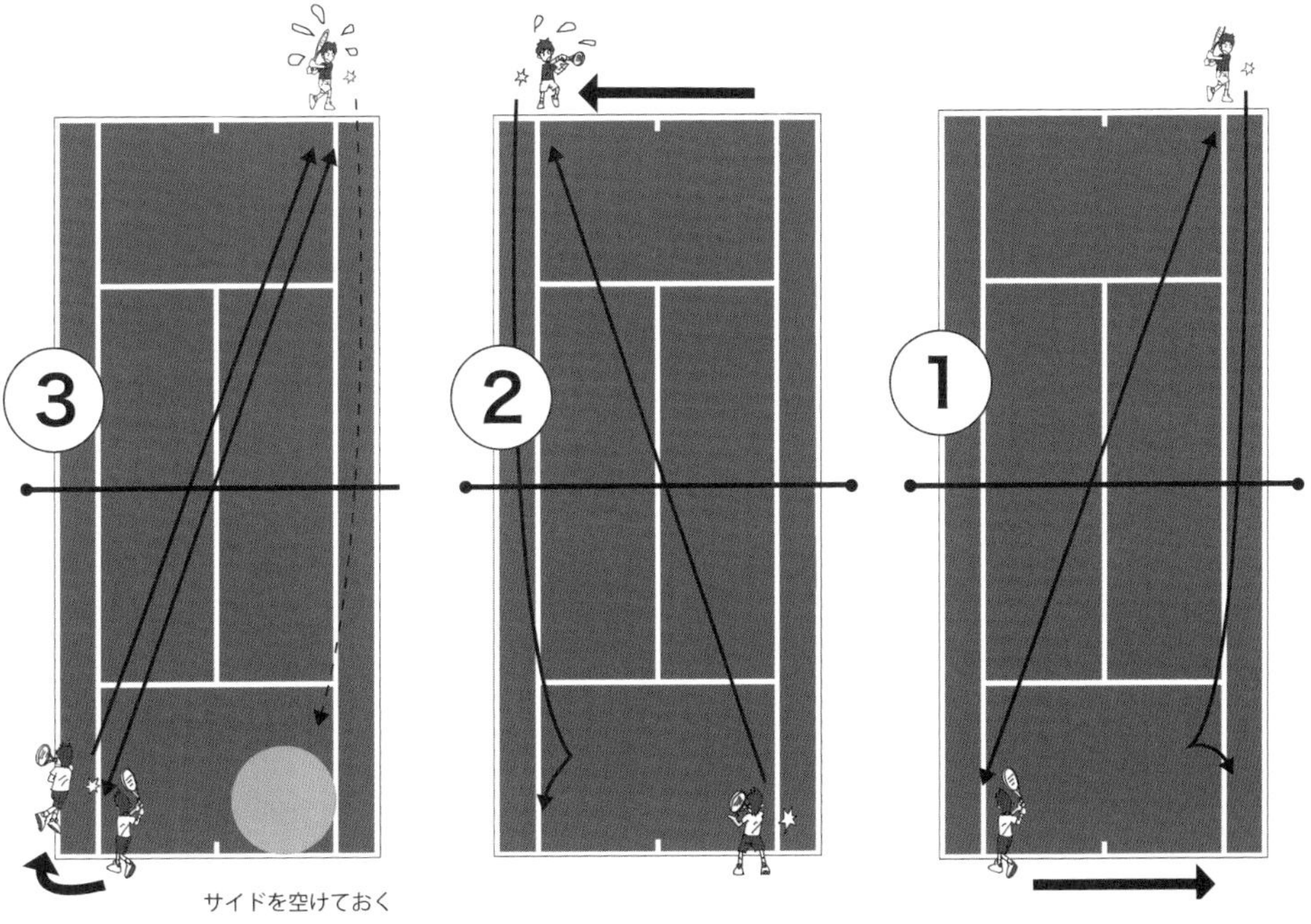

# 先手でいくか、後手でいくか正しいときに正しいほうを選択してほしい

最後にとても大切な話をしたいと思います。

「後手の戦術」によって、今度は自分がそればかりやる、つまり自分がいっさいストレートに打たない状況をつくってしまうと、相手も後手をとったほうがいいと同じ判断をしてくる可能性があります。ですから、常にストレートもクロスも打てる準備をしておくことが大切で、正しいときに、正しい選択をしてほしいと思います。

クロスに繰り返し打っていると、打点に近づきすぎたり、安全をとりすぎて打点を落とすなどして、ストレートへの攻撃力を失ってしまうことがあります。相手のミスを待つような消極的な展開にだけはしないでください。どのような展開がよいのか(自分から攻めるのか、相手に攻めさせるのか)、選択することがゲームの醍醐味です。そして、あなたが何をするかわからないようにしてこそ、勝負はわからないものになります。相手を惑わせ、走らせ、肉体的にも精神的にも疲労させることができたら、さらにいいですね。

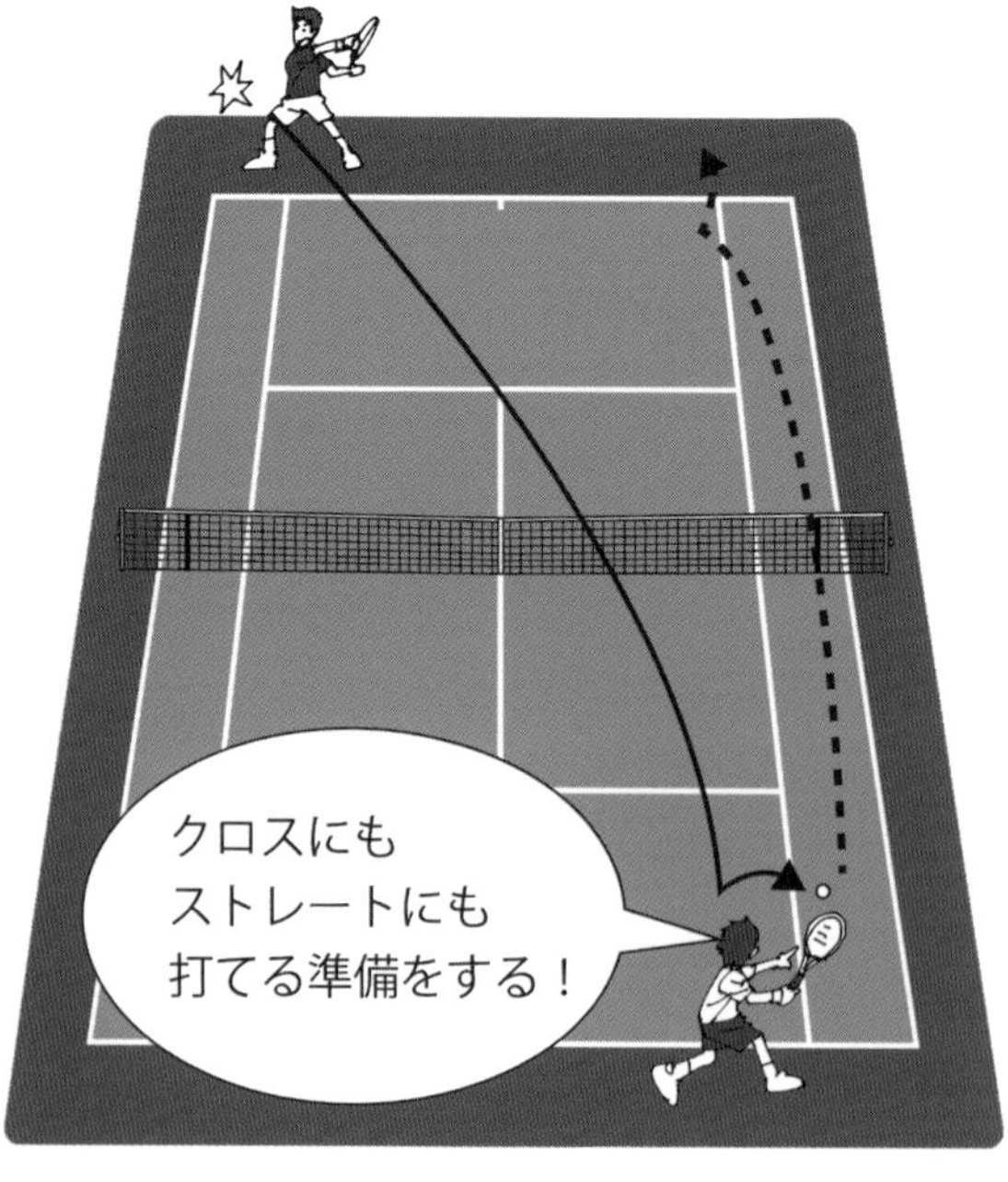
クロスにも
ストレートにも
打てる準備をする！

vol.

08

時間と場所を乗り換える

# ポジションシフトの練習

# 自分が押したら前に入り（相手は下がり）、自分が押されたら後ろに下がる（相手は前へ入る）

ストロークの打球動作に入る前に、プレーヤーはどこでどのようにボールを打つかということを決めなければなりません。好きな場所で打つ、得意の打点、効果的な打点で打つ場合もあれば、やむを得ない場所で打つ、やむを得ない打点で打つ場合もあり、ボールを打つということ一つをとっても、ただ打つという技術だけではないことが見えてきます。技術と（どうやって勝つかという）戦術は、非常に密接に関係しているのです。

　強い選手は、効果的な打点で効果的なボールを選択して打つことができるものですが、その反対に弱い選手というのは、例えば技術はうまくて

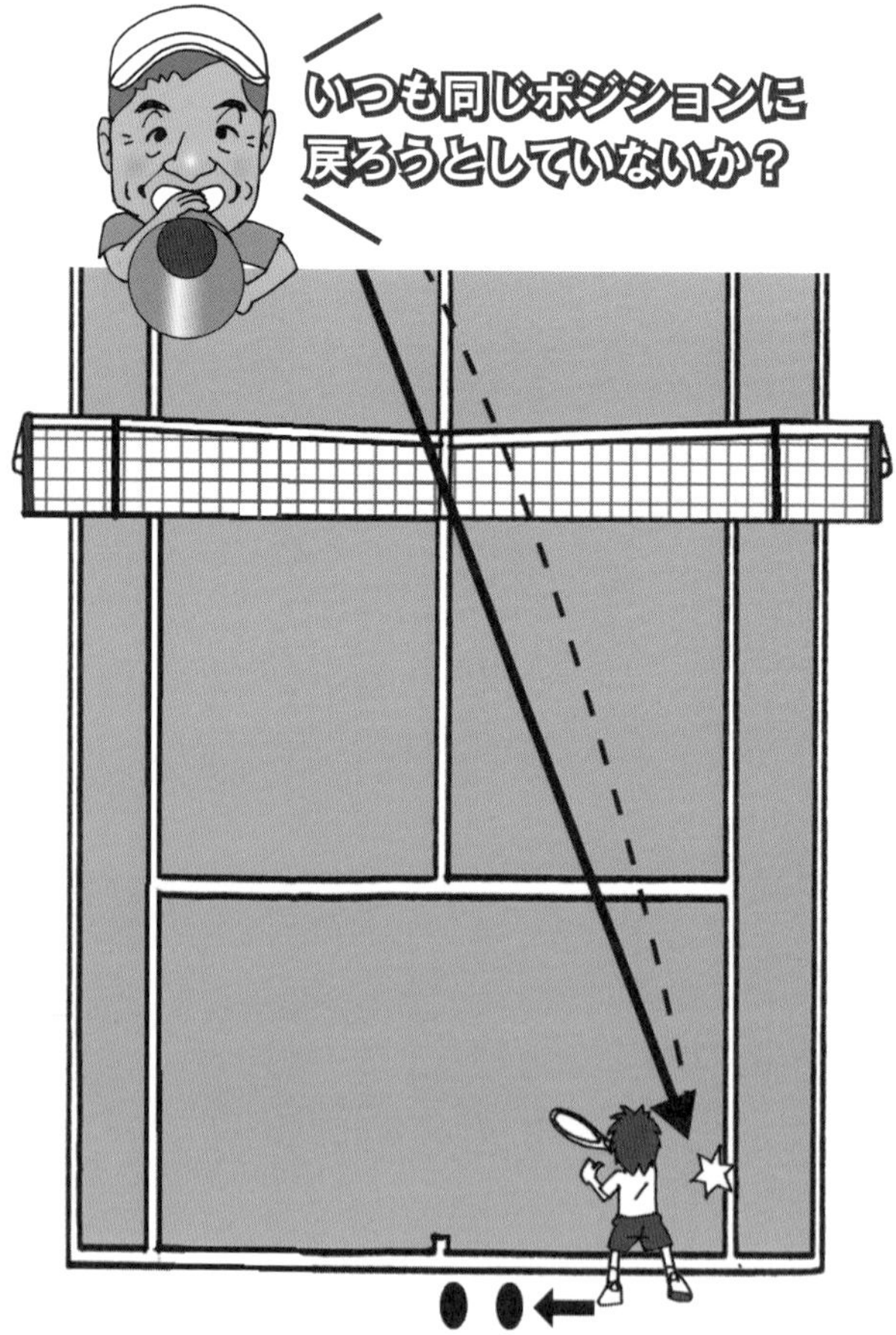
いつも同じポジションに
戻ろうとしていないか？

も戦術的にボールが選べない、得意なことばかりしようとします。

ボールを打つときに相手に対する効果というものを考えず、ひたすら自分を優先してしまう、そういうプレーヤーは、なかなか勝てないのではありませんか？　ここで今一度、技術と戦術の関係を考えてみましょう。

## ボールの深さによる 前・中間・後のポジショニング

みなさんはラリーをするとき、基本的にどこにポジショニングをしていますか？　学生やジュニアの練習を見ていると、ときどき、いつも同じ場所にポジショニングをしようとしていることに驚かされます。

基本的な考えですが、テニスのラリーはボールを深く打ったほうが有効です。テニスコートは縦に細長いので、深く打ったほうが相手に攻撃されにくいからです。深さの目安は、ベースラインからサービスラインまでの長さ約６ｍの半分の地点、３ｍのところにラインを想定し、それより後ろが「深いボール」です。そこに入るボールは、バウンド後にベースラインの後方に弾み、返球するプレーヤーはベースラインの後方、１～２ｍくらいの位置に立つことになります。あなたが相手をそこにとどめることができれば、相手に攻撃されにくく、あなたにとってそれは場所的にも時間的も有利になるわけです。

しかし、テニスは同じボールが二度続けてくることがないスポーツです。打球するたび、プレーヤーはボール調整をして、深さ、速度、回転、回転量、タイミング、高さなどを選んで打っています（いるはずです）。

もしも、相手の打つボールのほうが深くて球威があれば、自ずとこちらはポジションを下げざるを得なくなります。反対に、相手の打つボールが浅くて球威がなければ、こちらはポジションを前に移動して打球したほうが得策です。そういう判断をしながらプレーをします。

ところが……ここからが重要です。自分が打ったボールが浅くて球威がない場合は、自分はどこにポジショニングをすればよいでしょうか。答えは……後方に下がり、守備的なポジショニングをして待機をすることです。このようなことを、とっさに判断できますか？　相手が前に移動してきて球威のあるボールを打ち込んでくる状況となれば、自分は場所と時間を失うことになりますから、すぐに下がって場所と時間を確保しなければならないのです。

では……自分が打ったボールが深くて球威がある場合は、自分はどこにポジショニングすればよいでしょうか。答えは……前に移動して、攻撃的なポジショニングをします。同時に相手は後方に下がり、守備的なポジショニングをしてくるはずです。ここはしっかりと攻撃する場面で、相手から時間と場所を奪い、追い込んでいきます。

# 自分が攻撃↑↓相手が守備 相手が攻撃↑↓自分が守備の関係

自分と相手の間には、自分が攻撃したら相手は下がり、相手が攻撃したら自分は下がる、押したり引いたりの関係があります。

　自分が深いボールを打って相手は下がったのに、あなたが前に入らなかったら？　せっかくのチャンスは、ふいになるということです。相手が下がったところから深いボールを打って押し返してくることもあります。ボールの高さや速度、回転を調整することによって、そういうことも可能です。ただ、劣勢になればボー

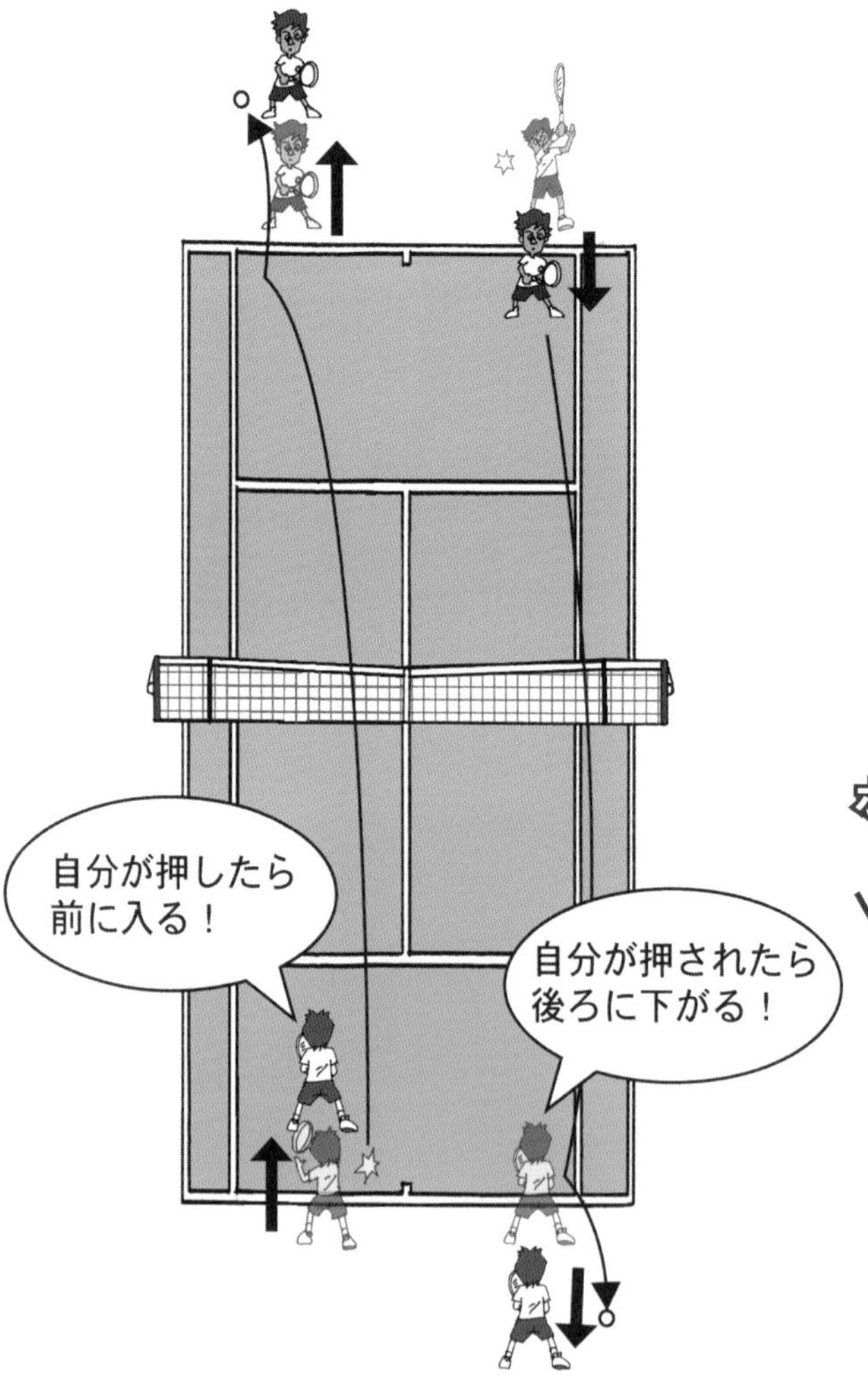
自分が押したら
前に入る！
自分が押されたら
後ろに下がる！

## ボールの深さによる 前・中間・後の ポジショニング

HORI

ル調整がしきれずに、短くなることが多く、それを見逃さないようにすることが大切です。同様に自分が打ったボールが甘ければすかさず下がります。状況に合ったポジショニングをすることが、ゲームに勝つために必要不可欠です。

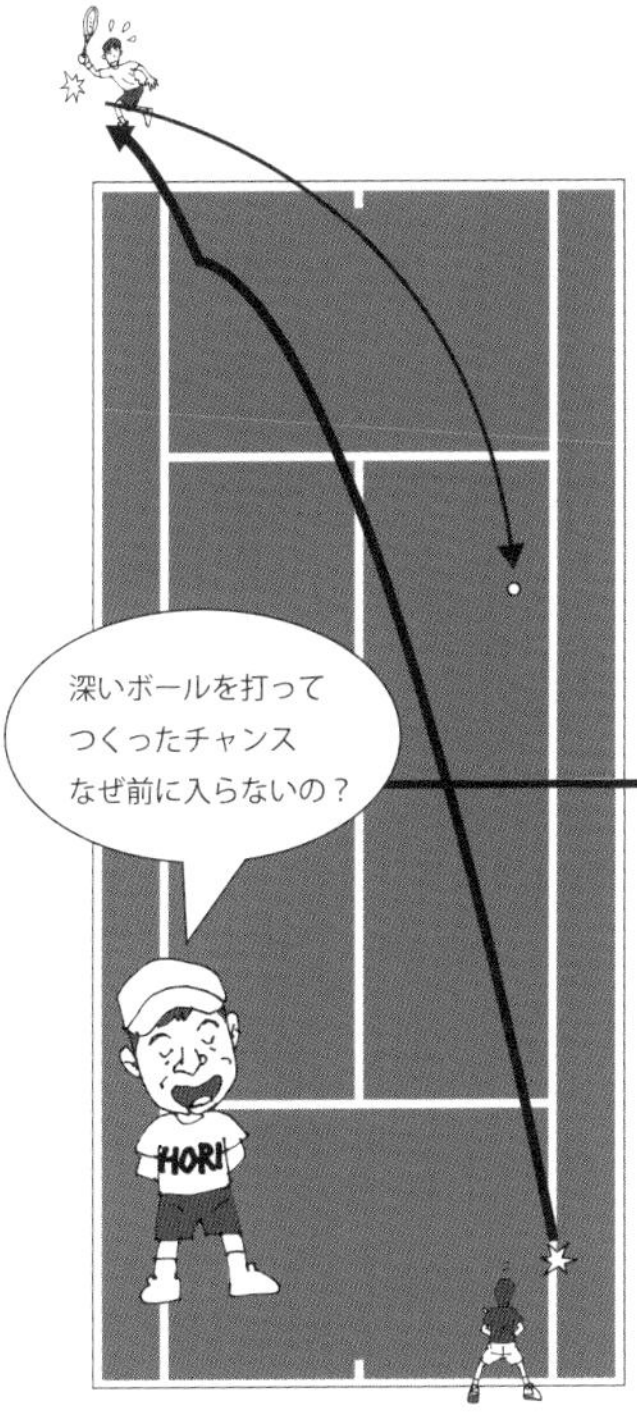
深いボールを打って
つくったチャンス
なぜ前に入らないの？
HORI

前へ入るべきところを入らず

いつも同じ
ポジショニング

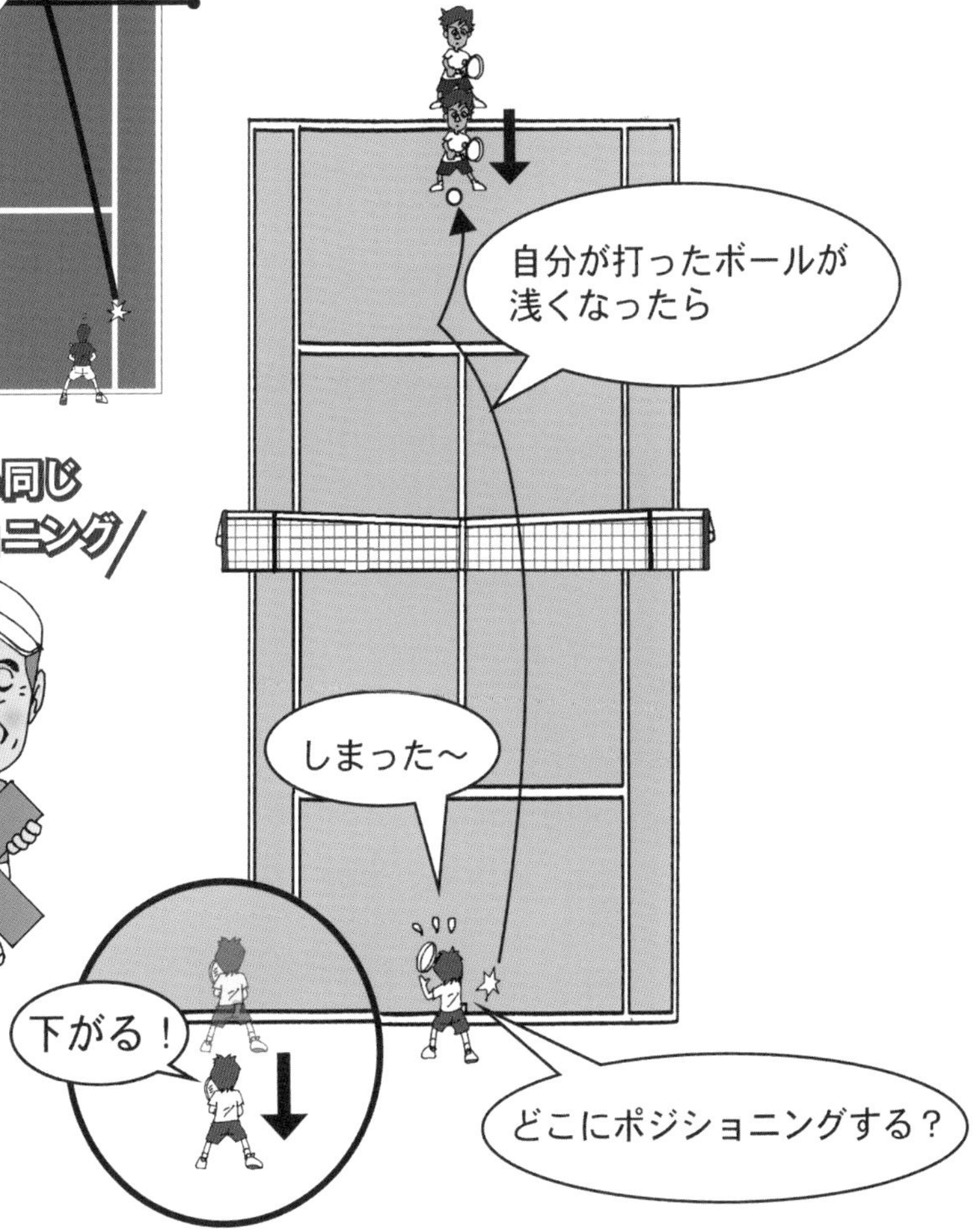
自分が打ったボールが
浅くなったら
しまった～
下がる！
どこにポジショニングする？

劣勢になったら本当は下がる

後ろへ下がるべきところを下がらず

# いつも同じポジショニングで前後または前への動きが弱い

ところで最初に、いつも同じ場所にポジショニングをするプレーヤーがいるという話をしました。これは非常によくある話です。そういうプレーヤーは試合になると、ニュートラル・ポジション（中間／主に横へ動く）にいるときは得点する可能性が高いのですが、オフェンス・ポジション（前）やディフェンス・ポジション（後ろ）、前後に移動したときや、特に前に移動したときに弱く、失点する可能性が高いです。

ニュートラル・ポジションが心地よいプレーヤーというのは、練習のときに、コートの真ん中に立って相手とともに心地よいラリーを行っているのではないでしょうか。そういう練習は、ボールが自分の正面に向かって飛んでくるので左右に動く必要はほとんどなく、どこにでも打球できるようにアドレス（スタンス）をとる、注意を払うことをしません。打点の上下の調整だけをして打ち合います。相手が打ったボールが浅くなっても前に入ることはなく、その場で待って低い打点でとります。ボールが深いときでも後ろに下がらず、相手の打球に合わせるだけ。その場で高い打点でとるか、ライジングでとったりします。

このような緩慢な動き、緩慢な打球をしているプレーヤーは面白いことに、試合になると前後に動き出します（本当です！）。ただし、練習でやっていないことを試合でやろうとしても精度が低く、うまくいくわけがありません。自分のやりたいことだけをやって散る（負ける）、というのがほとんどです。

## 横の動き、下がる動きには強いが前に出る動きが弱いのはなぜ？

ここまでお話ししたのはコート上の「縦の動き」ですが、次に「横の動き」についても考えてみましょう。ベースラインと平行して動くことはほとんどのプレーヤーが行っています。横の動きを中心とし、その中で守備をする必要が出てくれば斜め後ろに下がり、場所と時間を確保するのです。

　ところが、横の動きの中で攻撃をする必要が出たときに、前への動きがやや遅い、または完全に出遅れるなどの問題が発生してきます。どうしてでしょうか……これも前述したことと同じで、状況を判断して、前に移動してプレーするという習慣（練習）がないため、ニュートラル・ポジションのまま攻めようとしてしまうのです。

　ポジショニングは大きく分けて3段階あります。①オフェンス、②ニュートラル、③ディフェンスのポジションがあり、テニスはこれらのポジションをフルに使ってプレーします。あなたは、②と③のポジションに偏ってプレーしていませんか？

## いつも同じポジショニングをするプレーヤーのクロスラリーの傾向

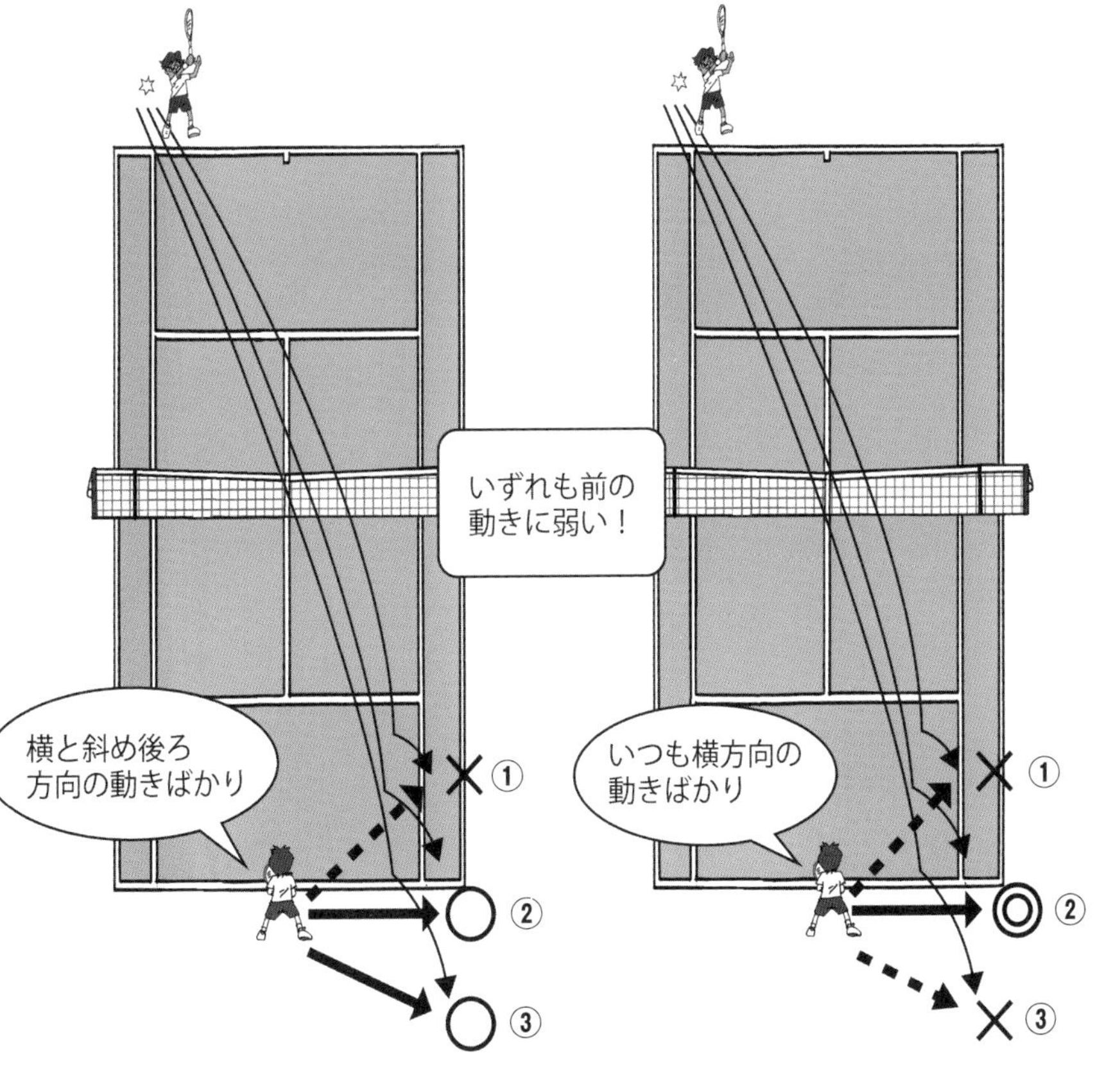
いずれも前の動きに弱い！
横と斜め後ろ方向の動きばかり
いつも横方向の動きばかり
①
②
③
①
②
③

# 〝ポジション・シフト（移動）〟を時計で考える

イラストは、ポジショニングとリカバリーをイメージしてもらおうと、テニスコートに時計をはめたものです。本当は8等分くらいがよいのですが、時計の針のほうが誰もがイメージしやすいのでそのまま時計にしました。

　打球前のポジショニングから考えていきましょう（動き始めのポジションはニュートラル・ポジションにしておきます）。

　例えばフォアハンドで打球するとき、前への動きは12、1、2時方向があります。後ろへの動きは4、5、6時方向、横への動きは3時方向です。相手のボールが深ければ4、5、6時方向へ、ちなみに回り込みフォアハンドを打つなら、6、7、8時方向、あるいは9、10、11時方向もあります。前、斜め前、横、斜め後ろ、後ろなど、ヒッティングポイント（移動方向）はいろいろです。すなわち時計を使って何が言いたいかというと〝こんなにも場所がある！〟ということです。これを使っていますか？

　前への動きが少ないプレーヤーは、だいたい3、4、5時くらいでプレーしていて、2時、1時は少ないもの。こういう細かい動きも重要です。これはすなわち、攻めるチャンスを一つも見逃さないようにするということにつながります。

　イラストは基本ポジションを「ニュートラル」とし、「真ん中」にしていますが、「ディフェンス」「オフェンス」に中心点を置いたり、クロスコートが「真ん中」になることもあります。さまざまな場所に応用することができます。私はこれを「打球前（後）時計」と呼ぶことにします。

ポジショニングは
時計で考えると
わかりやすい

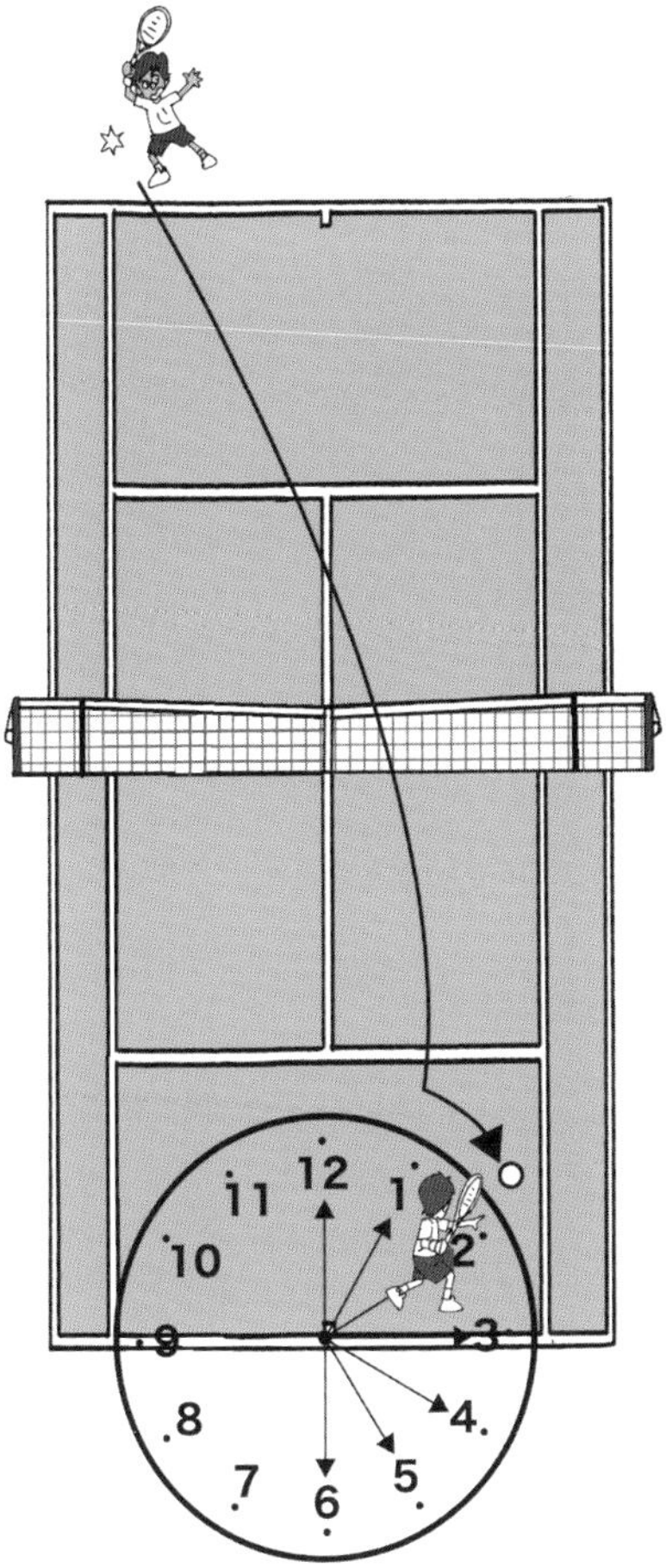


打球前時計

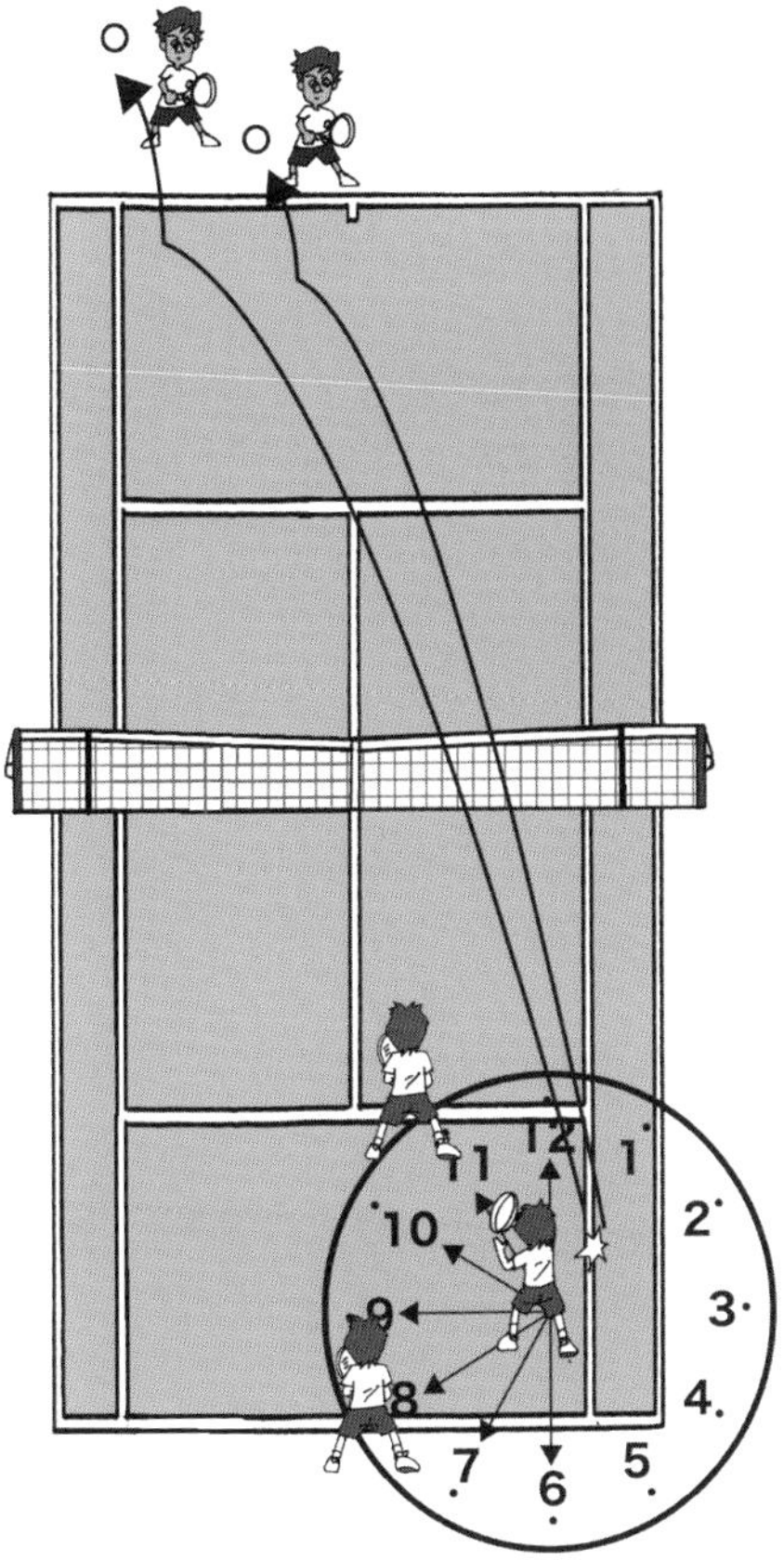


打球後時計

こういう時計もあります

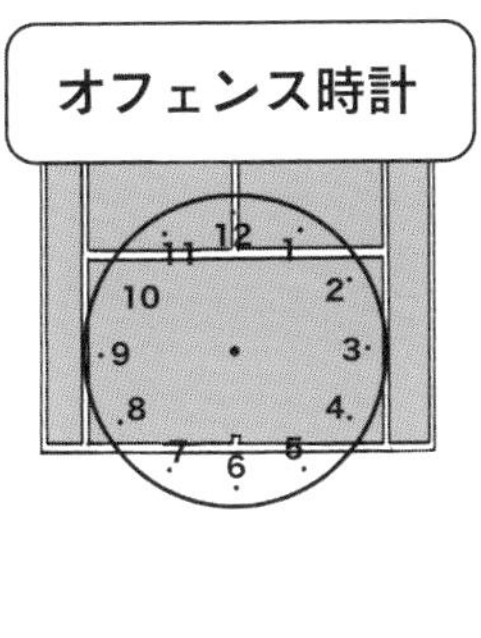


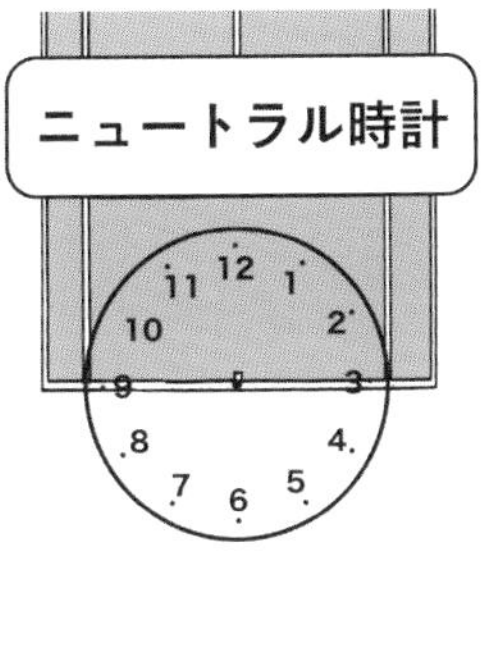


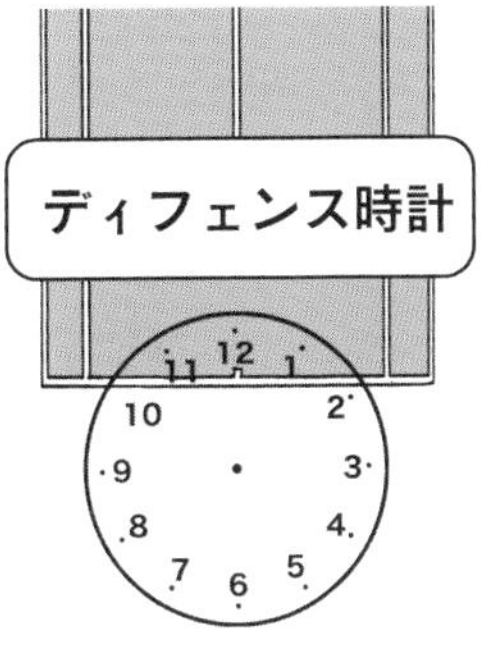

# 「打球前時計」と「打球後時計」

打球後のポジショニングも考えていきましょう。次の打球に備えて、さらにポジションをとらなければなりません（リカバリーをします）。ここでは「打球後時計」で考えていきます。

　例えば、イラストの時計の中心点からバックハンドクロスを打ったとき、どこにどのようなショットが入り、相手がどこでどのように返球してくるかを受けて、リカバリー・ポジションをとることになります。自分の打ったボールが深く入れば時計の中心の方向へ動き、さらに1時の方向へ攻撃に出ますし、浅く入れば7時、6時の方向へ動き、守備を固めなければなりません。

　このように「打球前時計」と「打球後

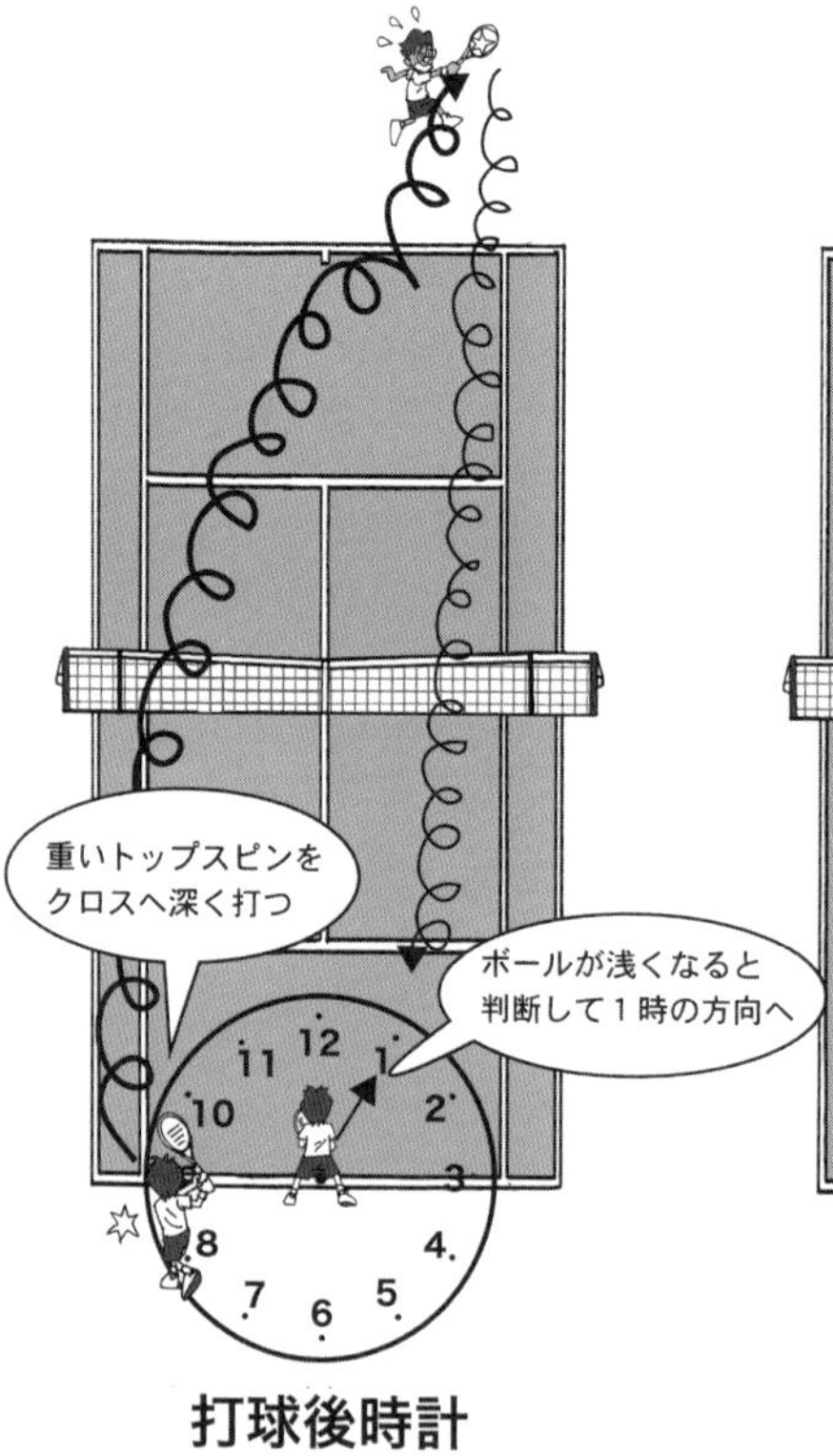
重いトップスピンを
クロスへ深く打つ
ボールが浅くなると
判断して１時の方向へ

打球後時計

打球後のポジショニング

相手の打球がストレートに
深く入ったので８時の方向へ

打球前時計

打球前のポジショニング

時計」は、自分と相手との間に行き交うショットによって、すべて違う場所にあることになります。これは考え方の一つであり、それとともに自分の打球が相手にどういう影響を与えるかと合わせて考え、ていねいにポジショニングを行うことが大切です。それが場所と時間の調整です。

ポジショニングの方向と場所について解説しましたが、そこには同時にボールの調整があることも忘れないでください。それが今度は、移動距離や速度にも関係してきます。

テニスは打球前にも
打球後にも
“ポジション・シフト
（移動）”する

## 圧倒的なディフェンス力が土台のトッププレーヤーたち

ジョコビッチ、ナダル、フェデラーをはじめ、トッププレーヤーたちは圧倒的なディフェンス力もありながら、ディフェンスからニュートラル、あるいはディフェンスからオフェンスなど「ポジション・シフト」が素晴らしいです。

わかりやすい例がナダルで、若い頃はディフェンスとニュートラルが中心で、そのあたりでポイントを取ることが多いプレーヤーという印象でしたが、今ではディフェンスからオフェンスへ、さらにネットまで攻め込んでいくところも印象づけられています。

ジョコビッチも守りに守って、ここぞというときにディフェンスからニュートラル、オフェンスへ攻めていきます。守っているといっても決して同じ場所にい続けているわけではありません。ていねいにチャンスを探っているだけです。

フェデラーはもともとあまり下がらず、ニュートラルにいてライジングでとったり、スライスでディフェンス（時間をつくったり）しながら、常に攻撃できるポジションに身を置いて、攻めきることをするプレーヤーでした。そのテニスが世界をリードしてきたのです。

しっかりとしたディフェンスを前提にして、オフェンスを探っている点は三者同じです。

ナダル

# 場所と時間の乗り換え術（ポジション・シフト）

プレーヤーのポジション（待機場所）は、いつも「ニュートラル・ポジション」とは限らず、「ディフェンス・ポジション」や「オフェンス・ポジション」もあり、大きく分けて3つあります。さらに、打球後の「リカバリー・ポジション」においても、いつもニュートラル・ポジションに戻る（移動する）だけでなく、打ったボールとその状況に応じて適切なポジションに戻ります。

例えばクロスラリーをしていてお互いに探りを入れている拮抗状態から、あなたが打ったボールに対してチャンスボールがきたとします。その短いボールに対して、あなたはコートの中に入ってオープンコートに叩き込もうとしました。ところが、決まらずに相手に逆襲されたり、追いつかれてロブを上げられたり、うまく対処されることがあります。また、自らが焦ってボールをネットにかけたり、出遅れて打点を落としたり、際を狙いすぎて自滅したりするケースもよく見られることです。

## リカバリー・ポジションがプレーに与える影響

そのような展開になってしまう理由の一つには、まず相手のリカバリー・ポジションが影響を与えている可能性が考えられます。短いボールを打ってしまったほうの対戦相手は、素早くリカバリー・ポジションを後ろに下げて、ディフェンス・ポジションをとって待機をしています。相手はあなたに押し込まれ、短いボールを打ってしまったことをよく理解していて、失った時間と失った場所を取り戻すために、素早くディフェンス・ポジションを確保して待機をしているのです。その状況にあなたが気づいていないかもしれません。

また、あなたがとるべきポジショニングがとれていないことも、チャンスを逃す大きな理由の一つかもしれません。あなたは、自分が打ったボールに対して短いボールがくるという予測をして、リカバリー・ポジションをニュートラル・ポジションからオフェンス・ポジションに移動すべきです。ところがニュートラル・ポジションのまま、そこから攻撃を始めると出遅れることになります。しっかり予測していれば、ニュートラル・ポジションからオフェンス・ポジションに移動して待機することができ、出遅れることがありません。それができるかどうか、その差がチャンスボールに対するプレーの違いを生むことになります。

ニュートラル・ポジションからチャンスボールを打ちにいくのと（コート図×）、オフェンス・ポジションからチャンスボールを打ちにいくのとでは（コート図○）、ボールへの移動距離が変わります。当然、ニュートラル・ポジションから移動したほうが距離が長くなってボールに追いつけず、打点が低くなり、攻撃のための準備時間も足りなくなって精度が低くなります。時間がないと精神的に焦って混乱したりもするでしょう。せっかくのチャンスを無駄にしてしまうことになるのです。

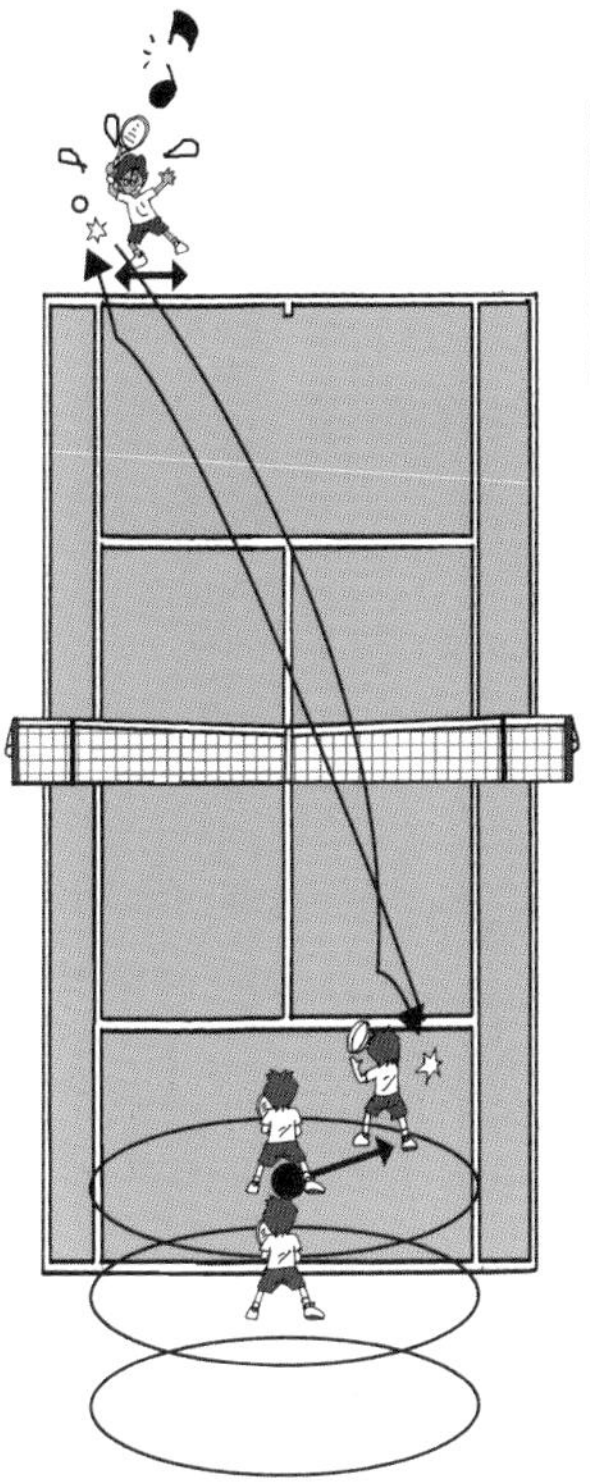

## 積極的なポジションから攻撃する場合

ニュートラル・ポジションからオフェンス・ポジションに移動してそこから攻撃すると、素早く安全にプレーできる

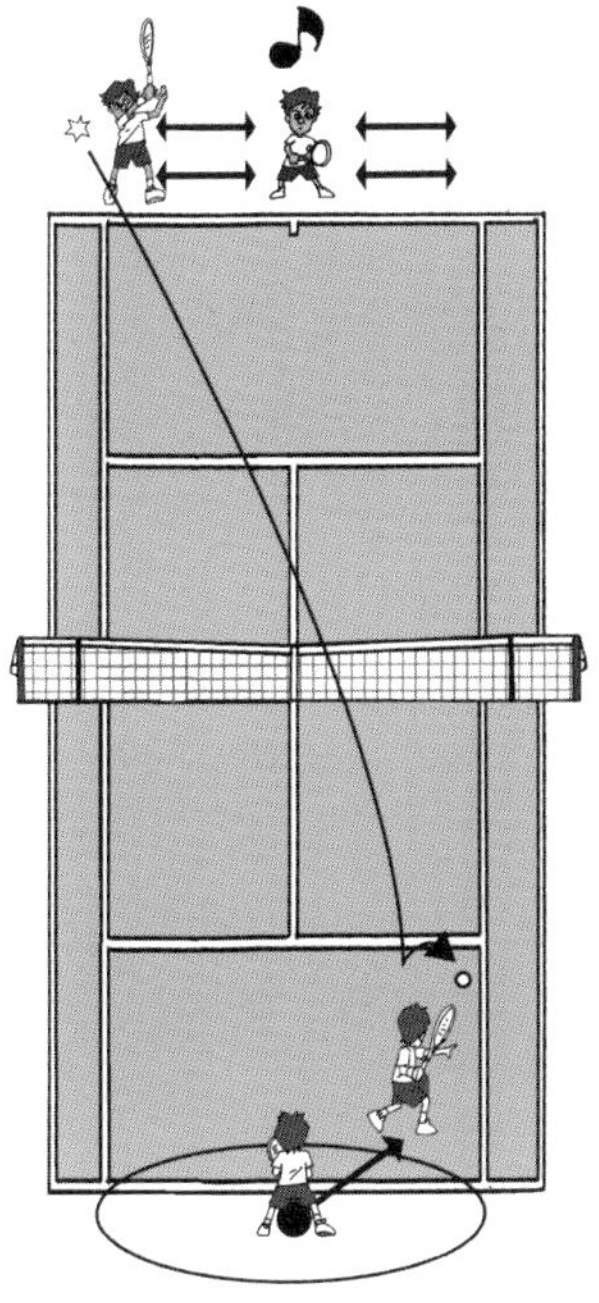

## 一般的（ニュートラル）ポジションから攻撃する場合

ニュートラル・ポジションからいきなり攻撃しようとすると移動距離が長くなり、出遅れるかもしれない

# チャンスをものにできない問題の原因はポジション・シフトにある

問題解決のためには、「ポジション・シフト」を鍛えることです。そのための練習をしましょう。常に同じポジション（ニュートラル・ポジション）に始まり、同じポジション（ニュートラル・ポジション）に戻る、そういう練習しかしていないのではありませんか？ それが結局、チャンスを逃す、つかめないということにつながってしまいます。練習を変えましょう。

## 積極的なポジション・シフト

常に適切な場所から全方向に動き、適切な場所に戻る。ディフェンスのポジションからオフェンスに上がったり、ニュートラルからオフェンスに上がったりする

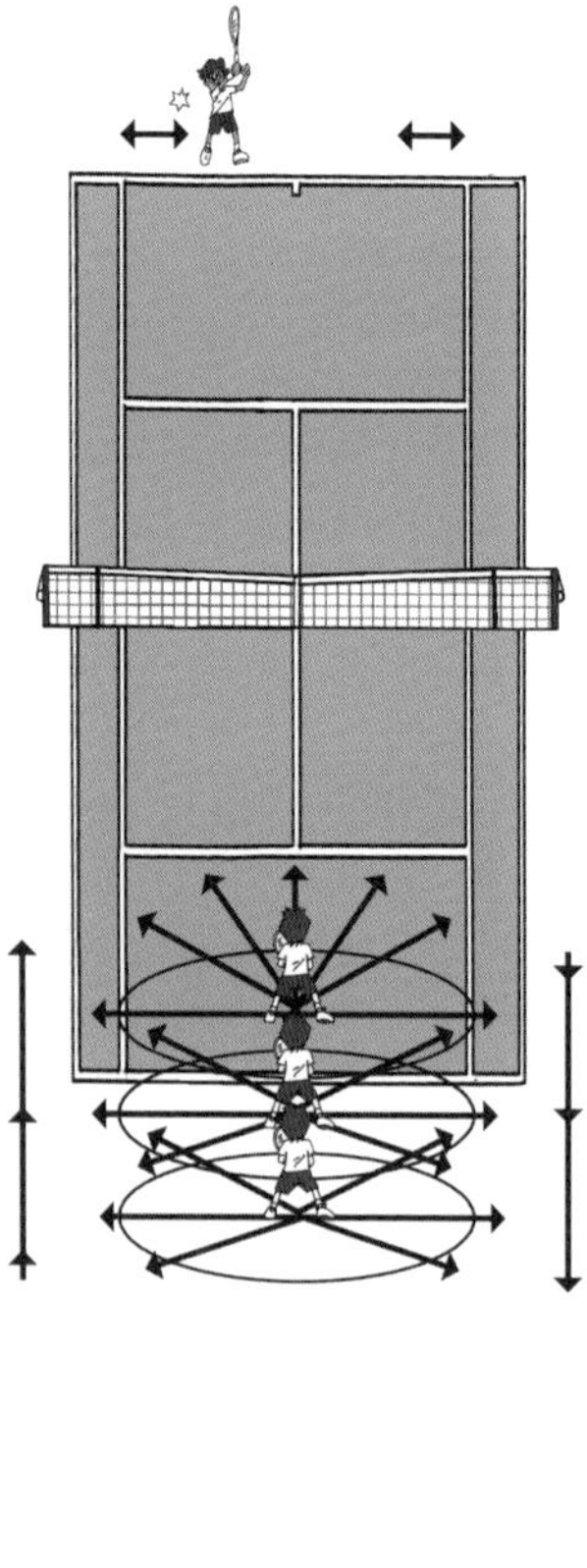

## いつも同じポジション・シフト

ニュートラル（同じ場所）から全方向へ動き、ニュートラル（同じ場所）に戻る

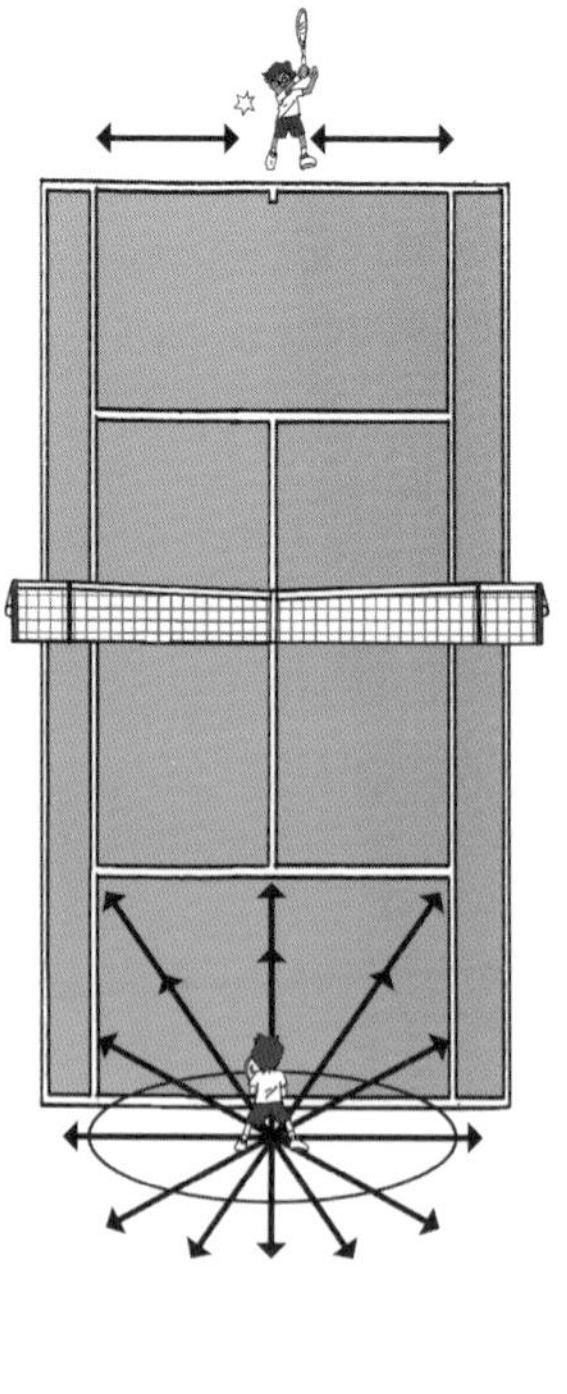

## 錦織圭選手のポジション・シフトに注目！

写真は2017年ウインブルドン3回戦、錦織圭対バウティスタ アグート戦。奥のバウティスタ アグートのポジションや態勢に応じて、手前の錦織選手がポジショニングを細かく変えていることがわかる

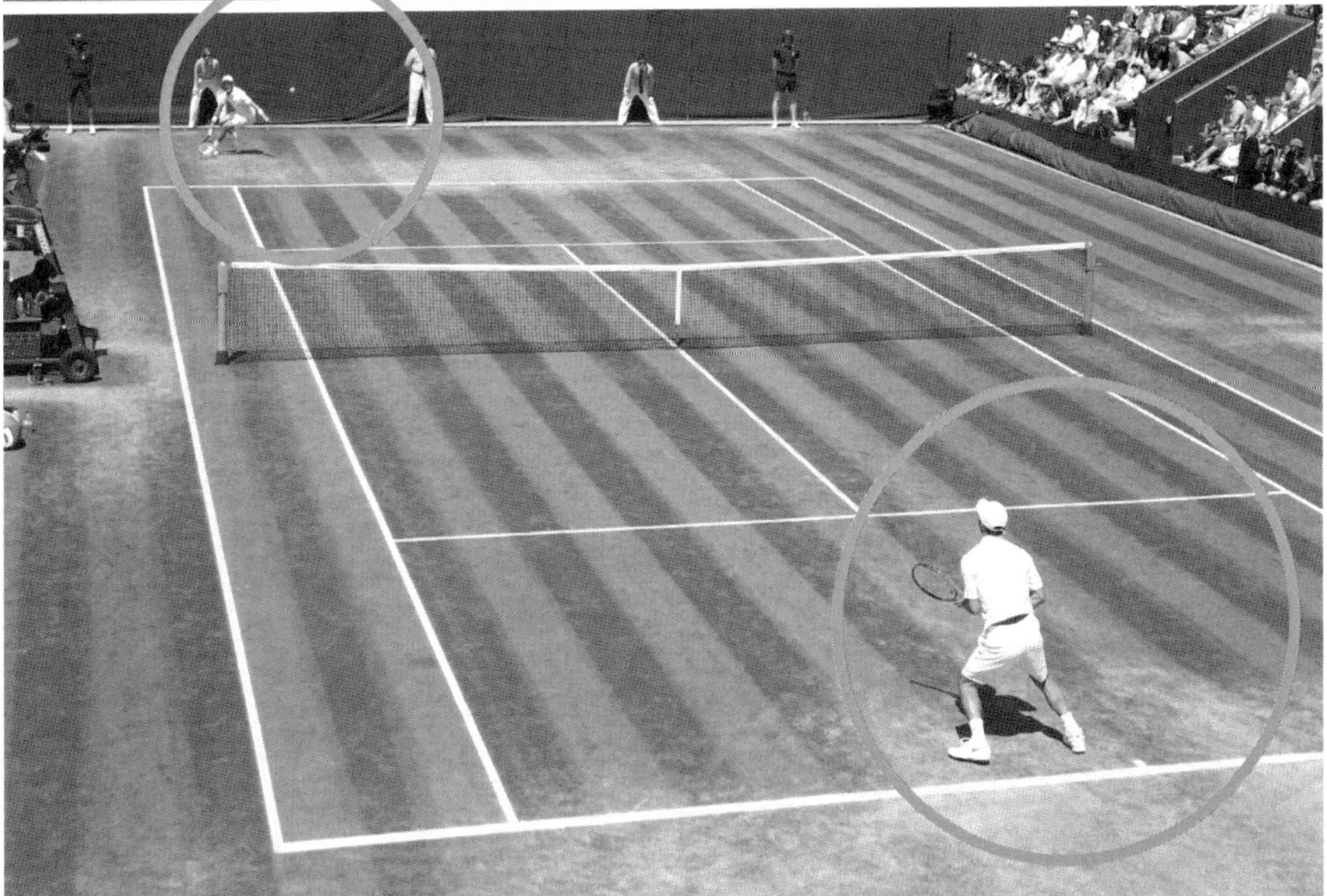

# リカバリー・ポジションをニュートラルからオフェンスに変える練習

自分が（あるプレーで）優位に立ったときは、リカバリーの際に必ずオフェンス・ポジションに戻る（移動する）習慣を身につけます。

ちなみに、これを覚えておいてください。あなたがリカバリーでオフェンス・ポジションをとるとき、相手はあなたに押し込まれたことで、そのボールを返球することに専念しています。そして相手は、あなたがニュートラル・ポジションにいようとも、オフェンス・ポジションに移動しようとも、あまり気づきません。相手は窮地に追い込まれているため、こちらがどこにいるかを正確に確認する余裕がないのです。左右のポジションは大まかに理解できますが、前後のポジションの変化まで正確に把握するのは難しいことです。

そういう相手に対して、あなたが短いボールがくると予測し、早めにオフェンス・ポジションに移動できれば、相手はますます余裕がなくなります。そしてあなたは、その後やってきた短いボールに対して移動距離が少なく済むので、場所はもちろん時間においても余裕が生まれます。そうすれば、より早いタイミングで打つことも、より高い打点で打つこともでき、何より落ち着いて攻撃することができます。そうなると相手はスプリットステップのタイミングさえ合わせることができ

オフェンス・ポジションでのプレーに慣れよう

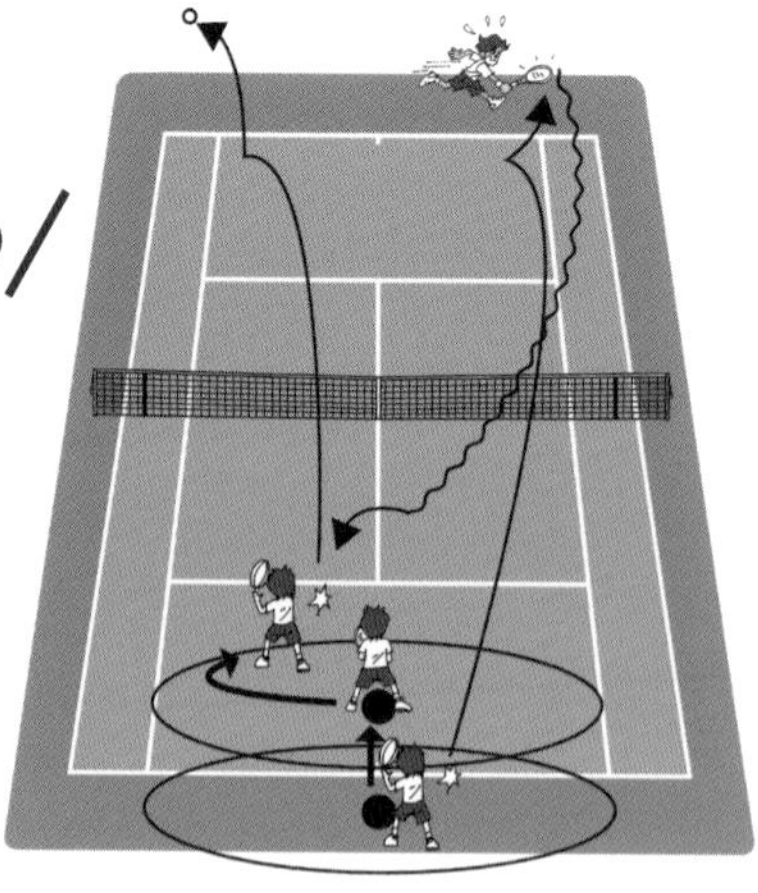

ない状況まで追い込まれます。

　あなたが適切なときに適切な場所にリカバリーすることが大切です。オフェンス・ポジションからチャンスボールに対処することは、ニュートラル・ポジションから対処するよりも、安全に、安定して、早いリズムで打ち込むことを可能にします。打球後は、さらに前進してネットプレーのポジションにリカバリーして、プレーを容易にすることができます。

　いつも同じ場所（ニュートラル・ポジション）にリカバリーをする習慣はやめましょう。ラリーを支配的に進めたときは必ず、オフェンス・ポジションへリカバリーしてください。そうすると攻撃プレーの精度はぐっと高まります。

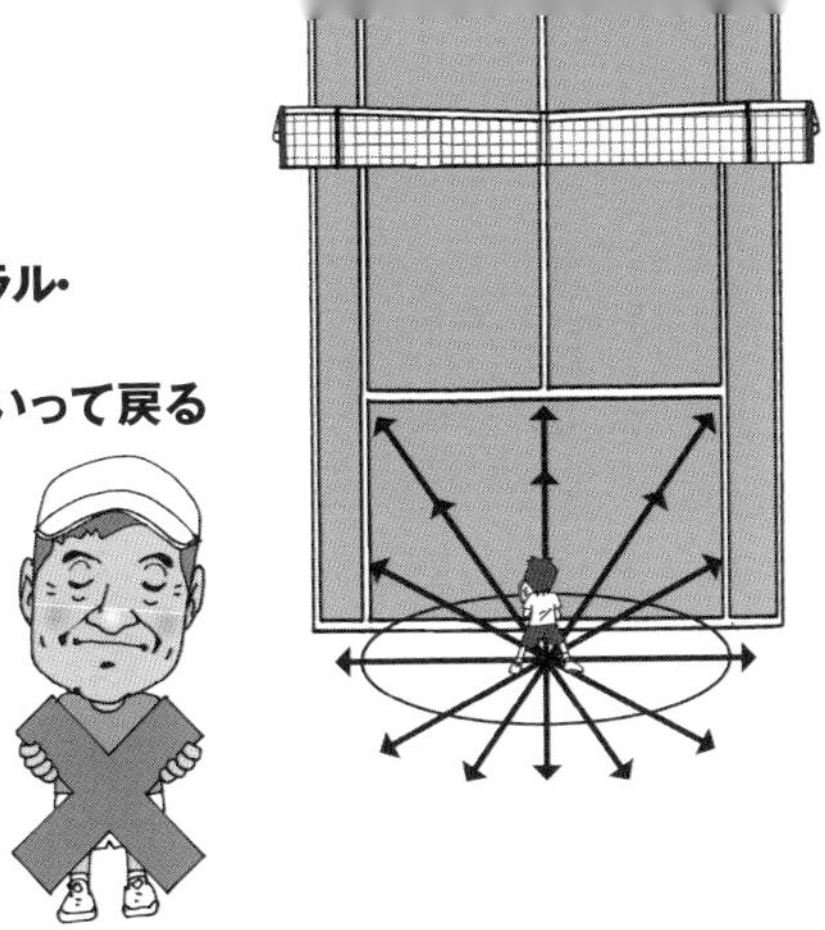

**いつもニュートラル・ポジションからボールを打ちにいって戻る**

ニュートラル・ポジション（同じ場所）でラリーをする中、短いボールがきたら前に入って打ちにいく

## 練習方法 1

### 球出し練習❶　ポジション・シフトしてから短いボールを打ちにいく

　ニュートラル・ポジションで1球目を打ったあと（短いボールがくると予測して）、オフェンス・ポジションに乗り換えて、短いボールを打ちにいきます。

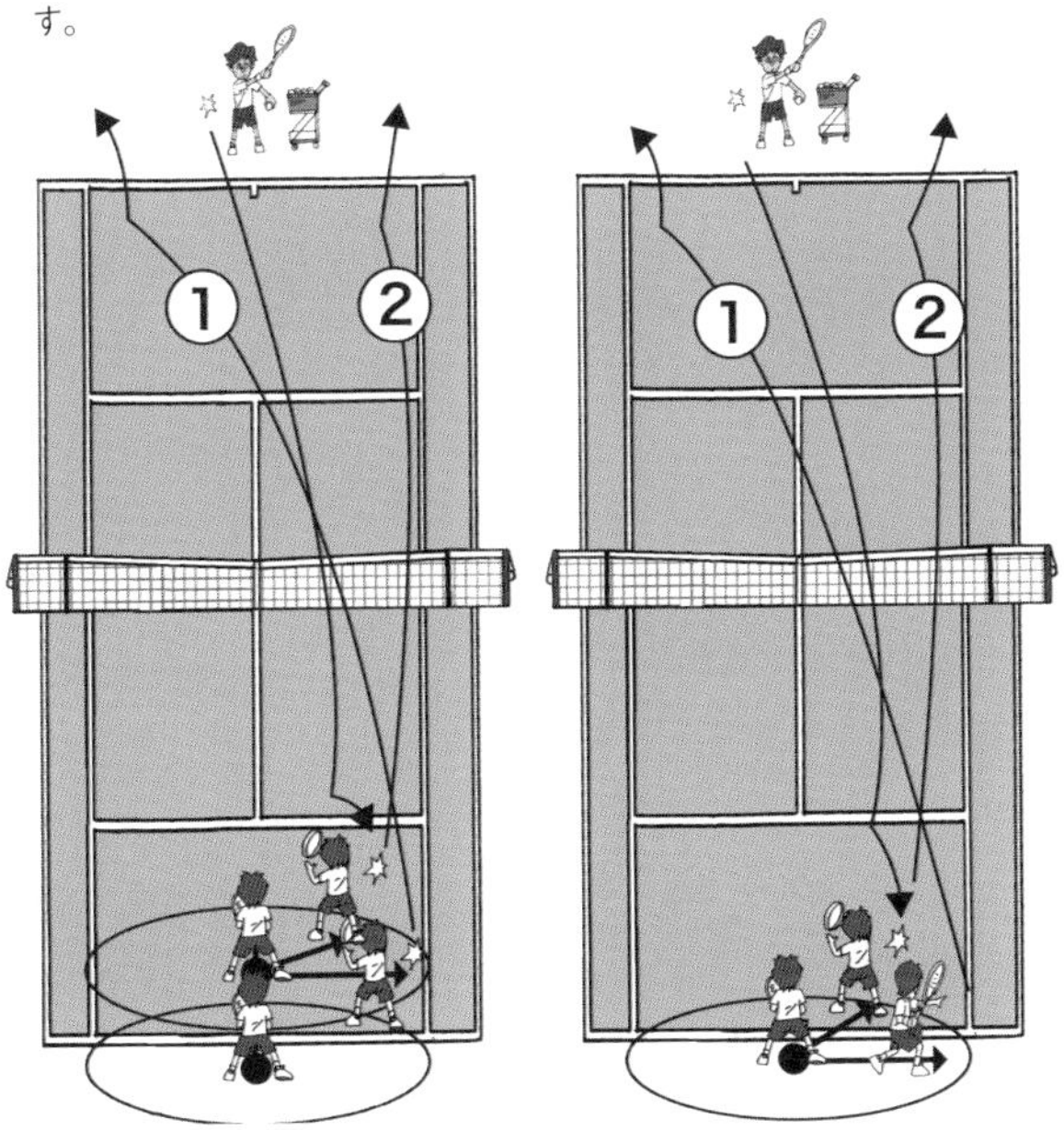


ニュートラル・ポジション
→オフェンス・ポジションから
打ちにいく

ニュートラル・ポジションから
打ちにいく

# リカバリー・ポジションを ニュートラルからオフェンスに変える練習

## 練習方法 2

### 球出し練習❷

**最初から
オフェンス・ポジションでプレー**

あらかじめオフェンス・ポジションにいて、そこからニュートラル(サイド方向)とオフェンス(前方向)でプレーします。オフェンス・ポジションでのプレーを理解しましょう。

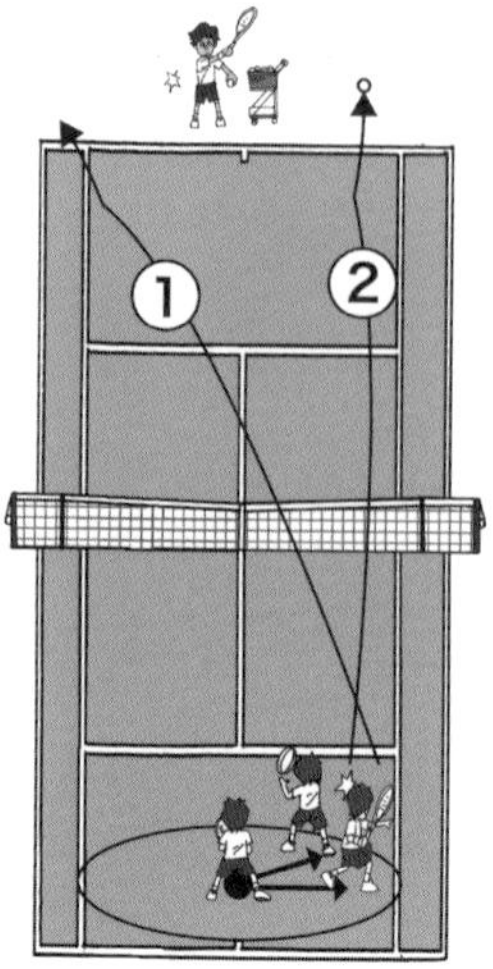


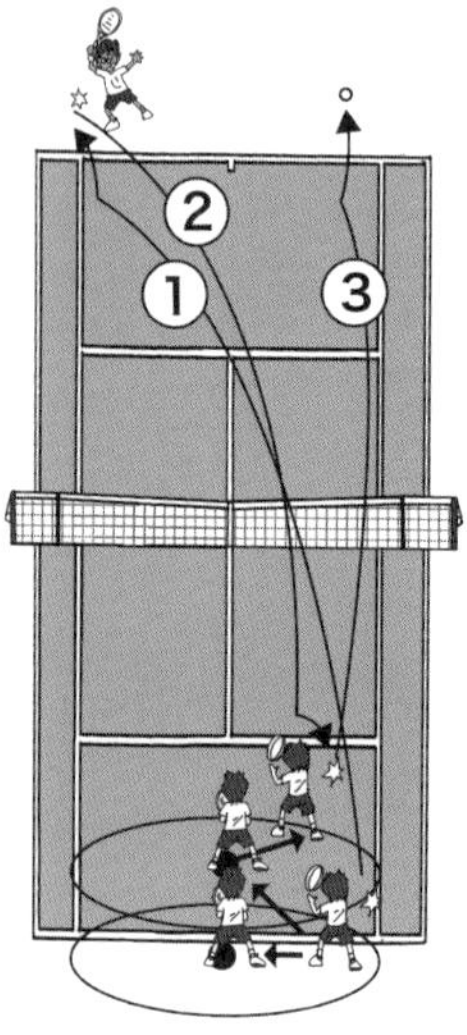


## 練習方法 3

### ラリー練習❶

**最初はニュートラル、
次にオフェンス・ポジションに
シフトする**

最初はニュートラル・ポジションでプレーし、自分がより攻撃的に打てて、相手のバランスを崩し、短いボールがくると予測できたときにオフェンス・ポジションに乗り換えて打ちにいきます。

## 練習方法 4

### ラリー練習❷

**オフェンス・ポジションで
プレーする**

あらかじめオフェンス・ポジションにいてラリーをします。そこでニュートラルのプレーとオフェンスのプレーをします。

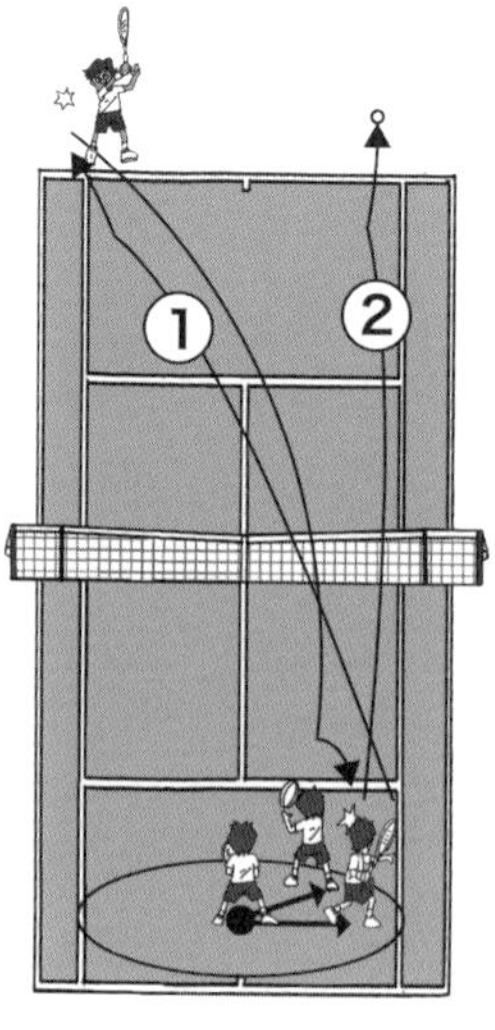

vol.
09

時間と場所を乗り換える

# 攻撃は最大の防御なり——という練習

# ストレートへの展開は リスクをともなうが、あえて打つ！

テニスのゲームはおよそミスで成り立っており、プレーヤーはどれだけミスを減らして、相手にミスをさせるかを考えなければなりません。また、テニスコートはみなさんが思うよりもずっと縦に細長く、そういうサイズの中でどのように時間を操り、場所をコントロールするかもテーマです。これらを踏まえ、攻撃も守備もできる限り安全を確保した上で効率的（合理的）にポイントを獲得すること、そのための戦術をこの本では提案します。

　ここでは効率的（合理的）な攻撃パターンとは真逆の、リスクを負って先手を取るパターンについて解説をしましょう。

## 安全性の高い戦術に 攻撃的な戦術を加える戦略

　Vol・06から08までの「時間と場所を乗り換える」練習を思い出してください。

　X攻撃（クロスへ打つ）に対して、I攻撃（ストレートへ打つ）がありますが、あえてクロスからストレートへ方向転換する戦術を使わず、「9つのボール調整」（❶場所❷速度❸高さ❹打点❺タイミング❻回転❼回転量❽深さ❾角度）を使って、相手にI攻撃をさせてミスを誘ったり（相手に攻撃させて、自分は後ろへ下がり守備に回る、後手の戦術の紹介）、安全性の高いX攻撃（クロスラリー）＋A攻撃（クロスからミドルへ打つ／センターセオリー）の組み合わせを使っても、ゲームが成立することを解説しました。それらは比較的、消極的な選択に見えますが、実はどれも戦術的なプレーです。

　ところが、相手も同じような戦術をとってきた場合は拮抗した状態が長く続いてしまうため、どちらかが先にI攻撃を選択せざるを得なくなりますが、そのときあなたが展開力を使わないで（リスクを負ったプレーをしないで）試合の終盤を迎えると、必要なときにそれができなくなる場合があります。

そこでここでは、あえて危険をおかす（リスクをとる）戦術に取り組むことにします。これまでに学んできた安全性の高い戦術に、攻撃力のある戦術を加えて、テニスにリスク（危険性）をともなうものの、相手に大きなダメージを与えていくことを目指しましょう。

## 拮抗している状況、不利な状況であえてストレートへ打つ

錦織圭選手のように展開力が豊富な選手と戦った場合には、ひたすらクロスで打ち合おうとしても錦織選手に先手をとられ、主導権を奪われてしまうでしょう。現在のトッププレーヤーたちはハイパワーで、リスクを負ってでも先にストレートへ展開しようとしていて、そういう攻防に勝たなければ上位に上がれない状況になっています。上位選手に勝つためには、あるいは状況が悪いとき、負けているとき、このポイントがほしいというとき、相手に優位にプレーさせたくないときなどには、先制攻撃＝Ｉ攻撃を混ぜる必要があります。

一般的にストレートへ打つ場合は、クロスラリーで主導権を握っているときが多いのですが、ここで紹介する「ストレート」は、相手が主導権を握っていたとしても、あなたはストレートへ打ち、起死回生の展開にもっていくというのが目標です。

この優位でない状況でストレートへ打つということは、常にやるべきことではありませんが、状況が拮抗していたり、相手に主導権をとられているときほどやるべきで、相手があなたの防御的なショットに対する準備をしてポイントを取りにきているところで、あなたがストレートへ打つことで意表をつきます。相手にゲームをコントロールさせせないための一手です。

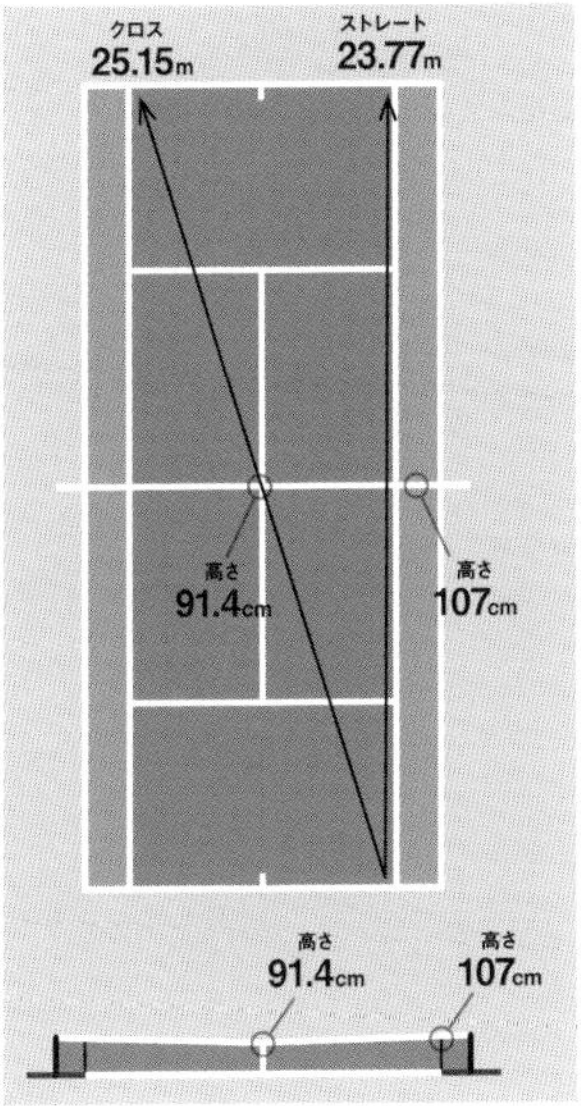

ストレートへの攻撃はリスクをともなうが（クロスより距離が短い、サイドアウトがある、サイドはネットが高いなど）、あえて攻撃的なＩ攻撃＝ストレートへ打つことで相手の意表をつき、相手に優位にゲームをコントロールさせせない

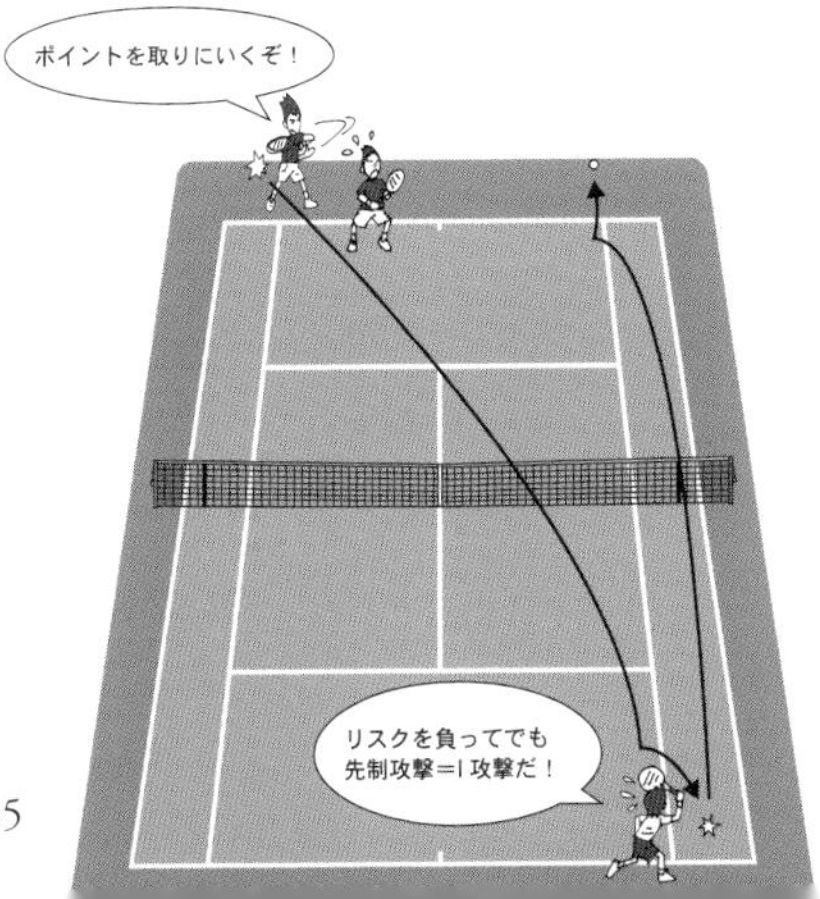

# ストレートへの展開は一つではない

ストレートへ打つということ、それが決定打であると思い浮かべるかもしれません。しかしそうではなく、ストレートへの展開は一つではないのです。例えば、次のような3つを考えることもできます。

❶攻撃的なストレート／ウィナーを取るためのストレート
❷ニュートラルなストレート／展開を変えて、相手から甘いボールを引き出すためのストレート
❸守備的なストレート／展開を立て直すための、時間と場所を確保するためのストレート

これに「9つのボール調整」（34～37ページ参照）を組み合わせると、さらにさまざまなストレートをつくることができます。

## 自らの意思でさまざまなストレートを打つ練習をする

ストレートへ打って先手をとる――といっても、やみくもに打つのではなく、ボールにしっかりと意図をもたせて打ちましょう。また、ストレート＝ダウン・ザ・ラインというように、サイドラインに沿ったショットを打つということは、練習から本番も含めて、対戦相手を気にせず、相手の影響を受けずにしっかりと狙えるようにしていくことができます。（自分の意思をもって）ボール調整して打っていく練習をしましょう。

そのとき、ストレート＝ダウン・ザ・ラインへ打つということは、自分のコートのクロス方向にオープンスペースができることになります。そこで相手からのクロス攻撃に備えて、素早く反対サイド（クロス）をリカバリーすることも忘れてはなりません。

# さまざまなストレートの中から選択できるようになろう！

どういうボールをストレートへ打てばよいか。それは前述したようにさまざまなストレートを持ち、選択して打てるように挑戦してほしいと思います。ここではいくつかの例を挙げましょう。

クロスからきたボールに対して、タイミングを早くとりストレートへ打てば、相手は半テンポ、またはワンテンポ早くボールが返ってきたことで時間がなくなります。タイミングを早くとれば、それだけで相手の時間と場所も奪うことができるので、そのボールにそれほど速度がなくても有効なストレートになります。どんなストレートがあるか、トッププレーヤーの例を挙げてみましょう。

## 錦織圭選手の場合

錦織圭選手のストレートはタイミングを早くとるので、相手は時間と場所を失い苦しくなります。

## ワウリンカの場合

ワウリンカのバックハンドの低いストレート（低いところからでも強烈なトップスピンをかけて確実にコントロール）も脅威です。

## ナダルの場合

ナダルはコート後方へ下がりながら、バックハンドをストレートへ打つことをします。このショットは打つ場所から考えてループ状であることが多いのですが、ストレートへ打つかクロスへ打つか、打つコースがわかりづらいことや、（ループ状のボールに対してネットにつめてカットしようとしても）強くスピンがかかったボールは急激に落下するため、これを相手がボレーでとらえることも難しくなります。つまりナダルが下がりながら打っても、簡単にネットをとることはできないということです。

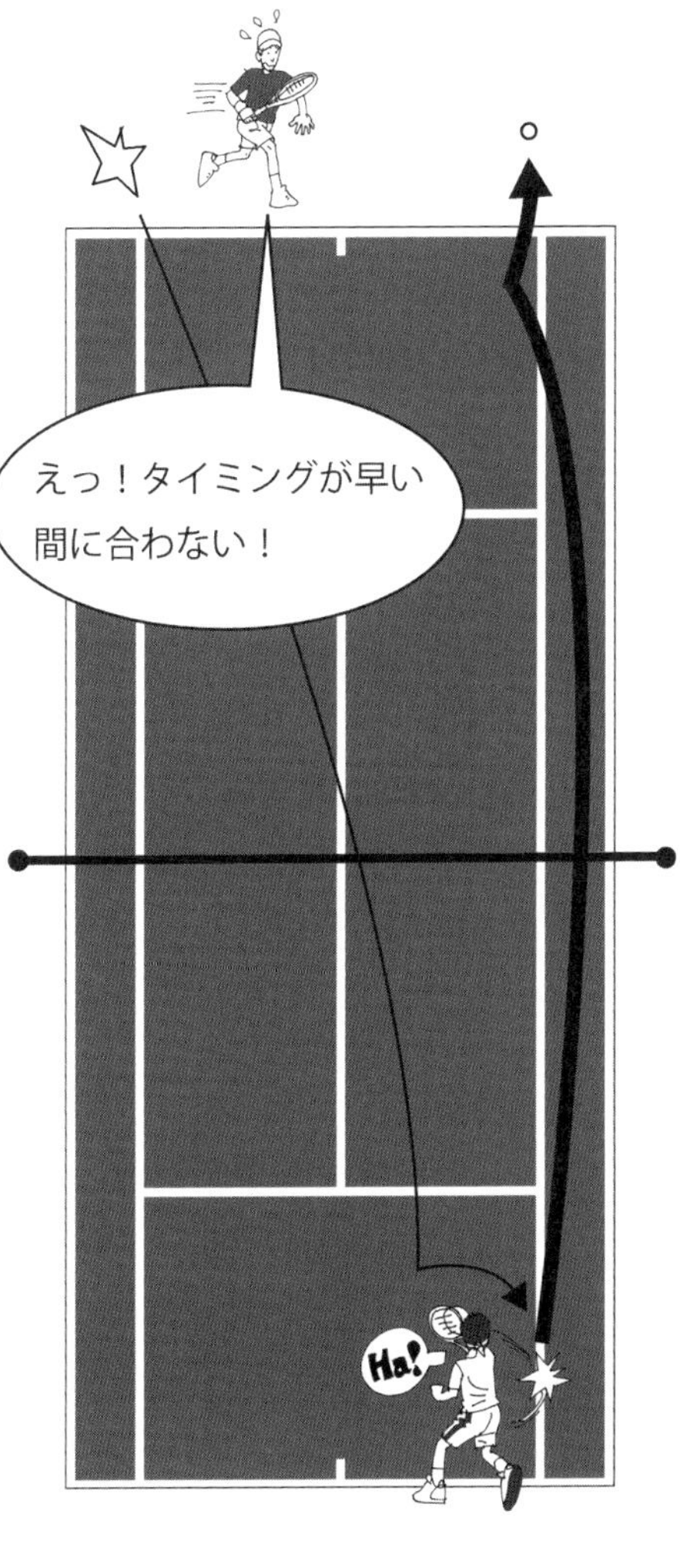

# さまざまなストレートを打つ練習

ストレートへ打って決める、攻撃的にストレートへ打つ、ストレートへエースを取るといった単純なストレートではなく、さまざまな場所から、さまざまな球種で、さまざまなストレートを身につけてほしいのです。

そういうさまざまなストレートを身につければ、相手はどの場所からどんなストレートが飛んでくるか予測しなければならなくなります。相手に考えてプレーさせるということは自由を奪うということで、抑止力にすることができるのです。

また、クロスラリーをしていても、相手があなたのさまざまなストレートを警戒するようにもっていければ、今度はクロスにも穴（隙、またはオープンスペース）ができて、相手をより大きく動かすことができるようになります。そうして相手の体力を奪っていくこともできるようになります。

## ストレートへ打つための ボールへの入り方も覚える

「場所」には、狙う場所もあれば、自分自身が打つ（立つ）場所もあります。サイド方向（横）へ入って打つ場合や、斜め方向（中や後ろ）へ入って打つ場合など、さまざまな入り方も含めて、さまざまなストレートを覚えることで先手を打っていけるのです。そうすると、クロスラリーだけでも相手を揺さぶることができますし、体力を奪うこともできます。オールコートで揺さぶることができるようになります。これらはリスクをともなうストレートかもしれませんが、安全を確保したストレートだけを打つことが試合を有利に運ぶわけではないということです。

安全ばかり目指すと、危険をともなうプレーをしなくなるもの。安全と危険をどこでどう使うかのバランスも大切です。言い換えると、テニスはその駆け引きが面白いのです。

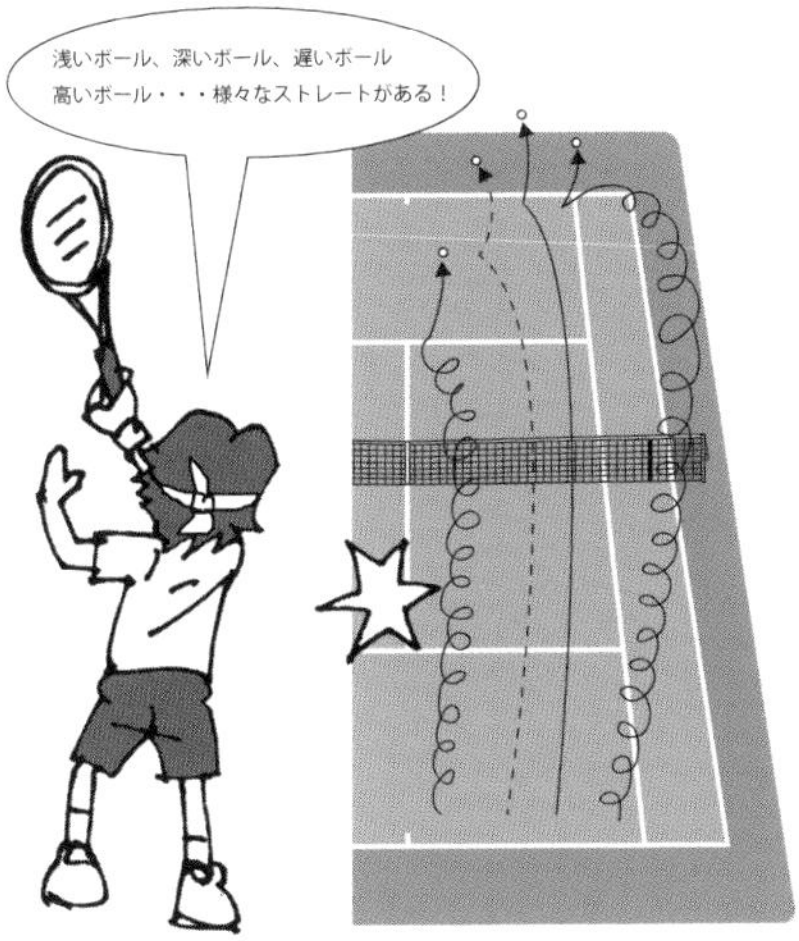
浅いボール、深いボール、遅いボール
高いボール・・・様々なストレートがある！

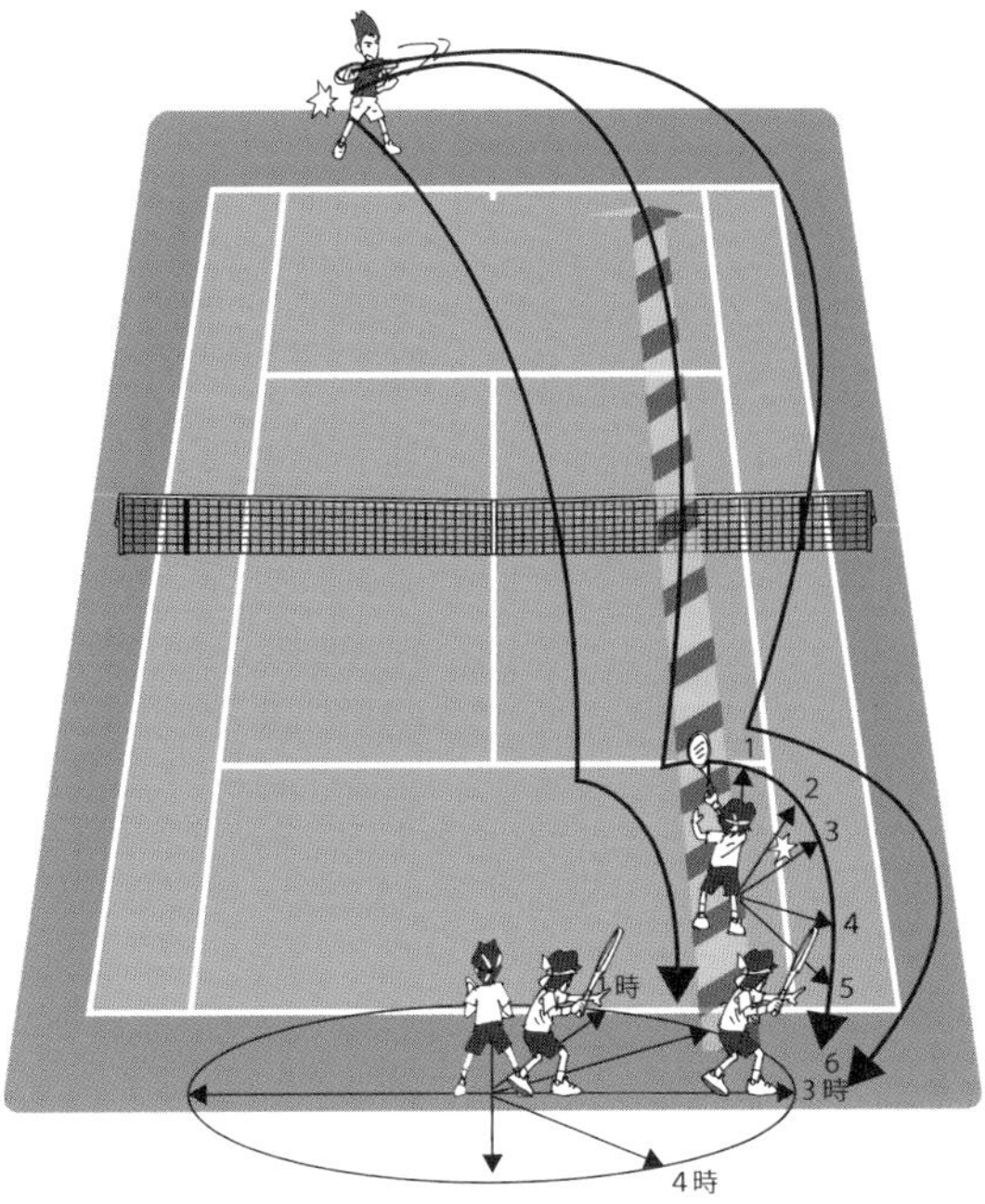
1
2
3
4
5
6
3時
4時

| | | |
|---|---|---|
| さまざまな❶ | 場所 | 遠い⇄近い　左⇄右　前⇄後 |
| さまざまな❷ | 速度 | 速い⇄遅い |
| さまざまな❸ | 高さ | 高い⇄低い |
| さまざまな❹ | 打点 | 前⇄後ろ |
| さまざまな❺ | タイミング | 早い⇄遅い |
| さまざまな❻ | 回転 | スライス⇄トップスピン |
| さまざまな❼ | 回転量 | 多い⇄少ない |
| さまざまな❽ | 深さ | 浅い⇄深い |
| さまざまな❾ | 角度 | 角度がある⇄なし |

»»

低いボールをストレートへ打つ
高いボールをストレートへ打つ
深いボールをストレートへ打つ
浅いボールをストレートへ打つ
速いボールをストレートへ打つ
遅いボールをストレートへ打つ

中に入ってストレートへ打つ
斜めに入ってトレートへ打つ
下がらないでストレートへ打つ
下がりながらストレートへ打つ

タイミングを早くストレートへ打つ
タイミングを遅くストレートへ打つ

オフェンスのストレートを打つ
ニュートラルのストレートを打つ
ディフェンスのストレートを打つ

**「9つのボール調整」によって**
**いくらでも**
**＼ストレートを生み出せる／**

# 正攻法で戦い、奇策をもって勝利をおさめよ！

ストローク戦で拮抗状態のとき、あるいは支配していない状態だとしても、効率的に先制攻撃を仕掛けていくことが、ゲームに勝つために確率的に正しいことではあります。しかし、いくつかのケースにおいては効率的でなくとも、無理を承知で、たとえ確率が低くなろうともリスクを負って攻めていかなければいけないときがあります。

強い相手と戦うとき、大きく負けているとき、体力的に消耗しているとき、判断が非常に難しいとき、シーソーゲームのときなどは、これらすべてとは言いませんが確率を重視した試合をしなくても、（徹底的に意志を貫いて）リスクを負って攻めていくことも大切です。

相手も同じように確率を重視してプレーしていれば、より確率の高いほうが勝つのがテニス。しかし、テニスはゲームでもあります。確率が低いリスクが高いプレーをしても、相手の裏をかいたら勝負はわかりません。勝負の際（きわ）、ゲームの際、セットの際でのビッグショットやビッグプレーもゲームの一部です。それが全体に大きな影響を与えることもあります。

孫子の兵法に有名な言葉があります。「戦いは正を以て合い、奇を以て勝つ」——正攻法で相手と戦い、奇策をもって勝利をおさめるという意味で

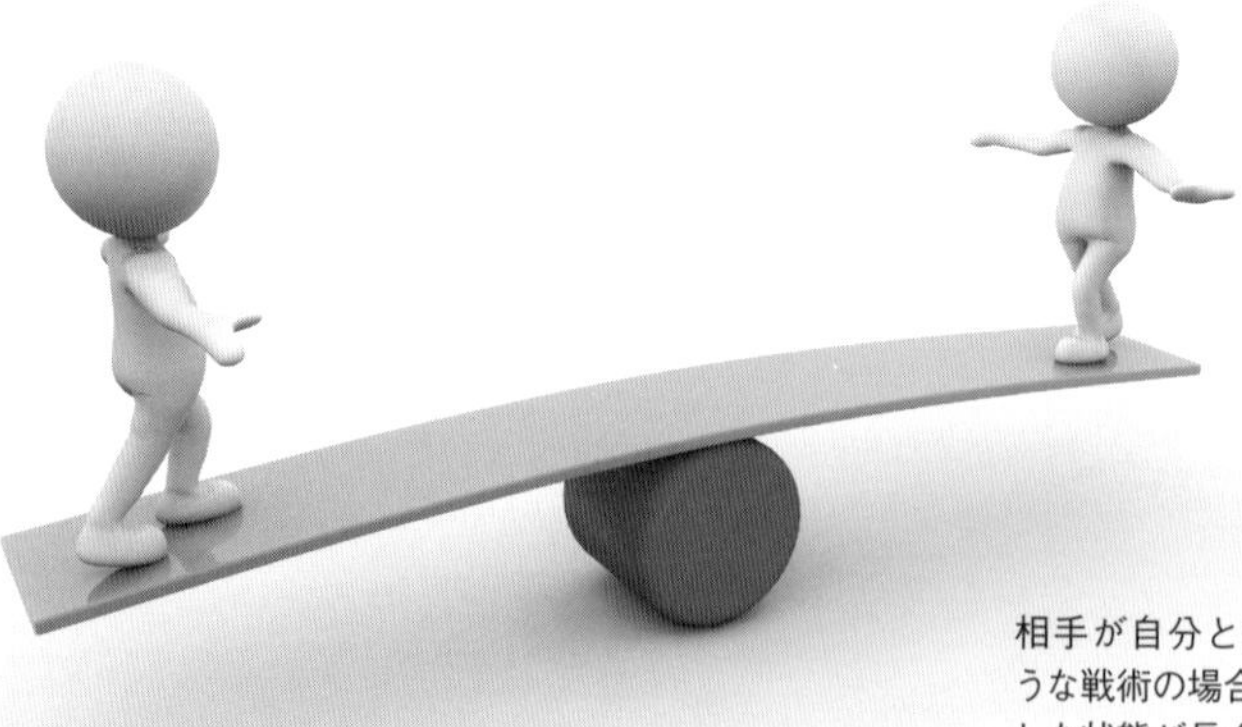

相手が自分と同じような戦術の場合、拮抗した状態が長く続く

す。正攻法だけで臨み、相手も正攻法だったら、それだけでは勝てません。だからどこかで奇策を使って勝ちにいくという教えです。

ここまでは正攻法のクロスから勝負をしてストレートへ打っていくことがときに必要だという解説でした。次は、サービスリターンの解説です。

## 安全性の高い戦術に攻撃的な戦術を加える戦略

相手が自分と同じような戦術をとっている場合は、拮抗した状態が長く続いてしまうため、どちらかが先にI攻撃を選択せざるを得なくなります。そのときあなたが展開しないで（リスクを負ったプレーをしないで）いると、試合の終盤になってそれが必要になったときに出せなくなってしまうことがあります。安全ばかり目指すと危険をともなうプレーをしなくなるものです。ですから、安全と危険のプレーはどこでどう使うかのバランスが大切です。

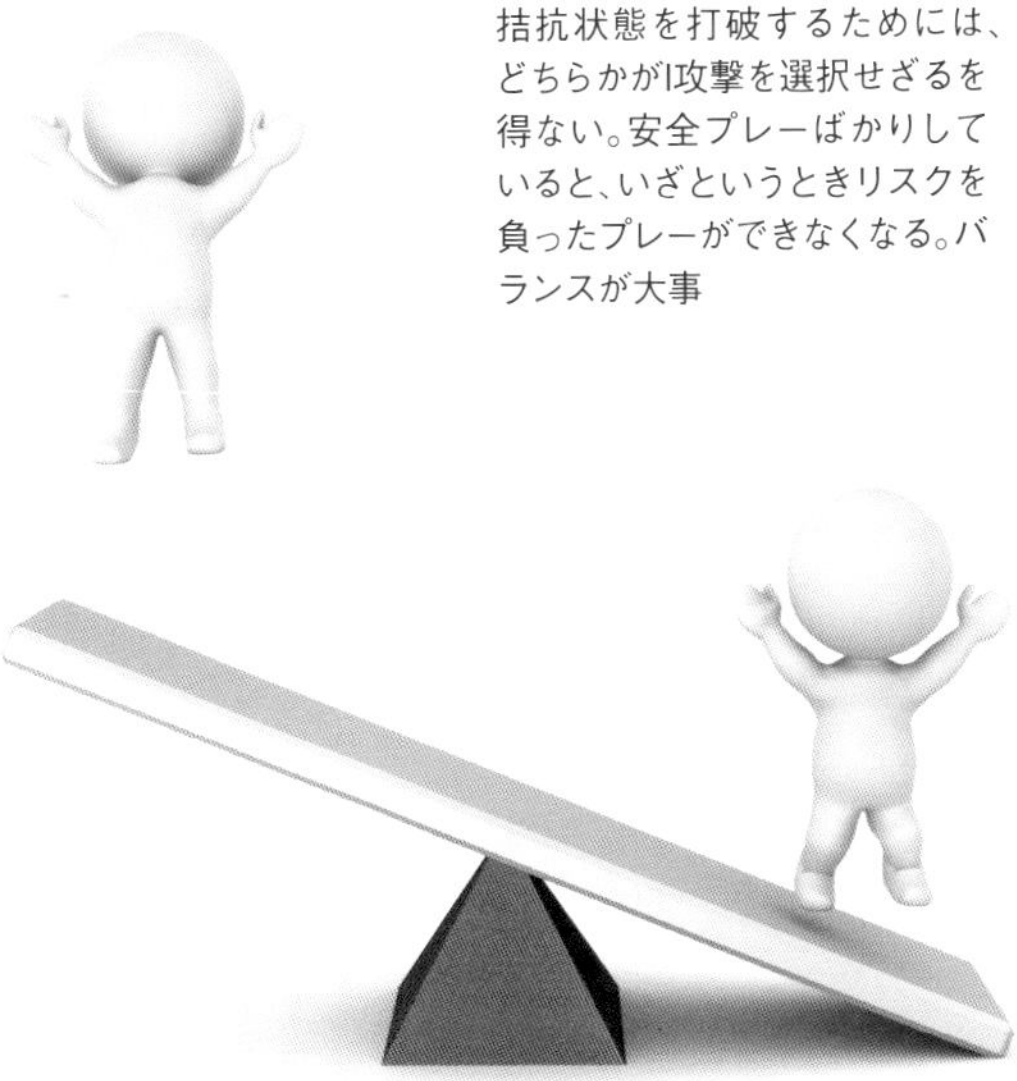

拮抗状態を打破するためには、どちらかがI攻撃を選択せざるを得ない。安全プレーばかりしていると、いざというときリスクを負ったプレーができなくなる。バランスが大事

勝負は時に
リスクを負って
攻めていく
必要がある！
リスク

# リスクを承知でレシーバーがセカンドサービスを攻める戦術の練習

ファーストサービスは特にサーバーに主導権があることから、レシーバーは「セーフティ・ファースト」（安全第一）を考えてリターンします。多くはコートのセンター（ミドル）、それもサーバーが2打目をバックハンドでとるように返球することが前提となります。バックハンドでとらせることで、サーバーの攻撃を弱めるのです。プロもアマもこの考え方は同じで、とりわけプロはそれを徹底して行っています（裏返せば、サーバーは、サービス後の次のショットをフォアハンドでとることが主導権をしっかり握って攻撃するということになります）。

　しかし、これは前提であって安全第一のプレー。もしも、ブレークポイントや、その他のターニングポイントにあたるときには安全だけではつかむことはできないのです。前述したように、安全と危険のプレーをどこでどう使うか、です。リターンをセンターへ安全に打つばかりではなく、リスクを負ってでもサイドへ攻撃していく。これが正攻法で返球しながらも、奇策をもって勝負に出るということです。

## セカンドサービスは攻めるべきショット

　ここで行う練習はセカンドサービスの特性を知った上で、レシーバー目線で考えます。

　サーバーがセカンドサービスでポイントを始めるとき――セカンドサービスというのはダブルフォールトの危険性があり、また、他のどのショット（ドロップショットを除く）と比べてもベースラインよりはるかに浅く、サービスエリアという場所に入れなければならないショットです。最初からコートの浅い場所へ、安全、確実に打つことが決まっている、それがセカンドサービスです。

　サーバーにしてみれば、最初から主導権を握り、自分の意思（選択）でコントロールできるショットではありますが、サービスコートに入れる（浅く入れる）ことが前提で、それがセカンドサービスとなれば、絶対に入れなければならないため、スピードを押さえてスピン量を増やします。球威が落ちて、より浅くなる可能性があります。このセカンドサービスに対して、レシーバーがどれだけ攻撃的に攻められるかが非常に重要となってきます。

セカンドサービスはレシーバーにとって絶好のチャンスです。ここで攻撃を仕掛けることによって、レシーバーにとっての2球目が非常に攻撃しやすくなります。

**練習方法**

## セカンドサービスに対するレシーバーの仕掛け

セカンドサービスに対してレシーバーが返球するコースとしては大きく見て、センターを中心に安全にリターンを打っていくときと、ここぞというときにサイドに攻撃して、逆に主導権をとっていくという2つの戦術が考えられます。ここで行う練習は、①セカンドサービスに対して、②レシーバーがサイドに攻撃をして主導権を握ります。③サーバーは3球目（サーバーにとって2球目）で押されるとセンター（ミドル）に返球することになり、④レシーバーはセンターから展開していくことができます。

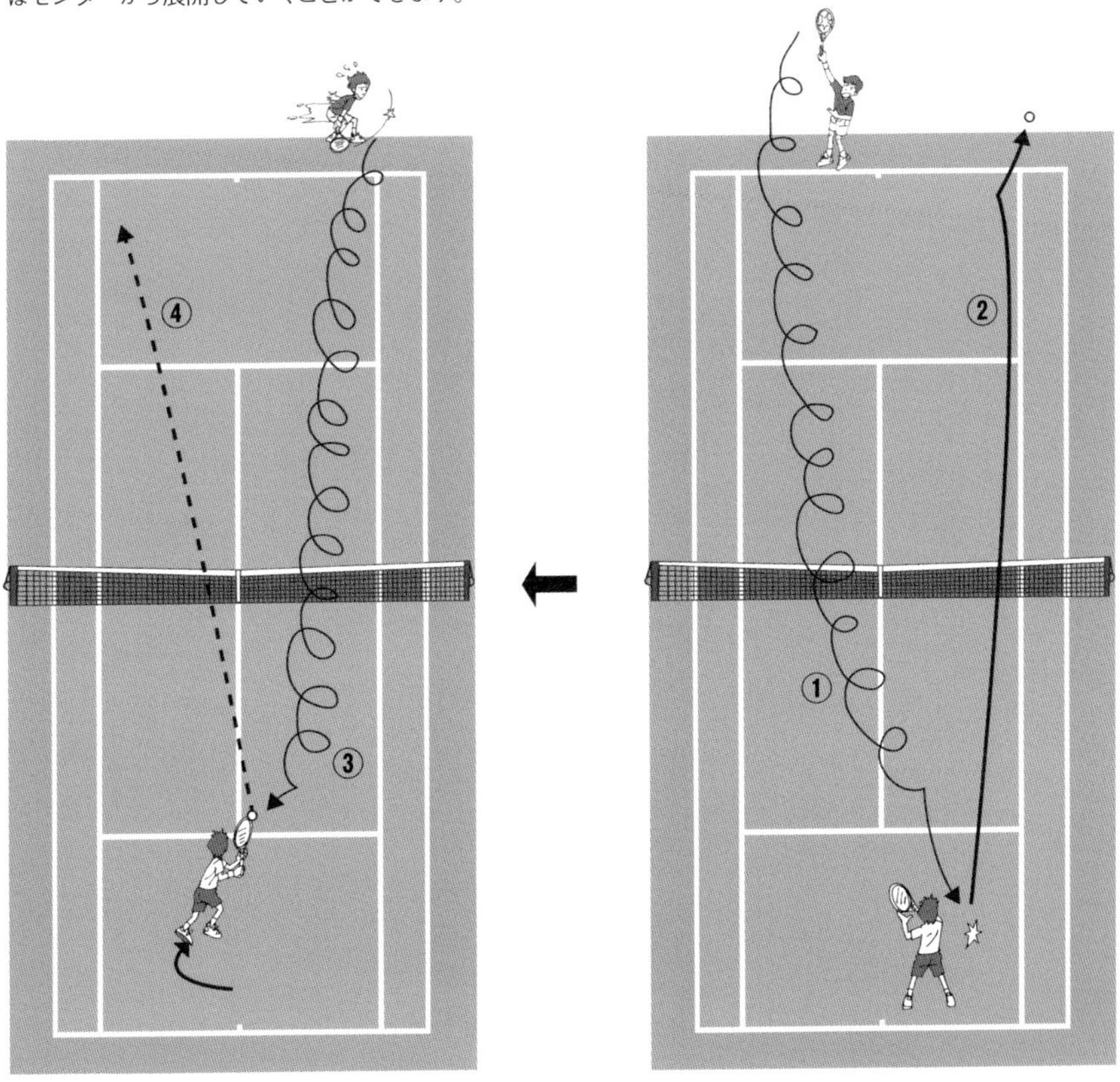

# フェデラーのリターン どこに打っているか見てみよう

ATP公式サイトが集計しているデータ(※)の中からフェデラーのリターンデータを紹介します。これはフェデラーに限らず、トッププレーヤーの世界では定石となるものです。レシーバーはもっとも確実な返球コース、ミドルを中心に狙い、そしてサーバーにとっての第2打がフォアではなくバックとなるように(フォアで簡単に攻撃させないため)、どちらのサイドでリターンするときも狙う方向はアドコート(アドバンテージコート)を中心に返球しています。

## Return
**リターンの判定**

ロジャー・フェデラーのリターンを調査

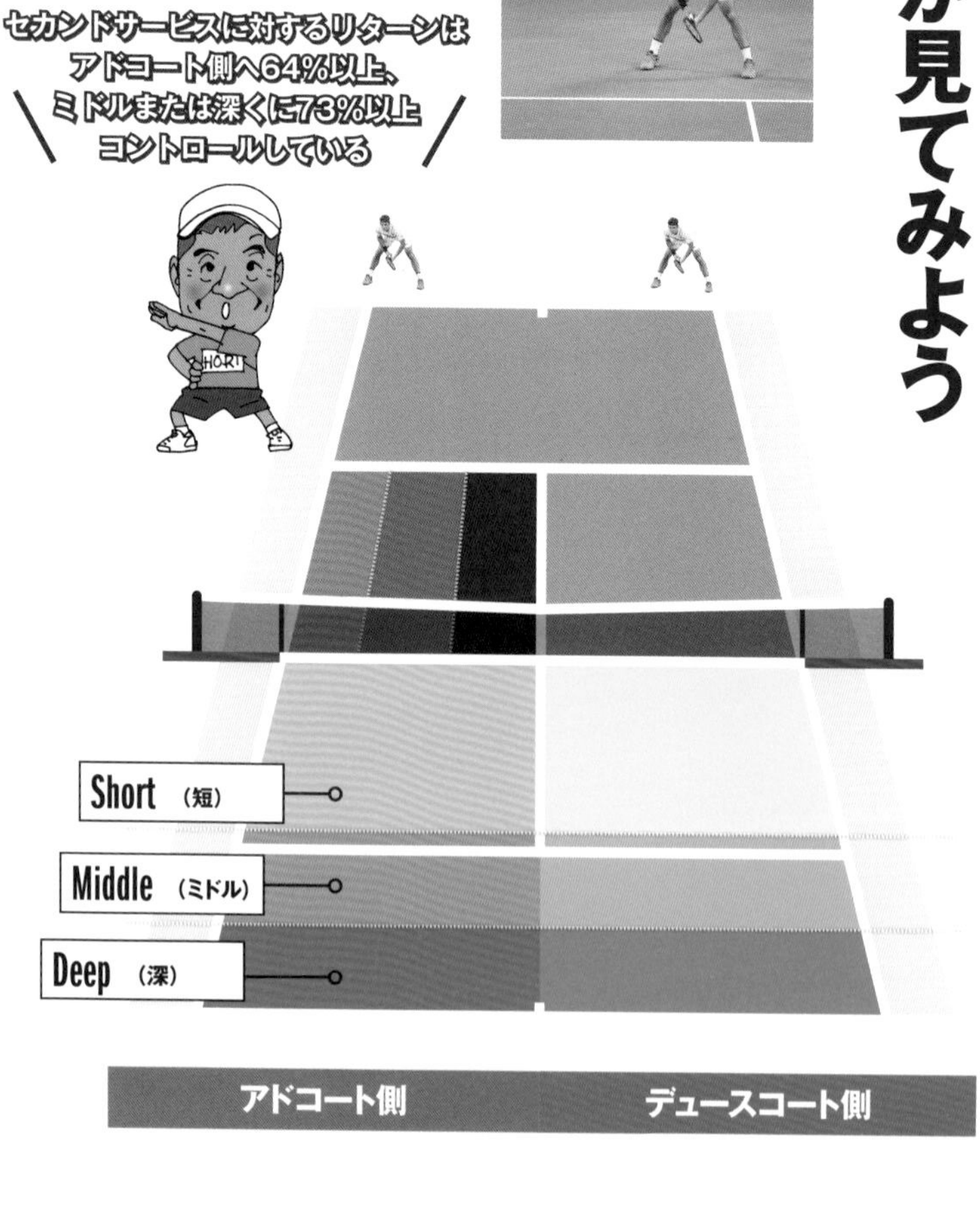

## セカンドサービスに対するリターンのコース

### デュースコートから

| | |
|---|---|
| Short（短） | 19.7 % |
| Middle（ミドル） | 55.1 % |
| Deep（深） | 25.2 % |

| アドコート側 | デュースコート側 |
|---|---|
| 67.2 % | 32.8 % |

### アドコートから

| | |
|---|---|
| Short（短） | 15.3 % |
| Middle（ミドル） | 59.8 % |
| Deep（深） | 24.9 % |

| アドコート側 | デュースコート側 |
|---|---|
| 66.8 % | 33.2 % |

## ファーストサービスに対するリターンのコース

### デュースコートから

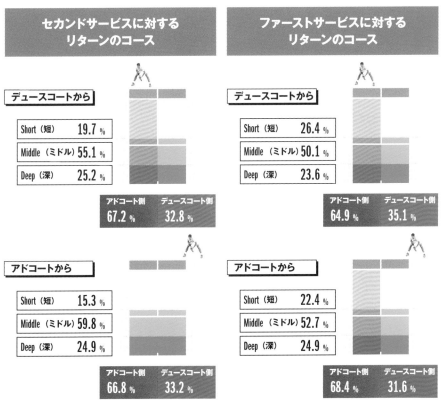

| | |
|---|---|
| Short（短） | 26.4 % |
| Middle（ミドル） | 50.1 % |
| Deep（深） | 23.6 % |

| アドコート側 | デュースコート側 |
|---|---|
| 64.9 % | 35.1 % |

### アドコートから

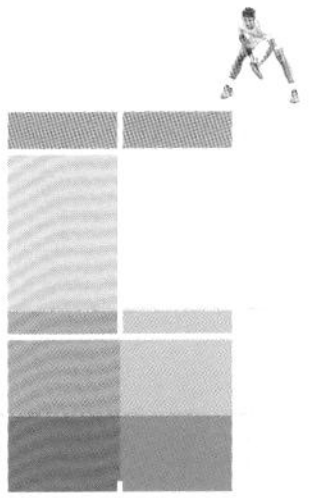

| | |
|---|---|
| Short（短） | 22.4 % |
| Middle（ミドル） | 52.7 % |
| Deep（深） | 24.9 % |

| アドコート側 | デュースコート側 |
|---|---|
| 68.4 % | 31.6 % |

※ATP公式サイト「Stats Centre/Serve&Return Tracker」より。このデータは2011～2017年のマスターズおよびATPファイナルズで集計されたもの

# セカンドサービスを叩き、サーバーのサービス力を下げる

セカンドサービスに対して攻撃的にプレーをして主導権をとる展開を確立できると、サーバーの心理に大きな影響をおよぼすことができます。サーバーは、よりファーストサービスの確率を上げていかざるを得なくなり、無理をし始めるのです。セカンドサービスを叩かれて主導権を奪われ、ポイントを取られるとなれば、ファーストサービスで主導権を手放さないようにし、勝負に勝たなければいけないと考えるようになります。

## セカンドサービスを叩くとファーストサービスにも好影響が出る!?

サーバーがセカンドサービスを避けようと、ファーストサービスで無理をするようになれば、クオリティが落ちて獲率が低くなるのは当然です。レシーバーがそのような心理へとサーバーを追い込めれば、このレシーバーはサーバーにサービスの威力を落とさせ、ファーストサービスでのポイント獲得率を減らさせ、裏返せばレシーバーがファーストサービスに対してポイントを失うことも減らせる効果も出てきます。

つまり、セカンドサービスをしっかり返球するということの他に徹底的に叩く練習をすることも、サーバーに大きな影響を与えることになります。

仮にレシーバーがセカンドサービスを叩いてリターンミスをしたとしても、脅威を与えることができれば、サーバーのファーストサービスの選択肢を減らす方向へと変えていくことになるのです。

どうしよう・・・
ファーストサービス
セカンドサービスを
叩かれた・・・
リターンで
攻撃に出る！

**レシーバーがセカンドサービスを叩いていくと、**
**サーバーはファーストサービスの選択肢を**
**減らす結果となるのだ！**

**例えば**
**サーバーはこう考えるようになる**

……セカンドサービスを
打たないように
ファーストサービスを入れていこう

……セカンドサービスになると
攻撃されるから
ファーストサービスから勝負だ

……ファーストサービスは
回転を減らして速いボールを、
もっと厳しいところへ
打っていかないといけない

# セカンドサービスを攻撃する戦術の展開と効果——ブレークチャンスをつかむ

レシーバーは浅いセカンドサービスを叩く

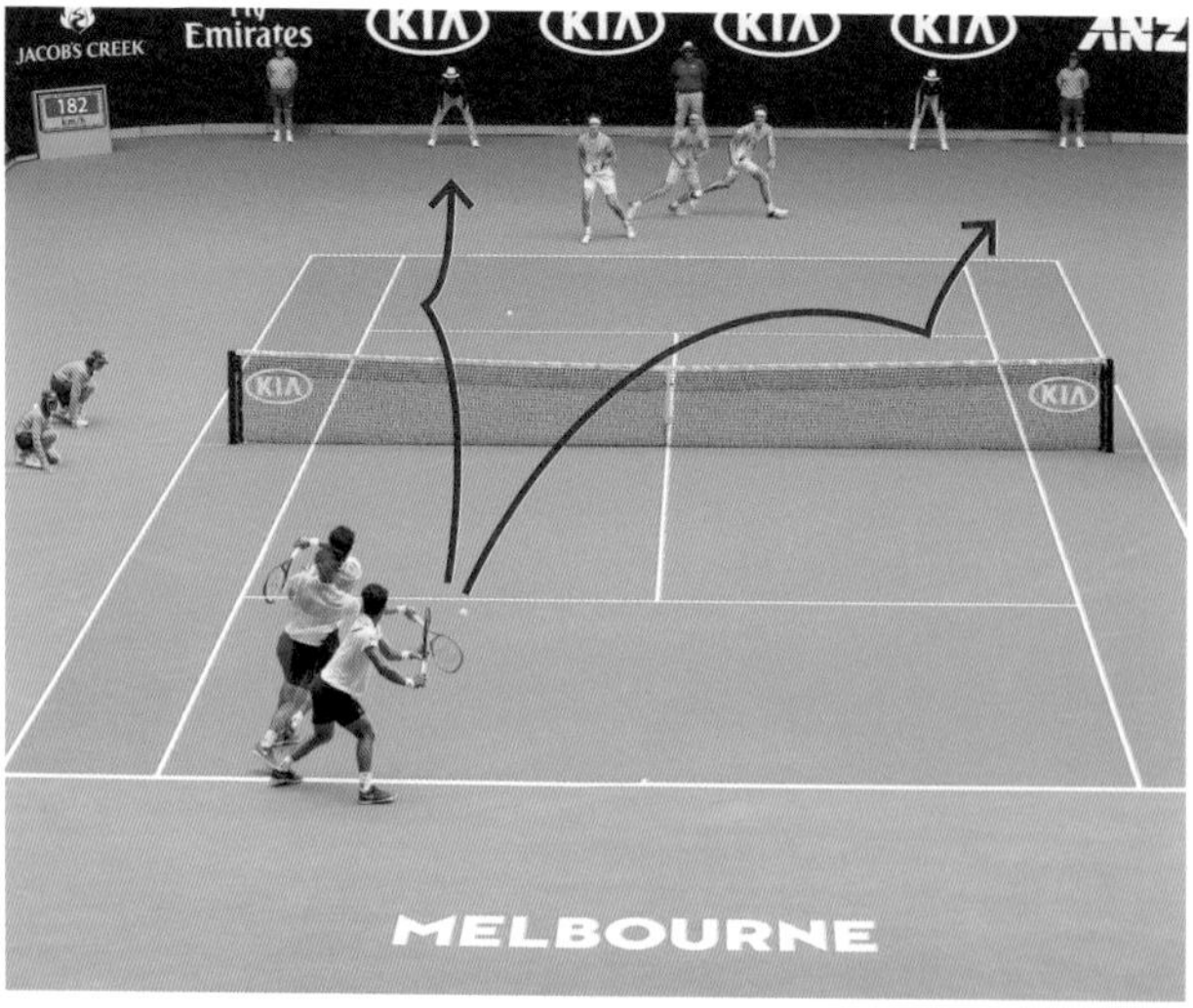


サーバーの返球が浅くなったところでV攻撃、I攻撃

## 展開 1 セカンドサービスを叩く

サーバーは基本的にセカンドサービスを打つときに安全性を重視して打つため（そもそもサービスはコートの浅い場所に入れる＝サービスエリアに落ちるものと考え）、レシーバーはリターンポジションをあらかじめ前にとるか、あるいはスプリットステップをして前進してボールをとらえます。そのとき、フォアハンドで回り込んだり、バックハンドでも攻撃的に打っていくことです。

返球する場所はミドル（センター）をベースに、狙えるようであればストレートやクロスに積極的にリターンエースを狙っていきます。たとえミスをしようとリスクを負って攻撃的に打っていくことが大切です。

## 展開 2 返球が浅くなったところでV攻撃、I攻撃

サーバーはセカンドサービスを打ったあとにポジションをやや下げる傾向にあります。それはレシーバーの攻撃に備えるためです。そのようにさせることがレシーバーの仕事でもあります。

リターンが攻撃的であればサーバーは 3球目を打つ前に押されてしまうことになり、態勢を整えようとして、3球目をミドル（センター）に返す確率が高いです。そのときレシーバーは主導権をとれ、4球目はできるだけフォアハンドでとってサイド攻撃（V攻撃）を仕掛けていきます。

## 効果 1 サーバーの心理を揺さぶる

レシーバーは、セカンドサービスを叩いて主導権をとろうとしているのですが、その向こうにいるサーバーにしてみれば、セカンドサービスを狙われたらマズイことになるという心理が働き始めます。そうするとファーストサービスで無理をしなければならなくなり、より厳しいところを狙わなければいけない、より威力を求めて回転量を減らし、スピードを上げなければいけない、などとサーバーは心理的に揺れることになるのです。

## 効果 2 サービスの確率が落ちてブレークチャンスができる!

これらはすなわちサーバーのファーストサービスに影響をおよぼすことにつながります。ファーストサービスから無理をして確率を下げることになれば、サーバーのフリーポイント（サービスが絡んだポイント）を減らすことにもなり、全体的にサービス力を下げさせることになります。結果的にブレークチャンスができるということです。

## ゲームを観る力 4

# 要約力とレベルアップ

学生は試合後に必ず結果報告書を書いて私に提出しています。最近はメールやLINEを使う学生も多いのですが、中にはノートや日記に書き出して、それを写真に撮って送ってくる学生もいます。

書き方もいろいろです。要点をまとめ、次への抱負、行うべき練習、練習時間の設定など詳細を書いてくる者もいれば、自分のことしか書かない者、自分と相手の両方を書き出す者もいます。また、試合後にビデオを見直して詳細なスコアをつけてくる者もいれば、試合分析まで行う者もいたり、大学からこれを書き始めた者がいるのに対し、高校時代からその習慣があったという者もいます。

この話の結論は、強くなるに従い内容が濃くなるということ。そして、強い者ほど要約力があるということです。さらに付け加えれば、そのまとめる力(要約力)がゲームの結果にも影響をおよぼします。

3セットマッチの試合では、各セットの終盤や試合の後半になるにつれ、その要約力が結果に表れていきます。ゲームやセットを重ねると、当然エースやミスの種類、情報が集約されていきます。相手との駆け引きの中で起こっていることが偶然から必然になっていき、そのあとに起こること、行うべきことが予測できるようになり、次の一手が変わっていくのです。1ポイント、1ゲーム、1セットという流れの先では、フルセットのタイブレークに到達した場合に、最後の2ポイントで相手を突き放すための情報収集を行っていきます。このような要約力があるプレーヤーはゲームに勝つ確率が高いのです。

中には考えがまとめられず、気持ちを書いてくる者、勢いや感覚を重視している者もいます。それぞれに個性はあっていいのですが、でも、ゲームで起きていることを要約して、書き出していくこと、それらを説明できるようになることは、テニスのレベルアップに直結することに間違いありません。

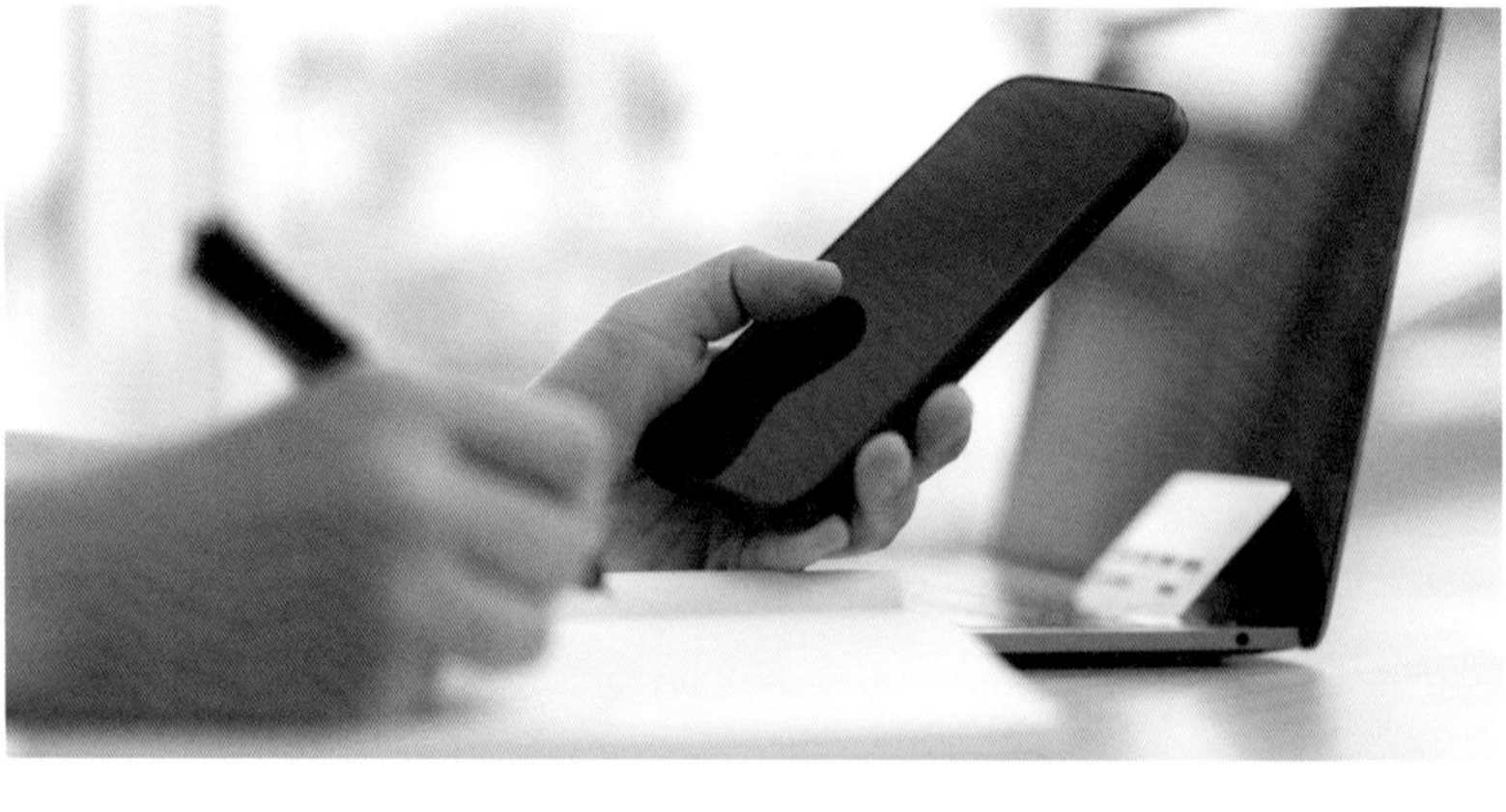

vol.

10

時間と場所を乗り換える

# 先制攻撃の練習

# ボール軌道や時間を示す「バウンド時計」

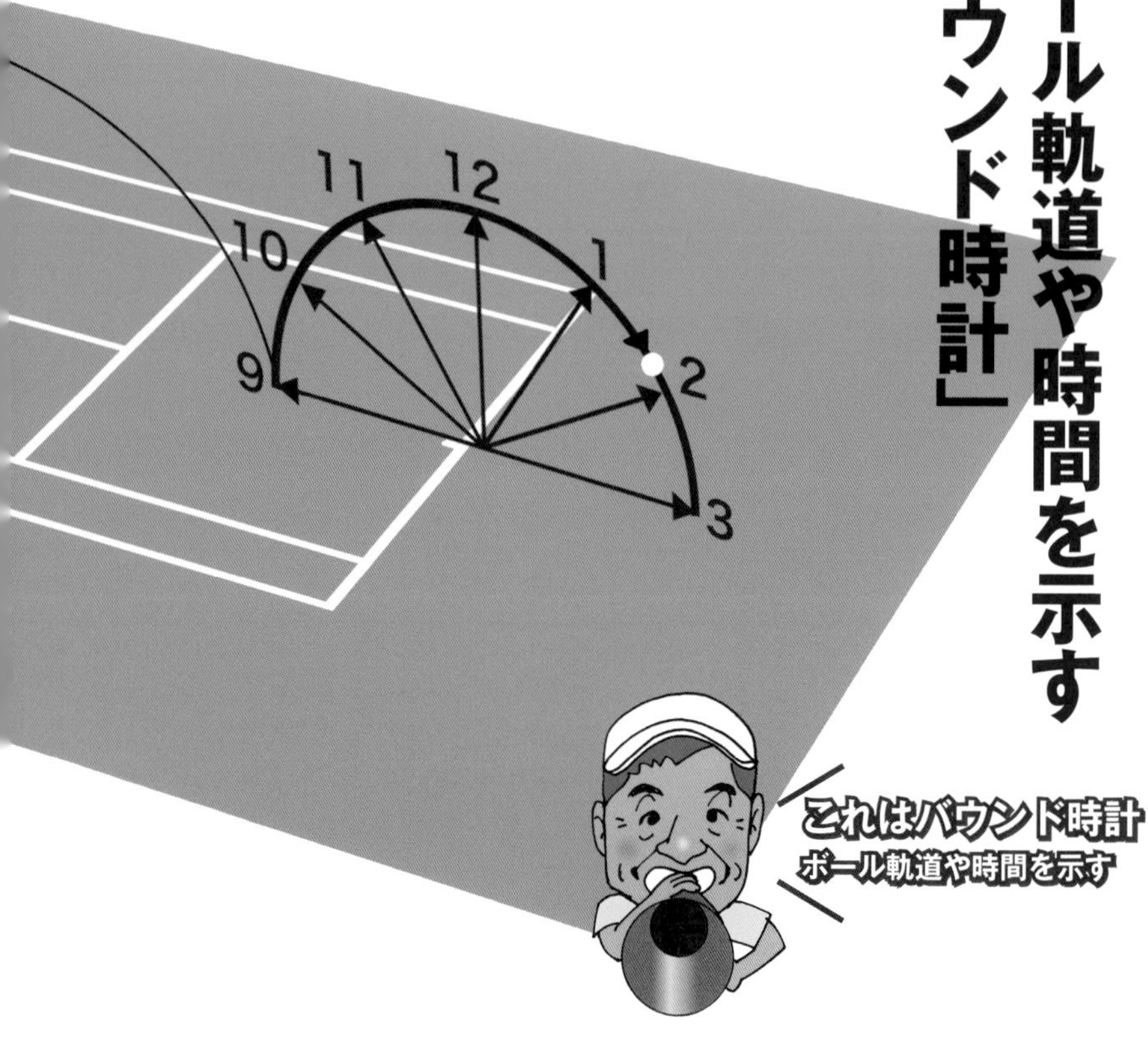


テニスコートには、いくつもの時計があります。時計といっても、時間を計る時計ではありません。例えばVol・08で紹介した場所を示す「ポジション時計」や「リカバリー時計」（言い換えると、「オフェンス時計」「ディフェンス時計」「ニュートラル時計」）や「打球前時計」「打球後時計」などがありました。これらは時間と場所を乗り換える（ポジション・シフト）の解説で使い、自分がいるポジション、ボールを追いかけるときの方向性、打球後にどの方向に戻るのかなどを示す時計でした。

ここではまた新しい時計を紹介します。それはボール軌道を示す「バウンド時計」です。時間を示す時計ということもできます。相手が打ったボールはさまざまな軌道を描いて飛んできて、コート内に落ち（バウンドして）、そして、さらに軌道を描いて飛んでいきます。これを時計で示します（イラスト参照）。

　テニスは「時間」と「場所」を奪い合うスポーツであり、時間取り、場所取りが重要であるということはすでに理解が深まってきていると思いますが、ここで解説するボール軌道においても、さまざまな時間取りと場所取りがあるということを知ってください。

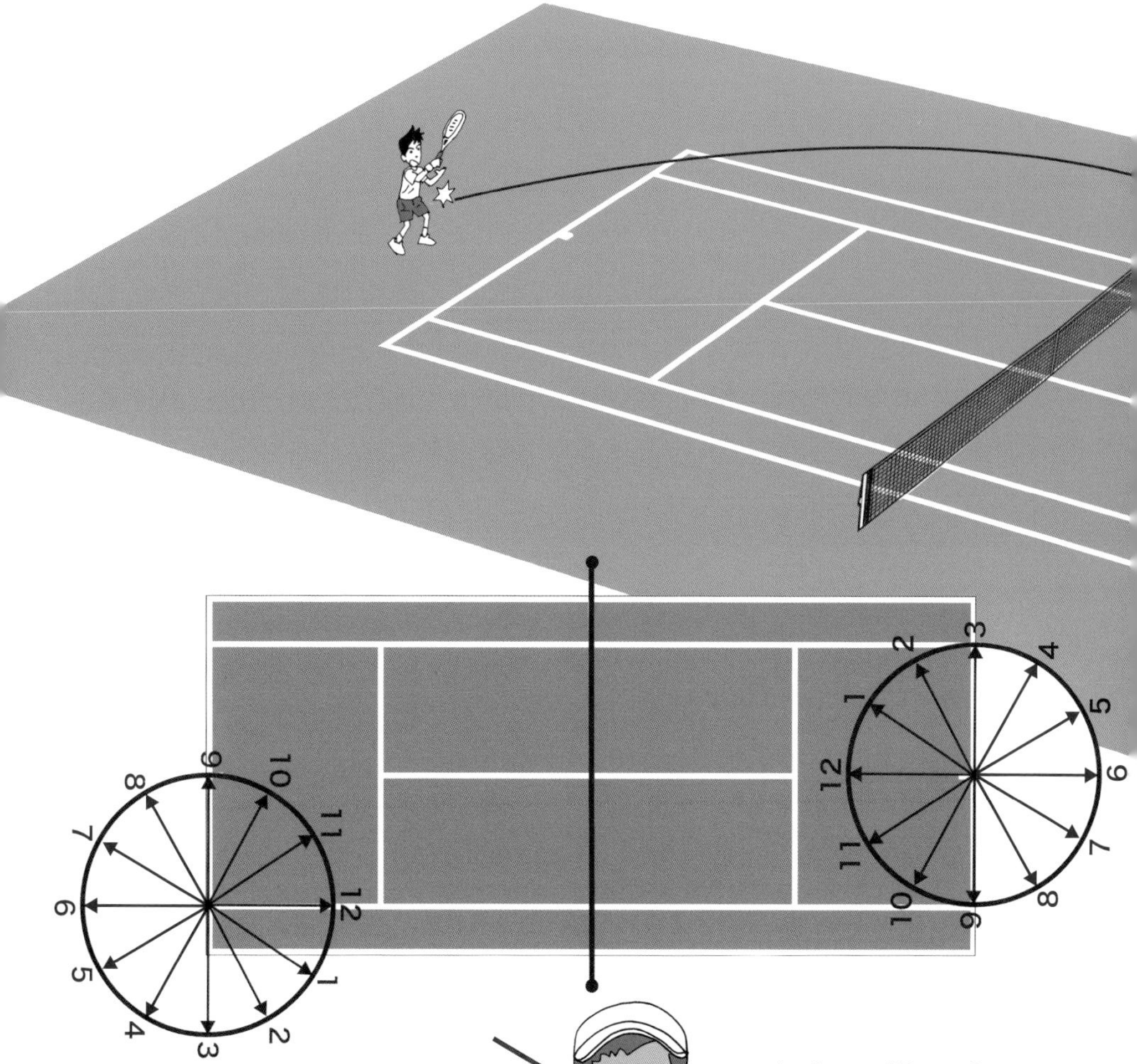

詳細はvol.08参照

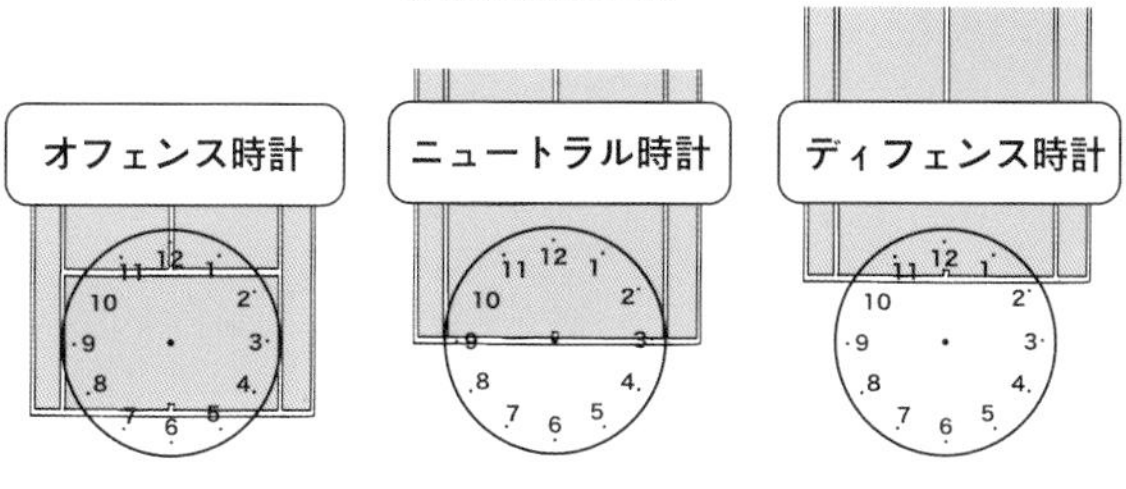

# バウンド時計を使って先制攻撃する

まずバウンド時計を説明しましょう。テニスは基本的に、飛んでくるボールの軌道と、バウンド後のボール軌道があります。相手が打ってからバウンドするまでをA、バウンドしてから着地(2バウンドする)までをBとし、それぞれを時計を使って表現しました(イラスト参照)。

通常のグラウンドストロークは、相手が打ったボールがAの軌道で飛んできたのち、バウンド後に、Bの軌道を描く中に自分のインパクトがあります。時計の文字盤でいうと、バウンド時は自分の時計の9時(相手の3時)です。9時に落下したあと、10時、11時、12時を過ぎたのち、今度は1時、2時、3時と落下していきます。

その中でもっとも打ちやすいストライクゾーンは、多くのプレーヤーの場合、2時でしょう。

打球するまでに多くの時間があれば(最終的には2バウンド=3時の前まで)、その時間を使って安定したストロークを相手コートに打ち返すことができます。

## バウンド時計の1時、12時、11時とより早い時間でとらえていくテニスを目指す

ところが、フェデラーや錦織圭選手らが見せるテニスでは、一般的な2時よりも、もっと早い、1時でとらえていくことをしています。そうして早く返球することで相手から時間を奪い、より有利に試合を展開しようとしているのです。今のテニスはその方向へ向かって変化、進化を続けています。

かつてはいつも同じ打点(だいたい2時)で打つことがストロークの安定性につながり、勝利の確率が増すということが言われてきました。そのため、一定の打点を追求してきたのです。

**まずボール軌道を「時計」に置き換えてイメージしてみよう**

まず安定したボールを心がけ、相手の体勢を崩し、ポイントを獲得するためにより厳しいコースへ打ち、または、より速いボールを打つことをしてきたのです。

ところが、一定の打点というのは＝相手にとって一定のリズムとなり、リズムが刻みやすく返球しやすくなります。スプリットステップを含め、タイミングが合わせやすくなるのです。

ですから、フェデラーや錦織選手の場合は、決して2時（だけ）でプレーをしません。折を見て1時や、12時の打点で打つこともしていき、バウンド時計の1時間分、あるいは2時間分早い打点で打つことによって、相手にリズムをつかませず、時間を奪い、リカバリーをさせず、場所を奪うことをします。

## バウンド時計はボール軌道を時計で表現

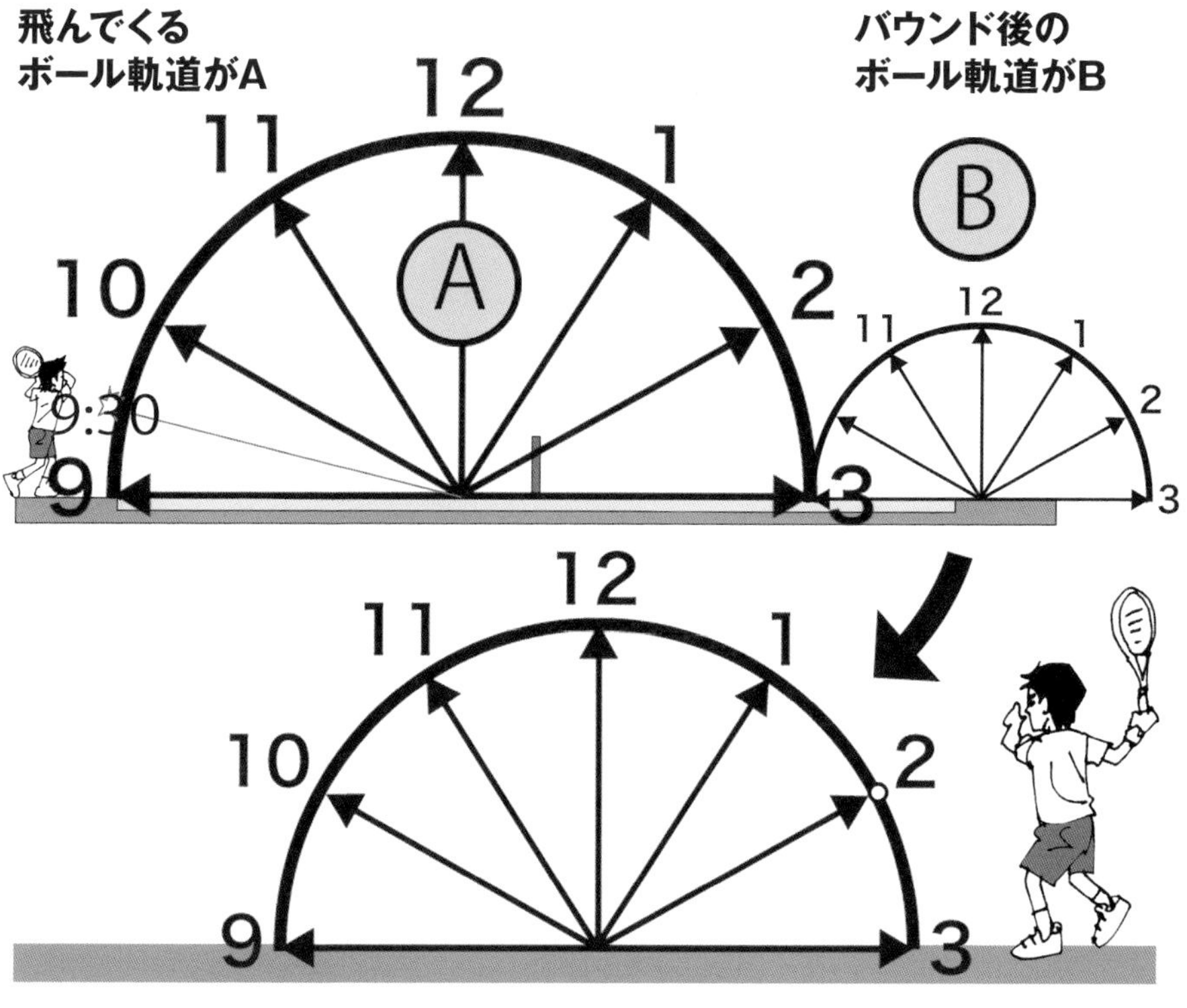

# 錦織圭選手のテニスはバウンド時計の12時、11時が打点

10、11ページの写真と同じ

相手にスプリットステップをさせない、「時間」と「場所」を奪うテニス

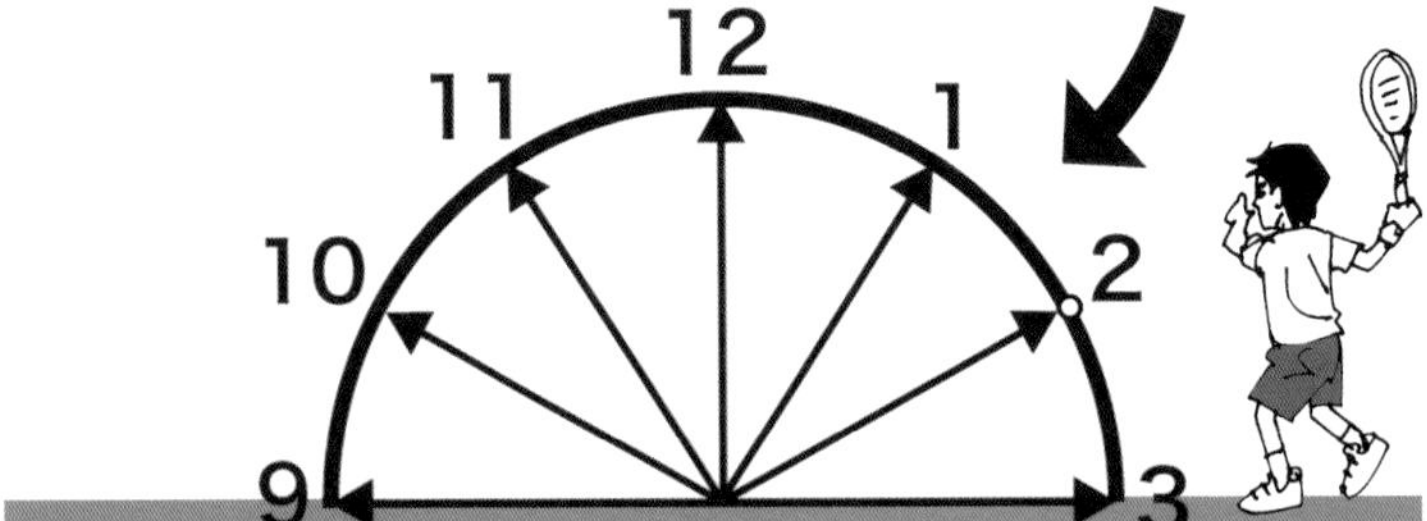


写真はボール軌道AとBのバウンド時計イメージ

錦織選手のテニス（特に非常に高い打点で打つショット「エアK」など）はまさに、ここで解説したいことの好例です。コートの中に入り、12時や、ときに11時で打つことをしていき、相手にリズムをつかませず、時間を奪い、リカバリーをさせず、場所を奪っていく攻撃をします。

もしも、1球目を2時で打ち、2球目も2時で打てば、相手は2時のリズムをつかんでリカバリーをしますが、錦織選手は2時で打ち続けることはせず、相手にリズムを与えません。1時、12時で打ったり、あるいは11時で打つこともしていき、相手はそのつどリズムが変わるため、リズムがつかめず、スプリットステップをすることもできなくなるのです。

錦織選手がより前で、より高いところで打球するときは、早いタイミングで打つということのほかに角度をつけることもできます。

テークバックを
早く完了しておけば
時間がつくれ、
場所が確保できる！
打点を早くとれば、
相手から時間と場所を
奪うことができる！

## バウンド時計と、より早い準備、テークバックが時間調整のカギ

錦織選手のように、いつでも、どこへでも振り出せる構えがすべてのショットにあったら、「時間」と「場所」は自由自在に操ることができるでしょう。バウンド時計の1時、12時、11時など、より早いタイミングでボールをとらえていくことができる、早い準備です。

冒頭「戦術を考えるために必要な基礎知識」（10ページ〜）をもう一度見てみるといいでしょう。錦織選手はいつもそれ（準備態勢、打球態勢）が整っています。ボールがバウンドする前にはすでに体をひねり、テークバックを完了させています。それによって相手を見る時間をつくるとともに、バウンドしたボール軌道のどこでとらえようか、時間と場所の調整がしやすくなります。

# 一定のボールを打つこと＝安定、速度を上げること＝攻撃、ではない！

バウンド時計を使う錦織選手と、バウンド時計を使っていない、いつも2時で打っているプレーヤーの違いは、もうわかりますね。

いつも2時で打つプレーヤーは、飛んでくるボールを見て、バウンドしてから自分が打つまでの時間を逆算して2時でとらえようと、テークバックを調整しているのではないでしょうか。つまり2時に合わせてテークバックをします。そうすると、常にボールを見続けていなければならず、テークバックのタイミングは2時の打点にセットされるということになります。

一方、錦織選手はバウンド時計を使い、早くテークバックを終わらせておきます。そうすると、2時で打つことも、1時、12時、11時で打つこともでき、状況に応じて場所を変え、打点を変え、「時間」と「場所」をコントロールすることが可能になるわけです。テークバックを早く完了しておけば、時間がつくれ、場所が確保でき、打点を早くとれば、相手から時間と場所を奪うことができます。両者の違いは非常に大きいことがわかりますね。

一般的な攻撃と
先制攻撃の違いを
見ていこう

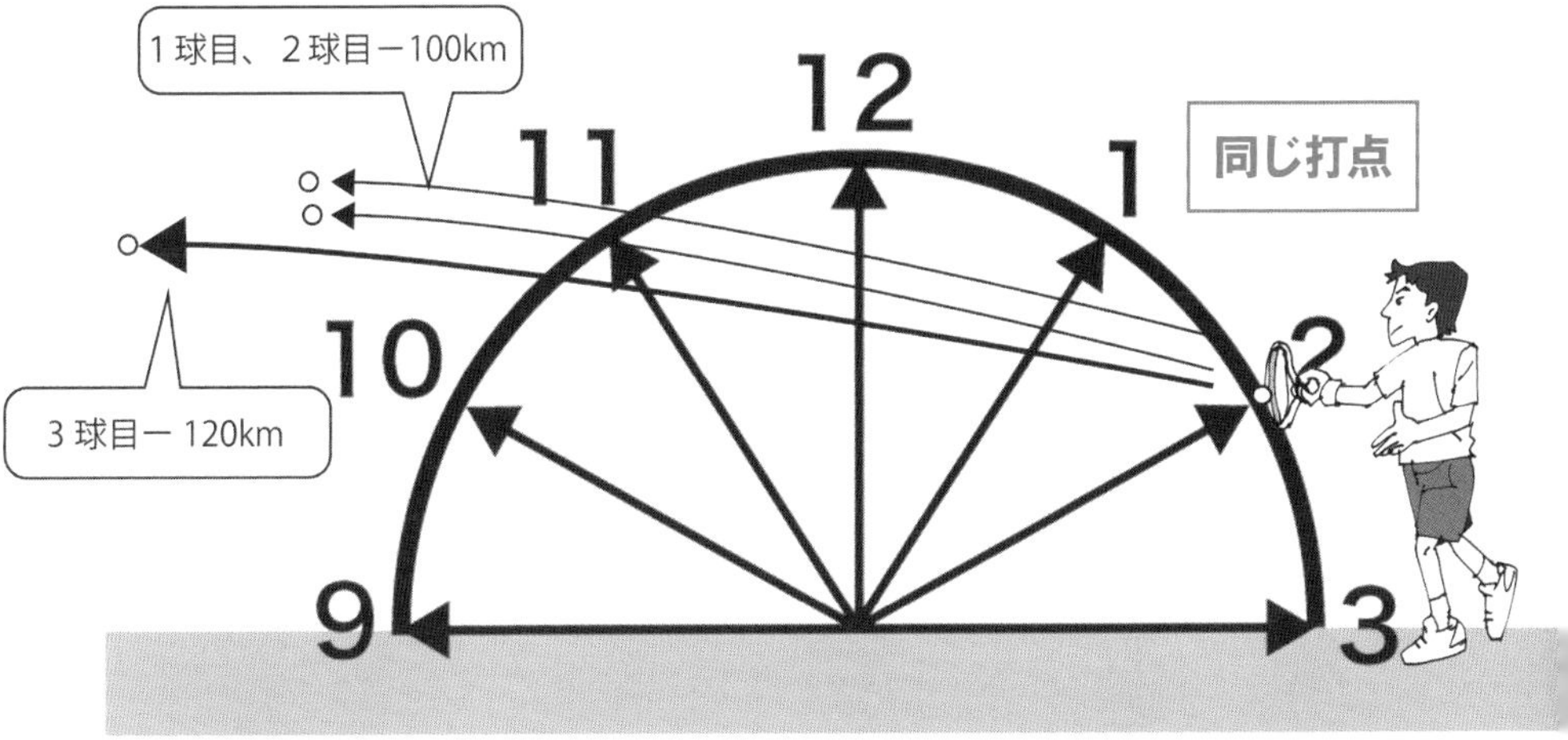

## 一般的な攻撃

一般的な攻撃は、1球目も2球目も同じ打点でボールを打ち、3球目に際(キワ)に速いボールで勝負しにいく、そういう攻撃の仕方です。例えば時速100km、同100kmで同じボールを打ったあと、次に同120kmにスピードアップして決めにいく、今まではこのような攻撃を安定させることを求めてきたかもしれません。でもこれをすると、相手はリズムが同じであるためスプリットステップがしやすく、こちらがやろうとしていることがわかるため守備がしやすいです。慣れれば攻撃もしやすいといえます。

# 自らが打つ場所、打点を変えて「時間」と「場所」を制するのだ！

例えば、打点を前でとるために、ベースラインから下がらず打球する練習や、さまざまなバウンドのボールに対して場所（ポジション）を移動し、同じ打点（前）でとる練習もあります。それぞれに目的がある練習ですが、さらに進んで「時間」と「場所」をコントロールする練習をしてほしいのです。

ストロークが安定すると考えられている2時の打点から、コースの際（キワ）を狙ったり、速度を上げて速く強いボールを打つということが攻撃である、と考えるのは間違いです。相手にダメージを与え、ポイントを獲得する方法、戦術は他にまだまだあり、もっと進化させられます。自らがコートの内側に入り、2時の打点よりも、さらに前の、さらに早い1時の打点や12時の打点なども使って「先制攻撃」していくことが、相手に大きなダメージを与えることになるということを理解してほしいのです。

いつもの打点＝好きな打点で打つ（同じ打点でとらえる）ことが安定で、その上で速いボールを打つことが攻撃、という考えではなく、自らが「時間」と「場所」を制するためにボール軌道に対し、打点を変えて（違う打点でとらえ）、相手のリズムとタイミングを崩す、前でとらえて高い打点から角度のあるボールを打つという考えで攻撃をしてみましょう。

# より前に入り、<br>より早い打点でとらえる練習

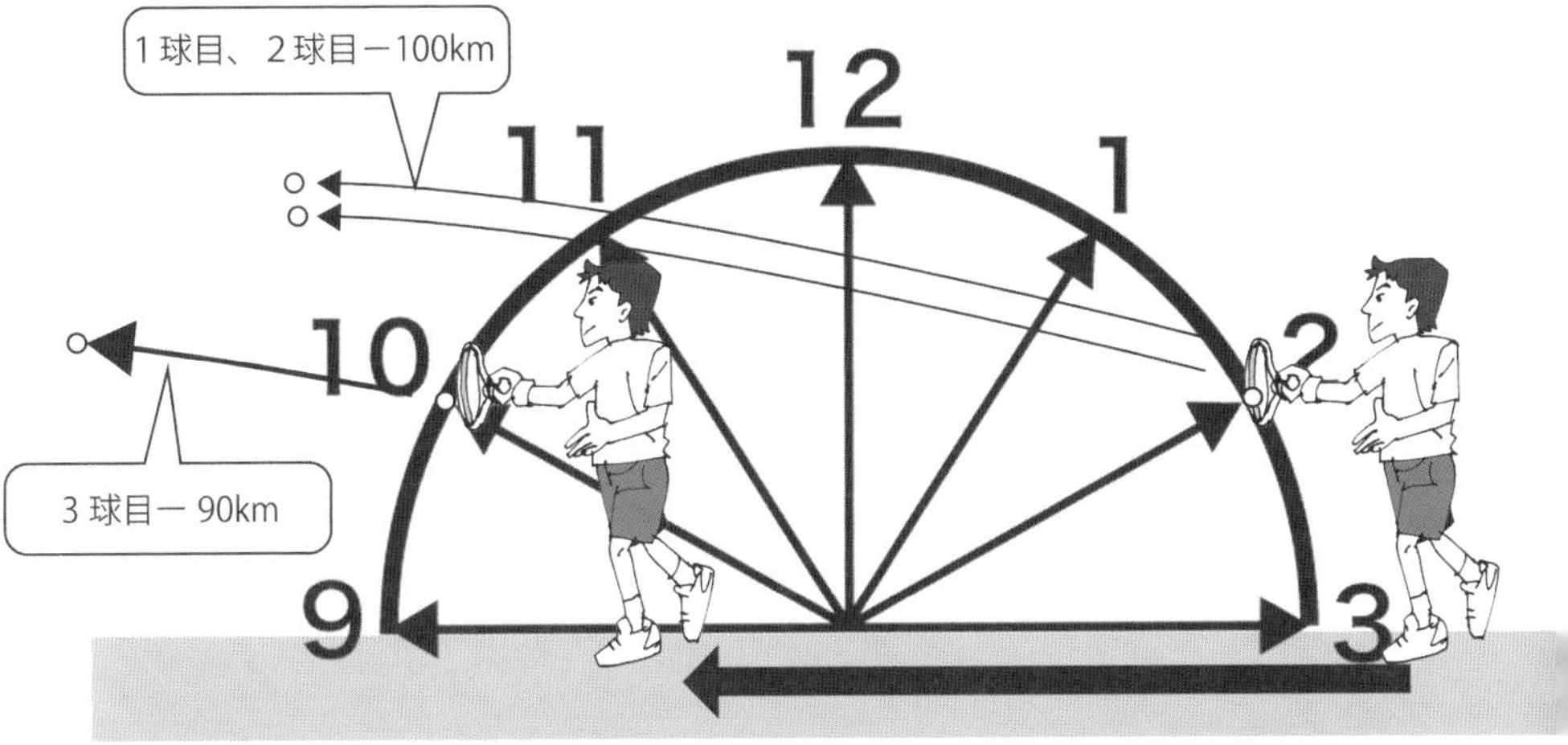

## これが「先制攻撃」

1球目、2球目は同じように2時で打球して探りつつ、3球目に早い時間、12時や11時、10時で打球して、より早い打点(ときにより高い打点)でとります。例えば時速100km、同100kmでボールを打ったあと、次に同 90kmと下げて打ってもいいのです。コートの中に入り、より早い時間にボールを打つことができれば、相手の時間を奪い、場所を奪い、タイミングを奪い、ポイントを取ることができます。

相手のリカバリーする時間と、それにともなうスプリットステップのタイミングを外すことができるので、特にスピードアップしたり、難しい際(キワ)に打つ必要もありません。これが先制攻撃です。

## ゲームを観る力 5

# 試合後の復習

誰もが練習をして、試合をします。しかし、試合前に練習をするプレーヤーは多いのに、試合後に練習をするプレーヤーは少ないです。大会前に猛練習をして、大会後も猛練習。事前合宿をして、事後合宿もする。これをするプレーヤーはさらに少ないでしょう。でも、もしこれらをしたらどうなるでしょうか。ものすごく上手くなる気がしませんか?

事前練習と事後練習では、内容はまったく違うものになります。35年の指導経験で確信をもって言えることは、テニスは試合後の練習がもっとも上達につながる、実力を上げるということです。

試合には相手がいて、相手と駆け引きをしてポイントを奪い合うため、当然そこにミスが出ます。ミスをさせたり、させられたり。シーソーゲームの展開は、総ポイントをほぼ半々ずつ分け合うことになり、わずかな差で勝敗は決まります。稀に得点が多いほうが負けることもあるスポーツなのですが、ほとんどの場合は、獲得ポイントが多いほうが勝つスポーツです。そういう僅差を争っているのですから、勝った、負けたの優劣だけで終わらせるわけにはいきません。わずかなポイントの差は何だったのか復習して、修正をするのです。

試合はお互いが真剣にプレーした結果。その結果を修正するのが試合後の練習です。修正しないで見過ごして、あるいは忘れて、また練習を始めてしまえば、もしかするとミス(や失敗)を強化していくことになってしまいます。ミス(や失敗)は起きたばかりのとき、(できれば試合会場で)まだイメージが残るうちに修正します。　試合は勝つと楽しく、負けると悔しいもの。悔しいから忘れる、などと言わず、こう考えましょう。修正をして上手くなったら、次にそれを試せる試合は楽しみになります(それは敗者復活戦です)。

vol.

# 11

時間と場所を乗り換える

# 縦と横の練習

# 横（左右）の練習が多く、縦（前後）の練習が少ない

あなたはテニスをするとき、テニスコートのどこで一番長い時間を過ごしますか？　私が想像しているみなさんの答えは、「ベースライン付近や後方で過ごす時間が一番長い」というものです。

テニスは、「ポイントが始まる第1局面（序盤）＝サービス、リターン」「お互いを探り合う第2局面（中盤）＝ストロークやアプローチ」「決めの第3局面（終盤）＝アプローチ、ボレー、スマッシュ、ロブやパスなど」という3つの局面で構成されています。

みなさんが、ベースライン付近に長くいるということは、第1局面、第2局面のプレーをたくさんしているということです。特に、ベースラインを横（左右）に動いている第2局面が多いと思います。

## テニスは
## 縦と横のスポーツなのだ

ところがそうだとすると、試合、ゲーム、ポイントの勝負がかかるのは第3局面なのですが、そのプレーの練習が少なすぎます。アプローチ、アタック、ボレー、スマッシュ、ロブやパスなど、コートを縦（前後）に使うプレーが極端に少ないということです。相手を前後に動かし、または相手に前後に動かされる練習ももっとしなければ、終盤の勝負に強くなれません。

多くは、ベースラインのだいたい同じ場所（ポジション）から、だいたい同じ場所（ターゲット）へ打つ練習ばかりしているでしょう。クロス（またはストレート）に球出しされたボールをクロスへ、ストレートへ打つ。リカバリーは必ずセンターへ。ストレートラリーやクロスラリーもたくさん行いますが、同じ場所にい続けて、同じ場所に打ち続けていませんか？　同じ場所（ポジション）から同じ場所（ターゲット）へ打つことを繰り返していれば、同じ距離のボールを打っているということです。テニスコートのサイズは縦23・77m、横8・23mです。ベースライン

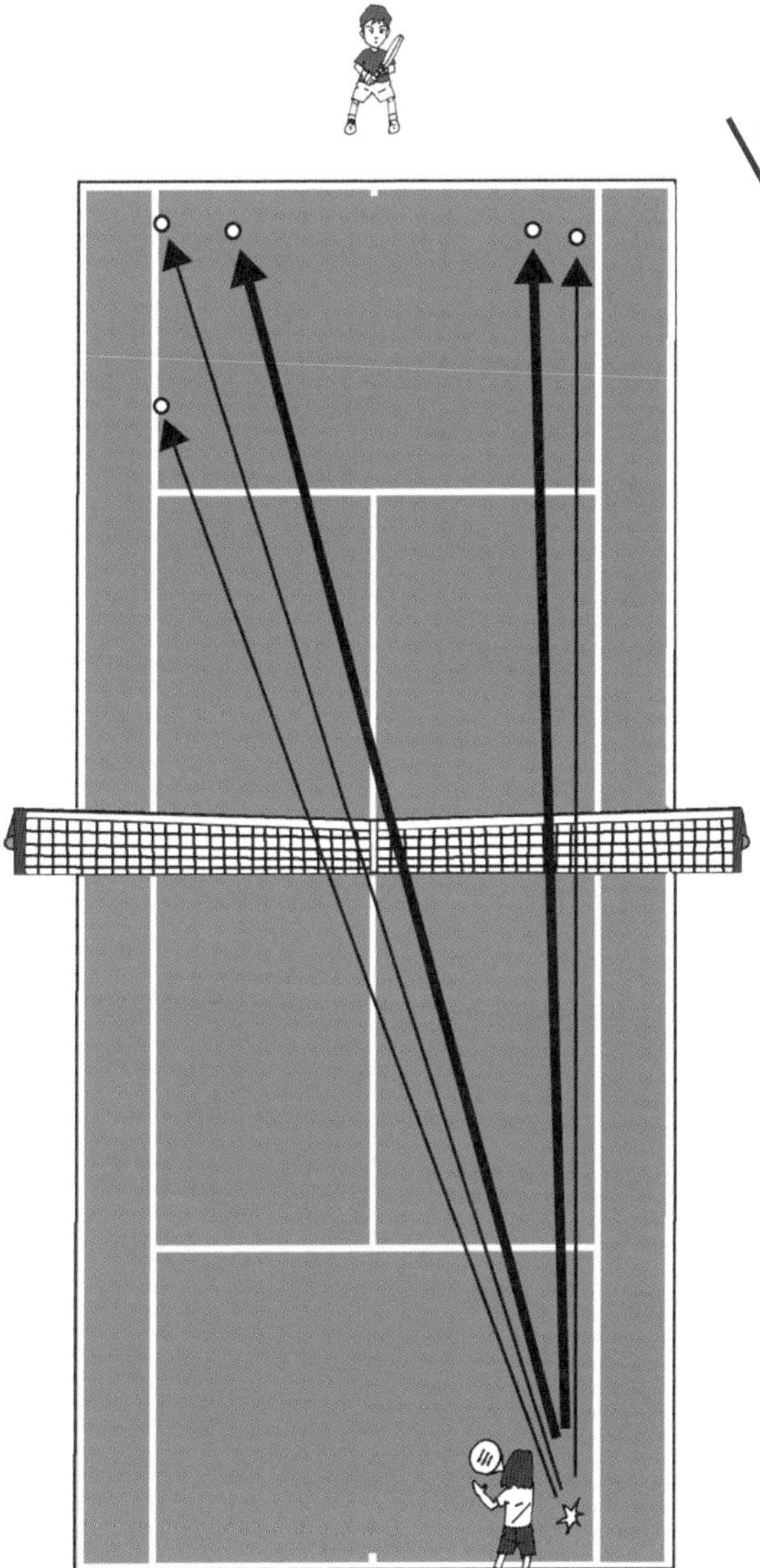

**同じ場所（ポジション）から**
**同じ場所（ターゲット）へ、**
**同じ距離（長さ、深さ）を打っている。**
**横（左右）に動く練習ばかりしている**

後方から、ストレートの約24m、クロスの約25mの距離を狙い続けていれば、それは24mのボールと25mのボールを飛ばす練習をしていることと同じです（ときどき角度を調整することがあるかもしれませんが…）。

試合に勝つためには、24mボールを飛ばす以外に、勝負がかかる第3局面（終盤）に強くなり、最後のポイントを獲得するよりありません。ということで、ここでは「縦（前後）」に注目して、時間と場所の使い方を考えます。

# 縦（前後）の動きとコントロールのテスト

## 練習方法（基本形）

ベースライン付近で左右に動いてばかりのプレーヤーたち（ジュニアや学生たち）を集め、こういうテストをしました（コート図参照）。自分でボールをトスして、ターゲットを狙う練習です。最初は同じ場所（ポジション）から、３m刻みにある、違う場所（ターゲット）を順番に狙います。どれくらいの精度で狙えるか試します。その後、練習1、2、3、4の方法で、自分でトスしたボールか、球出しのボールで順番に狙ってみてください。場所（ポジションやターゲット）を縦（前後）に変える練習です。

## 練習方法 1

### 同じ場所（ポジション）から違う場所（ターゲット）を狙う

**徐々に飛距離を短くする**

プレーヤーは同じ場所（ポジション）から違う場所（ターゲット）を狙います。1球目は①（24m地点）、2球目は②（21m地点）、3球目は③（18m地点）、４球目は④（15m地点）。同じ場所から３m刻みで①→②→③→④と、ボールを飛ばす距離を短く（浅く）調整していく練習です。

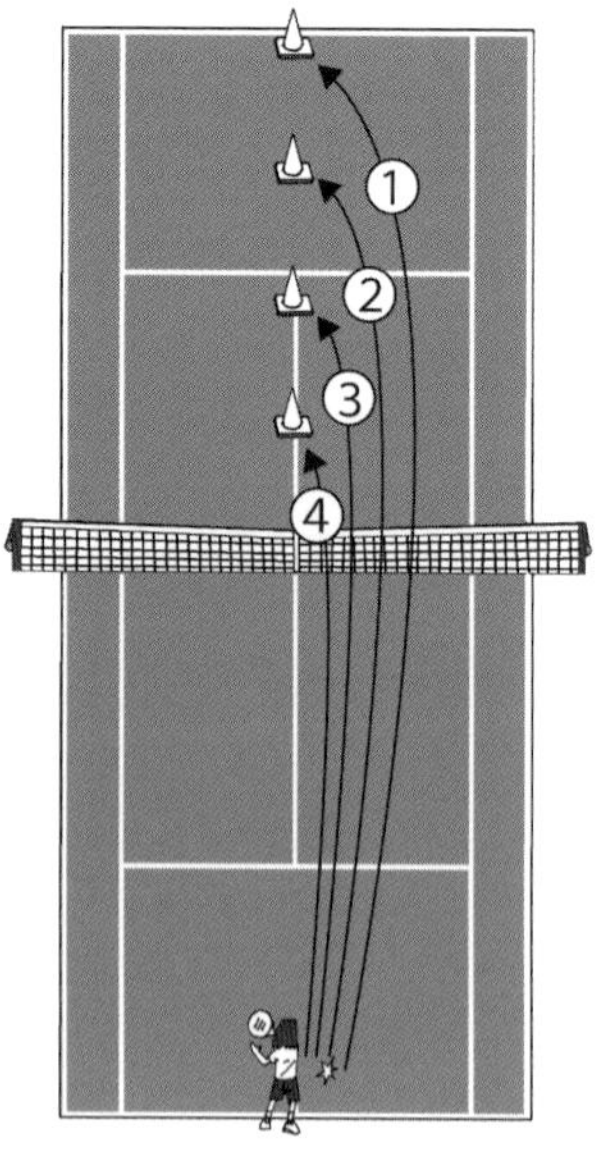


## 練習方法 2

### 同じ場所（ポジション）から違う場所（ターゲット）を狙う

**徐々に飛距離を長く（深く）する**

プレーヤーは同じ場所（ポジション）から違う場所（ターゲット）を狙います。1球目は①（15m地点）、2球目は②（18m地点）、3球目は③（21m地点）、４球目は④（24m地点）。同じ場所から３m刻みで①→②→③→④と、ボールを飛ばす距離を長く（深く）調整していく練習です。

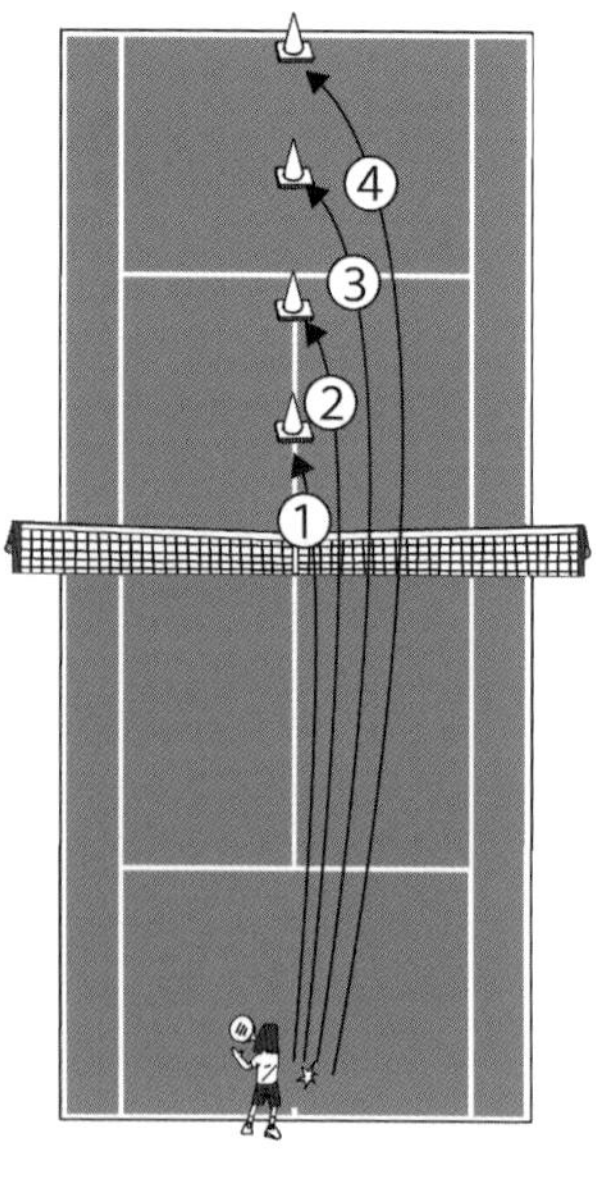

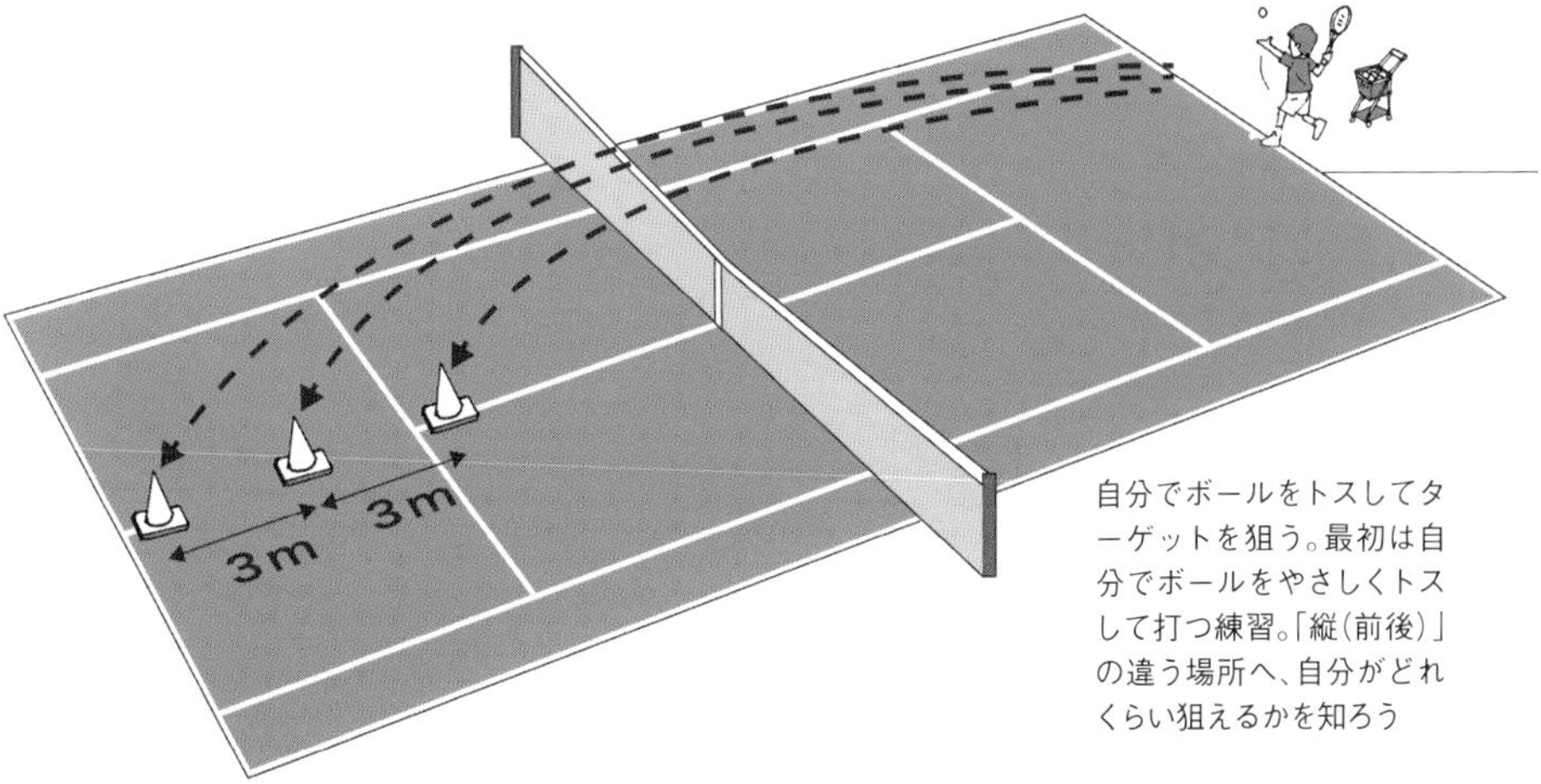


自分でボールをトスしてターゲットを狙う。最初は自分でボールをやさしくトスして打つ練習。「縦（前後）」の違う場所へ、自分がどれくらい狙えるかを知ろう

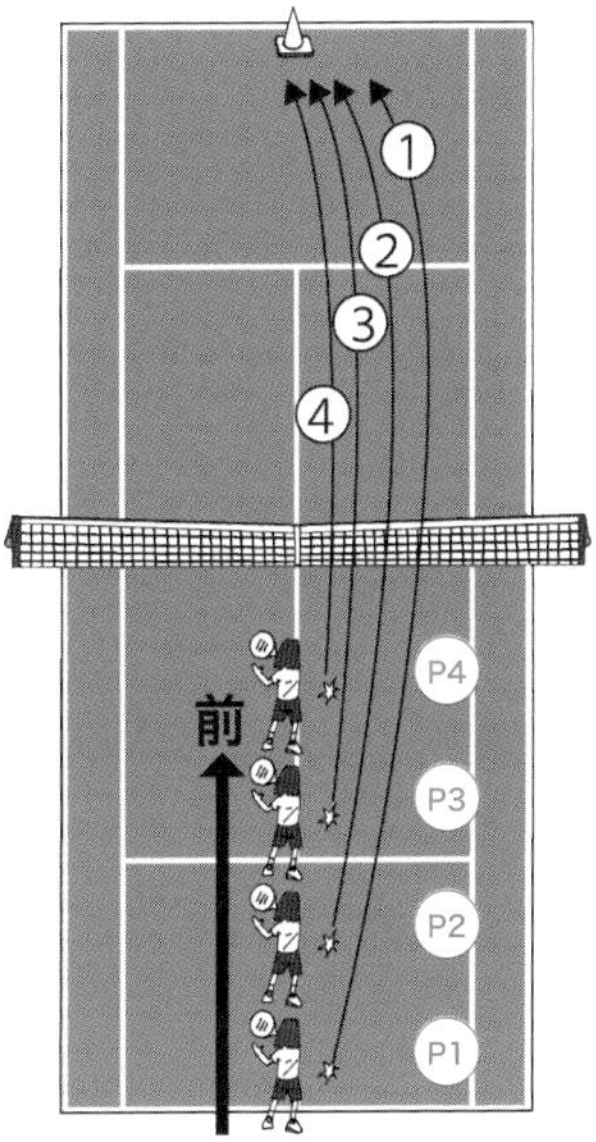


## 練習方法 3

### 違う場所（ポジション）から同じ場所（ターゲット）を狙う

**徐々にポジションを前にする**

プレーヤーは違う場所（ポジション）から同じ場所（ターゲット）を狙います。1球目はP1（24m地点）から①、2球目はP2（21m地点）から②、3球目はP３（18m地点）から③、４球目はP4（15m地点）から④。３m刻みでP1→P2→P3→P4と場所（ポジション）を変えて同じターゲットを狙う練習です。

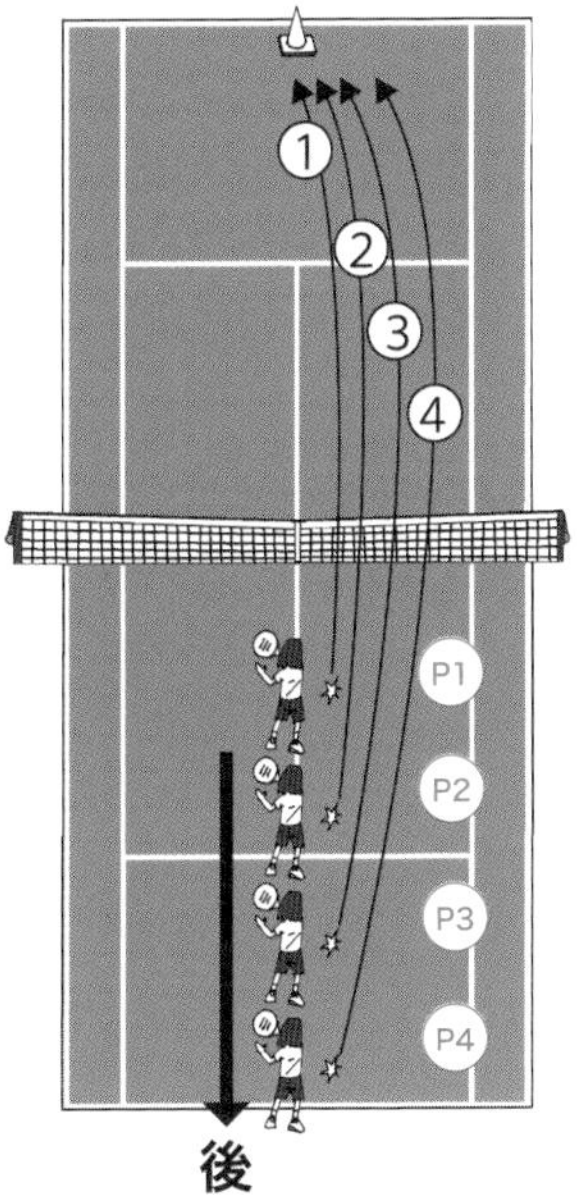


## 練習方法 4

### 違う場所（ポジション）から同じ場所（ターゲット）を狙う

**徐々にポジションを後ろにする**

プレーヤーは違う場所（ポジション）から同じ場所（ターゲット）を狙います。1球目はP1（15m地点）から①、2球目はP2（18m地点）から②、3球目はP３（21m地点）から③、４球目はP4（24m地点）から④。３m刻みでP1→P2→P3→P4と場所（ポジション）を変えて同じターゲットを狙う練習です。

# テストで縦の変化が弱いと判明したら明らかに練習不足！

ベースライン付近や後方にいて、左右に打ち分ける練習ばかりしていると、テニスコートの「横（左右）」には強くなるのですが、「縦（前後）」に弱くなります。同じ場所（ポジション）から同じ場所（ターゲット、長さ、深さ）へコントロールするのはうまくなるのですが、それは、長い時間を割いて左右に打ち分ける練習をしてきたからです。そればかりしているとテニスコートの縦24m分、ボールを飛ばす練習ばかりしていることになります。

練習1234をやってみたらわかりますが、テニスコートの縦24mを3m刻みで距離（長さ、深さ）の調整をすることがいかに難しいか、それも場所（ポジション）を変えながら行うと、ボールのばらつきが大きくなることを実感するはずです。距離の調整は、多くの練習を積む必要があります。

テストしたジュニアや学生たちは左右への打ち分けがとてもうまいです。アレーを狙おうとすれば、限りなく近いところへコントロールできます。それは普段から長い時間をかけて、左右へ打ち分ける練習をしているから、精度が高くなるのです。

ということは、前後に距離を調整する練習をしていけば、3mの距離を調整することはできるようになります。さらに場所を変えながら3mを調整することもできるようになります。今日から、横（左右）と縦（前後）を意識して練習しましょう。

## 縦はこちらへ向かってボールが飛んでくるから左右よりも実はやさしい!?

「縦（前後）」の話を強調していますが、「横（左右）」をおろそかにするつもりはありません。ベースラインにいるプレーヤーの横（左右、サイド）をボールが通り過ぎたら即失点です。どうにかして取らないといけません。テニスコートの横は8・23mあります。

それに対して、テニスコートの縦（前後）は23・77m。自分のコートだけを考えれば前後に約12mです。さらにベースライン内に落ちたボールが後方へ弾むことを考えれば12m＋αです。横より距離が長いですが、ただし相手が打ったボールは左右と違って基本的にこちらに向かって飛んできます。ですから、多少反応が遅れてもそのボールはこちらに向かって飛んでくるのですから、自ら迎えにいかなくても打てると考えることができます。そうすると前後は左右よりもやさしいということもできます。ロブなど後方へのボールも、判断や反応が早ければ後方まで下がりきらなくてもスマッシュやライジングで返すこともできます。

　ただし、それも練習を積んでこそ判断や反応が鍛えられ、対応力が上がるのです。

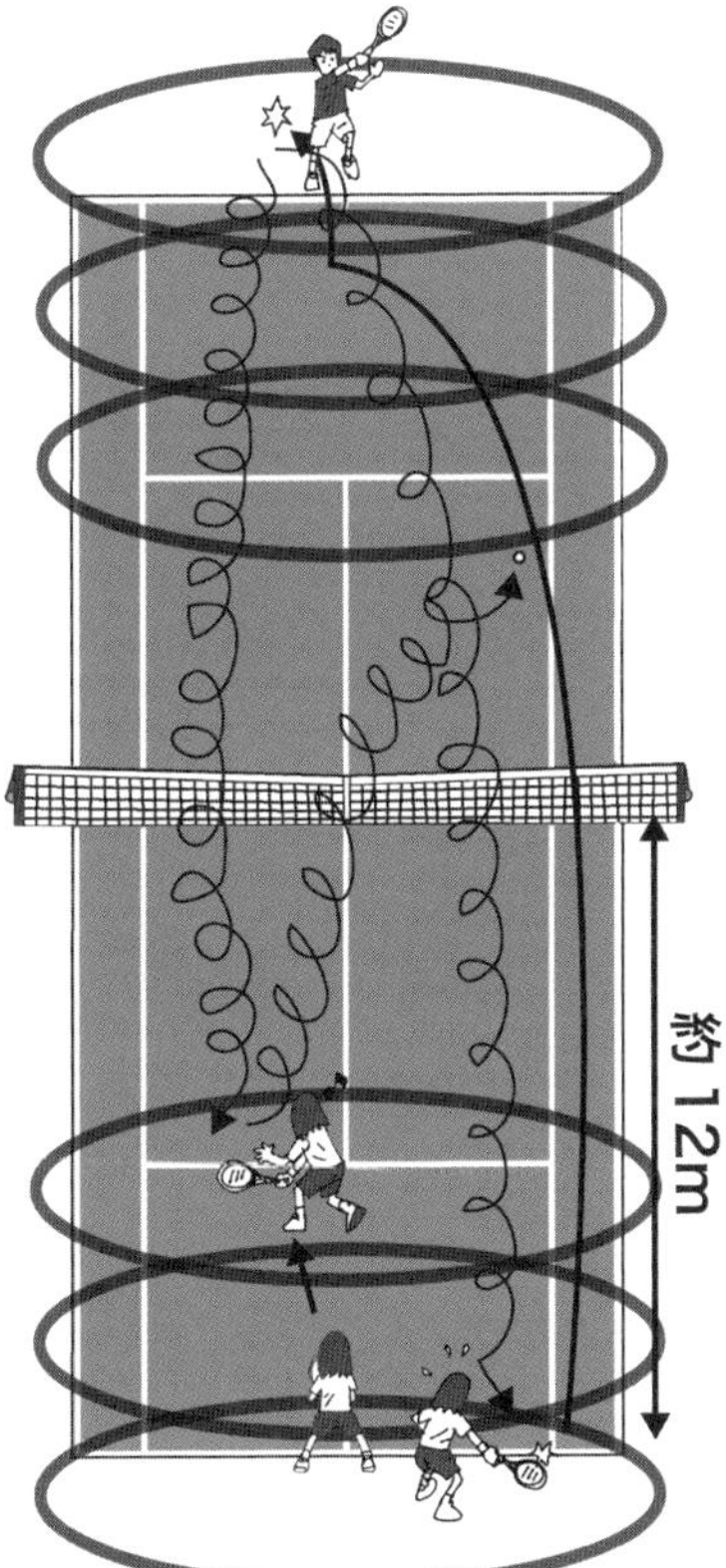


縦は（自分のコートだけを考えると）約12mあるが、ボールはこちらへ向かって飛んできて、弾んだあともこちらに向かって伸びてくる。ある意味、横より返球はやさしいともいえる

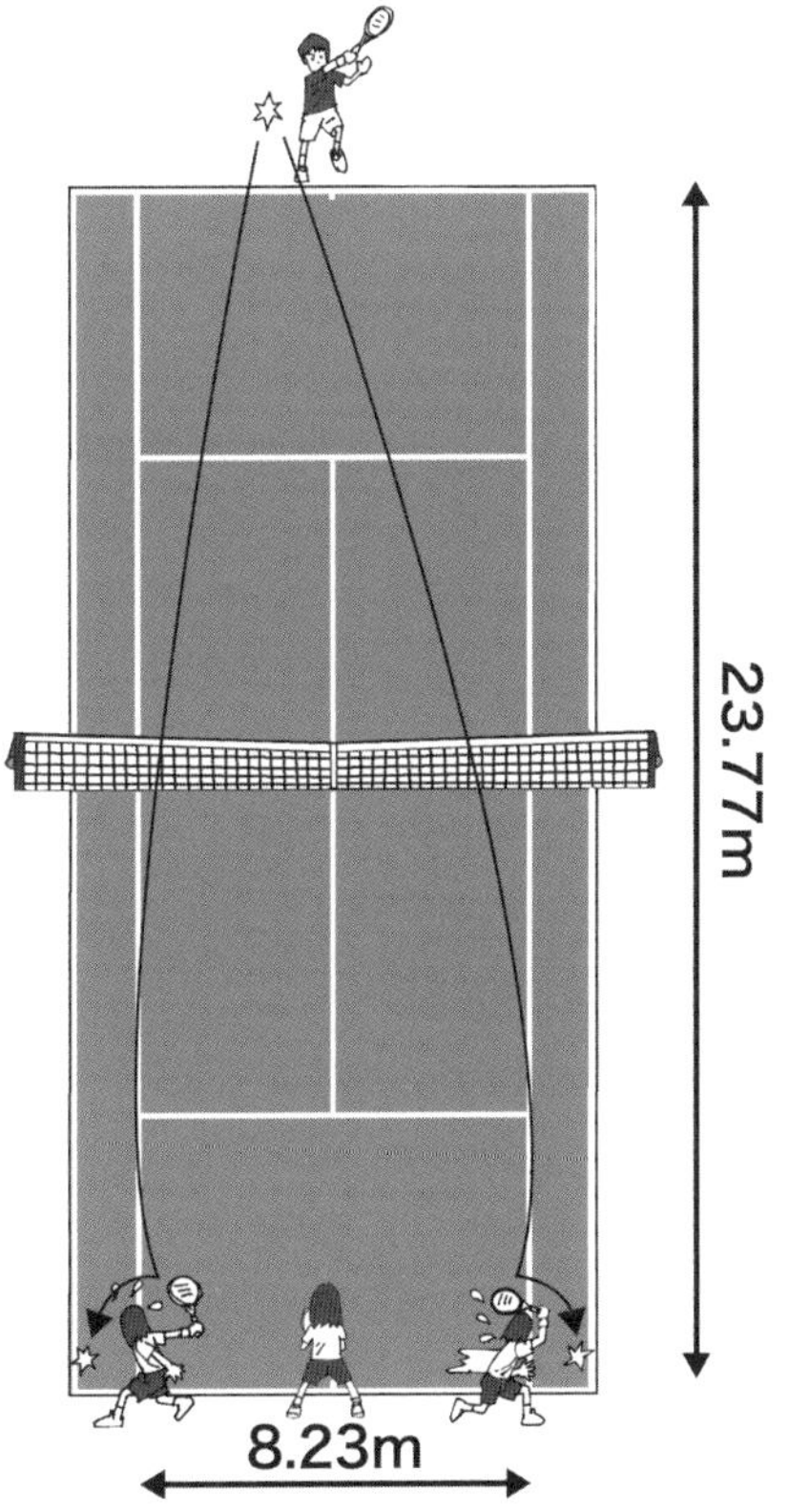


横はボールが通り過ぎたら失点だから、どうにかして8.23mカバーする

# 3つのゾーンを使った縦の練習

これまではベースライン付近（同じ場所）を定位置に、ネットの向こうのベースライン付近（同じ場所）を狙うことをしていた人は、今日から前後を意識してプレーしましょう。ディフェンスゾーン、ニュートラルゾーン、オフェンスゾーンの、「ゾーンプレー」です。

もしも試合が拮抗したらどうやって勝負がつくと想像しますか。同じボールを打ち続けたら勝負はつきません。どちらが先にミスをするか、どちらが先に相手に短いボールを打たせてコートの中に入り、高い打点からチャンスをつかむか、あるいは先に短いボール（ドロップショット）を打って相手を走らせるか、そういう勝負を想像します。

テニスコートは縦に細長いです。その中で行う勝負に勝つためには（第2局面の練習はもうすでに十分やっていますから）、第3局面の決めの部分（ア

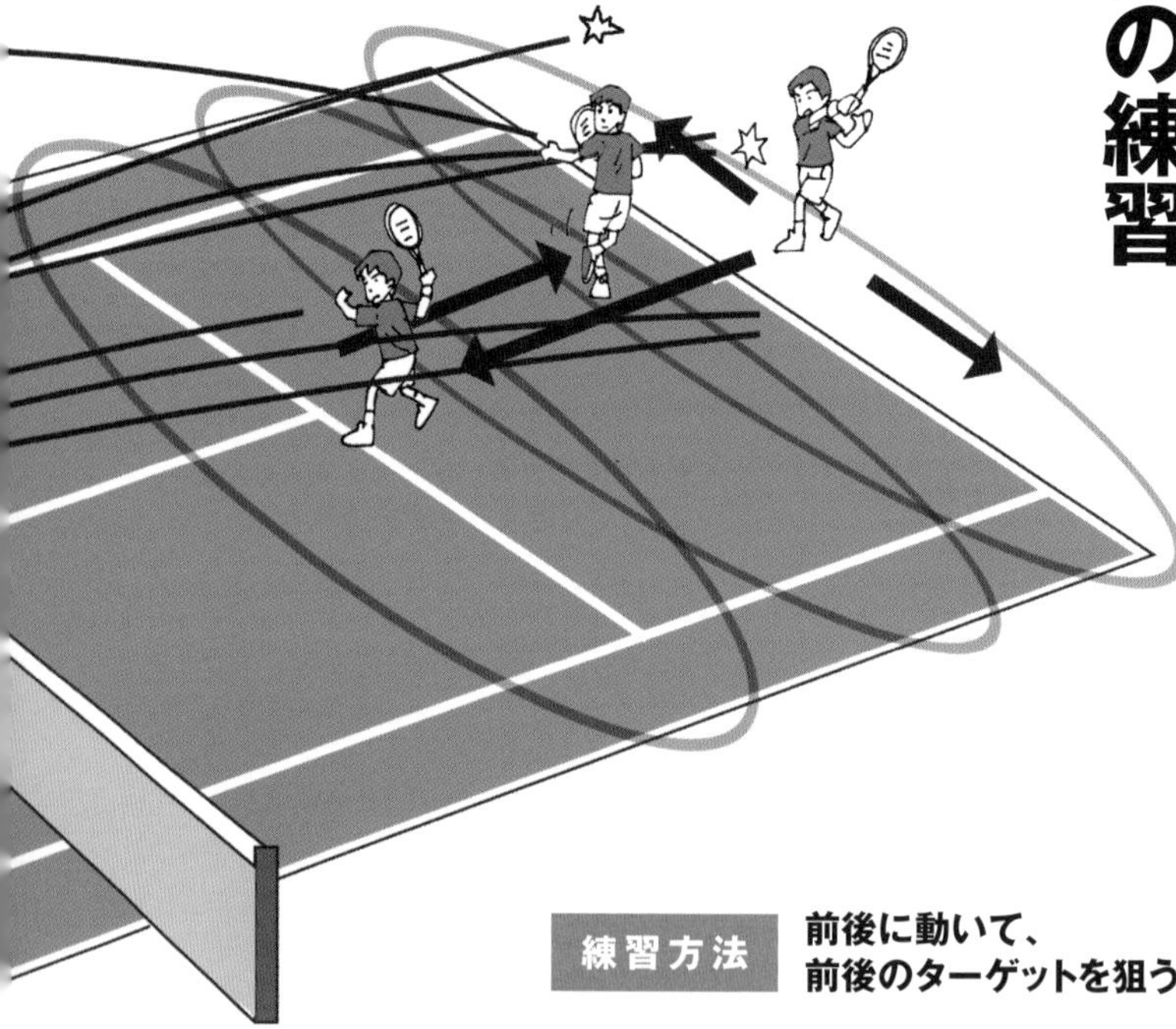

**練習方法** **前後に動いて、前後のターゲットを狙う**

ベースラインからスタートします。例えば、短いボールに対して前に動いて15mターゲットを狙います。そのままネットにつめて、今度は深いボール（ロブ）に対してクロスステップで後ろへ下り、24mターゲットを狙います。15mを狙ったあと24mを狙う、前に大きく動いたあと、下がって、次は前に少し動くなど、前後の場所（ポジション）の移動と、前後の場所（ターゲット）の変更を行って距離感を鍛えましょう。

プローチ、アタック、ボレー、スマッシュ、ロブやパスなど）をもっと鍛えることです。ポジション（場所）を変える、オープンコート（場所）を狙う、相手を前後（場所）に揺さぶる。ディフェンスゾーン、ニュートラルゾーン、オフェンスゾーンを使う。時間と場所を奪い合う。これがゲームに強くなる秘訣です。

## 縦の練習は
## やった分だけ返ってくる！
## ゲームに強くなる！

縦の練習はやった分だけ返ってきます。ゲームに強くなります。例えば、後ろから前へ走ったときに、勢いあまって前へ走り抜けてしまったら次のボールの対処ができません。前へ走るときは速く走るに越したことはないのですが、減速して打つ必要があります。減速することも練習して準備をしておくと、しっかり構えて打つことができ、相手から時間と場所を奪え、ショットも読ませません。また、後ろに下がるときもクロスステップを使って早く追いついて減速して打ちます。こういう練習も積んでおくと時間と場所を確保でき、ボールもよく見え、相手もよく見えて、ゲームに強くなります。第3局面に強くなります。ボールに振り回されたり、自分の動きをコントロールできないでいると、ゲームに強い動きはできません。

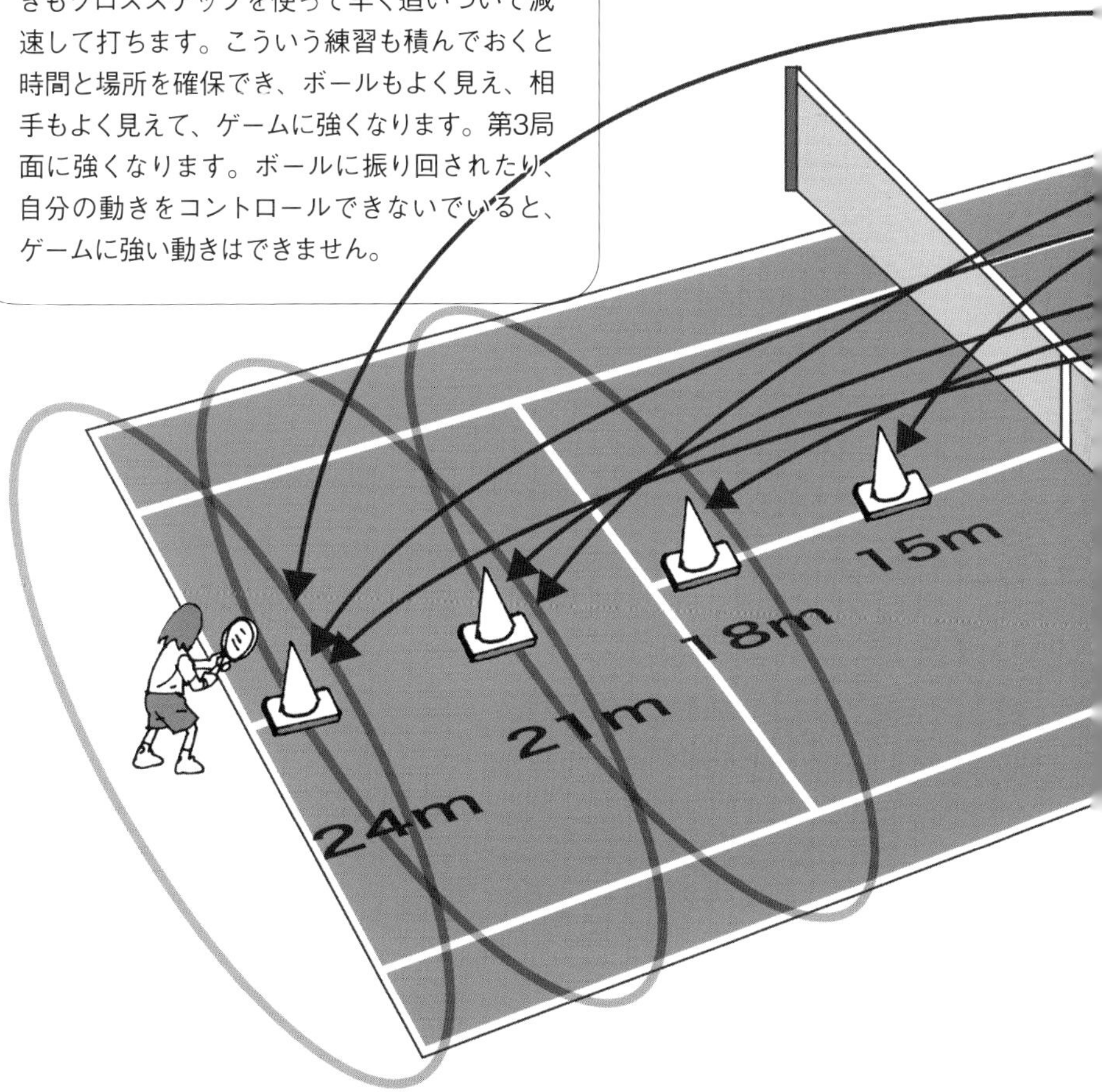

## ゲームを観る力 6

# 負けられない試合、勝ちにいくプレー、両方に挑戦

毎日うるさいほど学生には「挑戦しなさい」「失敗するのが学生の仕事」と言ってきました。その上でひとつだけ具体的に行っている練習があります。それが「フルスイングラリー」です。

ストレートコート半面のベースラインにそれぞれ立ち、1対1でまさしく全力でフルスイングをして打ちまくる単純な練習です。ときに延々と納得いくまで行う場合もあります。補足すると、フルスイングであってフルスピードではありません。

下半身始動で全身の持てる力を最大限に発揮して打ちまくる練習。スタンスは広めに姿勢は低く、地面を蹴って腰を切ります。強靭な体幹が必要です（当然、必要なトレーニングなども行った上での練習です）。これでストロークの土台づくりをします。

打点が少しでもずれたらミスをするので、集中力もマックス。練習を繰り返す中で次第にミスは減っていき、高い打点、早い打点でのコントロールの誤差もなくなり、精度がどんどん上がっていきます。相手を変えて違うテンポや球威にも慣れていくと、より支配的にラリーの主導権をとれるようになるのです。

さて、この練習もゲームのように、相手にミスをさせる、相手にミスをさせられない競争が生まれてきます。試合でミスを恐れ、負けを恐れて、挑戦的な選択をしない人、相手のミスばかり考えてプレーしている人はいませんか？　試合全体のポイントのうち8割がミスとされるテニスは、“ミスのゲーム”とも言われ、お互いがポイントで“負け合っている”と考えることもできます。

負けたらおしまいという仕組みの大会が多い中、負けられないプレー、負けられない試合を繰り返していると、安定感、責任感、冷静な分析力が身についていく一方で、（試合全体のポイントのうち2割がエースとされるテニスにおいて）相手にプレッシャーを与える、強みで勝負する、挑戦的なプレーをすることができなくなっていくことも考えられます。そうなってほしくないので、勝ちにいくプレーも同時に養ってください。負けられないプレー（試合）と勝ちにいくプレー（試合）、それぞれをバランスよく行いましょう。

vol.

12

時間と場所を乗り換える

# 縦に強くなる練習

# 前後に鈍感なプレーヤーが多いからこそ前後予測、速度予測、反応の練習

相手がボールを打とうとしたときに、プレーヤー(自分)はどこにボールが飛んでくるのか、右か、左かということに非常に敏感です。相手が打ったボールが、プレーヤー側のベースラインを通過してしまえば相手の得点になるのですから、なんとしてもベースラインの左右約8m(8・23m)、センターに立って左右4mずつを守りたいのです。

プレーヤーは、いわばサッカーのゴールキーパーのようなもので、普段からベースラインを守り抜こうと練習しています。ですから、左右への予測や速度の予測ができて、ボールを追いかけて返球することが非常に鍛えら

## 練習方法

### 前から飛んでくるボールに対する距離の調整

球出しで行います。コート図を見てください。①相手のボールが深く、プレーヤーはディフェンスゾーンに下がりながら返球します。②深いボールをセンターに返球するようにし、ニュートラル・ポジションにリカバリー。③相手返球が短くなったら、そこでプレーヤーはオフェンスゾーンに入って攻撃します。

❶コーチ(相手)はベースラインにいるPに対して深いボールを球出しします。

❷Pは深いボールと判断して、ベースライン後方(ディフェンスゾーン)に下がり、相手に攻撃されないように深いボールをセンターに返球します。

❸(深いボールに対して)相手の返球が短くなったら、プレーヤーはそれを見逃さず、ベースラインの中に入ってアプローチないしはアタックを仕掛けます。

## 練習のベース

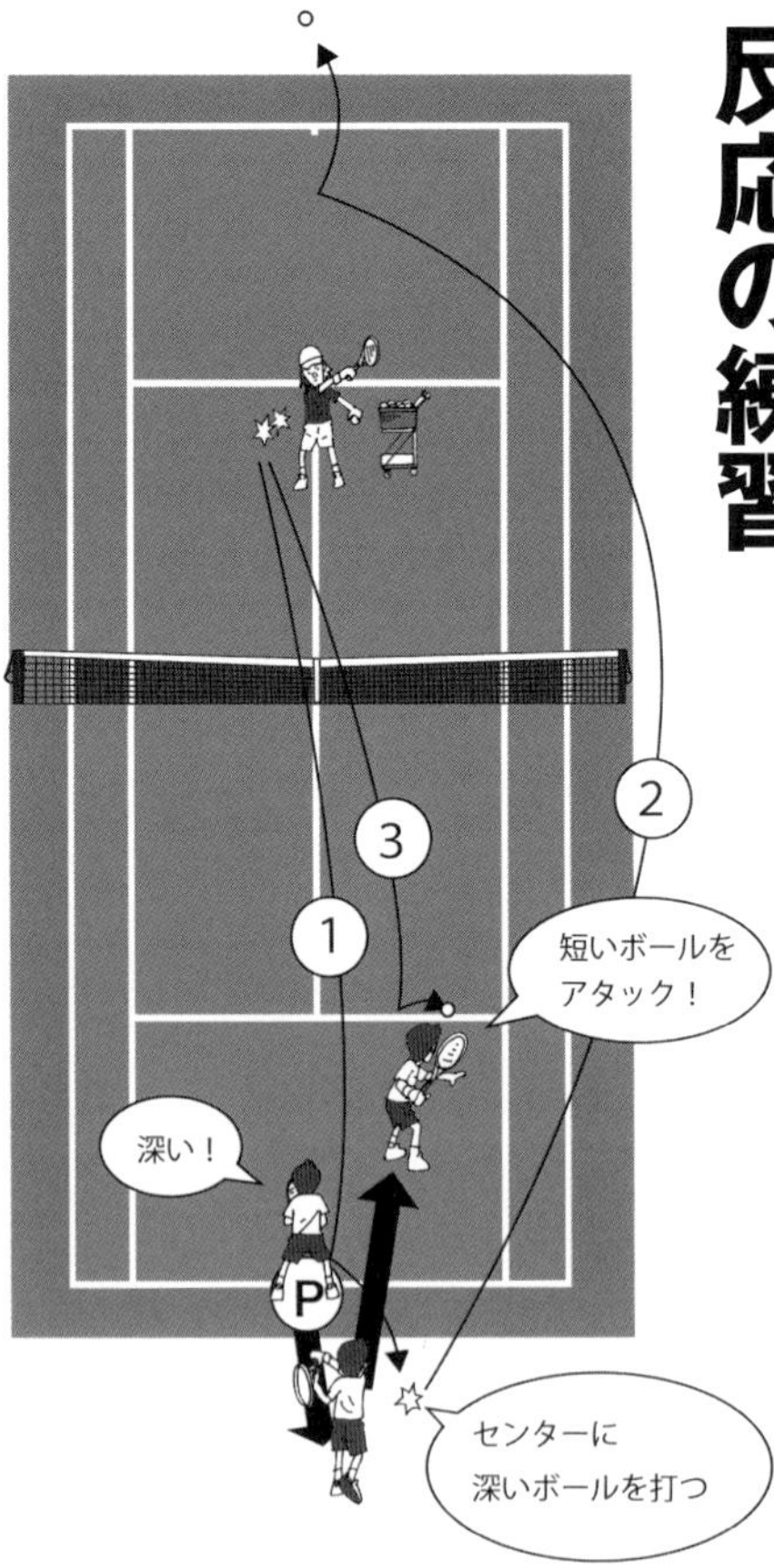

れています。

ところが、その左右＝横に比べると、前後＝縦は非常に弱いです。前後の予測も速度の予測も十分ではなく、反応は遅れがちです。普段の練習でやっていないということに尽きると思います。そこで、ここでは縦に強くなるための練習方法を解説します。

## 〈練習のベース〉を膨らませていく

この練習の目的は「縦に強くなる」ことで、「後方に下がる」という縦に強くなることと、「前方へ進む」という縦に強くなることの両方を考えていきます。

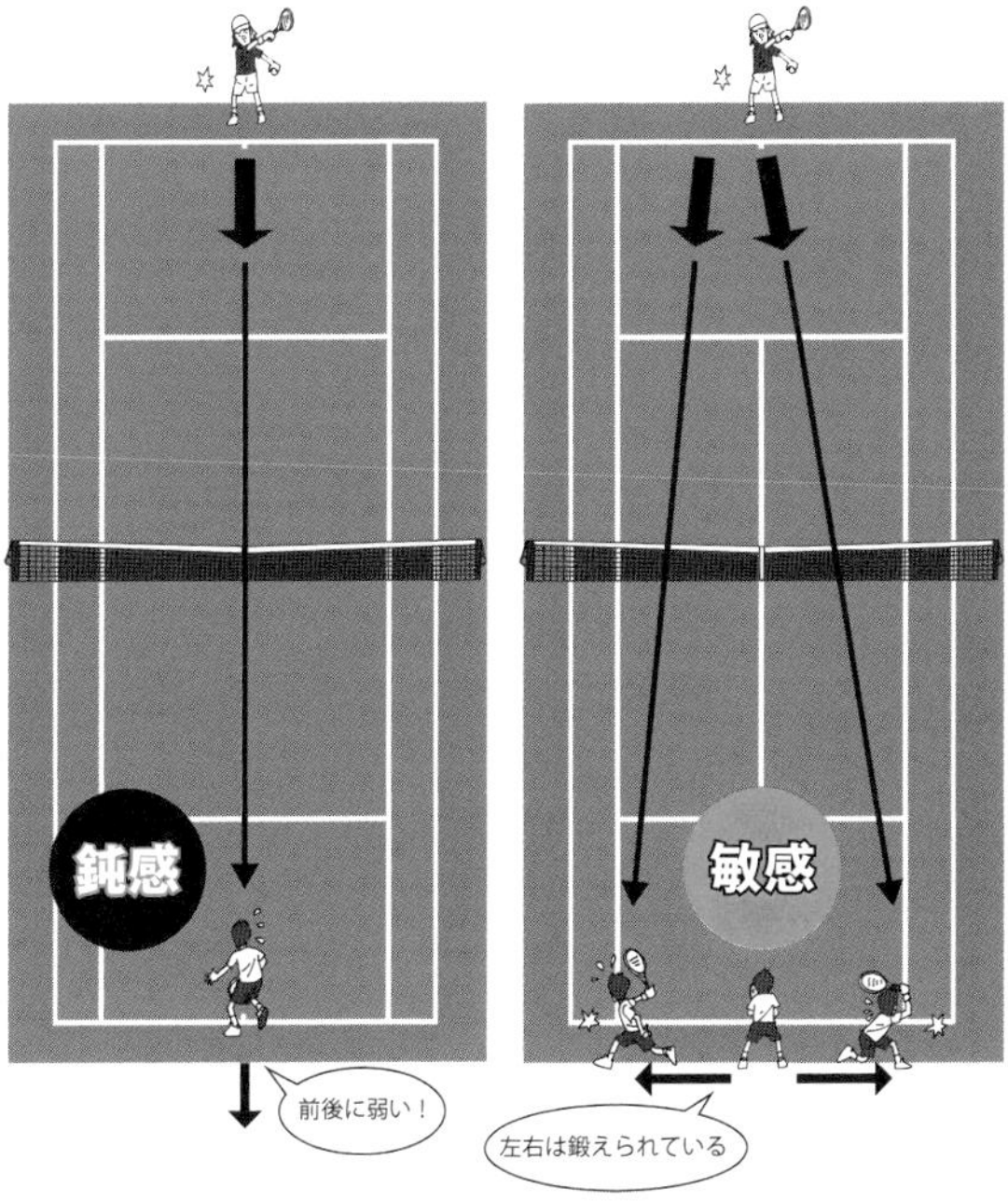

**多くのプレーヤーは左右に敏感、前後に鈍感！**

縦というのは自分のほうにボールが向かってくるので、速度や深さに対する反応が左右に比べて遅れがちになります。特に真正面にくる深いボールは、それらの反応が遅れます。

ただし、縦のボールは反応が遅れても、どんな種類のボールであっても自分のほうに向かって飛んでくるということから、左右のボールよりも「鈍感」になりがちです。ただし左右に逃げていくボールと違って縦に向かってくるボールは、（見事なドロップショットは別ですが）どんなに動きが遅れても簡単にエースを取られることはなく、ベストな体勢にならなかったとしても返球できる可能性が高いです。

これらのことから、縦のボールに対してはプレーヤーは安心感をもって「待つ習慣」が身についています。でもこれを打破して、向かってくるボールに対してどのように対応するかということを学びましょう。これは試合に勝つための鍵になります。

# 縦の見極めが早ければ相手とボールの両方を見てプレーできる

縦のボールに対して、深いか短いか、速度はどれくらいかという見極めが早ければ早いほど、早くに行動を起こせます。早く行動を起こせれば、その分、相手とボールをよく見てプレーすることができます（両立させられるのです）。コート図の２つのケースを見てください。ボールといっしょに下がって時間が足りなくなるより（×）、ボールより先に下がって時間をつくったほうが断然得です（○）。

前述したように、縦のボールに対しては反応が遅れがちですが、これは練習すれば必ず上達させられるものです。ボールの落下地点は予測できるようになります。予測できれば、

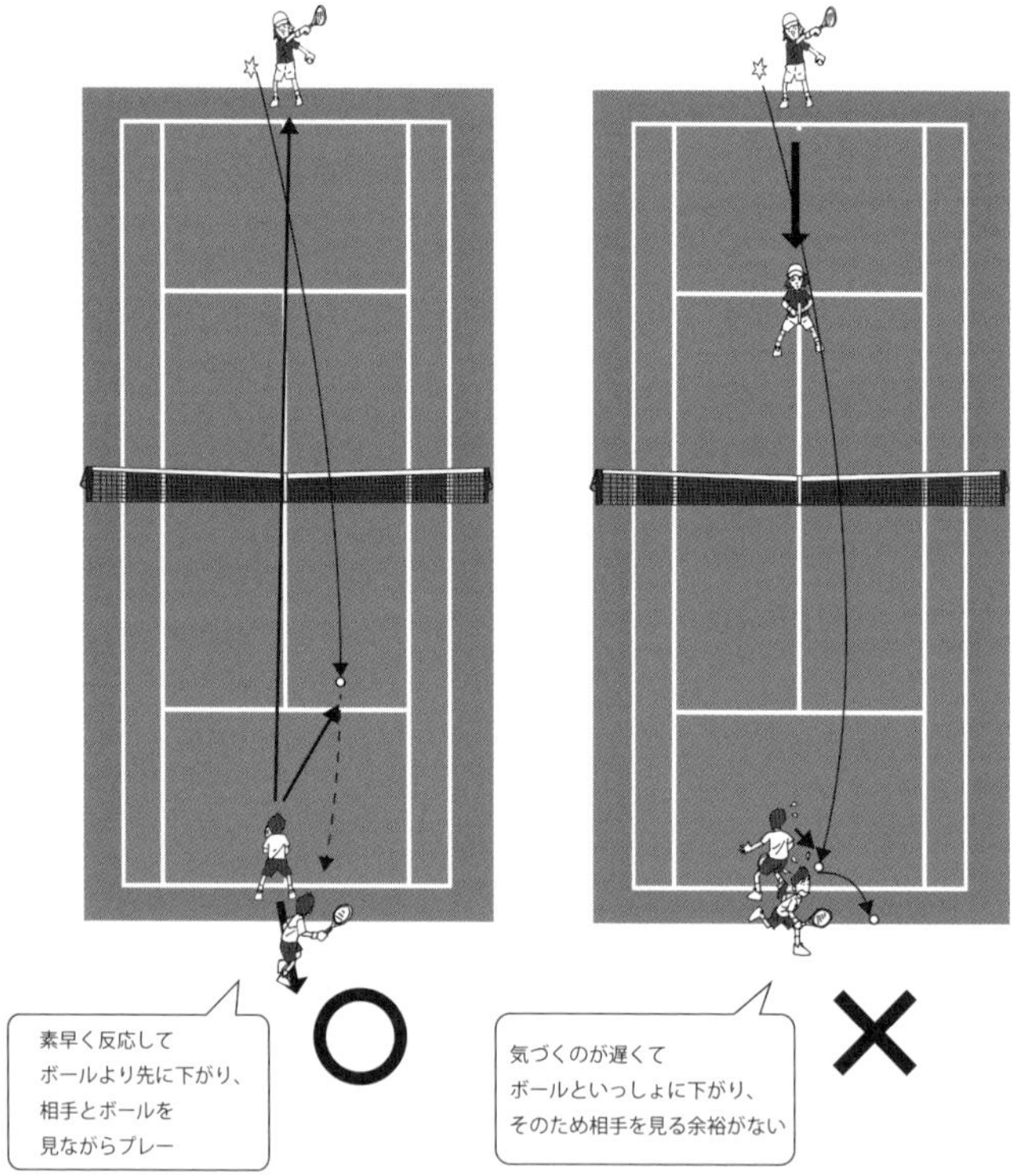
素早く反応して
ボールより先に下がり、
相手とボールを
見ながらプレー
○
気づくのが遅くて
ボールといっしょに下がり、
そのため相手を見る余裕がない
×

**ボールといっしょに下がって時間が足りなくなるのではなく、ボールより先に下がって時間をつくろう！**

ボールに合わせて下がることはせず、先に下がることができ、そうするとボールも相手も見ながらショットを選択するということができるようになります。

　これは本当に多いのですが、多くのプレーヤーはボールといっしょに下がりがちです。もしもボールといっしょに下がっていることに相手が気づいたら、相手はそのとき、するするとネットにつめ、（しかもネットにつめてきた相手にあなたが気づいていなければ、ボールを沈めることはしないので浮く可能性が高く）相手はドライブボレーを打ったり、（あなたがベースライン後方にいるわけですから）ドロップボレーを打つなどしてくるでしょう。

　ですから賢明なのはボールよりも早く下がり、少しでも時間をあまらせて時間をつくり、相手のポジション、様子をうかがいつつ、最適なヒッティングポイントでショットすることです。それをすると相手はネットにつめるチャンスをより慎重に探らなければならなくなり、簡単にネットプレーをしてくることはありません。

### ボールがバウンドするまで動かず、バウンドしてから動いて返球

　コート図×のプレーヤーは予測ができておらず、慌てて下がって返球しています。ベースラインの定位置から、急に後方に下がって打つため、時間がなく、態勢を整える余裕がありません。そうすると相手を見る余裕もなく、ボールだけに注意を払わなければならなくなります。

　そのとき、相手がネットにつめてきたらどうなりますか？　そのことに気づかず返球してしまい、おそらくボールは浮いているのでネットプレーの餌食になってしまうでしょう。

### ボールがバウンドするより前に後方に下がって、余裕をもって返球

　コート図○のプレーヤーは予測ができているので、ボールがバウンドするより前に後方に下がって返球します。このプレーヤーには下がる時間も、相手とボールを見ながらプレーする時間もあります。

# ディフェンスゾーンに下がったあとのショット選択と返球の練習

この練習は縦を強化するために徹底的にクローズドスキルで行いましょう。クローズドスキルとは「状況が一定の中で行う」練習で、それに対してオープンスキルとは「状況が刻一刻と変化する中で行う」練習を指します。

## 練習方法 1

### 速度を上げて“30m”飛ばす

プレーヤーはベースライン後方に下がったとき、どのショットをどのように返球すればよいのでしょうか？　わかりやすいように、数字を使って解説します。コート図を見ながら読み進めてください。

プレーヤーがベースラインの後方6mまで下がったとすると、コートの縦の長さは約24m(23.77m)ですから、相手コートのベースライン深くまで打つには約30m飛ばさなければなりません。単純にコートの縦の長さ分の24mのボールを打ってしまえば6m浅くなります。つまり、そのボールは相手コートのサービスライン付近に到達することになり、その短いボールを相手が見逃すわけがありません。

ボールを遠くへ飛ばすためには、ある程度の速度が必要です。ですから、ここは速度を上げて、ネットの上を高く通して30m飛ばします。もしも速度が足りずボールが浅くなると、プレーヤーはまだベースラインの後方にいてリカバリーの時間を失い、前方向にある大きな空きスペース(すなわち場所)も埋めることができません。相手は定位置か、それよりも前に入ってきて左右へ打つことも、タイミングを早めることもでき、ドロップショットも選択できます。

ですから、6m後方からのショットの選択としては、まず速度を上げて30m飛ばし、相手をベースライン後方にとどめることです。

---

## 練習方法 2

### 回転のかかった高くバウンドするボールを打つ

次の選択として、できるだけ時間を稼ぐべく回転をかけて、高い軌道で深く打ちます。リカバリーをする時間をつくり、場所を確保し(空きスペースを埋め)、なおかつ相手に簡単に攻撃されないような、高くバウンドするトップスピンショットを打ちます。

30mを飛ばしてコート内に落ちるボールです。そのボールが仮に浅くなってサービスライン近くに落ちたとしても、スピン量があればある程度は高く弾むボールになるので、相手はベストなヒッティングポイントで打つことはなかなかできません。

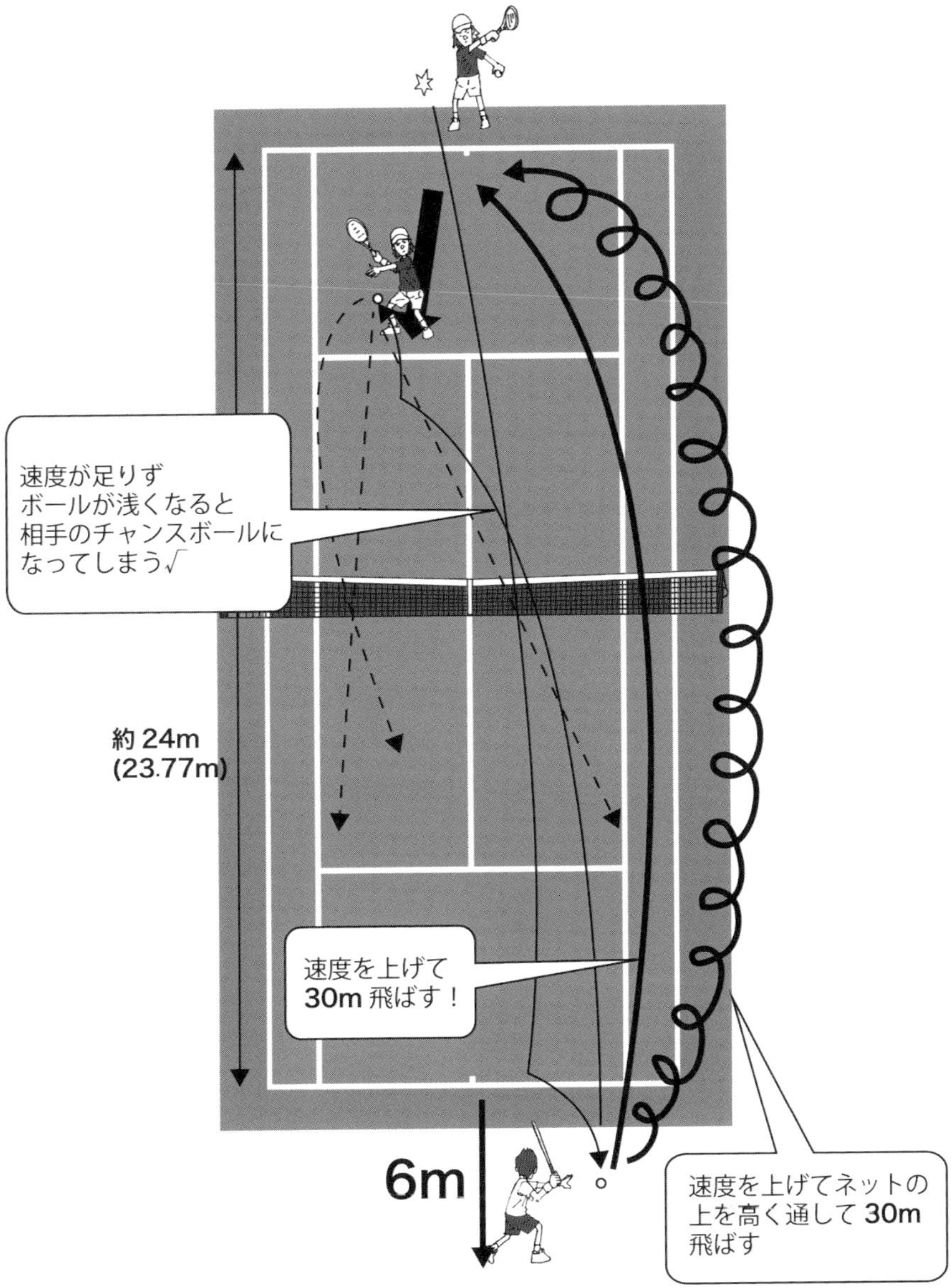
速度が足りず
ボールが浅くなると
相手のチャンスボールに
なってしまう√
約 24m
(23.77m)
速度を上げて
30m 飛ばす！
6m
速度を上げてネットの
上を高く通して 30m
飛ばす

## 練習方法 3

### センターセオリーを使う

これらのボールをどこへ打てばいいかというと、ディフェンスの立場であることを踏まえ、センターセオリーを使います。ここはど真ん中を狙ってください。相手に攻撃されにくいバックハンド側に打つという方法も考えられなくはないですが、ここでは、それが甘くなって相手にフォアハンドで回り込まれた場合には角度をつけられてしまうと考えます。ですから、ど真ん中を狙い、相手がフォアハンドで打ってきてもよしとします。センターから打たせて角度をつけさせません。

# オフェンスゾーンへ入ったあとのショットの選択と返球の練習

## 練習方法 1

### 「バウンド時計」を思い出して、打点、タイミングを早める

ディフェンスゾーン(後方)から深いボールを打ったあと、相手の返球が浅くなりショートボールが返ってきました。これに対する練習です。プレーヤーは前方へ動き、オフェンスゾーンで何をすべきかを考えなければなりません。また相手は浅い返球を認め、ディフェンスゾーンで守備体制に入ったと想像します。

「Vol.10 先制攻撃」(171ページ〜)でも解説しましたが、ボール軌道を時計に見立てて、1時、12時、11時と早い時間、早いタイミング、早い打点でとらえて角度をつけ、コースを狙うことで、相手から時間と場所を奪うことができます。9つのボール調整(34〜37ページ)の選択肢もあります。

## 練習方法 2

### コースを隠す

これも非常に大事なことです。相手にコースを読ませない、コースを隠します。しっかりと体をひねり、どの方向にも打てるような体勢をつくることにカギがあります。

BLACKMORES

## 練習方法 3

### 次の準備、スプリットステップを忘れない

オープンスキル的な要素を増やしていく段階です。コースを隠して打球したあとは、さらに相手からの返球、パスやロブという最終手段を使ってくることを想定して、スプリットステップをし、次のショットに対して万全の態勢を整えます。

だんだんと
オープンスキルの要素を
増やして行おう!

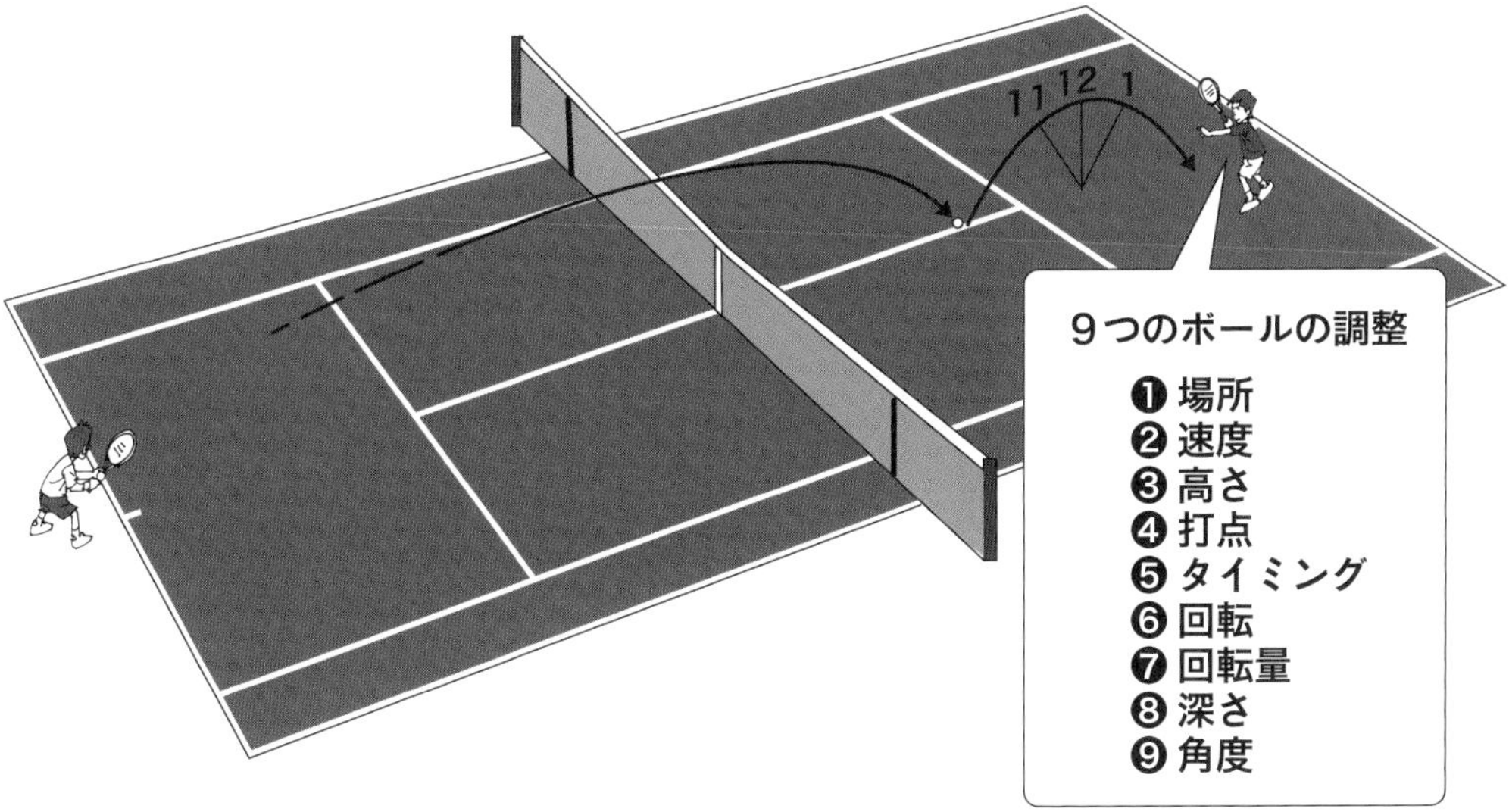


コースを隠して返球したあとは、次のショットに対してポジショニングし、
スプリットステップをして万全の態勢を整える

# 「縦」の注意点

## 注意点 1

### 距離を変える練習を積む 長く短く、短く長く

コート図 1を見てください。ベースラインからベースラインまでボールを打つと、その飛距離は約24mです。片方が後方に6m下がると、ふたりの距離は30mとなり、また、片方が前方に6m進めば、ふたりの距離は18mに縮まります。

そういう大きな動き以外にも1m、50cmといった単位で距離はいつも違うので、ふたりの関係性の中で、それぞれがどのような深さの、どのように弾むボールが必要かを考えなくてはいけません。「9つのボール調整」(❶場所❷速度❸高さ❹打点❺タイミング❻回転❼回転量❽深さ❾角度)が必要です。横=左右ばかり練習していると❾角度ばかり意識しますが、縦=前後の練習では❶から❽をさまざまに意識して使ってください。

コート図 1

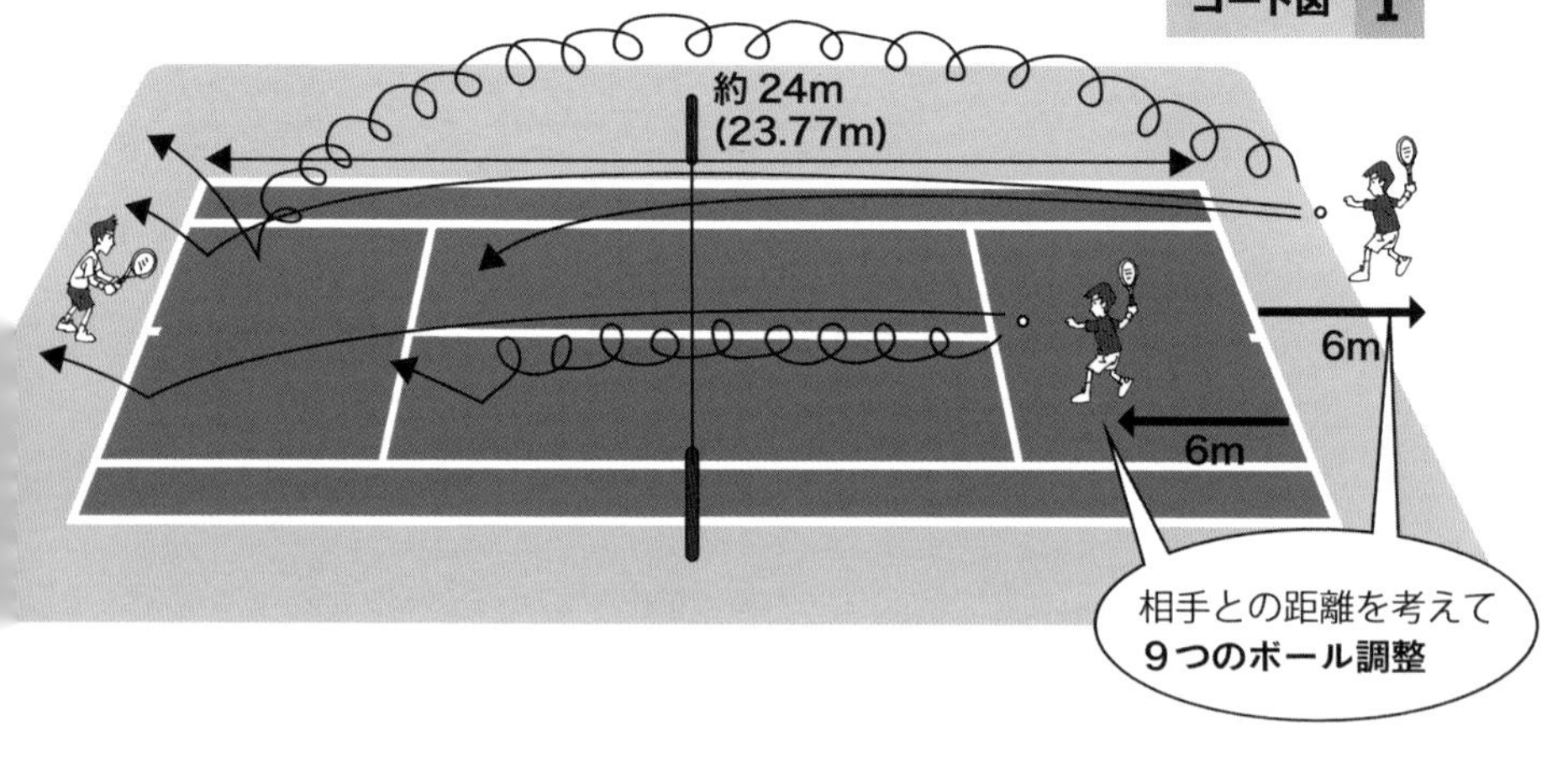

## 注意点 2

### 短いボールは強く叩くという勘違い

コート図2を見てください。一番よく見かけるミスと言ってもいいでしょう。ボールが短いほど強く叩いて決めようという意識が強く、速いボールを打ってラインをオーバーします。ベースライン後方から深く打つときは、大きなエネルギーを必要とし、速度を加え、高さを使いますが、短いボールに対してはベースラインまでの距離が短いということをもっと考えなければいけません。

注意点1で解説したように距離を調整することです。回転を使ってエネルギーを抑え、飛距離を抑えます。さらにここで大切なことは、相手に対してコースを隠し、予測させないことです。左右どちらにでも打てる構えをつくり(肩をしっかり入れる)、相手を騙しておき、そこから高い打点、早いタイミングでボールをとらえることで、相手は簡単に次を予測できず反応が遅れます。そこで飛距離をきちんと調整して短くし、コートの内側に確実に打つことで安全にポイントが取れることを理解してください。

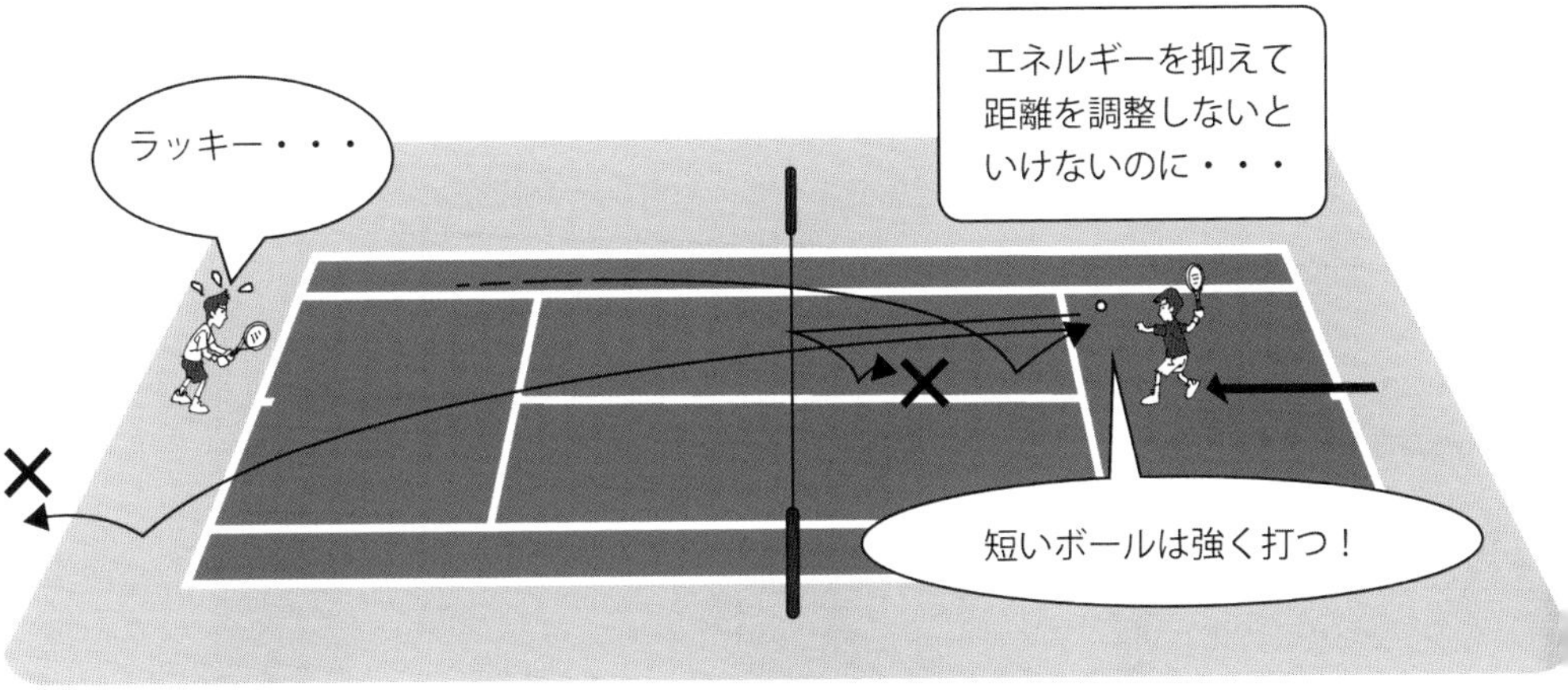


コート図 2

## 注意点 3

### 前進すると空間ターゲットは狭い

コート図1を見てください。ネットから離れるほどボールを通さなければならないネットの上の空間ターゲットは広くなり、ネットに近づくほどボールを通さなければならないネットの上の空間ターゲットは狭くなります。イラストがこれを説明しています。ですから、前進したらボールにしっかりと回転をかけて、速度を抑えてコントロールします。

**注 意 点 4**

## 前進するほど狙うターゲットは上から見ることができる

**コート図 3**

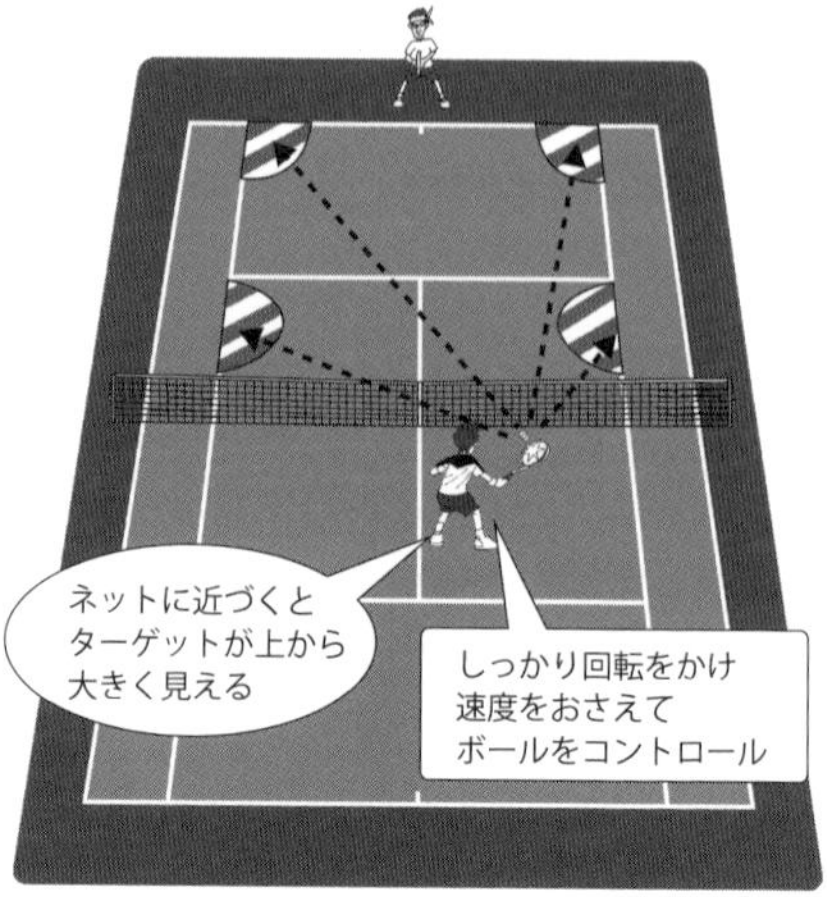
ネットに近づくと
ターゲットが上から
大きく見える
しっかり回転をかけ
速度をおさえて
ボールをコントロール

コート図 3や写真を見てイメージしましょう。ネットから離れるほどコート上のターゲットは遠く、小さく見え、ネットに近づくほどコート上のターゲットははっきりと大きく見えます。視覚的にはネットに近づくほどよく見えるわけですが、そのとき気をつけなければいけないことは、相手コートに想定したターゲットの場所によっては、ネット下に見えることがあり、そこに対してネットより低い打点から狙おうとするとボールが浮きやすいので、回転量を多くする必要があります。

自分のポジションとターゲットの距離が近いときは、ネットという高い障害物があることを認識したボール調整をしなければなりません。より浅いターゲット(例えばドロップショットも)を狙いたいときは速度を下げます。基本的にボレーは低い打点でとらず、前につめて高い打点でとったほうが簡単です。

vol.

13

時間と場所を乗り換える

# 時間を削る練習

# 無駄な時間を削って時間を確保するとミスを防げる！

ストローク練習をイメージしましょう。あなたはシングルスコートでプレーしています。センターに立ち、左右両サイドまでの長さ（ベースラインの長さ）8・23ｍを最低限守りながらプレーしています。

相手がうまいとボールの速度が速かったり、スピンが強くかかっていて弾んだり、それを左右に散らされ振り回されたりします。自分が返球したボールが浅くなると相手は前進してきて、8・23ｍの横幅を越えた角度のあるボールを打ってきます。そうすると、さらに返球するための時間はなくなってしまいます。結局のところ、テニスは自分と相手がお互いに影響し合って、「時間」と「場所」を奪い合うスポーツです。特に時間的余裕があるかないかは、結果に直結します。

時間があるほうは、正しいアドレスとスイング、インパクトでボールをコントロールできますが、時間がないほうは、正しいアドレスがとれず、スイングも十分ではなく、正しいインパクトも失ってコントロールミスをします。バックアウト、サイドアウト、ネットミスなどもおかしてしまいます。

ということは、時間を確保できればミスを防げる可能性は増えるということです。私たちは時間について、もっともっとシビアに考えるべきだと思います。時間がないあなたはどう

すれば時間をつくれると思いますか? いいショットを打って時間をつくる、という答えは簡単に想像できます。では例えば、自分にこう問いかけてみてはどうでしょうか? 自ら時間を失ってはいないですか? と。私は、あなたが自ら時間を損しているかもしれないと考えています。

## ひょっとするとこんなふうに時間を損していないか!?

時間がない選手の多くに当てはまることですが、「歩幅が狭い」ことが挙げられます。歩幅が狭いとフットワークも細かく、フットワークが細かいと、速く、遠くに走れないため、時間を損してしまいます。

テニスを始めた頃に、細かいフットワークを刷り込まれることは少なくありません。私自身もテニスを始めた頃、それはよく言われていました。

「細かいフットワークで、いい打点に入りなさい」

「足を細かく動かしなさい」

細かいフットワークと聞くと、歩幅の狭いステップがイメージされ、これが最初に刷り込まれると、歩幅の広い大きなステップがなかなか使えません。ベースラインの左右8・23mをフルカバーするようなボールにも、歩幅の狭いステップでは追いつけないのです(ここでは足の速さには触れません)。

歩幅が狭い=歩数が多いと間違いなく時間は足りなくなります。一方、歩幅が広い=歩数が少ないと大きく速く動け、無駄な時間を短縮でき、打球するための時間をつくれてボールをコントロールできます。またはミスを防ぐことができます。

大きなフットワーク
細かいフットワークで
打点に入りなさい!
はいっ!
細かなフットワーク
歩幅が狭い・細かいフットワーク

時間の無駄ですよ!

# やさしい練習ばかりでは歩幅が狭くなる あなたの〝最大値〟を引き出す練習

一般的に学習プロセスは、やさしい練習から難しい練習へ進んでいきます。例えばやさしい練習では動く範囲を最小限にし、正しいアドレス、インパクト、スイングを覚えるよう反復練習をしていきます。そして上達してくると少しずつ難しい練習にバージョンアップし、動く範囲を広げて移動距離を長くし、それまでよりも大きなパワーを出したり、速く走ることをして正しいアドレス、インパクト、スイングを実行できるようにしていきます。

この練習の過程のどこに課題があるかというと、常に自分はボールと状況に合わせているということです。つ

## あなたの"最大値"を引き出すランニングショットのすすめ

球出しで行います。サイドからサイドへ、コーナーからコーナーへ、センターからサイドへ、長い距離を最短、最速で走って正しいアドレスをとり、ボールをコントロールする練習です。大股で少ない歩数で走り、最短、最速でリカバリーします。これを繰り返します。4球1セット、6球1セット、8球1セット、10球1セットなど、レベルや上達度を踏まえて設定し、最大値を引き出す負荷をかけてください。

やさしい練習

移動距離を長くした練習

まり、時間は相手に操られています。それと、狭い範囲から広い範囲へバージョンアップしていますが、〝最大値〟の練習が少ないために、狭い範囲の細かいフットワークが基準となってしまうのです。〝最大値〟の練習をすれば、大きなフットワークが基準になります。

そこで、ここでおすすめする練習は、細かいフットワークしかできないプレーヤーに特にやってほしい練習です。大きなフットワークで最長距離を最速で走り、ボールを打つ練習をします。できるだけ歩数を少なく、無駄な時間を短縮して打っていきましょう。それまでやってきた細かいフットワークでボールに対して微調整するなどは必要ありません。練習を重ねて、ボールの後ろにしっかり入れるようになることを目指しましょう。微調整はそのあとの話としましょう。

**練習方法 1**

## サイドからサイドへ大股で走る

ラケットを持ってランニング(ダッシュ)することを体に覚え込ませましょう。最初はラケットを持ったまま腕を振ってランニングしてみます。そうすれば大股で走ることがどういうことかわかるでしょう(思い出すでしょう)。大股で動かないと次に繋がりません。

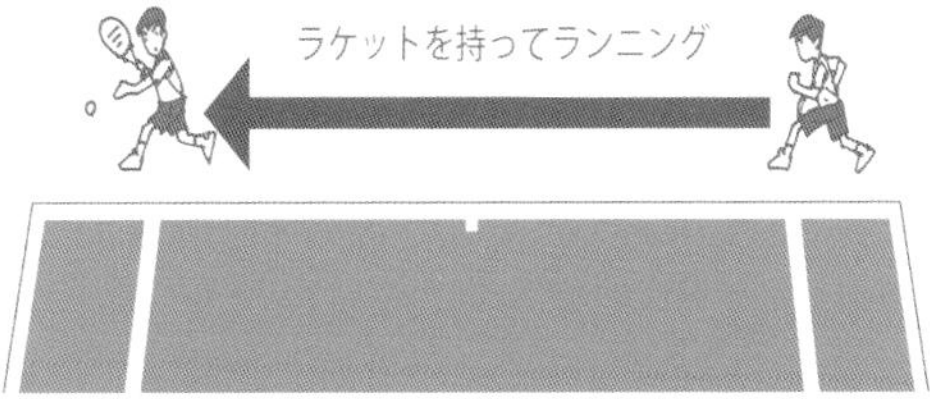


**練習方法 2**

## 打球後はクロスステップ+サイドステップ

次に、打球後はリカバリーポジションへ素早く戻ります。これも大股でクロスステップ、リカバリーポジションに近づいたら、サイドステップを使います。

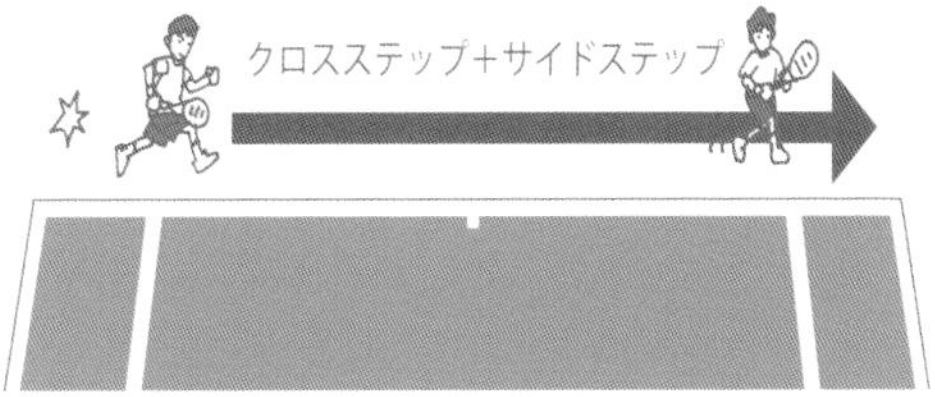


**練習方法 3**

## センターから左右へ大股で動く

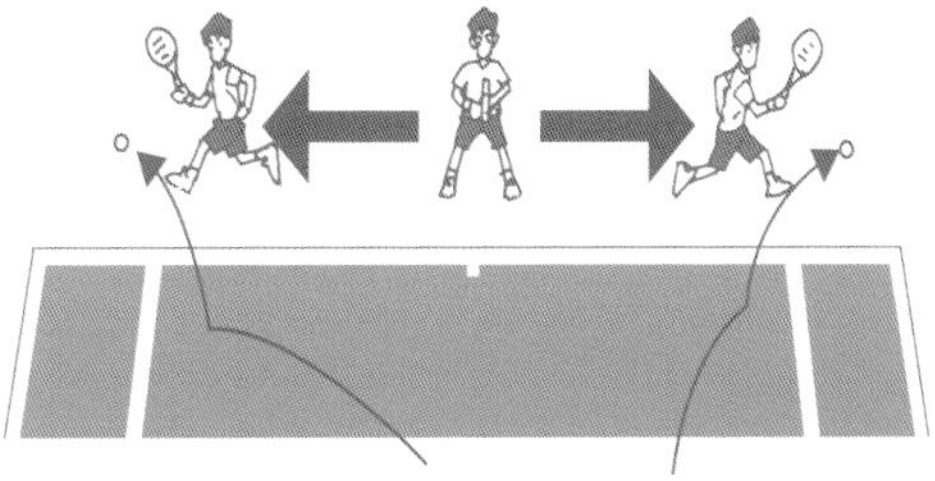

一方向にだけの練習を繰り返していると、リカバリーしたときの構えが(次に動く方向がわかっているため)斜めに向いてきてしまうので、今度は球出しを変えます。センターから左右どちらかへ、ランダムに球出しし、レディポジションが一方向へ傾かないようにします(つまり正面を向きます)。

次に練習をバージョンアップさせます。左右どちらにボールがくるかわからないようにすると、スプリットステップは、どちらにも動けるように正三角形になります。その体勢から大股で動いて(歩数は減って)追いつけるようになり、時間が短縮されるようになっていくのです。

# 球出しはプレーヤーに合わせない

球出しをする人は、プレーヤーに合わせて球出しするのではなく、プレーヤーの最大値に合わせないといけません。時間的余裕を持って打てるボールとか、あるいは時間がピッタリ合うように打てるボールを出したのでは、そのプレーヤーの力を引き出すという目的は達成されません。時間を与えたら、そのプレーヤーのためにはならないのです。

意識したいのは、プレーヤーが全力で走ったらラケットが振れるというところへ球出しすることです。時間を削る〜無駄な時間の削減〜は、最大速度を出す練習をしないと達成できないのです。細かいフットワークで、無駄な時間を使っているプレーヤーが、大きなフットワークで時間をあまらせ

打てる範囲、動ける範囲を
広げるということは
上達すると
いうことなのだ！

る、つくることができるようにするためです。私は、普段から最大値で練習すべきだと思っています。

## 球出しは、全力で走ったらラケットが振れる場所へ出す

自分よりもうまい人とプレーすると左右に揺さぶられ、ボールに追いつけず、ミスが増えます。そのときボールに追いつき、止まって打てれば、基本的にはミスはしないものです。止まって打てない＝時間が足りないときミスは起きますので、どうすれば時間をつくれるかと考えると、これまでなら、自分がいいショットを打つことで時間をつくる（相手から時間を奪う）と考えてきました。でもここでは、自分の時間を削る～無駄な時間の削減～で時間をつくるという方法もあるということを知ってください。

コントロール
できない・・・

時間がないとボールをコントロールできない、またはミスをする

時間があれば
ミスをしない！

時間があればボールをコントロールできる、ミスをしない！

# いざというとき大きなパワーとスピードが出せるスポーツカーになれ！

テニスコートのサイズの話はここまで何度かしてきました。左右の長さは8・23mで、相手のショットに角度がついてサイドラインの外へ動けば、あなたがカバーすべき範囲は10mくらいまで広がります。さらに、相手のレベルが高いと正確にボールを打ち込んできますから、より速く、より遠くへ走る必要が出てきます。また、テニスコートの前後で考えてみても、（自分のコート側は）11・88m＋α（後方に下がるほど、ネットまでの距離は長くなります）の距離を走らなければなりません。結局のところ、縦横斜め、自分のコートは自分ですべてカバーしなければいけないということ

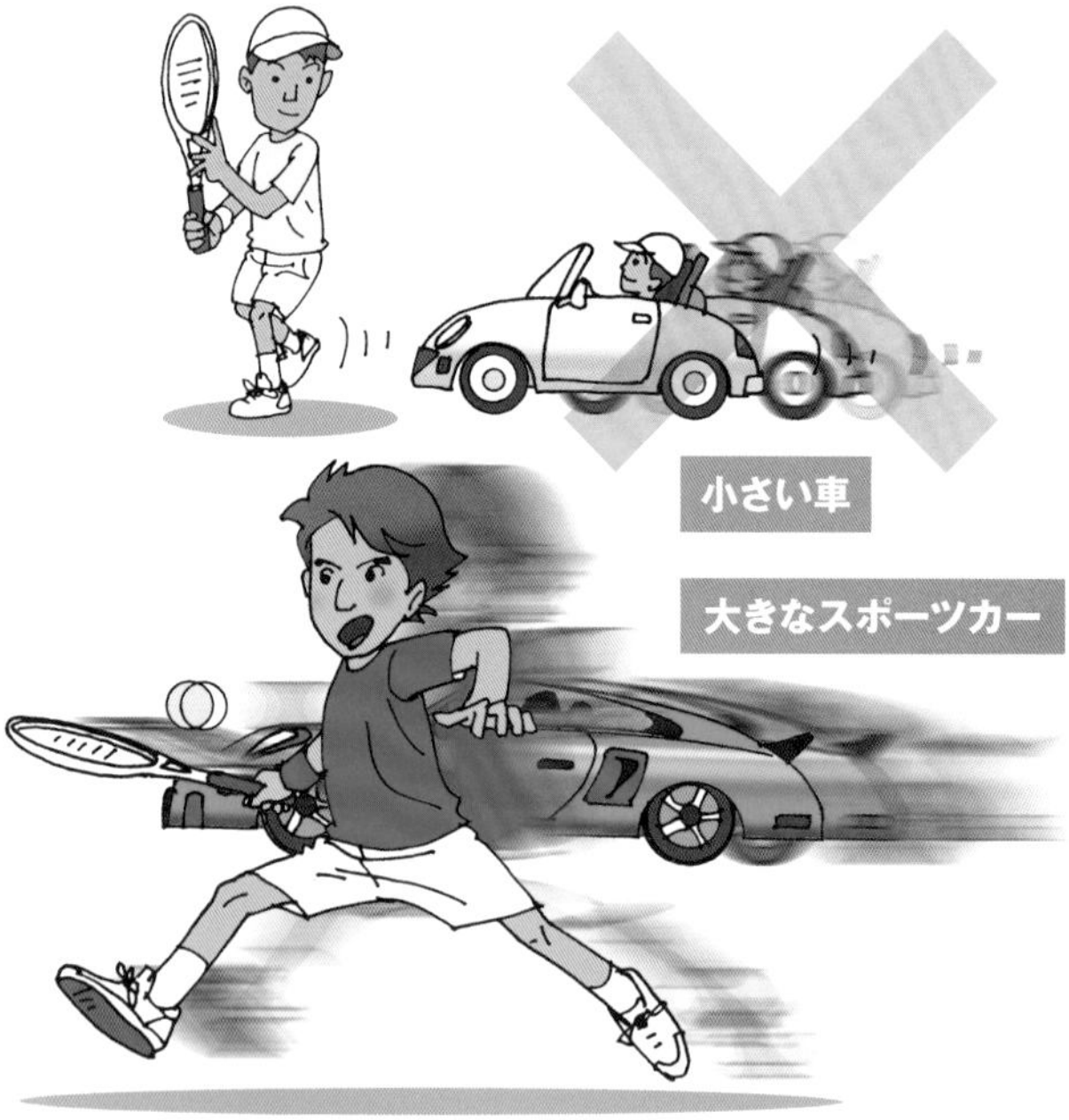
小さい車
大きなスポーツカー

大きなスポーツカーになるためには
最大値を上げる練習をしていく

です。
しかし、ここがテニスの面白いところなのですが、自分がボールを支配しているときは（相手はボールをコントロールできないので）左右３ｍずつの６ｍくらいでプレーできることもあります。

## 瞬時のシフトアップができる大きなスポーツカーを目指そう

テニスというスポーツは、サービス、リターン、フォアハンド、バックハンド、ボレー、スマッシュ、ロブ、ドロップショット、アプローチショットといったさまざまなショットを使い、トップスピン、スライス、サイドスピンなどの回転をはじめとするボール調整も行って、対戦相手と「時間」や「場所」を奪い合うスポーツです。非常に高度な技術力が求められるスポーツと言えます。

そうすると、これだけ数多くの技術を覚えるにあたっては、ある程度動きを制限して定位置でボールを打ったほうがやさしいため、最初はやさしい練習から始めて、だんだんと難しい練習へ移行していく方法をとります。これはほとんどのプレーヤーが通る道です。

ところが、この方法には少し弊害があって、同じ場所で、同じ動作、同じボールを再現していくことに多くの時間を割いてしまうと、それに慣れてそれが当たり前となり、それしかできなくなっていってしまうのです。それは例えるなら、小さな車をつくっているようなものです。

私の大学のテニス部の学生たちも、高いレベルの相手とプレーして、敗れて初めて自分の〝習慣〟を改善する必要性に気づきます。自分のコートは自分ですべてカバーしなければいけないのです。そのためには、私たちは大きなスポーツカーをつくりたい。大きなスポーツカーであれば、いざというときに大きなパワーとスピードを発揮できます。それが、小さな車ではできないのです。

大きなスポーツカーになるためには、今の自分の〝最大値〟を上げる必要があります。それは時速１００kmのボールを１０５km、１１０kmに上げようという話ではありません。どこにボールを打たれてもコートカバーリングができるスピード（加速や減速）、ポジショニングの正確さ、守備から攻撃へ転じる早さなど、瞬時のシフトアップができる〝習慣〟を身につけるということです。

ここからの練習は、あなたの〝最大値〟を上げる練習となります。身体への負荷も大きく、かなりきつい練習です。最初はショットの正確性も落ち、それまでのラリーのテンポも損なうかもしれません。しかし、未来の自分が最高のパフォーマンスを手に入れるために必要な練習ですので、ぜひ取り組んでもらいたいと思います。

# 無駄な時間を削減する練習

ここであなたが持つ「時間」について考えてみましょう。あなたに時間がないときはどうすれば時間をつくれるでしょうか。いいショットを打つ、という答えはここでは隅に置いて、自分に問いかけてみてください。自ら時間を失ってはいないか？と。私は、あなたが自ら時間を損しているかもしれないと考えていて、その無駄な時間の削減を図り、時間をつくる練習を紹介したいと思います。

あなたの無駄な時間を削減する――　どうやる

のか？——それは、あなたの走る速度の〝最大値〟を引き出すことにあります。それが時間をつくることにつながります。

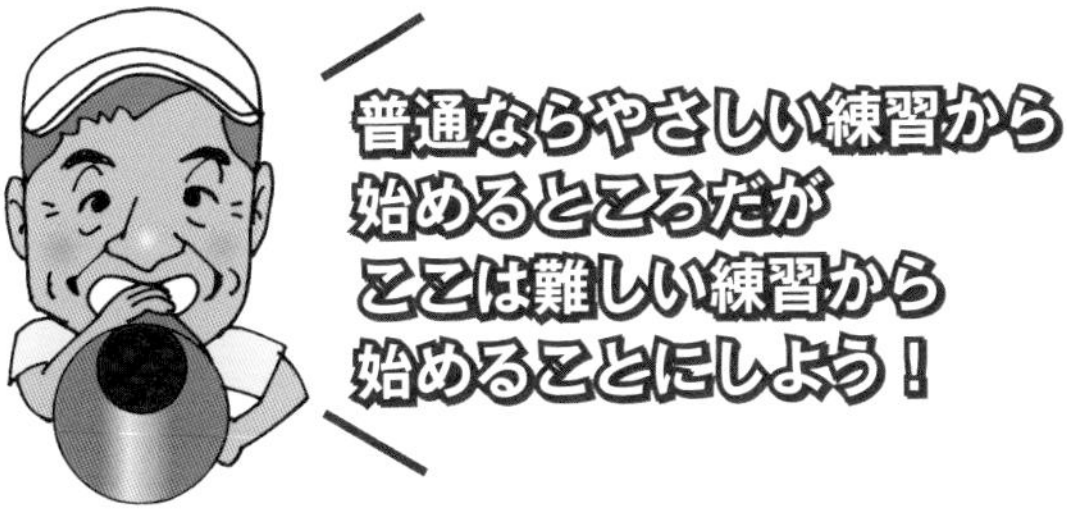
普通ならやさしい練習から
始めるところだが
ここは難しい練習から
始めることにしよう！

## 練習方法 1

### サイドからサイドへ 大股で全力で走り抜ける

ベースラインを左右に使います（以下同じ）。ラケットを持たず、腕を振って、大股で、8.23mの距離を全力で走り抜けます。歩幅を大きくして動かないと次につながりません。

全身を使って全力で走るというところがポイントで、そうすると地面を蹴る力も強くなり、体幹も回って腕もよく振られ、あとでラケットを持ったときにテークバックがオートマチックにできるようになります。

## 練習方法 2

### ラケットを持って 全力で走り抜ける

ラケットを持って腕を振って、8.23mの距離を大股で、全力で走り抜けます。全力で走ると、フットワークやボディワークの無駄が省かれ、技術力を生かせるようになります。

## 練習方法 3

### ランニングショット、 打って走り抜ける

今度は実際にボールを打っていきます。コーチはプレーヤーの全力疾走の速度が落ちないように、ボールをうまくトスしてください。プレーヤーは大きな歩幅のままランニングショットを打ちます。細かいステップは不要です。遠いボールの打ち返し方を体感してもらいます。

## 練習方法 4

### 打球後、リカバリーする

練習方法3まではサイド方向へ走り抜けていましたが、ここからはリカバリーを入れて、加速と減速を体感します。フォア、バック、フォア、バックと左右で4球連続で打球。遠いボールに対しては加速したあと、減速をしないとショットの正確性が失われます。

### スプリットステップのあと、大きく一歩を踏み出す

相手に正対してスプリットステップを踏むことで、自分のコートすべてをカバーできます。スプリットステップのあとは、一歩目を大きく踏み出しましょう。

全面で行うときに気をつけることは、打ち終わってリカバリーをするとき、センターマーク付近の目印（ターゲットテープなど）で必ずスプリットステップを踏むこと

### 歩幅が狭く細かい動き/サイドステップでリカバリー

これは大きな動き、最速の動きをしたことがないプレーヤーにありがちで、歩幅が狭い(細かいステップ)と動ける範囲も狭く、速度も出ないので時間が削れない(時間を無駄にしている)。時間を損している。スプリットステップをせず、すぐに次の方向へ頭や身体を傾けたり、胸を向けてしまうと、相手がその動きと逆をついてくる可能性がある

## 練習方法 5

### 打球+リカバリーのあとスプリットステップを挟む

練習方法4までは左右へ、フォア・バックを交互に打つ、方向転換をするのみでしたが、ここからは実際のゲームを考えて、リカバリーのあとは必ずスプリットステップを入れます。全力疾走は緊急事態には役立ちますが、ラリーが続いている間は次のボールに対する準備をしなければなりません。そこでリカバリーをしながら相手に正体して、スプリットステップを踏むところまで行います。そこまでやらないと相手に動きの逆をつかれてしまいます。最初は同じ方向(半面)に4球連続。次は左右方向(全面)に4球連続で行います。

## 練習方法 6

## 球出しをランダムに行う

一面で、球出しをランダムに行います。ボールがどこにくるかわからないので、レディポジション、スプリットステップともに重心を低く、バランスを保ち、相手をよく見て素早く動き出せるように準備することです。スプリットステップの際に早く頭や体を傾けてしまうと、その傾いた方向と逆を相手がついてくるかもしれません。そうすると動き出しが遅れたり、さらには動き出せなかったりするので気をつけます。

打球する前にハンドシグナルを出し(手で方向を指示)、素振りをする練習をしてもよい

## 練習方法 7

## さらにターゲットを狙う

この“最大値”を引き出す練習は、動きを重視して、ショットの正確性を後回しにしています。そこで最後にターゲットを狙いながら行いましょう。

ターゲットは点で狙わず、線で狙うことがポイントです。線で狙ったほうがズレを修正しやすくなります。写真のように養生テープを使うとわかりやすいです。サイドに動かされたプレーヤーが相手コートのクロスのサイドラインを点で狙おうとすると、プレーヤーからそれはほとんど見えないまま狙うことになります。それを線で狙うと正確性はぐっと高まります。

**目で見てほしい！**
**養生テープ一巻25mはクロスの距離と同じ！**
**点で狙わず、線で狙う**

**長久保大樹**（亜大女子部監督）

「亜大テニス部では、ターゲットに対して養生テープを使って線で結び、練習しています。養生テープは一巻25mでちょうどテニスコートのクロスに等しいのです。ボールを打つ場所と狙いたい場所を線で結びます。ちなみにネット上には横に紐を張って、通したい場所、通したい高さにも目印をつけ（紐を垂らして）、空間のターゲットもつくって練習しています」

養生テープをコートに貼り、空間には（ネット上に）横に紐を張って目印をつくっている。ターゲットを線で狙う練習

# これからは「時間をつくる」「時間を奪う」に、「時間を削る」を加えよう

これまでは「時間をつくる」「時間を奪う」という表現をよく使ってきましたが、ここで「時間を削る」という表現を加えます。なぜなら、それによって『時間』について、また違う意味が持たせられると思うからです。

「時間を奪う」というのは相手から奪うことであり、「時間をつくる」というのは、時間が足りなくなったときの対処法です。「時間を削る」というのは、自分が使う時間の中から、余計なものを削ぎ落として時間を生むことです。

　時間のつくり方だけを練習していくと、より高度なレベル（相手との対戦）に達したときに、自分が生み出す時間の限界がきます。そうすると、あとはどこかの時間を削る、無駄を削ぎ落とすしかできなくなるのです。だからこそ、ここで余計なものを削ぎ落とす練習を行っておきましょう。

自分が使う
時間の中から
余計なものを
削ぎ落として、
時間を生む練習も
とっても大切！

ennis
Magazine

vol.
14

時間と場所を乗り換える

# 縦の時間を削る練習

# 無駄な時間の短縮
# 縦の時間を削れ！

HORI

縦の時間を削ることを意識しよう

打つ場所と戻る場所がいつも同じ

Ho
Ha
打つ場所と
戻る場所が同じ！

Vol.13で「時間を削るフットワーク」に挑戦しました。ベースラインの左右を、大きな歩幅の正しいフットワークを用いて動くことで、無駄な時間を省き＝時間を削って、時間をつくるという考え方をしました。続いてここでは、「縦の時間を削る」ことを考えていきたいと思います。

ボレーボレーをするとよくわかるのですが、ボレーヤーが1回、2回、3回とボールを打つと、打つ場所と戻る場所がいつも同じ場所、というのをよく見かけます。このような動きは練習にとどまらず、試合でもおそらく同じになります。だいたいサービスライン付近で構えて、そこにボールがくればラッキーで、こなければ腕を大きく伸ばして一か八か飛びついて打つことをしているのではないでしょうか。

テニスはポイントを奪い合うスポーツで、ボレーを打つ場面は、もうすぐポイントが決まる最終局面〈究極の場面〉です。取るか取られるか、であり、何としてもポイントを奪いたいはず。そのボレーにおいて、確実に取るための努力をせず、一か八かでいいのか？いいわけがありません。

ボレーを打つこと、そのものに気を取られていて、自分と相手の間にある「時間」をまったく気にしていないのではないでしょうか。相手をよく観察し、どうしたらその相手からポイントが取れるかを真剣に考えましょう。空間にボールが飛んでいるその時間を、あなたがどう使うかが問われています。いかに前につめて打っていけるか、その勝負です。

縦＝前へつめてポイントを取る、縦の時間の削り方を表現していきたいと思います。

## 最終局面でポイントが取れない人は縦の時間の削り方を理解しよう

テニスの戦術は、最終的にどのようにポイントを取りたいか、その想像のもとで、第2局面のストローク、第1局面のサービスの内容が決まっていきます。

そうして第1局面のサービス、第2局面のストロークで優勢に立って、いよいよ最終局面のボレーでポイントを取るという場面になりました。あとは仕留めるだけ、という状況です。ところが、その最終局面が取れないというプレーヤーがいます。そういうプレーヤーで考えられる問題点は、私は次の2つだと思っています。

ひとつが「ボレーの決定力がない」こと、もうひとつが「スマッシュの技術力がない」ことです。ボレーに関しては技術的な問題を抱えていないのであれば、時間の削り方を理解すれば解決できると思います。言い方を変えると、時間の削り方を理解すればボレーは決められます。そして、ボレーの技術はどんどん磨かれていきます。

# テニスはネットを挟んだ陣取りゲーム 相手との距離を縮めてポイントを取る!

ところで縦のプレーといえば、サーブ&ボレーや、アプローチショット、ドロップショットなどのあとのボレー、スマッシュ、さらにロブなどの、前後の動きをともなうものが考えられますが、ここでは「時間を削る」ことをテーマに、「前へつめるボレー」を考えていきます。

近年はサーブ&ボレーヤーはほとんどいなくなりました。かつてはマッケンロー、エドバーグ、ベッカー、イバニセビッチ、サンプラスなどがいたのですが、現在では要所でネットにつめる方法をとるプレーヤーがほとんどです。

話題を日本のテニスに振りましょう。明らかにネットプレーの経験や練習が少ないと思います。その要因のひとつには、砂入り人工芝コートでの影響もあると思います。ラリーが続きやすく（ボレーが決まりづらい）、足元が滑りやすい（とっさに動きづらい）というサーフェスの特性があり、ネットプレーの頻度が少なくなる傾向です。

それもあってか、私が指導する学生たちも高校から進学してきたときには、サーブ&ボレーをしたことがない、ダブルスの平行陣をやったことがない、やり方を知らないなど、ネットプレーの経験も練習も非常に少ない状況です（反対にグラウンドストロークは相当トレーニングされています）。

私は彼らに、テニスをやる以上、ネットにつめてポイントを取るという基本

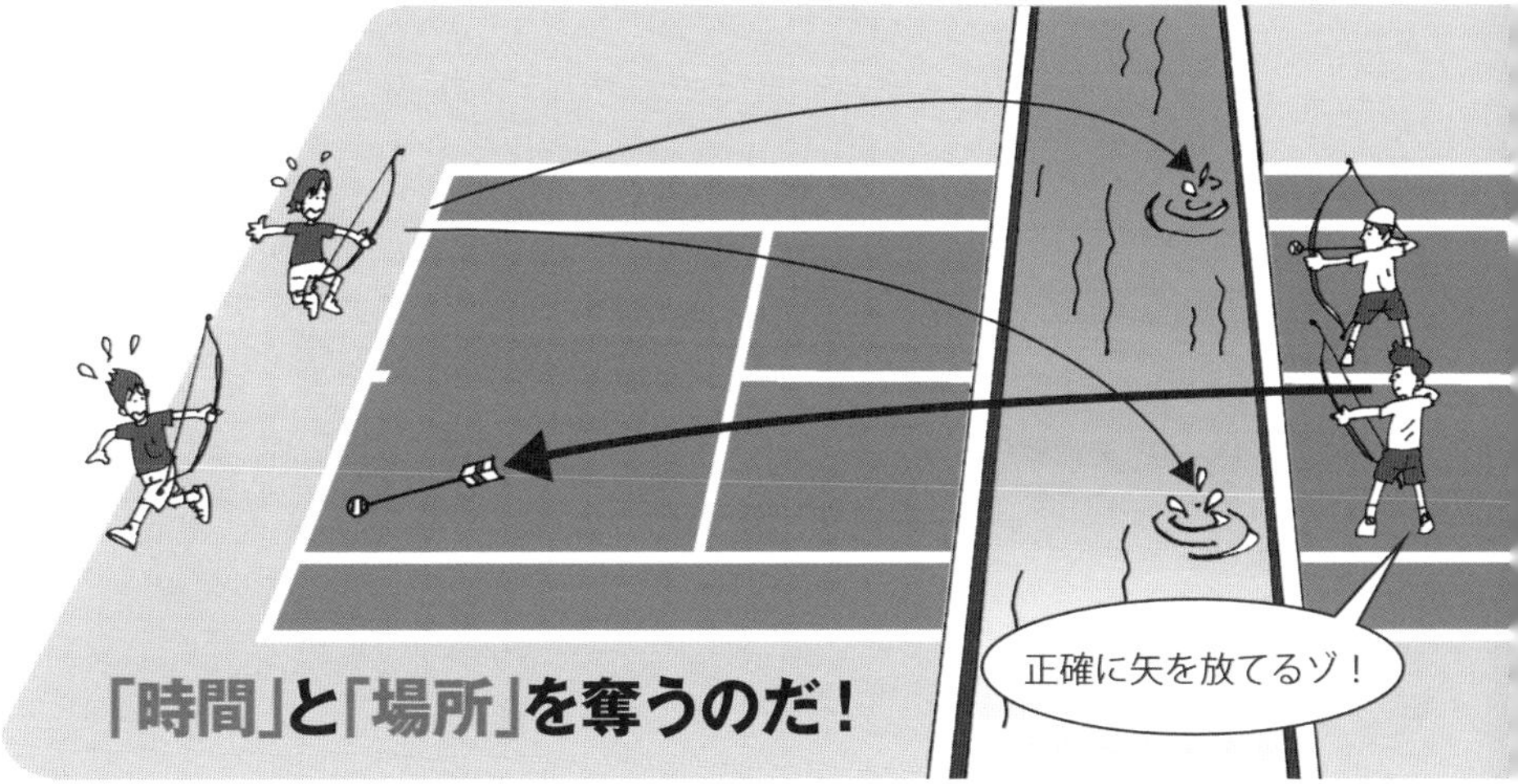


は必ず身につけるように指導をします。それが最終局面で自らポイントを取るということにつながるからです。

## テニスは<br>ネットを挟んだ陣取りゲーム<br>敵陣に矢を刺して<br>ポイントを取る！

テニスは基本的に、ネット＝川を挟んだ陣取りゲームです。敵陣に矢を刺す＝ポイントを取る。そうはさせまいとする相手と駆け引きをします。あなたはうまく敵陣に近づいて、相手を後方においたまま距離を縮めて矢を放ったほうが、確実に刺すことができ、ポイントが取れます。

　ところが、敵陣から遠く離れたところから、いくら矢を放ったところで、距離が長くて時間がありますから敵にかわされてしまうでしょう。また、あなたが狙いたい場所までの距離が長いため正確さが欠ける可能性があります。それから、遠く離れたところにあなたがいれば、当然敵のほうが近づいてきて距離を縮め、矢を放ってきます。テニスとはそういうゲームです。そのことを理解するとネットにつめる重要性にも気づくはずです。

　ただしネットへつめることを始めると必ず課題となるのが「時間」です。相手との距離が短くなれば時間は少なくなります。そこであなたができることは、その少ない時間の中においても無駄な時間を削ることで時間を生み出すことです。そして、ボレーの確率を上げていくようにすることです。

**ネットにつめて<br>距離を縮めたほうが<br>狙いやすく<br>ポイントが取れる**

# 縦の時間を削る方法

**Bの動きに注目！**
**ネットまでの距離が短いほうが**
**ポイントが取れることがわかる**

## 注目点

- ✓ **Bが「前につめる」とミドルボレーかハイボレーを打つことになる**

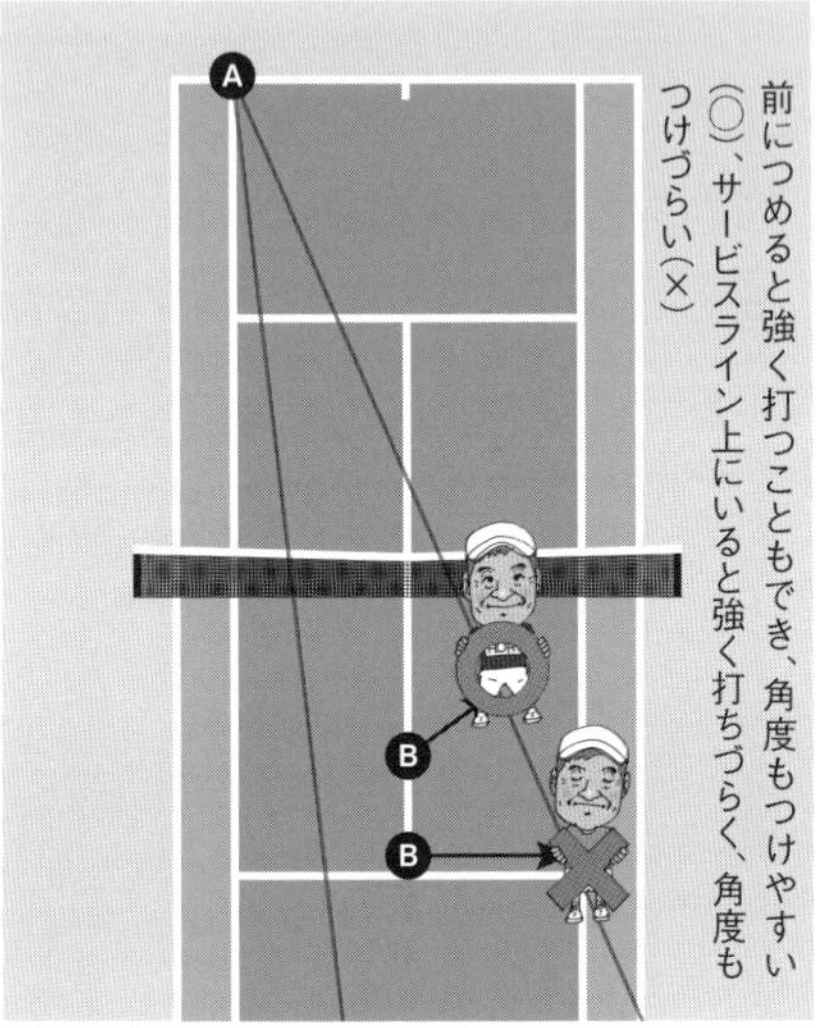

前につめると強く打つこともでき、角度もつけやすい(○)、サービスライン上にいると強く打ちづらく、角度もつけづらい(×)

## 注目点

- ✓ **Bが「サービスライン上」にいるとローボレーかミドルボレーを打つことになる**

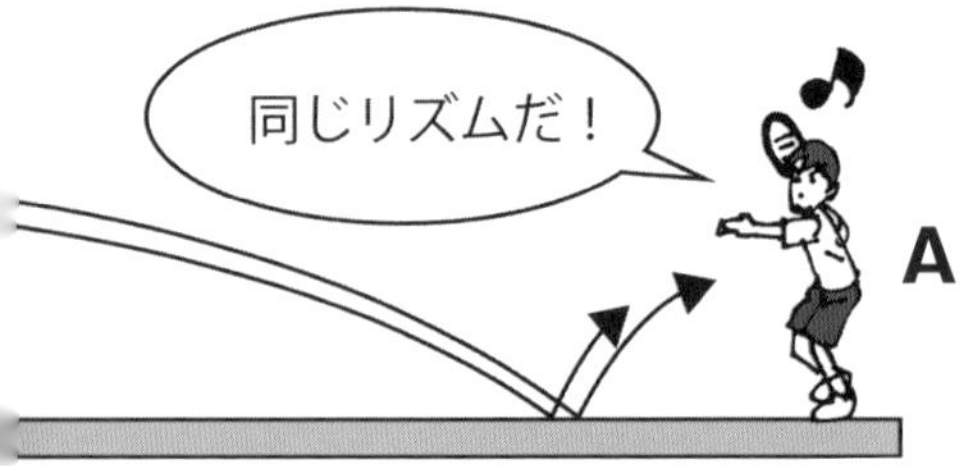


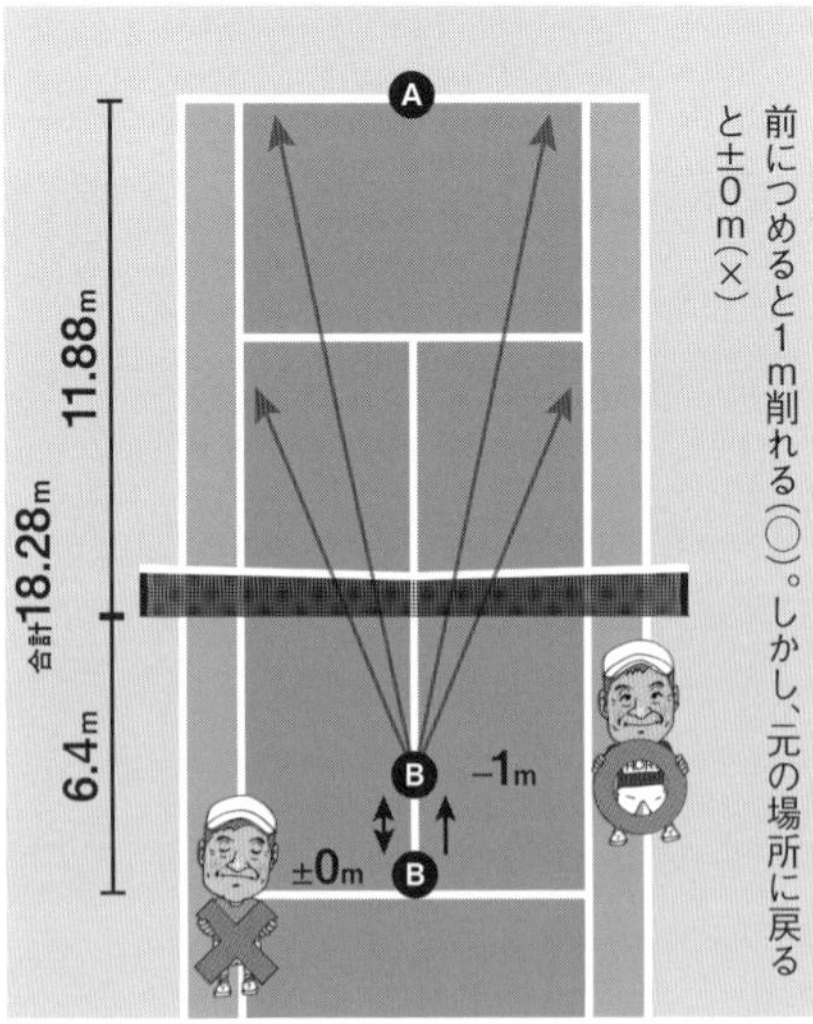

前につめると1m削れる(○)。しかし、元の場所に戻ると±0m(×)

錦織圭選手の斜め前につめて打つボレー。クロスボールに対してサイド方向ではなく斜め前方向に踏み出して時間を削っている

## 前につめてボレーを打ち、時間と場所を削る

Bはスプリットステップをして、大きくステップインしてファーストボレーを打ちました。それによってふたりの距離は約１m削られました。Bは動いた先でふたたびスプリットステップをし、大きなステップでセカンドボレーを打ちました。すると、ふたりの距離はさらに約１m削られました。BはAから時間と場所を奪ってプレーしています。しかも、Bは２つのボレーをそれぞれ違う場所から違うタイミングで打ったため、Aはリズムがくるってバランスを崩してしまいました。

## 同じ場所で打ち、同じ場所でスプリットステップ

Bはスプリットステップをして、大きくステップインしてファーストボレーを打ちました。それによってふたりの距離は約１m削られました。ところがBはこのあとに元の場所に戻ってスプリットステップをしてしまい、せっかく削った１mは台無しです。元の場所でスプリットステップをして、大きくステップインしてセカンドボレーを打ちましたが、それはファーストボレーと同じ距離、同じリズムのボレーとなって、Aは慣れてしまい簡単に返球しました。

# 時間を削るボレーの練習

## 練習方法 1
### スプリットステップ+2ステップ

ボレーの基本的なフットワーク、スプリットステップ+2ステップを確認しておきましょう。スプリットステップは大きな歩幅をとり、素早く動けるように準備します。そして大きく前に1歩、2歩（フォアボレーは右足、左足、バックボレーは左足、右足）とステップインします。このような動きを身につけ、前につめることによって自分の時間と場所を削り＝相手から時間と場所を奪うのです。

同じ場所でボレーを続けて打つプレーヤーに多いのですが、その動きにおいては歩幅が狭い、ステップが小さいことも少なくありません。そうするとあまり前につめられないため、時間も場所も損をしてしまいます。

## 練習方法 2

### 相手に同じリズムでプレーさせない

前につめれば、あなたが打ちたい場所にボレーを狙いやすくなり（狙いたい場所に近いほうが、狙いやすい）、より高い打点から攻撃的に打つこともできます。

それと、これも非常に重要なことですが、前につめるという行為そのもので、相手のスプリットステップのリズムを変えることができ、バランスを崩すこともできます。それはあなたが同じ場所から1回、2回とボレーを打たないからこそで、相手は同じリズムでプレーができません。だからこそ、同じ場所でボレーを続けて打つというのは正しくありません。

## 練習方法 3

### さまざまなボールに慣れる練習をする

ボレーヤーは前につめることによって時間と場所を削り、すなわち時間と場所を得することができます。ただし、そううすると、まだ加速しているボールを打たなければなりませんから、ボレーを打つタイミングを測ることが難しくなります。それは練習をしてクリアしていくべき課題です。同じ場所から同じボレーを続けて打つより、前につめて違うボレーを打つほうが、最初は難しいかもしれませんが、はるかにポイント獲得率は上がります。

ゲームを観る力 7

# 国際大会を創ったら、テニスが上手くなった❶

2007年、亜細亜大学は男子国際大会（フューチャーズ／1万ドル）を開催することにしました。当時の日本男子は錦織圭選手もまだグランドスラムには到達しておらず、国際的に遅れた時代です。心技体以上に環境の差が大きく、強豪国フランス、スペイン、アメリカなどは40大会近くのフューチャーズを開催していたのに対し、日本は8大会でした。

国内の学生やジュニアは予選に出場する機会すらなく、海外プレーヤーとの経験の差は18歳以上になるとますます広がっていくばかり。日本は大学テニス部でプレーすることがゴールになっていることがほとんどで、世界へ挑戦することへ不安を感じていました。学生たちの最終目標はインカレやリーグ戦に勝つこと、全日本選手権優勝やプロ転向を目指す学生はますます少なくなっていました。そこで、その状況から脱却して飛躍のきっかけにしたい、新たな変化を期待して、大学で国際大会を開催する提案をしました。

大会を創るにはお金が必要で、運営する人も必要です。正直なところ無謀な賭けではありましたが、私は学生だけでお金を集め、運営もさせることにしました（強行に!）。それまでは練習をして、試合に出ていた学生が、ルールブックを片手に他の大会を視察するところから始まりました。国際大会はどんな大会で、出場するプレーヤーはどんな人たちか調査をします。すると多くのプレーヤーがフューチャーズ出場から始まり、チャレンジャー、ツアー、グランドスラムへと進み、トップ100に入るまでに数年の大会経験を必要としていることなどを知りました。

大会資金は最低350万円が必要なこともわかりました。どうしたら集められるのかを真剣に考え、知恵を絞り、大学でチャリティークリニックを毎月開催することにしました。ところが、それまでは自分が指導してもらう立場だったものが逆に指導する立場になると、説明する力の不足を痛感することになります。もっとテニスを知らなければいけないと、学ぶ力が芽生えました。

（236ページに続く）

vol.

15

精度を追求する

# 精度を上げる練習

# 精度を上げるために必要なこと

自分が思うようなプレーをするためには、プレーの精度を上げることも追求し続けなければいけません。プレーの精度を上げるために必要なことは何か。ここでも、まずテニスの特性を正確に理解することです。重要なポイントをおさらいしましょう。

テニスの特性を考えると
やるべきことが
わかってくる！

## テニスは、ボールを打っている時間より、打っていない時間のほうが長い

テニスはボールを打っている時間が非常に短く、試合時間の1割と言われています。ということは、ボールを打っていない時間が非常に長く、試合時間の9割です。この事実を知ると、ボールを打っていない時間も大切であることがわかるでしょう。

ところが練習は、意外とこのボールを打つ時間（1割）に割くことが多く、ボールを打っていない時間（9割）に割くことはほとんどありません。ボールを打っていない時間はどういう時間かというと、ボールに向かう時間、戻る時間、適切なポジショニングをする時間、リカバリーをする時間です。

2023 ROLE
アンディ・マレーの練習の様子

## テニスは相手からの影響を必ず受ける

テニスは常に相手とプレーをするオープンスキルのゲームです。お互いに相手からの影響を受けながらゲームを行います。ところがいつも自分本位で、相手の存在を無視してプレーを進める人がいます。そういうプレーヤーはクローズドスキルのゲームをしていると言えます。

テニスは自分からの視点、相手からの視点、さらに俯瞰しての視点（第三者の視点）、これら３つの視点を複合的にとらえてプレーします。複雑で不確実性が高いスポーツです。

## テニスのゲームはエンドレス

ミスをしなければポイントは続きます。ラリーも無限です。ゲームもデュースがありますから無限です。何が言いたいかというと、修正力があればいくらでも挽回ができるということです。

## テニスコート内ではアドバイスを受けられない

プレーヤーは一旦コートに入ったら、すべてを自分で進めなければなりません。相手との駆け引きも自分で行います。問題が起きても解決するのは自分です。

## テニスコートは実は細長く、横幅が狭い

テニスコートの実際のサイズを知る（または俯瞰して見る）と、非常に細長く、横幅が狭いスペースであることがわかります。そういうスポーツであるテニスの試合の8割がミス、2割がエースという平均的な結果からわかることは、エースを奪い合いっているように見えても、実はミスを奪い（誘い）合っているのです。

テニスは「ミスのゲーム」と言うこともできます。自分はミスをしない、相手にミスをさせる（誘う）ことを考えます。

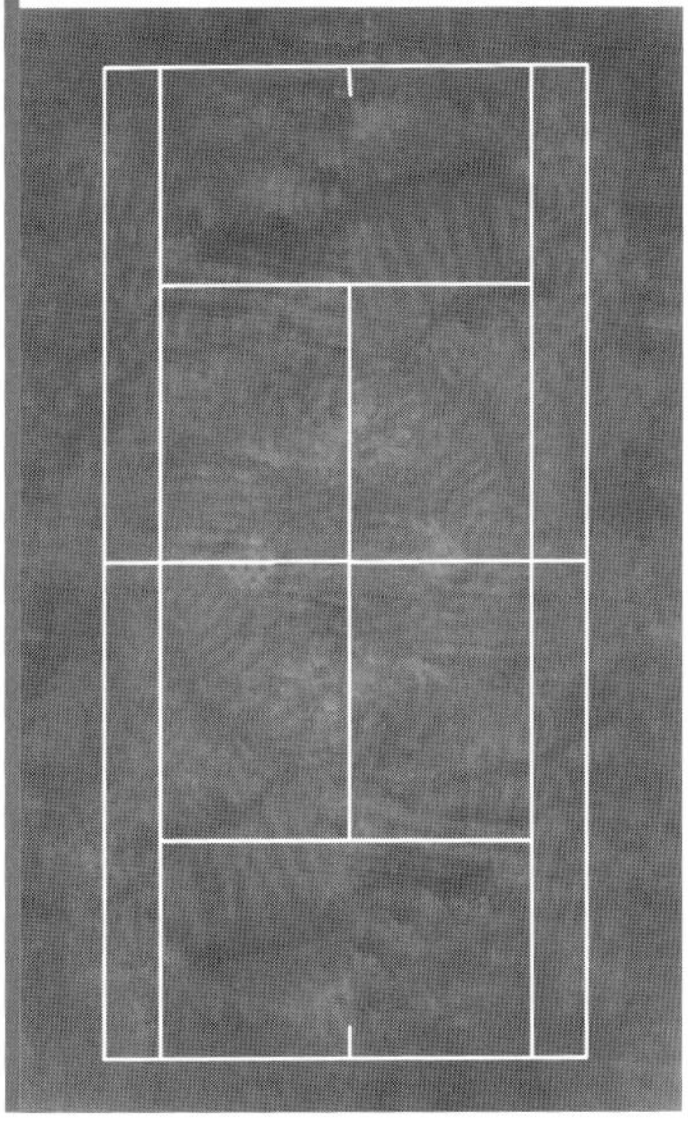

# 精度を上げるために必要なこと

これらテニスの特性を踏まえると、プレーのコントロールの度合いを高めることを要求されていることがわかります。各ショットの精度を高めると、それだけでポイント獲得率は上がるのです。

またプレーは連携します。戦術は組み立ての連続です。その組み立ての精度が低ければ、ポイント獲得率は下がります。安定感のない組み立てを相手に見せると、相手はそれを逆手にとってミスを誘おうと、その安定感のない組み立てをさせようと仕掛けてくることもあります。

例えばあなたがフォアハンドをベースラインから打つときの精度は高いのに、サービスライン付近に前進して打つときの精度は低かったとしましょう。そうすると、あなたがポイントを獲得できるのは、ベースラインからリスクをおかしてフォアを打つときか、ニュートラルやディフェンスのゾーンから粘ってフォアを打つときしかないということです。

そして相手は、あなたに対して短いボールを打って前進させてフォアハンドを打たせ、ミスを誘ってくるでしょう。

戦術には個性が出ます。どんなプレーの組み立てが自分に合っているのか。安定感があって、確実性があって、自信が持てる組み立てを増やしていきましょう。それらのポイント獲得率を高めていくためには、一つ一つのプレーの精度を上げることにかかっています。

一つ一つのショット、プレーの精度を高める

プレーは連携している。戦術の組み立ての精度を高めることがポイント獲得率アップにつながる
（写真はイガ・シフィオンテク／プレー連携のイメージ）

## 精度を上げるためには“できるまでやる！”達成型練習を行ってほしい

テニスの特性を理解して、精度を高める練習を続けてください。試合で使えるプレーを身につけるには時間型練習（時間で区切る練習）ではなく、達成型練習（できるまでやる練習）をしましょう。気の済むまで、できるまで練習しないと、試合で使えるプレーは生まれません。

## ゲームを観る力 8

# 国際大会を創ったら、テニスが上手くなった❷

(230ページの続き)

学生たちは大学で国際大会を開催するため、運営資金の寄付のお願いをしに行った先で門前払いを経験します。メディアに宣伝してもらおうと協力を持ちかけても思うようにはいかず、途方に暮れたこともあります。それでも大会開催と大会参加を目指した期間は学生たちを大きく成長させてくれ、さらに、実際の大会を目にしたときには、想像のはるか上をいく素晴らしい景色と経験が待っていました。

参加プレーヤーを間近で見た学生たちが、刺激を受けないわけがありません。大会のために審判資格を取って実戦を担当した学生は、プレーヤーたちのサイドアウトが少ないこと、サービスキープ力が想像以上に高いことなど、ゲーム性を鋭く理解するきっかけを得ました。プ

また、プレーヤーのサポート役として働いた学生は、長い時間をいっしょに過ごしたことで、練習、トレーニング、食事からメンタルコントロール、モティベーションの背景まで調査ができ、何より同世代の海外からの猛者たちと関わり、友達になることができました。

それまではインカレやリーグ戦が最終ゴールで、“失敗しない”ように過ごしていた学生たちが、よりテニスを知りたい、上手くなりたいと積極的な行動に出ている姿を見て、このスポーツの価値や魅力を再確認できました。「それは無理」「できないからやめよう」、そう言う前に、「なんとかなる!」という根拠のない自信を得たのは私だけではなかったはずです。

世界の壁は今も高いです。でもあのときから、「越える!」と思うようになり、あのときから妙なバイアスもなくなり、純粋な希望をもって無我夢中で練習できます。

たった350万円でこんなにも成長できるのです。これから日本全国47都道府県に国際大会が創られたら、しかも大学だけでなく高校でもそれが実現されたら、そのあとどんな変化が生まれるでしょうか。私たちは喜んでこの経験をお伝えします。

# vol. 16

精度を追求する

# ピンチボールの練習

# 「時間がないとピンチなんだ！」ミスは時間がないから起きる

第3局面（終盤）のポイントが決する場面。細長いテニスコートの中で「9つのボール調整」（34〜37ページ参照）を駆使し、対戦相手と自分が交互に「時間」と「場所」を奪い合う。その結果、どちらにポイントが入るのか、どちらが失うのか——このような前ふりをすれば、一般的にはポイントが入る方法を考えていくところですが、ここでは後者のポイントを失うほうに寄って、ポイントを失いそうだが失わないようにするための、ピンチに強くなるための練習を考えていきたいと思います。

さて「ミスはなぜ起きるのでしょうか？」。『戦略と戦術』のシリーズは、このテーマを考えることから始まりました。

答えは、「時間がない」とミスは起きます。本当はそのミスの水面下にはさまざまな原因があり、技術的に未熟だったり、単純に相手のほうが強かったり、体力がなかったり、戦術不足だったり、フットワークが悪かったり、間違った判断などもあります。しかし、普通にコートにボールを収める力を持っているなら、時間さえあればミスはしないと考えられます。

## 時間がない、あえてピンチの中で練習をする

テニスは「時間」と「場所」を奪い合うスポーツで、あなたが相手に時間を奪われた中で行うストロークは、まずバランス（重心）を失う可能性が高いでしょう。ということは、バランスを失わないようにすれば、それを防ぐことができるということです。

多くの練習はバランスが整った状態から始まり、失った状態から始まることはほとんどないでしょう。そこで、最初からバランスを失った状態をつくり出し、その中で態勢を整え、立て直し、リカバリーをすることにトライしていきます。

例えば、相手があなたの予測を裏切って逆をついてきたとき、あなたは

もはや時間がなく、バランスを崩してミスをする可能性が高いです。その場面にあなたは強いですか？ 強いと言えたらとても頼もしいですね。言えるようになるために、ピンチボールの練習をしていくことです。

テニスコート（シングルス）の左右の長さは8・23m。多くのプレーはセンターから左右3m、3mの範囲で行っています。ただし、その先にある左右1mずつには「際（きわ）」があり、「際」に強くなるということは、ピンチに強くなるということでもあります。

他にも、ネット際のボール、より角度のついたボール、思いがけず速いボール、重心が反対側にあるときのボール、ネットにつめる動きの逆をついたバックのハイボレー側のロブなど、そしてフレームショット、イレギュラーショット、ネットインのボールなども練習する必要があります。

## 自分のピンチは相手のチャンス 入れ替わる可能性に備える

自分のピンチは相手のチャンスです。でもピンチはチャンスに変わることもあり、逆にチャンスがピンチになることもあります。ですからピンチになったらあきらめるのではなく、私はそこで正しいプレーをし続けることの大切さを言いたいです。

正しいポイントの取られ方を繰り返していくことで、どこかでピンチとチャンスが入れ替わるときがくるかもしれないと思います。それは何かというと──ピンチのときは無謀なことを行うのではなく、必ず適切な判断をする（常にこれを繰り返しておく）ということです。

# ピンチに対応できる確率が上がる<br>ピンチに強くなる練習

学生といっしょに海外遠征をしたときの話です。海外選手たちとの戦いはピンチだらけで、学生はボールに追いつけませんでした。ミスはなぜ起きるのか？　そう、最初の話のとおり、時間がないからミスが起きるのです。確かに相手のパワーやスピードは素晴らしいものがありました。でも、それが理由でしょうか？　学生自身に原因はないのでしょうか？　私はやるべきことがあると言いました。

学生はまだまだ体力、脚力不足です。反対を考えればわかります。それを身につけたらもっと戦えるとイメージできる相手でした。

そこで、こういう練習をしました（イラスト参照）。学生はベースライン、私はサービスラインにいて、私の球出しでスタート。私は合図とともに2つ持ったボールのうちのどちらか一つを学生の左右に投げます。学生は地面に座っていて、まず起き上がらなければいけません。そこに時間がかかります。そしてボールが2バウンドするまでに起き上がって返球しなければ失点です。いろいろな座り方（腹ばい、長座、後ろ向き座りなど）を、いくつかの場面を設定して散々やりました。転んだ状況、スリップした状況、反転したときの状況もつくり出し、ピンチの状況に対応していけるように練習をしたのです。

まったく追いつけなかったボールに、追いつくようになり、返球できるようになり、予測もできるようになり、体力もついていきました。いつも心地よい状況から練習を始めて、相手を追い込むように、自分は追い込まれないようにプレーしているばかりでは決して生み出せない状況です。負荷は大きいですが、その分、鍛えられます。必要な練習だと私は思います。

## 練習方法 1

### テーマは体力づくりとバランス 地面に座り、立ち上がってから始める練習

静止状態からプレーが始まるため、起き上がるのに体力が必要です。そして起き上がることに気が入ってしまうと、ボールがどこにくるのか予測が不十分になり、さらに動き出しが遅れます。ですから相手から目を離さず予測することが大切です。実際にプレーが始まったら、態勢を整えるリカバリーの意識も大切でしょう。

## 練習方法 2

### テーマはスピードアップ 非常に遠いところから始める練習

選手はコートを囲むフェンスのどこかにつかまります。そこからもっとも遠い場所へ球出しをして、プレー開始です。バックフェンスにつかまれば、ネット際のドロップショットを拾うところからプレー開始、ネット近くにつかまれば、ベースライン後方へのロブを追うところからプレー開始という具合です。

バックフェンスからスタートする

## 練習方法 3

### テーマは
### 時間づくりと正しい選択
### ロブを後方に追いかけて
### 始まる練習

チャンスのロブではなく、ピンチのロブを追いかけてプレー開始です。まず大きなステップでボールを追い越して時間と場所を確保することです。小さなステップではとうてい間に合いません。態勢を整えて相手にチャンスを与えないように考えてボール調整を行い、リカバリーをします。

## 練習方法 4

### テーマは持久力向上
### もっとも長い距離を
### 走った直後から
### 始まる練習

コートを一周走ってから（左ページの写真はイメージ）、または左右に一度ダッシュしてから、対角線に走ってからプレー開始。息が上がったプレーヤーと、息が整ったプレーヤーとのラリーです。

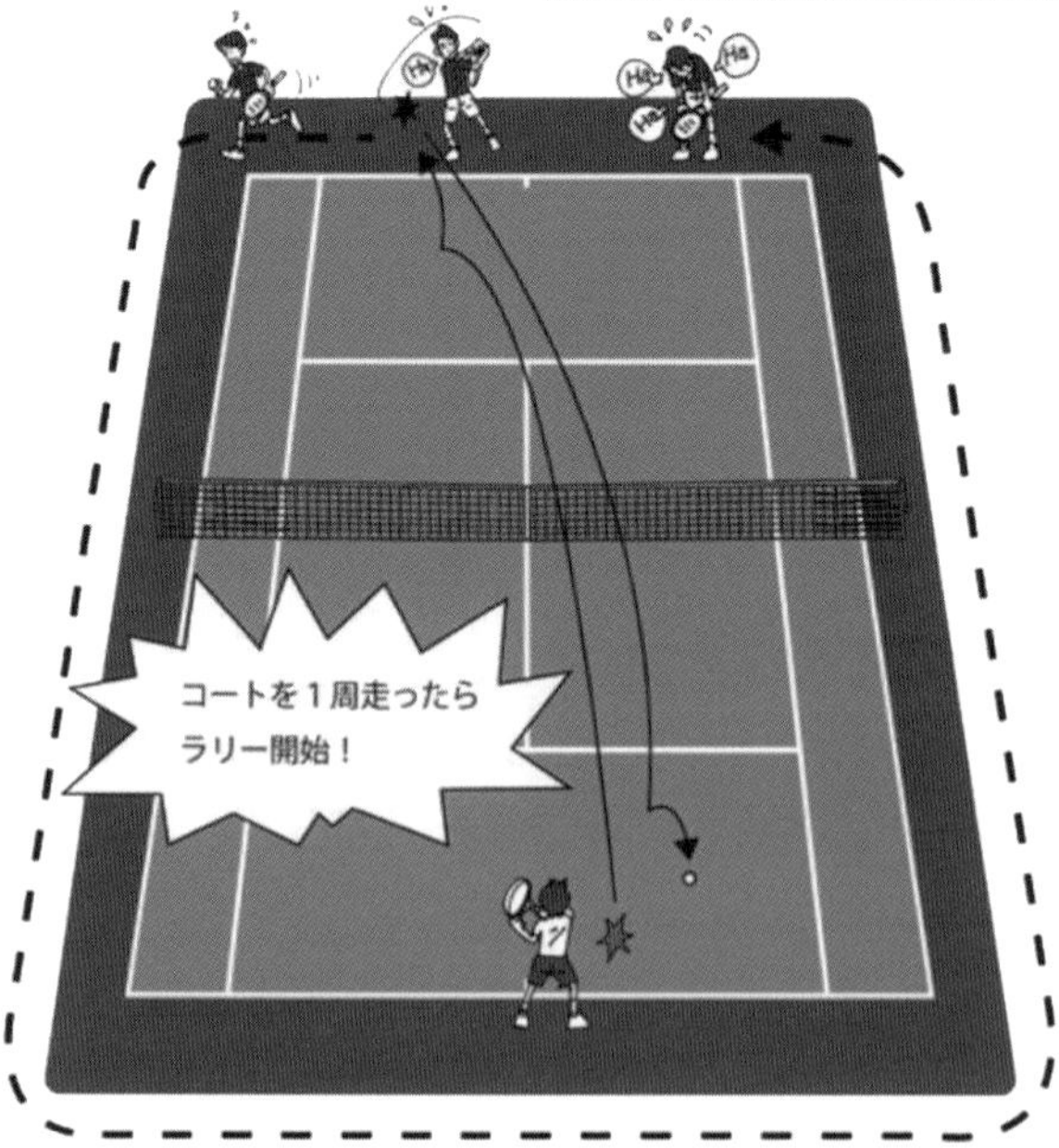

## これらは一例
## みなさんがこれまでに遭遇した
## いくつものピンチをつくり出して
## 練習してピンチに強くなろう

**練習方法 5**

### テーマは
### 絶体絶命の場面の強化
### 相手のチャンスから
### (絶体絶命のピンチから)
### 始まる練習

絶対的にピンチの状況からプレー開始です。ずばり相手は優勢でチャンスボールを放ってネットにつめました。そのチャンスボールは決められて当然の状況ですが、どうにかしてラリーにもっていきます。どうしようもなく不利ですが、でもどうにかして1球返球、2球返球、さらに1ポイント、2ポイント獲得とポイントを取る回数を増やしていくように努めます。圧倒的に不利でも、相手からポイントを奪う方法を学んでいく練習です。

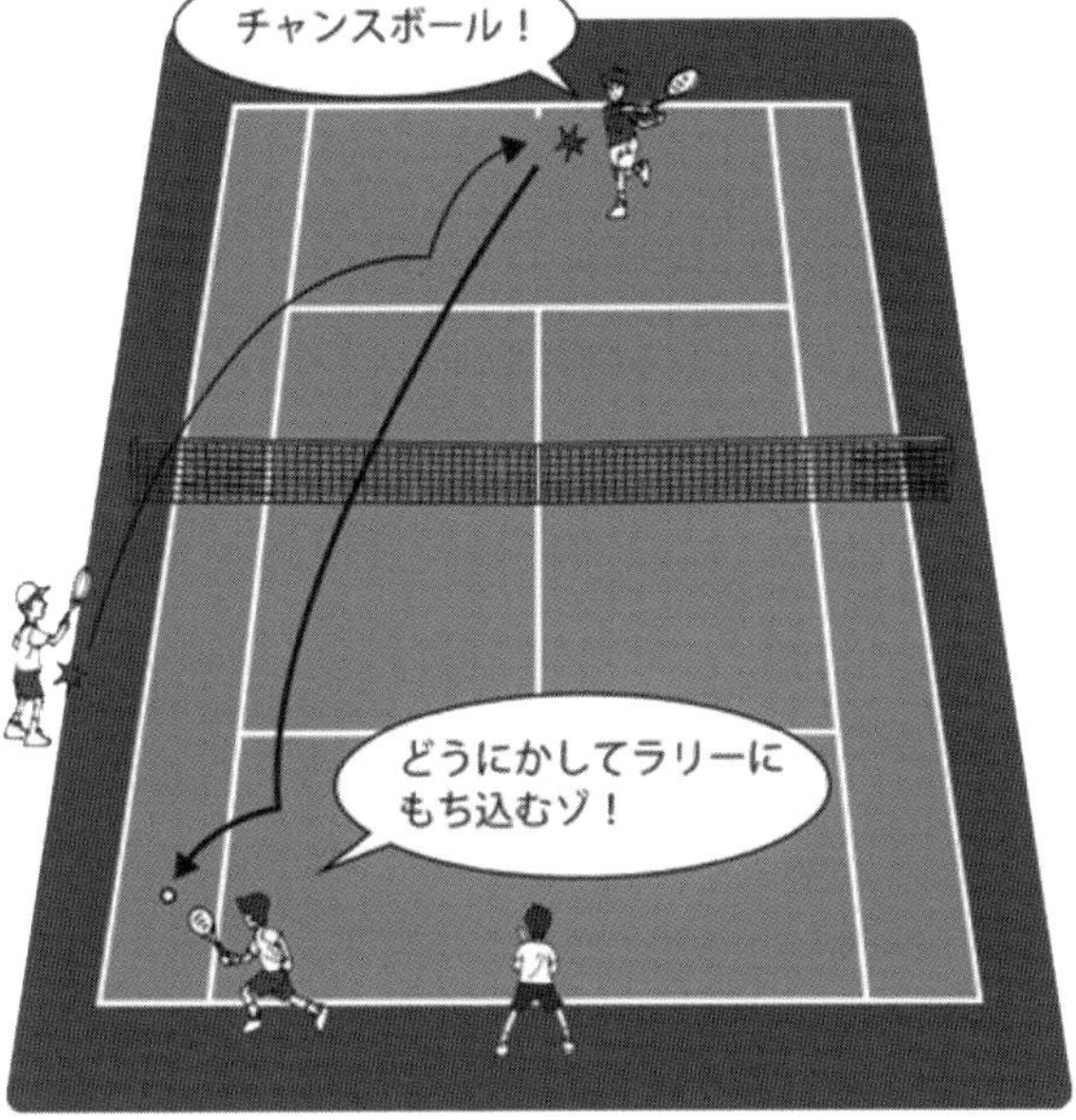
チャンスボール！
どうにかしてラリーにもち込むゾ！

例えばコートを一周走ってから、あるいは左右にダッシュしてからプレー開始(写真はイメージ)

## 練習方法 6

### テーマは柔軟性 低くて緩いボールの返球から始める練習

下半身を使わず上半身の手打ち、体が硬くて柔軟性がない、姿勢が高く低いボールに弱いなどのプレーヤーには、やたらと低いボールを球出しして プレーを始めるようにします。低く威力のないボールは、下半身を使って膝を曲げて打ち出さなければボールが下から上に弱く浮いて、相手のチャンスボールになってしまいます。

## 練習方法 7

### テーマはハプニングの対処 目をつぶって目を開けて、まさかから始まる練習

まさかの状況をつくり出します。フレームショット、イレギュラー、急に速いボールが飛んできたなどがあります。プレーヤーは後ろ向きになり、合図とともに前を向いて飛んできたボールに対処します。または、目をつぶっておいて合図とともに目を開いて、ボールを見て判断して動きます。

vol.
17

精度を追求する

# プレーに“保険”をかける練習

# テニスはハプニングだらけだから〝保険をかける〟

どんなに戦略と戦術を考えてコートに入ったとしても、なかなか思いどおりにいかないのがテニスです。計算どおりにいくことのほうが少ないでしょう。

これはテニスがオープンスキルの競技（刻々と状況が変わる競技）で、対戦相手と自分がお互いに影響を与え合って駆け引きをしているためです。相手よりもよいプレーをしようとし、なおかつ、相手にはよいプレーをさせないようにしているわけですから、思いどおりにいかないのは当然です。だからテニスはハプニングの連続なのです。

そうした〝思いどおりにいかない〟ことを想定して、でも、どうにか相手よりもよいプレーをするために、ハプニングに対して〝保険〟をかけておく必要があります。

例えば、砂入り人工芝コートでのプレーでチャンスボールがやってきたときに、砂の多い場所にボールがバウンドしてイレギュラーすることがあります。それをハプニングということで終わらせるのではなく、フットワークに微調整ができる余地を残しておくのが〝保険〟です。それを失ったときにたいへんな〝損害〟を被ることがないように、ハプニングの連続となるテニスでは〝保険〟をかけておくことが大切です。

テニスはハプニングの連続

すぐにでもかけられる〝保険〟があります。それは、できるだけ危険をおかさないということ。

## 〝危険をおかさない〟は保険の一つ

　例えば、フォアハンドのパッシングショットをストレートへ打つ練習をします。そのときあなたはどこを狙いますか？　もしもあなたがターゲットエリアを隅に設定してそこを狙う練習をしたなら、その練習は危険だらけと言えます。相手がいるいないにかかわらず、隅ばかり狙う練習をしてしまうと、それによって常にミスと隣り合わせの危険を顧みないパスを打つ習慣がつくことになります。

　もしも相手が真ん中にいて、サイドが大きく空いていたら、あなたはそれでも隅を狙いますか？　もっと内側を狙ってもいいのではないですか？　隅は、サイドアウトとバックアウト、さらにネットミス（サイドはネットが高い）の可能性があります。そんな紙一重の場所を狙うのは危険以外の何ものでもありません。あなたは相手をよく見て〝保険〟をかけなければいけません。ここではスーパーエースを狙う必要はなく、相手よりもベターなプレーであればいいのです。

　もっとわかりやすく言えば、相手が転んでラケットを落としていたら、あなたはサイドアウトとバックアウトとネットミスが紙一重の、一番遠い隅に打つ必要はなく、この状況ではコートのど真ん中にゆっくりと山なりのボールを打てばOKでしょう。

　ターゲットありきの練習はクローズドスキル（状況が一定の状況）となり、相手の影響を受けずに行うものとなるので気をつけなければなりません。大切なことは、相手がどこにいてどのような状況なのかということを判断しながら、必要なボールを選択する、〝保険〟をかける練習です。

　ちなみに、こういう〝保険〟もあります。ネットに出てきた（または誘き出した）相手がバックボレーが下手なら、パスで相手のサイドを抜くという危険をおかさずとも、あえて相手にバックボレーを打たせればよいでしょう。ほぼ間違いなく、これは相手よりもベターなプレーになるはずです。

〝保険〟をかけたパス

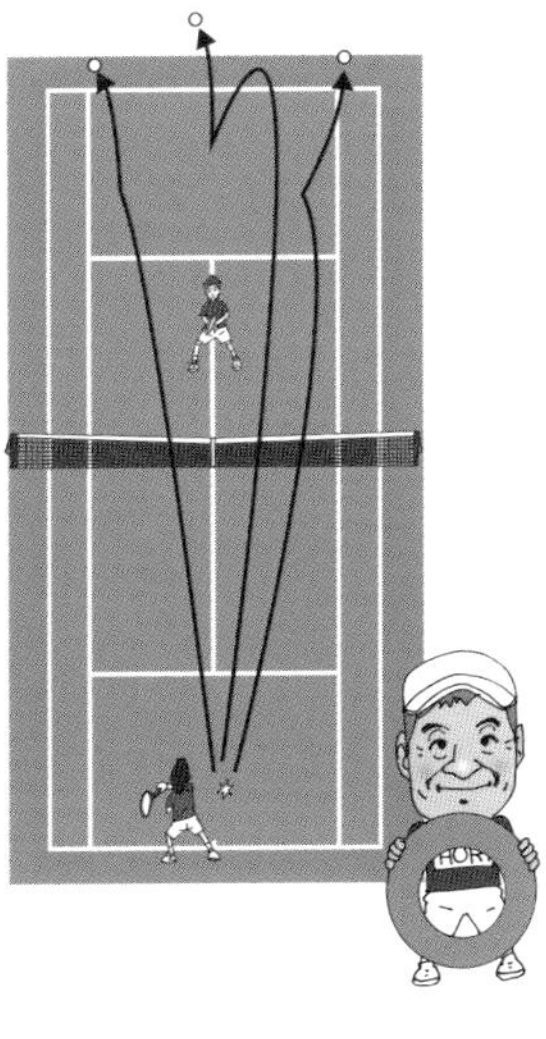

ミスと隣り合わせのパス

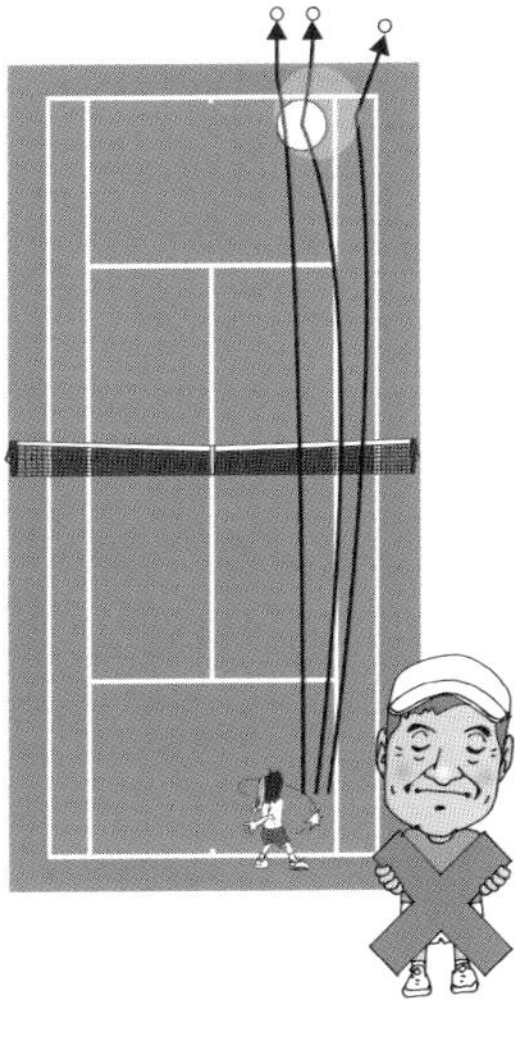

# 〝保険〟をかけず リスクを負い過ぎていないか!?

テニスはオープンスキルのスポーツで、ハプニングがつきものという話をしました。その中で勝つためにはどうすればいいのか。相手よりも多くポイントを取ることを考えなければなりません(1ゲームは相手よりも多くポイントを取ったほうのものとなります)。

ポイントを取るためには、状況に応じた正しいボールの選択をする必要があります。速度や高さ、タイミングなど、「9つのボール調整」(34～37ページ参照)を思い出し、必要に応じて選んでいきます。ハプニング(そしてピンチ)ほど、〝速くて強くて低いボール〟がすべてになるプレーヤーがいます。一発逆転を信じているのでしょう。しかしそうではなく、状況によっては〝遅くてゆるくて高いボール〟が必要になるかもしれないということを知っておいてください。

速いボールで勝負したがるプレーヤーは、速いボールを打ったものの、相手はさほど動かず、苦労もせずカウンターショットで切り返してきて、こちらはリカバリーが間に合わなくなる……といったことに直面します。適切なときに、適切な場所に、適

“保険”をかけるには9つのボール調整は絶対に必要

切なボールを打っていない、それがもっとも〝危険な運転〟です。リスクを負い過ぎています。

〝保険〟をかけるとどうなるか。速いボールでなくてもスピンをかけた高いボールで相手を後方へ動かし、その間にこちらはリカバリーして相手の「時間」と「場所」を奪う、これが〝保険〟です。

## 〝保険〟はかけ続けるもの

テニスはハプニングの連続で、その中でミスや危険を極力減らしてポイントを獲得していく。そうするとは〝保険〟はかけ続けなければいけません。備えあれば憂いなし、つまり普段から準備をしておけば、いざというときに心配が要りません。〝相手よりもベター〟なプレーを目指します。

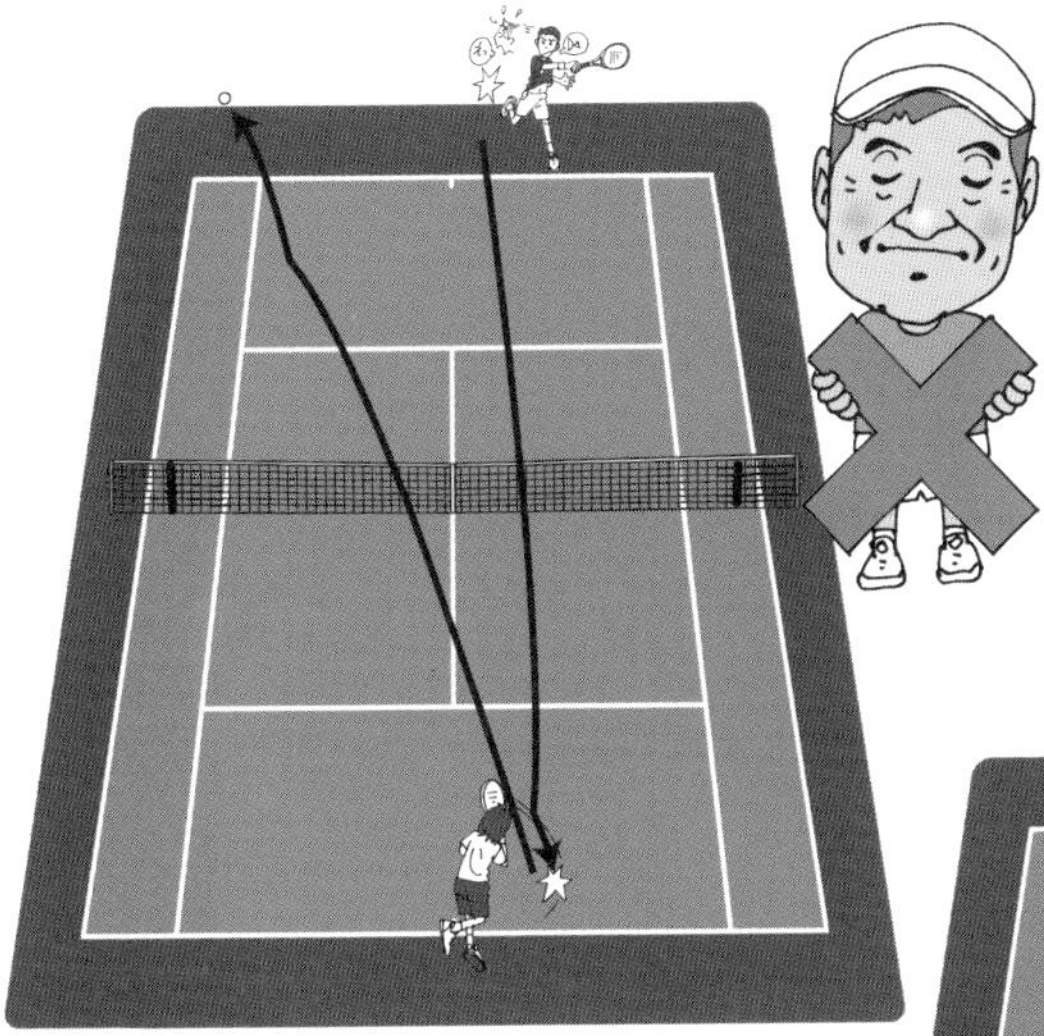

**保険をかけていない**

速いボールで勝負したがる、それはまさに“危険運転”

**保険をかけている**

例えば、遅くてゆるいボールで“保険”をかけるほうが効果的な場合もある

# 〝保険〟のかけ方——練習例

## A（相手）対B（自分）の練習

Bは、Aが打つバックハンドクロスがやや浅くなるように仕掛けています。Aの返球に対してフォアハンドで回り込み、逆ストレートにアタック、もしくはアプローチを打とうとしています。Bがやるべきこと（練習例）を見ていきましょう。写真のBはフェデラーです。

### 練習ポイント 1

**コースを隠す**

Bが Aからポイントを奪うためにかける最初の“保険”は、逆ストレートにも逆クロスにも、どこにでも打てる構えをつくることです。言い換えると、どこに何を打つかわからない構えです。その構えを見せておいて（相手をベースラインに釘付けにしておいて）ドロップショットを選択しています。

**練習ポイント 2**

**スピン量を多くする**

逆ストレートを打つときはネットの高いところを通さなければならず、また、距離が（クロスに比べて）短いのでスピン量を多くして、高いボールを打つという“保険”をかけます。反対に、逆クロスへ打つときはネットの低いところ（センター付近）を通せて、距離が（ストレートに比べて）長く、サイドアウトの心配が少ないので安全です。

**練習ポイント 3**

**体重がサイド方向に流れないようにポジショニング**

Bがバックハンド側にきたボールに対してフォアハンドで回り込むと、フォア側にはオープンスペースができます。これをリカバリーするため、Bはボールを打つときにしっかり打点に入るという“保険”をかけます。そうすると体重がサイド方向に流れません（写真）。全身を使って打球でき、さらにすぐにリカバリーの動きに入れて戻る時間を節約できます。（次ページに続く）

# それは「必要以上」のプレーか「必要十分」なプレーか

打点ひとつとっても、いくつもの〝保険〟がかけられるわけで……それは相手からポイントを奪うためのものですから、何重もの罠を巡らせておくことでもあります。それがポイントの取りこぼしをなくし、またポイントを獲得しやすくします。

私はときどき学生にこう尋ねることがあります。そのプレーは「必要十分」か、それとも「必要以上」か、と。聞かれた彼らはほとんどが言葉に詰まります。みなさんはいかがですか?

テニスのポイントはすべて「1点」です。いいプレーをしたから「2点」で、悪いプレーをしたから「マイナス1点」ということはありません。どんなにぐちゃぐちゃにもつれたあとで取ったポイントでも、どんなにあっさりと取ったポイントでも「1点」。素晴らしいエースで取ったポイントも「1点」、フレームショットで取ったポイントも「1点」です。同じ価値です。

それを取り合うのがテニスですが、

## 練習ポイント 4

### ヒッティングポイントにより“保険”を変更

ボール軌道の中にはヒッティングポイントがいくつもありますが、大きく分けて3ヵ所を取り上げ、それぞれ必要な“保険”について考えます。それぞれ打点も強度も高さも時間も違います。

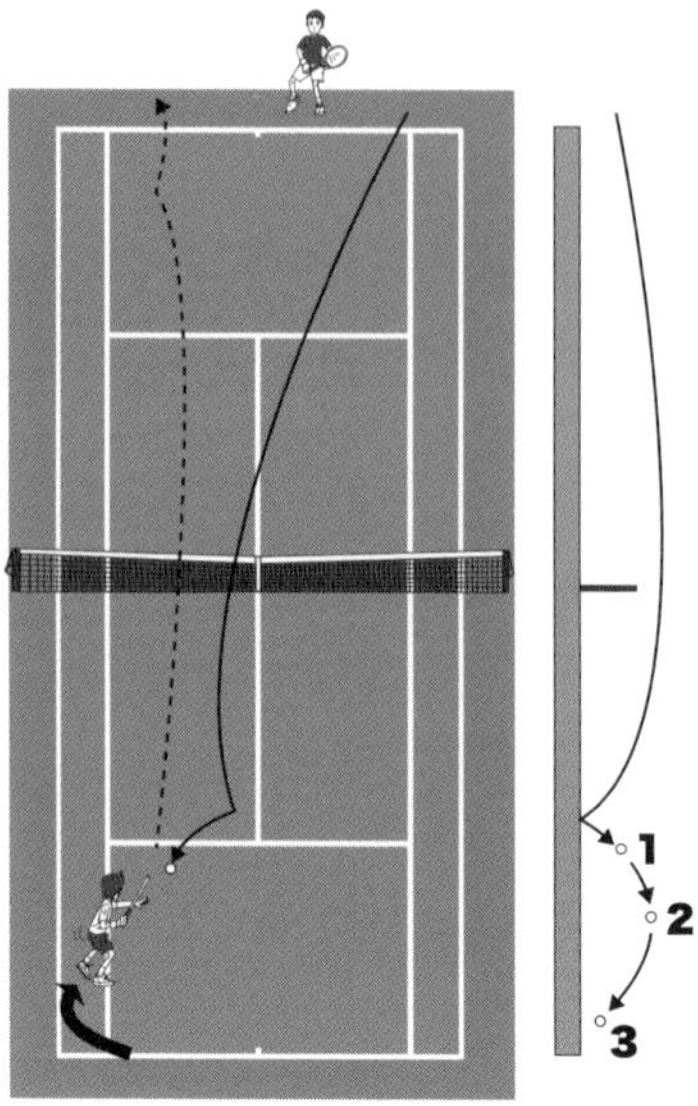


**「1」で打つ場合** ボールには勢いがあります。ボールをとらえるタイミングが早いとイレギュラーバウンドがあるかもしれません。うまくすれば相手の時間と場所を奪え、失敗すると自分の時間と場所を失います。そこで自分のために“保険”をかけるべきです。スイングはコンパクトにし、イレギュラーにも対応できるように、余裕をもちながら打点に入ります。狙う場所は比較的安全な場所にして、リカバリーできるようにボールを選択します。

**「2」で打つ場合** 打点が高いので相手もボールも見えて、情報(余裕)を得ることができます。よってこの打点では“保険”はかけなくていいでしょう。

**「3」で打つ場合** も情報(余裕)はたっぷりある一方、相手にも余裕を与えてしまい、リカバリーされてしまいます。そうすると相手に時間と場所を奪われる可能性が出てきます。この場合の“保険”は難しい選択をせず、場所(後方)を確保して安全・確実なプレーをするということです。

いつもオーバースピード、オーバーパワー、ぎりぎりを狙ってポイントを求めていると、リスクが多すぎてポイントが積み上げられず、最後は自滅になります。それは「必要以上」のことをしているからです。そのことに気づいてほしくて私は尋ねるのです。そのプレーは「必要十分」か、それとも「必要以上」か、と。

## 「必要以上」のことをしても1点は手に入らない「必要十分」なことをする

必要以上のことをしても1点は手に入りません。必要十分なことをしてこその1点獲得です。〝保険〟をかけたプレーとは安全・確実なプレーのこと。自分のショットがミスにならないように、安全性を確保するため、いくつも〝保険〟をかけておくことです。繰り返しになりますが、相手よりもベターなテニスをすることです。そのためには必要十分なプレーをするということを心がけましょう。

### このシーンは本当にスゴイ！
### 究極の“保険”

これは「フェデラー対錦織圭」の試合の一コマ。フェデラーは錦織選手のリカバリーの動きを見ながらドロップボレーで動きの逆をつこうとしています。一方の錦織選手は大きなステップでオープンスペースをカバーしようとしながらも、フェデラーの選択を見て対応しようと粘っているのがわかります。さすが錦織選手！

# 保険をかけてプレーするとミスを最小限に減らせるという例

保険をかけるプレーについて、わかりやすい例はゴルフだと思います。ゴルフは相手と戦う以上に、コース（環境）と戦うゲームです。各ホールはパー・プレーとなることを基準にコースが設定されており、その中にはいくつもの「罠」が設定されています。ゴルファーは、その罠にかからないようにし、打数が少なくなるようにプレーしていきます。

日本最強のアマチュアゴルファーと言われた中部銀次郎さんのゴルフは、グリーンはピンを狙わない、というものでした。常にセンターにショットを打つことで有名でした。ゴルフはピンの近さを競うスポーツではなく、ピンに入れることを競っているのであり、そのための考え方のベースだったのです。

ゴルファーはピンを狙ってパーやバーディなどスコアを最小にしたいものです。そうすると、ピンを直接狙った結果、ピンの奥にボールがいこうものなら、グリーンに必ずあるとされる罠、傾斜に引っかかって、ボールが加速して転がっていってしまいます。ですから中部さんの考え方では、ピンをオーバーせず、簡単な場所・ラインに打つということでした。

ピンを直接狙えばスーパーショットになるかもしれませんが（いわゆるホールインワン）、しかし、ひとつ間違えば、罠にはまってスーパー凡ミスになってしまうかもしれないのです。

写真はイメージ

パーもとれず、打数が増えるばかり……。グリーンの横にはバンカーが必ず存在します。その上、風の影響を受けるかもしれません。そういう中でひとたびミスをすれば、パーはおろか、ボギー、ダブルボギー……とおよんでしまうのです。

ですからゴルファーはピンを狙える場合であってもピンを直接狙わず、いつも安全地帯を探し、危険な罠にかからないように、ピンに対して「逆算」をして攻略方法を探します。

## 自分のために、自分にも相手にも保険をかける

ゴルフの例を紹介しましたが、テニスも基本的に同じです。ミスをしたほうが負けます。ですから、そのリスクを抑えながら安全第一を目指します。

テニスにもゴルフにもリカバリーショットというものがあります。ゴルフは、バンカーにボールを入れてしまっても、そのあと素晴らしいバンカーショットを打てばリカバリーすることができます。

テニスも、相手に追い詰められてパスやロブで応戦するリカバリーショットがあります。ただしテニスは、ゴルフのように一打の話ではなく、そのショットを打つ前や打ったあとのリカバリー（ポジショニング）もつながっていて、そこここに、ポイントが取れるか取られるかがかかっているのです。

多くの場合は余裕がなくなると、自分が打つショットで勝負をしようとして、確率の悪い選択をしがちです。これが大きな判断ミスであり、このときポイントを失わないように、可能性を見出すことが大切なのです。

さらに、保険は相手のショットにもかけることができます。どういうことかというと、相手の弱点に気づくことにより、相手のミスを引き出す、つまり相手に保険をかけておいて、自らを守ることができます。相手の体力はどのように低下しているかを知ることも、相手の心理状態、相手の性格などを知ることも、よい保険をかけるヒントになります。

保険なし！
バックのハイボレー苦手・・・
危険！
HORI
相手にも保険をかける
ロブでリカバリー！
安全第一！
自分にも保険をかける

# そこに〃保険〃をかけて劣勢を逆転した錦織圭選手

## ファイナルセット タイブレーク0-4、第5ポイントのドラマ

「保険をかける」という例を紹介するのにぴったりなのが、この試合です。2016年リオ五輪準々決勝「錦織圭対ガエル・モンフィス」。ファイナルセットのタイブレークで0−4、3−6まで追い詰められた錦織選手でしたが、この大ピンチから勝利をもぎ取りました。お互いが連戦で疲労があり、しかも湿度も高い環境の中でのたいへんな試合。その中でのタイブレーク0−4のあとの第5ポイントに注目します。コート図の番号と文章を照らし合わせながら見てください。

**1** 劣勢に立たされた錦織選手はモンフィスの猛攻を受けて、モンフィスが打ったエース級のフォアハンドクロスにようやく追いつき、選択の余地なくロブを上げました。それも高くです。

### 錦織選手は戻る時間を稼ぐため、「時間」と「場所」に保険をかけた

**2** しかし、このロブは思いのほか深く入らずサービスライン付近に上がって、モンフィスにとってのチャンスボールとなってしまいます。ただ錦織選手が「高く上げた」ことがこのあと重要な役割を果たします。長い時間が、モンフィスの思考に影響を与えることになりました。

### 錦織選手はモンフィスが考えすぎるくらいの「余計な時間」という保険をかけた

**2** 錦織選手はグラウンドスマッシュ（ワンバウンドさせて打つスマッシュ）を打とうとするモンフィスを見て、緩慢な動きで打球態勢に入っていたこと、構え方が逆クロスのほうへしっかりアドレスしていないことから、通常スマッシュが打たれるコースのバックサイドのほうへは走らず、ポジションをセンター付近後方にとって待機したのです。

### 錦織選手の素晴らしい「読み」！これが正しい保険になった

**2** モンフィスは当初、追い詰められた様子の錦織選手を見て、バックサイドのほうへ走るだろうと、センターへ速度を緩めたスライス系のグラウンドスマッシュを打ちました。このゲーム終盤でのモンフィスの思考回路は、“もう勝った”などと思い込んでいたのかもしれません。錦織選手の息の根を止める！ というプレーではなく、“緩い”プレーをしたのです。錦織選手は、モンフィスという選手がエンターテイナーであり、必要以上に魅せるパフォーマンスをしてしまうところがあること、そうした“緩い”ところもおそらく知っていたのではないかと思います。

2016年リオデジャネイロ・オリンピックで錦織選手は、準々決勝でモンフィスを破り、準決勝で（金メダルを獲得した）マレーに敗れたが、銅メダル決定戦に挑みナダルを破った

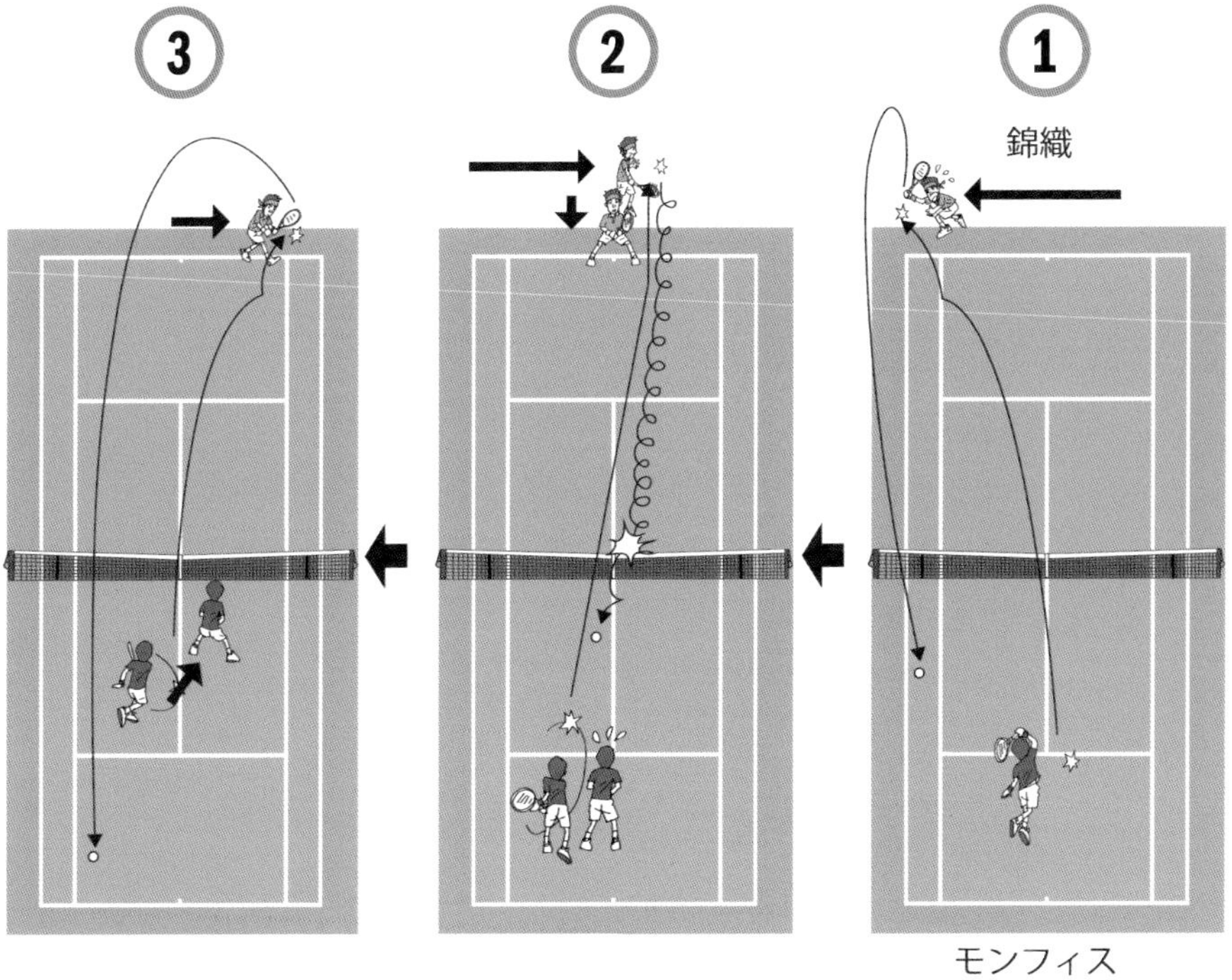


## 相手の性格も踏まえて次の保険をかける

② 錦織選手がセンター後方へポジションをとったのは、そうしたモンフィスを知っての上で仕掛けた罠、だったかもしれません。または、バックサイドのほうへダッシュをしても逆をつかれることもあり、余計なエネルギーを使うよりも体力温存のためだったかもしれません。

## 自分の体力保存の保険をかけていたかもしれない

② モンフィスはグラウンドスマッシュをセンターに打ったあと、錦織選手がバックサイドのほうへ走っていなかったことで少し慌てました。錦織選手は、自分がいる場所にきたスライス系のスマッシュに対してバックハンドスライスで対応します。モンフィスは、スマッシュを打ったあともまだ緩慢な動きで、ネットへつめることもしませんでした。

## もっとも安全なセンターへ、<br>もっとも安全なスライスを使って、最大限の保険をかける

② ③ 錦織選手が打ったバックハンドスライスはネットインすることになり、モンフィスは慌ててネットにつめて、フォアハンドスライスのアプローチを錦織選手のバックサイドのほうへ打って、今度はネット近くで構えます。このとき錦織選手は、自分が打ったボールがネットインしたことでポジションを即座に前にして(ドロップショット返しも予測して)しっかり構え、(こうなるともはや錦織選手の思うツボで、モンフィスの前後の動きの逆をつき)モンフィスのアプローチに対してバックハンドのトップスピンロブをクロスに決めました。このときの錦織選手はモンフィスを完全に手玉にとり、これが大逆襲の始まりとなったのです。

(次ページに続く)

錦織圭

## プレー中に次から次へと保険をかけまくった錦織選手

モンフィスがセンターに打った緩いスライス系のグラウンドスマッシュ（②）は、いくら錦織選手が読んでいたとしても返球するにはやっかいなボールです。バウンド後に曲がっていくので正確にラケットに当てづらく、態勢もバランスを崩す可能性があります。そこで錦織選手は、トップスピンで打っては打点が狂う可能性があるので、スライスで安全にボールにラケットを当てて返球を重視しました。超スーパー保険をかけたと言えます。

スマッシュが甘く入ってきたのに対して錦織選手が慌てて、トップスピンでパスを打とうとしたりすると、ラケットがボールにうまく当たらなかったり、力んでミスしてしまったり、次はなかったかもしれません。また、そこでもう一度ロブを上げていたら、モンフィスに時間を与えてしまい、効果的ではなかったでしょう。ですから、この状況で（自分と相手の状況を踏まえて）一番安全な保険を瞬時にかけた錦織選手には拍手をしたいです。

---

## 何も保険をかけないモンフィスは危険運転の連続だった

モンフィスが最後に打ったフォアハンド・スライスのアプローチ（③）は不用意なものでした。コースを隠すでもなく（保険をかけず）、ドロップショットを打つそぶりも見せず（保険をかけず）、簡単なスライスのアプローチを打ったのです。これはリカバリーやポジショニングを考慮していないプレーでした。私はこれを「保険に入っていない危険運転」と呼びます。

それでも、このタイブレークの終盤にはモンフィスが6—3と、先に3つのマッチポイントをつかみます。ところが彼は危険運転を続けました。最初の2つのマッチポイントは甘いリターンを返し、3つ目のマッチポイントはダブル・ファーストを打ってダブルフォールトです。保険なしです。結局、錦織選手は5ポイントを連取して8—6で大逆転勝利を収めました。

みなさんにはどんな状況でも保険をかけ続ける、そういうテニスをしてほしいと思います。

ガエル・モンフィス

vol.

# 18

精度を追求する

# 相手の選択肢を減らす練習

# 緊急事態に追い込まれたとき、あなたができることはまだある！

**Q**

**A（相手）がB（あなた）を追いつめました。Bは絶体絶命のピンチです。ここでBができることはありますか？**

**A**

**相手が必ずオープンコートに打つように選択肢を一つに絞らせ、走り込んで拾います。**

あなた（B）が緊急事態に追い込まれたときを想定します。この場合、当然ながら相手（A）に支配されている状況であるため、ここであなた（B）が理解しなければならないことは、無理にその状況を逆転させようとするのではなく、支配されたままで終わらせることをしてもよい、ということです。いっしょに考えていきましょう。そして、それを練習していきましょう。

AがBに対して、攻撃的なフォアハンドをバックサイドに打って追いつめました（コート図）。その前のショットで、BはAに対して、もはやチャンスボールを与えるしかない状況だったため、このようになってしまったのですが、Aはそのチャンスボールに対して前進してアタックの態勢に入りました。

さて、このときBにできることはあるでしょうか?

私はあると思っています。Bがバックサイドのほうへ走り返球しようとしているときは、重心を失ったり、バランスを崩したり、サイド方向へ足をとられるなどして、リカバリーはほとんど不可能な状況と思われます。すでにフォアサイドにはオープンコートができています。そんな中でBができることは……フォアサイドのオープンコートをリカバリーするのをやめて、Aに対してオープンコートを与えることです。あえてそこに打たせます。そのときBはオープンコートに向かって走るそぶりも見せず、そのまま空けておきます。するとどうなるか。

Aは必ずそこに打ちます。これは、あなたが最後の最後にそう仕向けた、誘ったと言ってもよいものです。もちろん状況的には圧倒的に不利ですが、相手がオープンコートに必ず打ち込む状況をつくるのです。そうしておいて、相手が必ず打ち込んでくるように仕向けたあとで、全力で走り込み、そのボールを拾います。

Bがバックサイドでバックハンドを返球したあとに、フォアサイドのオープンコートをカバーしようという態度を見せてしまえば、Aはその動きの逆をついてくるでしょう。つまり、その時点でAは2択を持っています。そこでBは、あえてリカバリーをしないでおいて、Aがそこ（オープンコート）にしか打つことがないように仕向けるのです。すなわちAの選択肢を減らします。それによってBは、Aがオープンコートにしか打ってこない状況にもっていくことができ、カバーすべき場所を減らすことができるのです。

（次ページに続く）

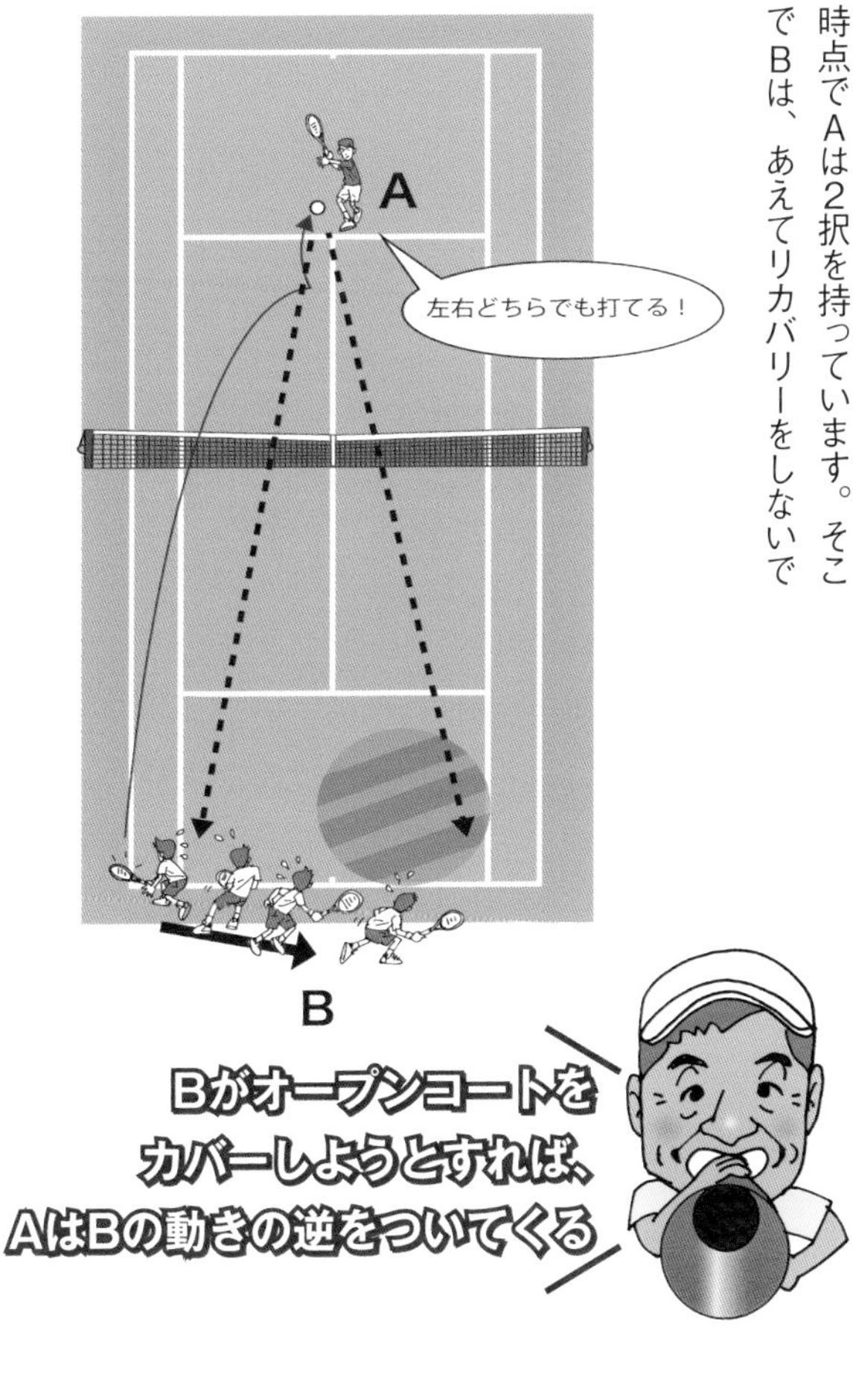
A
左右どちらでも打てる！
B
Bがオープンコートを
カバーしようとすれば、
AはBの動きの逆をついてくる

# 緊急事態に追い込まれたとき、あなたができることはまだある！

## 相手がオープンコートにしか打たないように仕向ける作戦

ここまでしても、やはりAにオープンコートに決められてしまうかもしれません。それでも最後の最後にBができることを絞ることによって、もしかするとまだ反撃ができるかもしれないのです。

コート図を見てください。Aがオープンコートに打ってきたアプローチ的、もしくはウィナー級のフォアハンドに対して、Bは思いきり走り込んで拾います。高くロブを上げて時間をつくり、そして、ベースライン後方にしっかり構えて場所も確保して、防御態勢に入ります。

Aがアタック態勢にいるときに、Bが左右またはコート全体をカバーしようと体を左右に動かしてしまうと、A

**Bがオープンコートを**
**カバーしようとしなければ、**
**Aはオープンコートに打ってくる**
**Bはそれを取りに行く！**

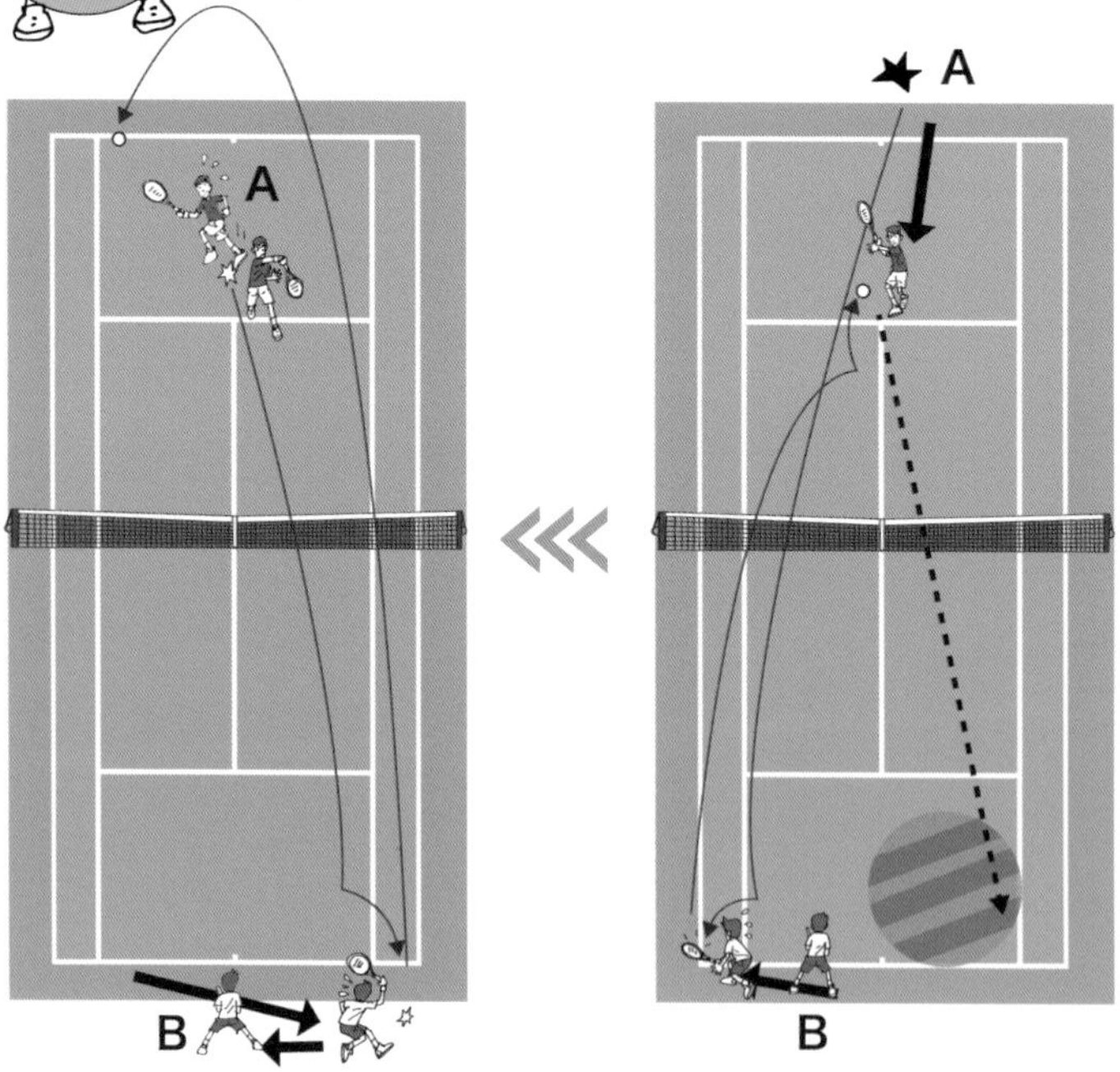

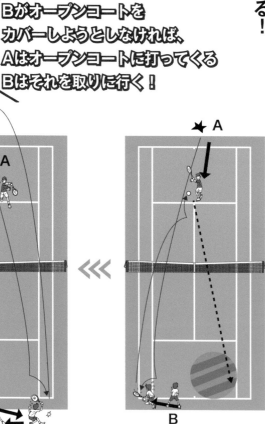

はその動きを見て、動きの逆をついてくる可能性が高くなります。

　Bは左右へ動こうとしているところをAに見せることによって、Aがショットを迷ったりミスをするかもしれないと思うのかもしれませんが、それは偶然、そういうことが起きるかどうかのこと。ここではもっと戦術的にプレーします。相手がそこにしか打たない状況をあえてつくって、それを取りにいくという戦術です。つまり、あなたはまだ「死んではいない」のです。

　プレーヤーは選択肢が2つあると、どちらかを探らないといけない作業があって、Bにしてみれば2分の1の可能性があるように思えるのですが、実はAはこちらの動きを余裕を持って見ていて、予測もでき、動きの逆をつこうともしているため、決して2分の1ではないのです。

## BがAに〝打たせる〟戦術をとり最後までプレーをコントロールする

でも前述したように、100%、Aが打つ場所を決められれば、選択肢は1つとなります。また、Aが支配している状況でありながら、そうさせている（そこに打たそうとしている）のは実はBなのです。

　こう考えることもできます。Aには、選択肢が一つしかないということは、ある意味でAはそれを100%ものにしなければいけないというリスクも背負うことになります。そういうふうに、Aにプレーさせておいて、Bは守ることに専念します。

　こういう持っていき方をすることによって、Bは一球でも多くプレーするチャンスをつくることができます。絶体絶命の状況でも、まだボールを返せる可能性はあるのです。

　仮にAにアプローチショットもしくはアタックをオープンコートに決められ、ポイントを取られたとしても、Bの戦術はほぼ思い通りにいって、成功しているわけです。BはAにそれしかないと決めさせ、打たせたことになります。私はこれを「効果的なポイントの失い方」と言っています。

　自分が追い込まれたときにリスクをおかして、無理なプレーをしてエラーをするより、はるかに前向きなポイントの失い方であり、次につながるポイントの失い方です。

　この作戦は、常に成功するとはいえず、ポイント獲得の可能性は低いものですが、支配しているほうの相手からすれば、何回に1回でもこのスタイルでポイントを失うことが出てくると、こちらの戦術の罠にはまったことになり、次のプレーでの負担になり得ます。

たとえポイントを
失っても
それは
「効果的な
ポイントの失い方」

# 緊急事態に追い込まれたとき、あなたができることはまだある！

## Q 「効果的にポイントを失う」……なぜそこまでするのでしょうか？

## A 絶体絶命のピンチで一か八かの賭けをするのではなく、正しいポイントの失い方をすることが次につながります。

完壁に追い込まれたときに多くのプレーヤーは、その状況から立ち直ろうと、あるいは回避しようとして、時間をかけたボールを打ちます。深いボールを打ったり、高いボールを打ったり。中には起死回生を狙い、きわどいところにスーパーショットを打てば危険が回避できるのではないかと考えるプレーヤーもいるようです（が、そういう起死回生は起こりません）。

私は、いつどこで何が起こるかわからないものも存在すると思っていますが、それを引き寄せるためには、ゲーム中はできるだけ危険から立ち直り、あるいは回避するため、前述したような、たとえポイントを失ってもできることをやっていくようにすること、相手にやらせることを自らが選ぶことが大切だと思っています。

真ん中に深いボールを打てばセンターセオリーは成功しますが、真ん中に浅く緩いボールを打ってしまえば相手は前に入ってきて、これを高い打点から角度をつけて強く打ち込んできます。そのときに諦めて投げやりな態度をとるのか、一か八かの賭けに出るのか、それとも最後の最後まで、相手がミスをする可能性を探り、引き出すことを考えるのか……私は最後の最後まで、考え続けてほしいと思うのです。

### 簡単にポイントを終わらせない、確実に拾って次につなげる

リカバリーをすることは大切ですが、紹介しているケースの場合、Bがリカバリーをしようとすると、Aは「オープンコートを狙う」こと以外に

「Bの動きの逆をつく」という選択肢を持ちます。ですから、Bはあえてリカバリーをしないでおいて、Aがオープンコートにしか打たないような状況をつくり出して、相手に選択肢を一つしか与えないように仕向けました。そういう状況を不利な立場のBがまだつくり出すことができるということを覚えておいてください。

イラストを見てください。Aがオープンコートに打ってきたボールを、Bは思いきり走り込んで、何としてでも触って返球します。高くロブを上げます。そうすることで時間をつくり、場所を確保するのです。ベースライン後方にポジションをとって、ディフェンスの態勢を整え、徹底してボールを拾い、ロブを上げられる態勢をつくることによって、まだ可能性を探るのです。

高いロブは、もしかすると風や太陽などの影響もあって、相手（A）のミスを誘えるかもしれません。あるいは、あなた（B）がまだ諦めていなかったことで、相手のメンタルは揺れているかもしれません。次に何が起こるかわからなくなった、あなたが何をしてくるのか考えるようになった相手は、そこまでのプレーとは違う何かを感じているはずです。たとえあなたがポイントを失うことになっても、ポイントが簡単に終わらずに長くかかったほうが、相手は次のプレーにプレッシャーを感じます。効果的なポイントの失い方、正しいポイントの失い方をすること、これも大切な戦術です。

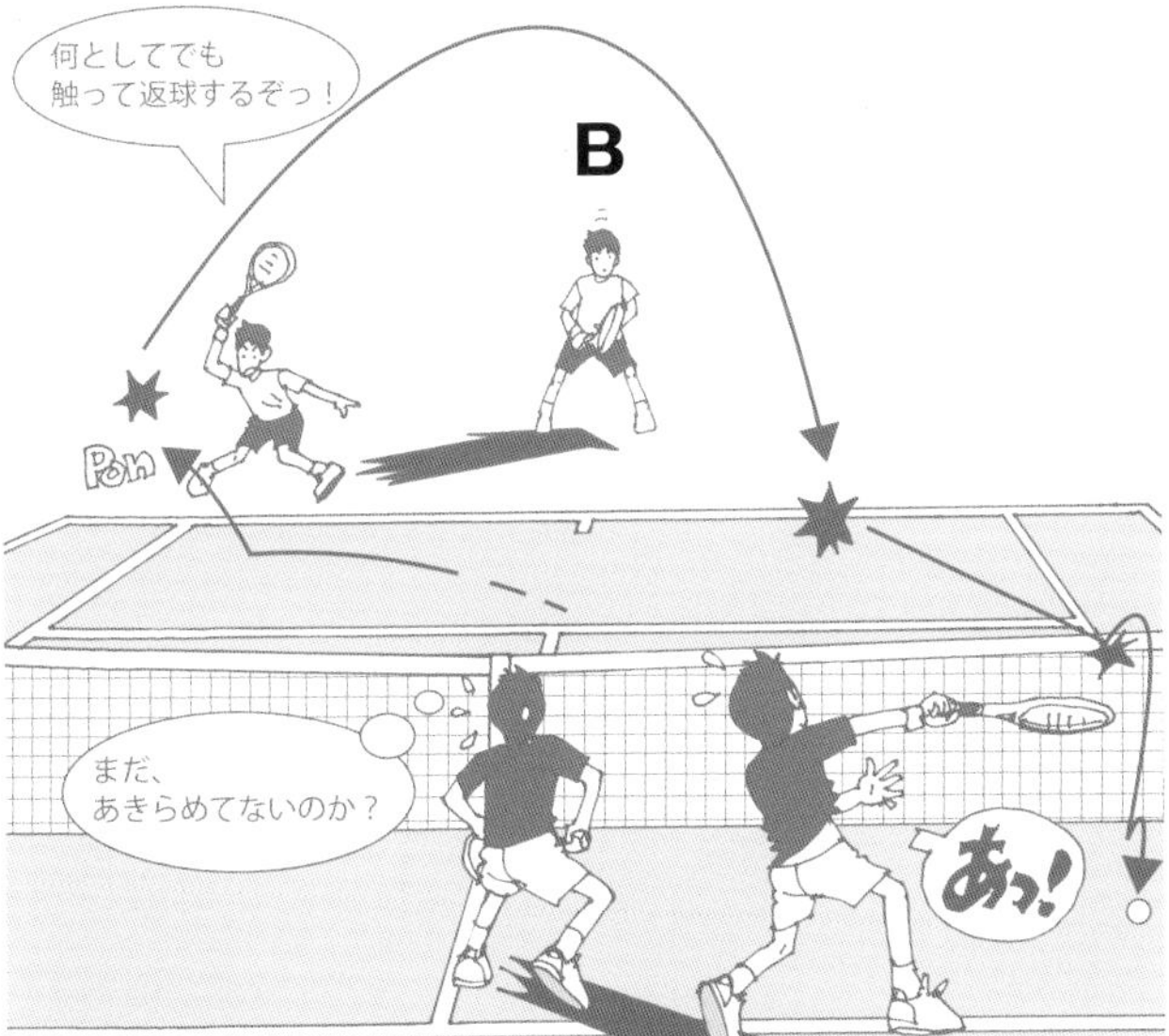
何としてでも
触って返球するぞっ！
B
Pon
まだ、
あきらめてないのか？
あっ！
A

## 正しいポイントの失い方をすることも大切な戦術

# 相手の選択肢を減らす戦術

※ここで使用している連続写真は記事の内容をわかりやすくするためのイメージです。

## 錦織圭選手の例

錦織圭選手はこの手の戦術をよく使っています。相手にあえてオープンコートを与え、相手がそこに打ってきたところを待っていて逆襲したりします。ディフェンシブな立場のときには、両サイドをカバーするのはとてもきついことです。ポイントを取れる可能性も低くなります。そこで、あえて両サイドに動かないでおいて、片方にオープンコートをつくり、相手がそこにしか打ってこないようにしておいて（その間に準備をしておいて）、実はそれを取りにいきます。錦織選手はそういう駆け引きが抜群にうまいです。

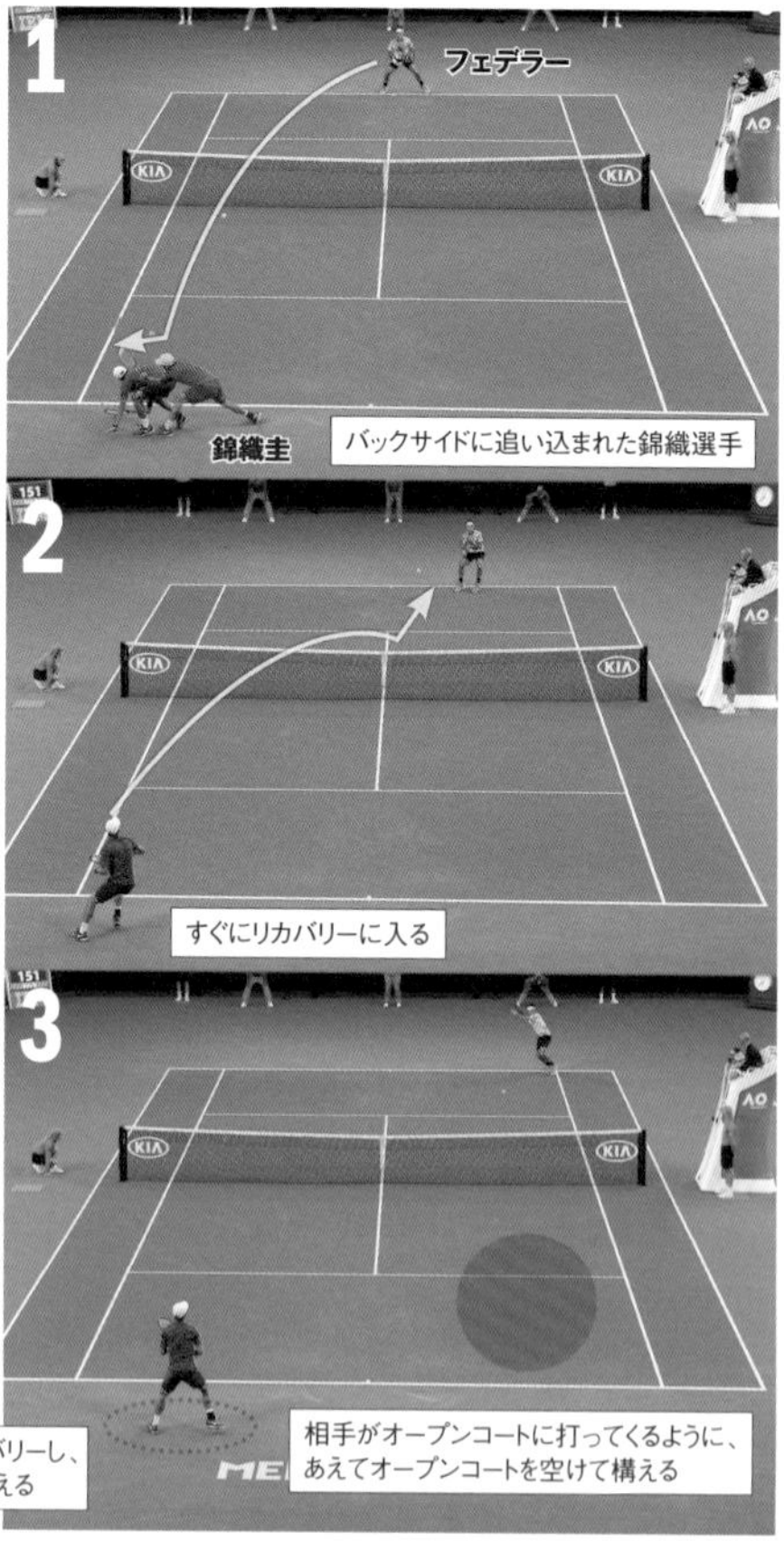
1
フェデラー
錦織圭
バックサイドに追い込まれた錦織選手
2
すぐにリカバリーに入る
3
相手がオープンコートに打ってくるように、あえてオープンコートを空けて構える

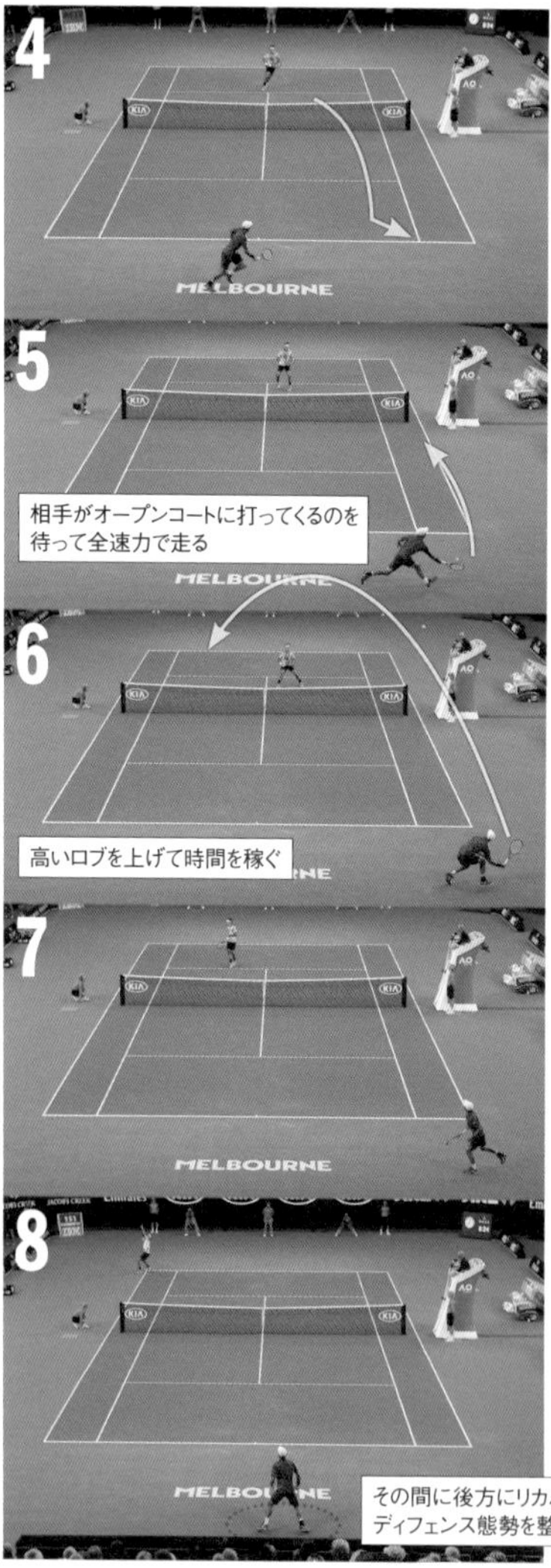
4
MELBOURNE
5
相手がオープンコートに打ってくるのを待って全速力で走る
6
高いロブを上げて時間を稼ぐ
7
MELBOURNE
8
その間に後方にリカバリーし、ディフェンス態勢を整える

vol.

19

精度を追求する

# 自分目線とラケット目線の練習

# ネットの下にテニスコートがある――この当たり前を忘れていないか!?

ここで取り上げたいのは「目線」です。私が考える目線には2つあって、ひとつが「自分目線」、もうひとつが「ラケット目線」です。

身長173㎝の私がベースライン付近に立ちコート全体を見るとき、ネットの上に何が見えるかというと、写真のように相手コートのベースラインあたりが見えます。そのほか大部分はネットの網目越しに見え、もしもネットが網目でなければ（例えばネットにブルーシートをかけたら）、相手コートはほとんど見えません。

当たり前、と言われるかもしれませんが、テニスコートがネットの下にあるということを忘れてプレーしている人は案外多いものです。

テニスはネット（障害物）を挟んで行うスポーツです。私たちはネットが網目になっているために、相手も、相手コートも全部見ながら戦うことができます。ところが、ネットが何も透かして見せない、ただの障害物だったら、私たちは相手も、相手コートもよく見えない中でネット（障害物）を越えるボールを打ち、それをコートにおさめてプレーしなければなりません。もしそうだったとすると、ネットの上を安全に越える高いボールを打つ選択をするでしょう。しかし、実際は網目越しに向こうが透けて見えている私たちは、見える場所にボールを入れようと低いボールを打ち、飛距離が短くなる傾向があるのです。

ネットとテニスコート（自分がいる場所、狙う場所）、そして目線（自分目線とラケット目線）の関係は非常に重要であり、この考え方をお話ししたいと思います。

173cmの私の場合、ベースラインから相手コートはこのように見える

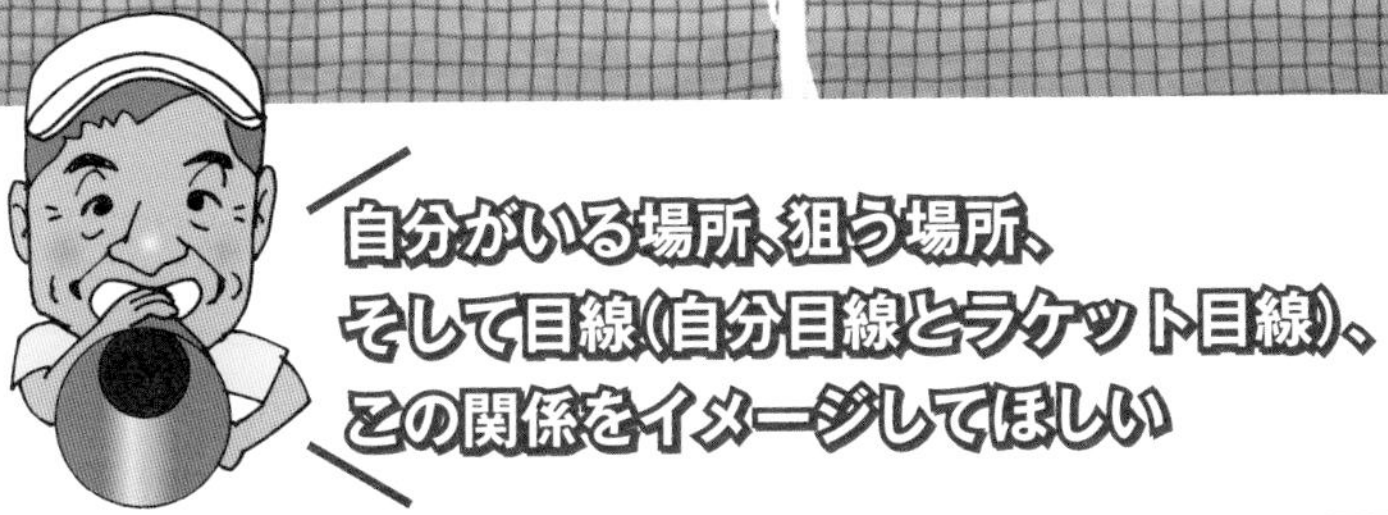
自分がいる場所、狙う場所、
そして目線(自分目線とラケット目線)、
この関係をイメージしてほしい

ネットが網目ではなかったら……このように見える

# 自分目線とラケット目線では高さと距離に誤差がある

ベースラインからネットに近づくと見える景色が変わります。ネットに近づくほど視野は広がり、相手コートがよく見えて、相手のいる場所に対してオープンコートを見つけられます。これは〈自分目線〉での話ですが、この景色をもうひとつの目線〈ラケット目線〉で見ると話は変わってきます。

ネットに近づくと打てる範囲が広く見える――これは自分目線の話です。同じ場面をラケット目線で見たらどうなるでしょうか（写真参照）。ラケットがネットの上にあるのか、それとも下にあるのかで見える景色はまるで違うものになります。

ラケット目線＝打点と考えてください。あなたがいる場所がベースラインからサービスライン付近のとき、さらにネットへつめたときに、ラケット目線はほとんどの場合、自分目線よりずっと低い場所にあるはずです。ラケット目線（打点）がネットよりも上にくることは、かなり少ないと考えられます。

想像してみてください。相手ボールが浅くなって、あなたはサービスライン付近まで前進しています。自分目線では〝広く見える〟オープンコートがあり、あなたはチャンスだと思いました。そこで強いボール（または速いボール）を打ち込みます。結果は、ベースラインを割ってしまいました……（もしくはネットにかけてしまいました……）。こういうミスをよくおかしませんか？

チャンスボールが決められないと言う方は、だいたいこのミス、この勘違いをしています。そういう方にとってその場面は、チャンスに見えてチャンスではなく、むしろピンチです。

自分が立つ場所、そこでの自分目線とともに、もうひとつの目線〈ラケット目線（打点）〉でショットを選択しないと、相手コートにボールをおさめることはできないのです。〈ラケット目線（打点）〉が抜け落ちると、自分目線とラケット目線の間にある〈高さ（打ち出し角度）〉と〈距離〉の誤差の修正ができていないためミスをおかしてしまうのです。

トッププレーヤーたちのネット際のプレーを気にしてみてください。みんなネットに近づいて打球するときは、たいていの場合、〝しっかりと〟スピンをかけて、打ち出し角度（高さ）と距離の調整をしています。

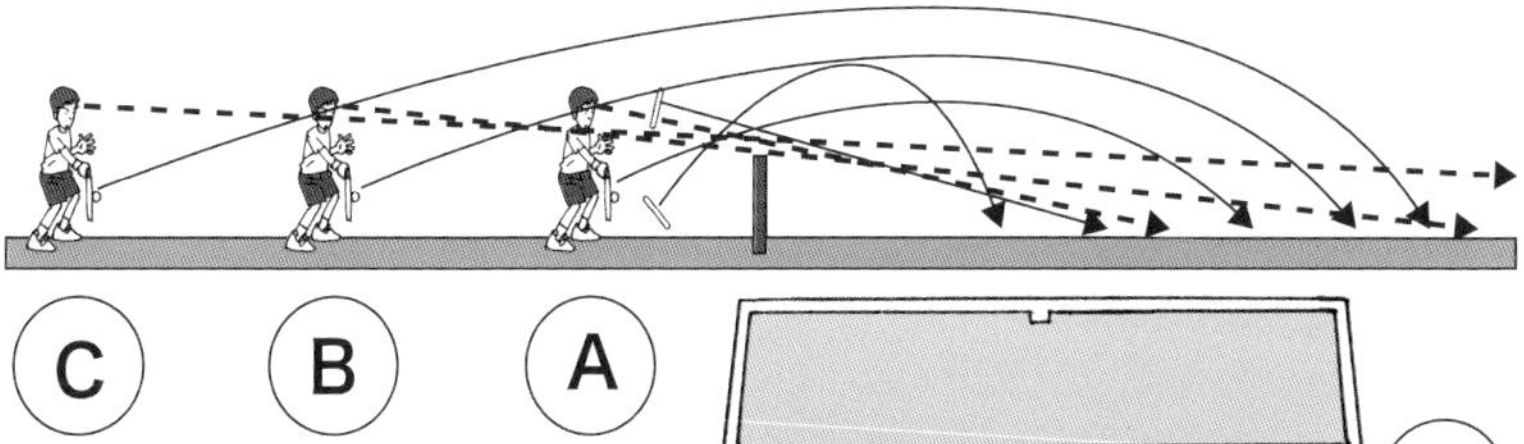

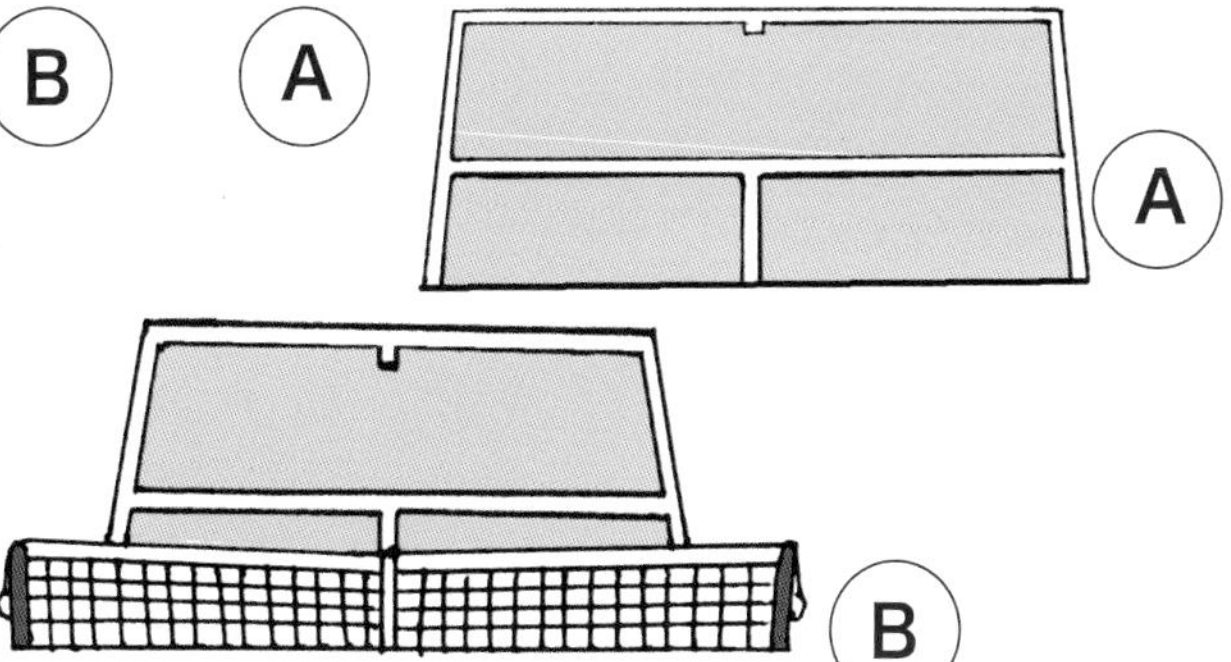

ネットと自分がいる場所、狙う場所、そして打点により、〈高さ(打ち出し角度)〉と〈距離〉についてボール調整する必要がある

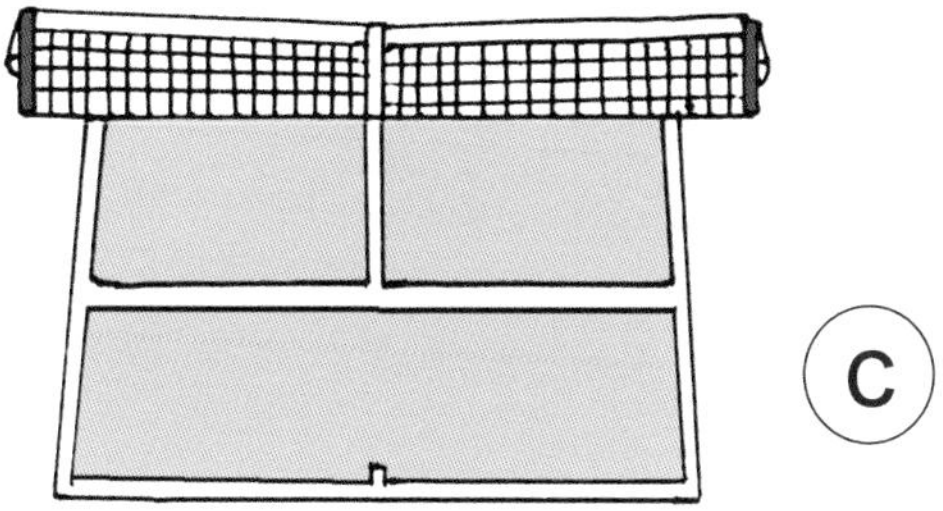

## 多くの場合、〈ラケット目線(打点)〉は〈自分目線〉より低い

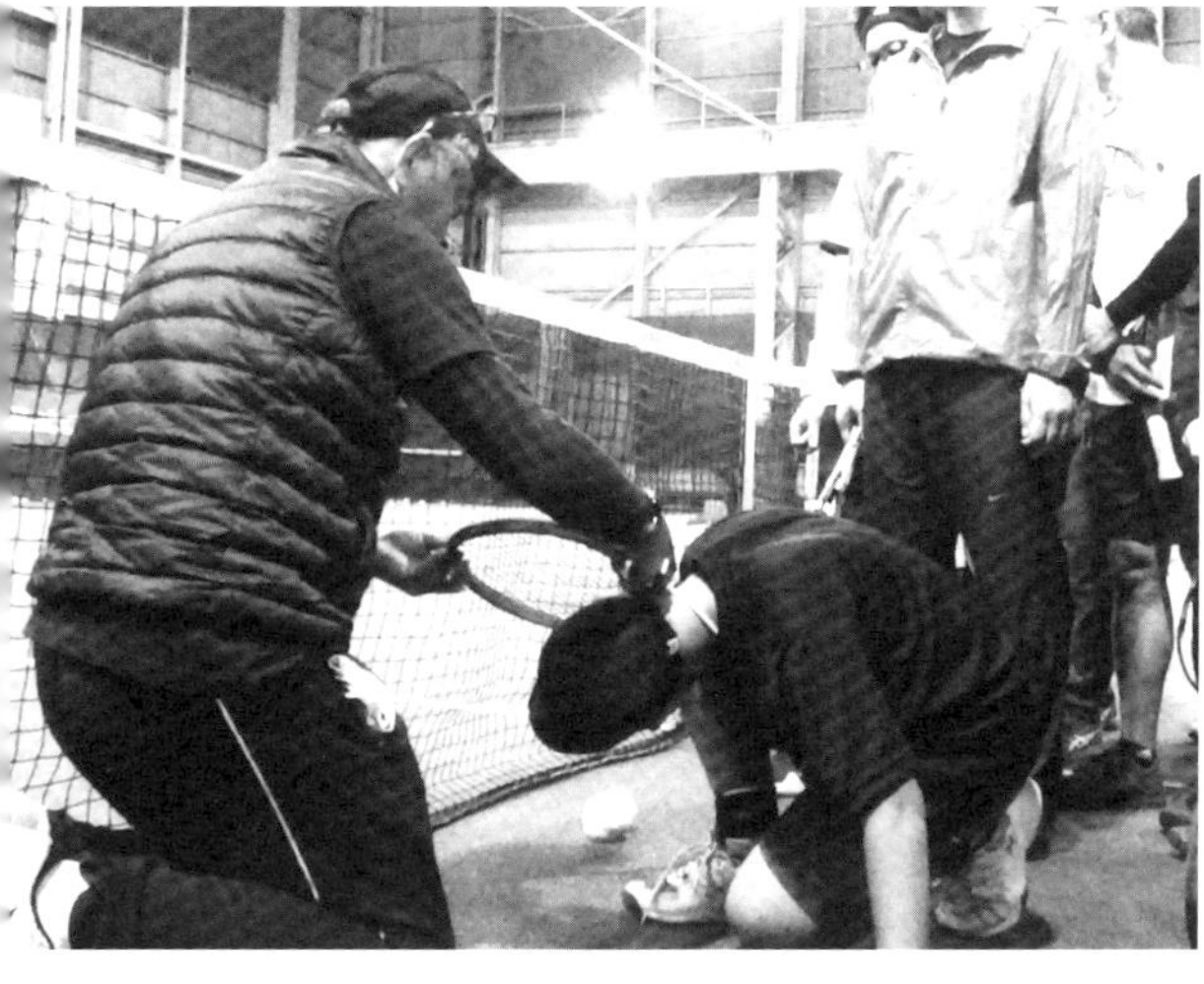

試しに、姿勢を低くして自分が“ボール”になったつもりで、〈ラケット目線(打点)〉に自分の目線を合わせてネットを見てみるといいでしょう。自分目線とラケット目線では、かなり〈高さ〉に違いがあることがわかります。そして、ラケット目線ではネットが下から見えるのか、水平に見えるのか、上から見えるのかによって〈打ち出し角度(高さ)〉を変え、〈(打ちたい)距離〉を確保するためにボール調整をする必要があることがわかります。

テニスはさまざまな場所から打球するスポーツですが、多くの場合、ラケット目線(打点)は自分目線より低くなります。

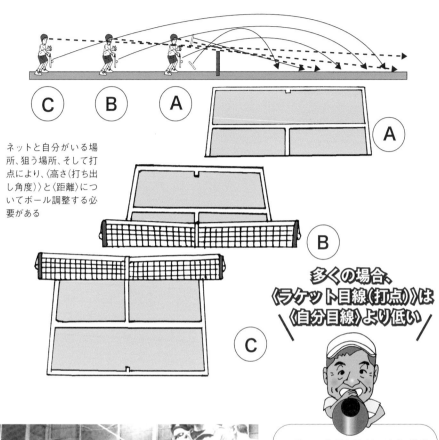

# 〈打ち出し角度〉と〈距離〉を調整する練習

## 練習方法 1

### どんなふうにプレーするかイメージしよう サービスライン手前でのアプローチショット

相手の返球が浅くなったら(相手はベースライン後方へ、ディフェンスに回ったと仮定します)、あなたは前進して速いボールを打ち、エースを取りたい気持ちでいっぱいになるでしょう。でも、ちょっと待ってください。そのときどんなプレーをすればいいいか、いっしょにイメージしてみませんか。

前進すればネットが近くなり、自分目線からは相手コートがよく見えて、オープンコートが広がって見えます。あなたはその場所から、どこを狙って打つべきかを考えます。イラストを見ながら読み進めてください。

フォアハンドで回り込みながらサービスライン付近まで進めたとしましょう。かなりネットに近く、打点は胸くらいの高さで打てそうです。そこからは広角に打つこともダウン・ザ・ラインに打つこともできます。

大きく前進した分、ネットと自分がいる場所、狙いたい場所、そして打点の関係を見て、〈打ち出し角度〉と〈距離〉のボール調整を必ず行います。特に“距離を短くする”ためにスピン量の調整は絶対に必要です。

### シチュエーションが変化したら…… ボール選択も変わる

少しシチュエーションを変えてみましょう。フォアハンドに回り込みながらサービスラインとベースラインの間くらいで打つことになりました(コート図参照)。前例と何が違ってくるでしょうか。イメージしてみてください。

自分目線からは相手コートの半分くらいが見えます。打点は腰の高さになりそうです。そこからは広角に打つのは難しいので、相手のバックハンド側に強く弾むトップスピンを打ち、相手の返球を弱めることにします。そして、ネットと自分がいる場所(中間位置)、狙いたい場所、打点の関係を見て、〈打ち出し角度〉と〈距離〉のボール調整を必ず行います。特に“相手のバック側に深く打つ”ためにスピン量の調整は絶対に必要です。

前例と後例では、ボール調整の内容が違います。このようなボール調整をそのつど行うのだということを覚えておいてください。これが自分目線だけになると、“速くて低い軌道のボールをオープンコートに打つ”という一択だけになるのかもしれません。それはネットミスと紙一重の選択。シチュエーションが違えばボール選択も違って当然です。

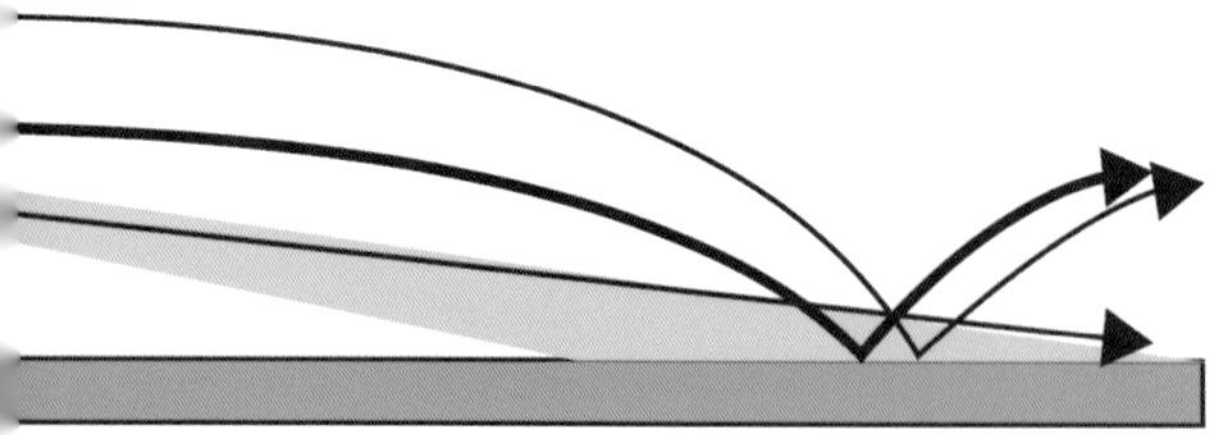

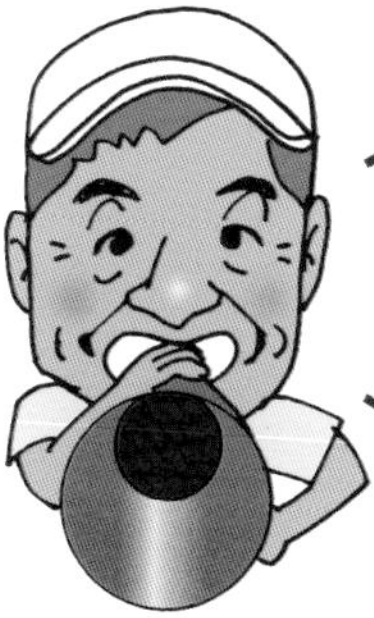

**〈高さ〉と〈打ち出し角度〉と〈距離〉を調整
それはつまり、スピン量と
時間とスピードの調整でもある**

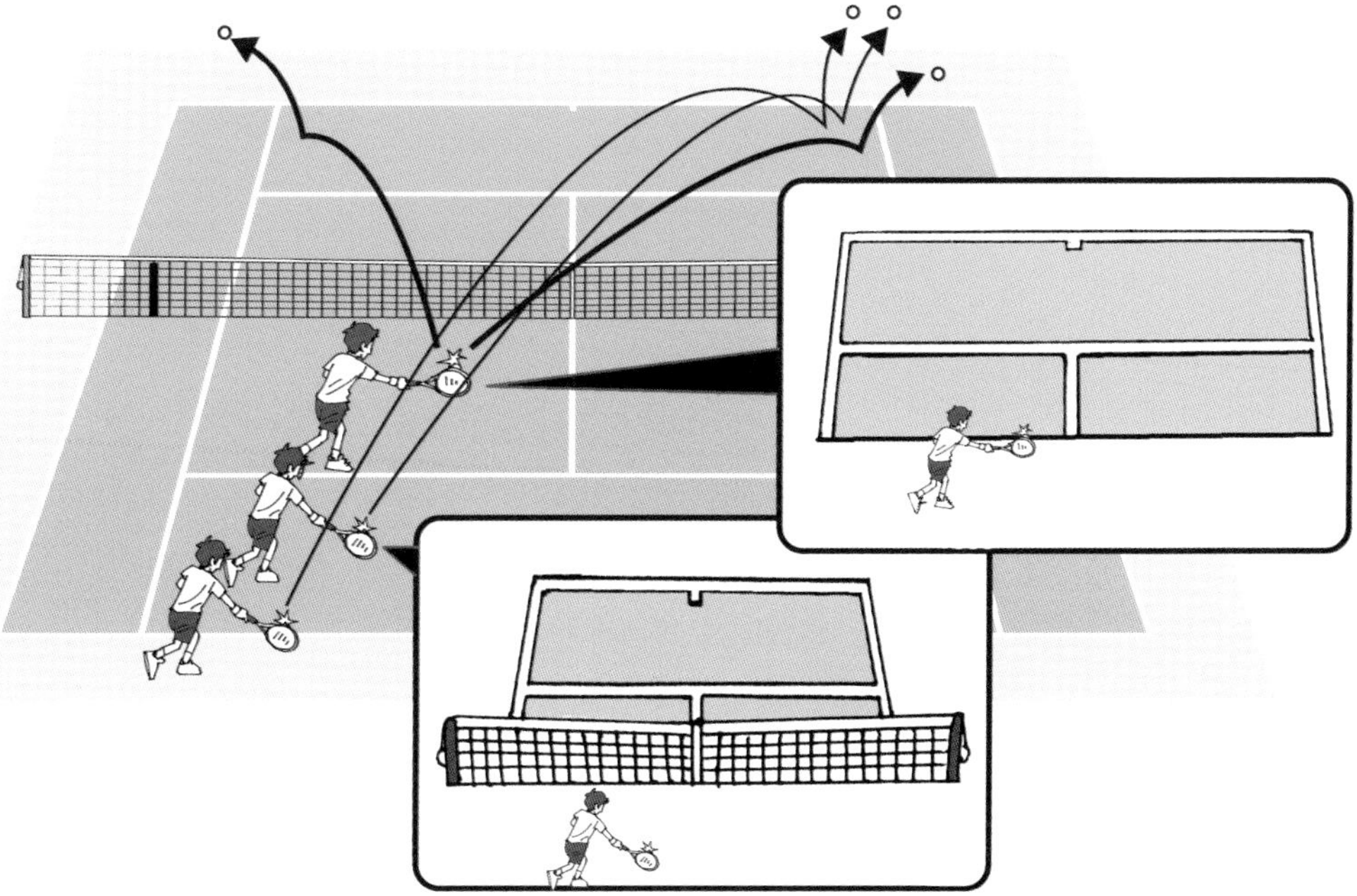

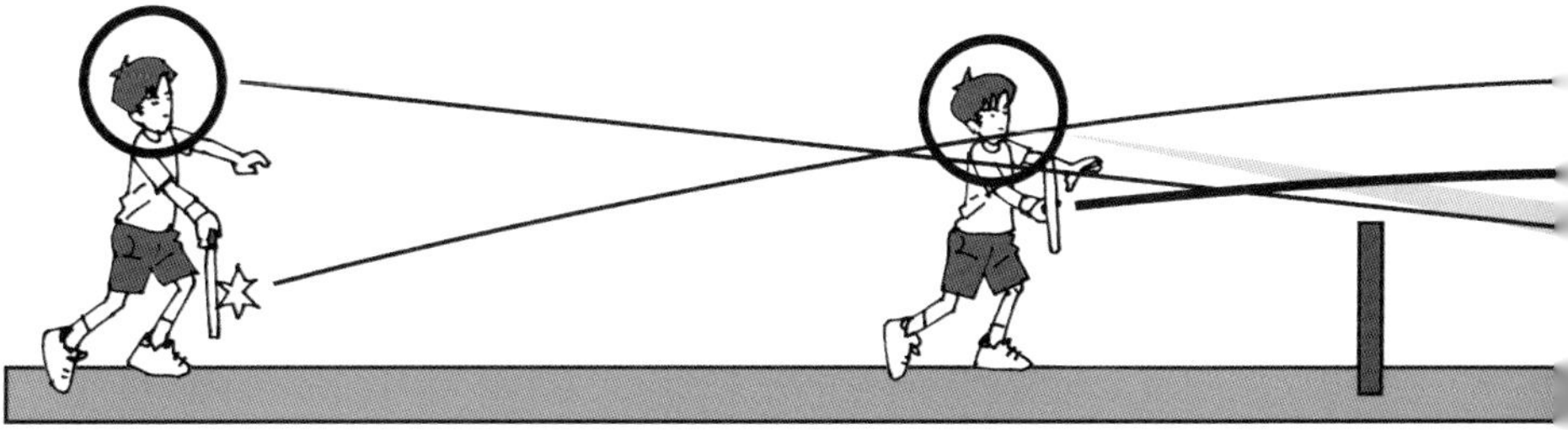

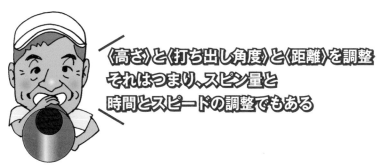

# 〈打ち出し角度〉と〈距離〉を調整する練習

## 練習方法 2

### どんなふうにプレーするかイメージしよう ネット付近でのドロップショットの処理 ナダル対ジョコビッチの場合

次はドロップショットの処理です。そのときどんなプレーをすればいいか、今度は実際のプレーを見ながらイメージしてみましょう。

これはイメージ写真を参照してください。ドロップショットを打ったのはナダル（ネットの向こう側）で、相手のジョコビッチ（手前）がほとんど拾えないだろう、拾ってもドロップショット返しだろうと予想して前進しています。

ジョコビッチはナダルが打ったドロップショットを全力で追いかけて、ネット付近まで走り込みラケットをボールの下に入れることができました。ラケット目線は明らかにネットの下で、自分目線もかなり低くなっています。ネットの下から上へ打ち上げないと、ボールはネットを越えません。

この状況でジョコビッチには2つの選択肢があったと思われます。そのうちのひとつが写真にあるようにクロスへの切り返しです。ネットのセンターの高さは0.914m、サイドの高さは1.07mで、ネットのもっとも低い部分を通して、距離が長いクロスに打って切り返しに成功。ナダルは反応できませんでした。

ナダルが動けなかったのはジョコビッチの正確なショットと、ジョコビッチのもう一つの選択肢にロブもあったことからでしょう。このように最後の最後まで、ジョコビッチはボール調整をし続けることで、ピンチをチャンスに変えたのです。

やはりこの例でも、ネットと自分がいる場所、狙いたい場所、打点の関係を見て、〈打ち出し角度〉と〈距離〉のボール調整を必ず行っています。それはつまりスピン量と時間とスピードの調整でもあります。

**ピンチはチャンスであり、**
**チャンスはピンチである！**
**ラケット目線のボール調整に注目**

# ドロップショットの処理

## 1 クロス（アングル）

── クロスがもっとも安全です。というのも、ネットの低いセンター（高さ0.914m）を通せて距離も長いからです。ドロップショットを打ったほうは、この切り返しを警戒して前進の準備をしていることが多いです。相手がクロスよりダウン・ザ・ラインを警戒しているようなときに打つと逆をつけます。反対に、相手がクロスを警戒しているときに打つと、読まれているのでオープンコートを狙われてしまいます。

## 2 ロブ

── ドロップショットを打ったほうはドロップショット返し（相手にドロップショットを仕返しされる）を警戒してネットにつめてきます。その動きの逆をついて、ドロップショットを拾ったスライス面を使ってロブをダウン・ザ・ラインへ打ち頭上を抜きます。

## 3 ダウン・ザ・ライン

── ドロップショットを打ったほうが、❶クロスと❷ロブを気にしてベースライン付近にいるとき、❸ダウン・ザ・ラインへドロップショット返しを打ちます。これは確かなテクニックをもって、正しいときに行わなければなりません。ネットのサイド部分は1.07mと高いため難しい返球になりますが、ネットの高さを理解して、ラケット目線でボールを下から上に打ち、アンダースピンをかけられるようなら（バウンドしたあとのボールは前進しないで止まる）、相手は返球に苦しむでしょう。チャンスはまだあるのでネットでしっかり構えてください。

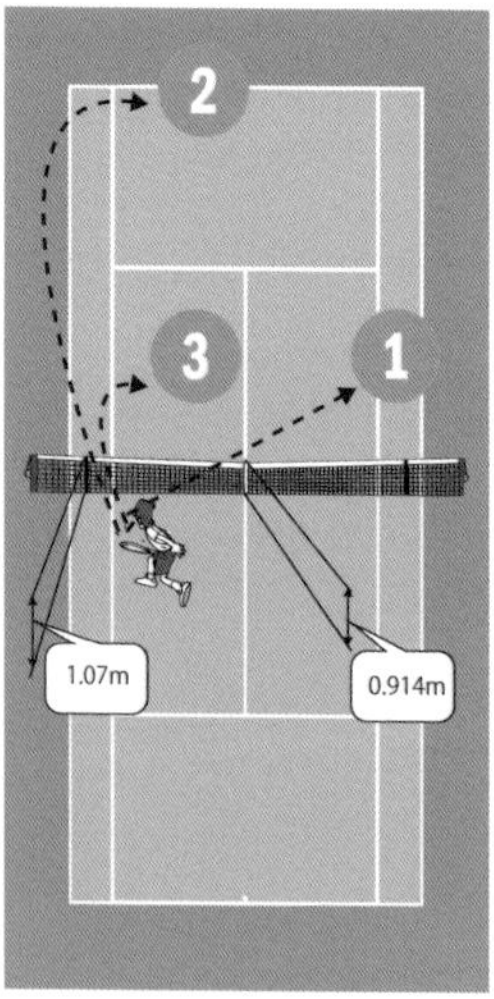


❶クロス、❷ロブ、❸ドロップショット返しの選択肢がある

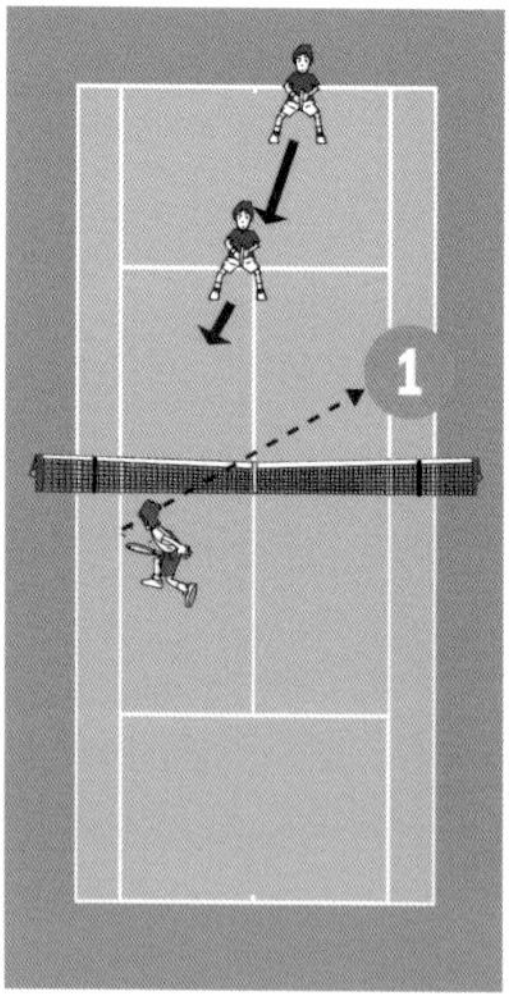


相手が❸ドロップショット返しや❷ロブを警戒してダウン・ザ・ライン方向へつめたら❶クロスへ

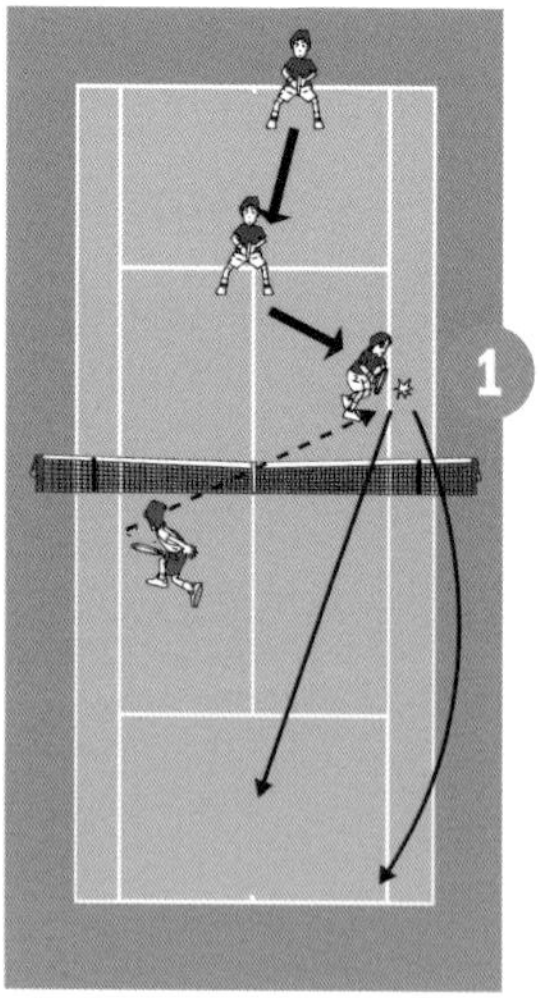


相手に❶クロスを読まれると、オープンコートを狙われてしまう

vol. 20

精度を追求する

# リターン強化練習

# 200km／h級サービスでリターン強化

これは私たちテニス部が行っているリターン練習です。

やり方を説明する前に、少しリターンについて考えてみましょう。3セットマッチ、もしくは1セットマッチの試合で、リターンは何回くらい打っていると思いますか？　イメージしやすいように単純計算をします。

1セットがタイブレークまでいったと仮定すると13ゲームあります。そのうち半分がリターンゲームと考えて、自分が担当するのは7ゲームとしましょう。1ゲームが6ポイントだとしてリターンする回数は6回（例えばファーストサービスが50％の確率のときは、セカンドサービスが3回くるというイメージ）です。

この前提で1セットをプレーすると、7ゲーム×6回＝42回のリターンを打つことになります。3セットをプレーするときは、7ゲーム×6回×3セット＝126回のリターンを打つことになります。大雑把ですが、「そんなに打つのか！」と思いませんか？

## サービスキープを続ければ負けない⇅どこかでひとつブレークすると勝てる

試合では原則としてサービスキープを続けると負けることはありません。とすると、どこかでひとつサービスをブレークしないと相手を倒すことはできません。勝つためのプロセスにリターンがあり、確実に返して展開していく必要があります。相手サービスをブレークするためには、リターンの確率は半分以上、50％以上が目標です（この話の続きは『戦略と戦術❷』をぜひ読んでください）。

この前提でリターン練習をしていきます（282ページに詳細）。サーバーはサービスラインに立ち、レシーバーとの距離を縮めて200km／h級のサービスを打ち、レシーバーはこれをエリアを狙って確実に返球するという練習です。

# 本気でリターン練習に取り組んでいるか!?

前方からサービスを打つのは、そのほうが確実に入るという理由からです。通常のリターン練習では、サーバーのファーストサービスの確率は高い選手で70％、低い選手だと50％くらいです。つまりミスが多くてリターンの練習量が半分になってしまいます。そこでリターンを上達させるために、質の高いファーストサービスを確実に返球する練習をしよう！ということで、この練習を紹介します。

ファーストサービスのミスが多いとリターン練習が十分にできない。そこで282ページの練習方法で、リターン練習をしよう

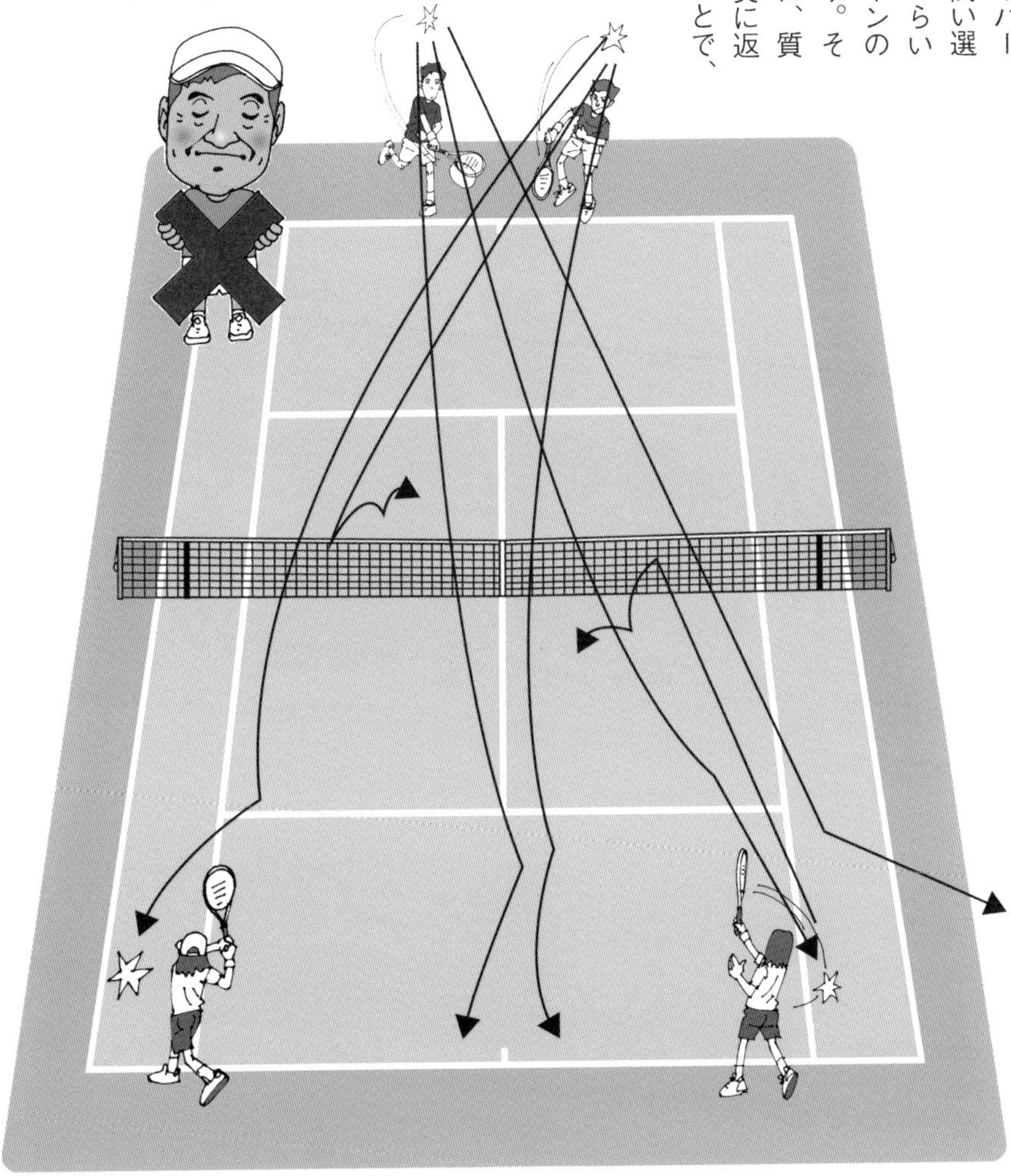

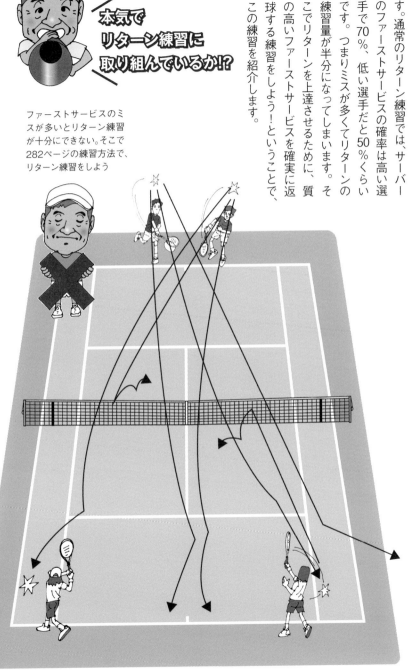

# サーバーがレシーバーに負荷をかけるほどレシーバーは強くなる!

通常のポジションから打つファーストサービスは、亜大テニス部の学生を例に挙げると、男子の最速サーバーで１８２㎞／ｈ、男子学生たちの平均で１６５㎞／ｈです。一方、女子の最速サーバーは１６５㎞／ｈで、女子学生たちのファーストサービスの平均は１３４㎞／ｈ、セカンドサービスの平均は１０９㎞／ｈです(※)。

彼らがファーストサービスの速度を上げようとすると当然ミスが出てきます。ミスをするとレシーバーがリターンを打つことができません。そこでサーバーにはサービスラインまで前進してもらい、サービスエリアに近い場所から速いサービス、２００㎞／ｈ級のサービスを確実にコントロールしてもらいます。それをレシーバーがリターンして返球の確率を上げていくというのが、私たちが行っている練習です。

この練習はサーバーが速いサービスを打つことが目的ではありません。サーバーは速いサービスを確実にコントロールしてレシーバーに負荷をかけることが役割です。そしてレシーバーは負荷がかかった状況の中で返球の確率を上げて、(練習で設定するさまざまな目標をクリアして)達成率を上げていくことが目的です。

実のところ、「試合でそこまで速いサービスはこない」と言う方がいるかもしれません。そういう方にはこんなふうに考えてほしいと思います。非常に速いサービスの返球に本気で取り組むことで、実戦ではそれ以下の速度のサービスがくるわけですから、そのときには楽に、簡単に返球できるようになると。学生たちはすでにそれを実感していて、この練習を続けています。

## 負荷とは?

サーバーはレシーバーに負荷をかけます。負荷とは、より速い(強い)、より角度がある、より回転がかかっているなどで、通常のサービスよりも強

※2017年当時の調査

度や正確性を高めることでレシーバーに負荷をかけることができます。アレンジはサーバー自身でお願いします。

## サーバーにヒント

サーバーがサービスラインからボールを打ってサービスエリアに入れるためには、ちょっとした工夫が必要です。まずラケットは少し短く持つとよいでしょう。

それから通常のサービスとサービスラインで打つサービスのボール軌道を同じにするためには、後者はボールが高く弾みすぎて速度が落ちます。その場合、スライス気味にボール軌道を少し低くすると調整できます。

サーバーの身長もボール軌道に影響しますので、サービスラインを基準に場所を調整してOKです。200㎞／h級のサービスが100%入るようにしてください。

### この練習でのサーバーの役割とレシーバーの目的

- **サーバーはサービスラインから速いサービスを打って確実に入れ、レシーバーに負荷をかける**
- **レシーバーは速いサービスに対して順応性、適応性を身につけ、リターンの確率を上げる**

写真はイメージ。サービスラインに立ってレシーバーとの距離を縮め、（レシーバーを強くする）サービスをコントロールする

# レシーバーに負荷をかける練習

## 練習方法 1

### ブロックリターンでとにかく返す

サーバーはサービスラインからフルスイングして、サービスエリアにボールを入れます。コースはあらかじめ決めておき(レシーバーも知った上で)ワイド10球、センター10球×両サイド＝40球を練習します。

レシーバーはとにかく返すことに専念してください。この段階では、どこを狙うなどはしなくていいので、クリーンヒットしてコートに返すこと。2分の1(10球中5回＝50%)以上返球することを目標にしましょう。レベルアップしたければ必ず確率を計算しながら行うことが大切です。

ちなみにミドル(ボディ)のコースは練習しません。近距離から非常に速いサービスがボディにくるとレシーバーはほとんど反応できず危ないので、まずはどこにサービスがくるか知っておいて練習します。当然時間がない中での動作ですから、よりコンパクトに、相手のスピードを利用してブロックリターンをすることを心がけます。

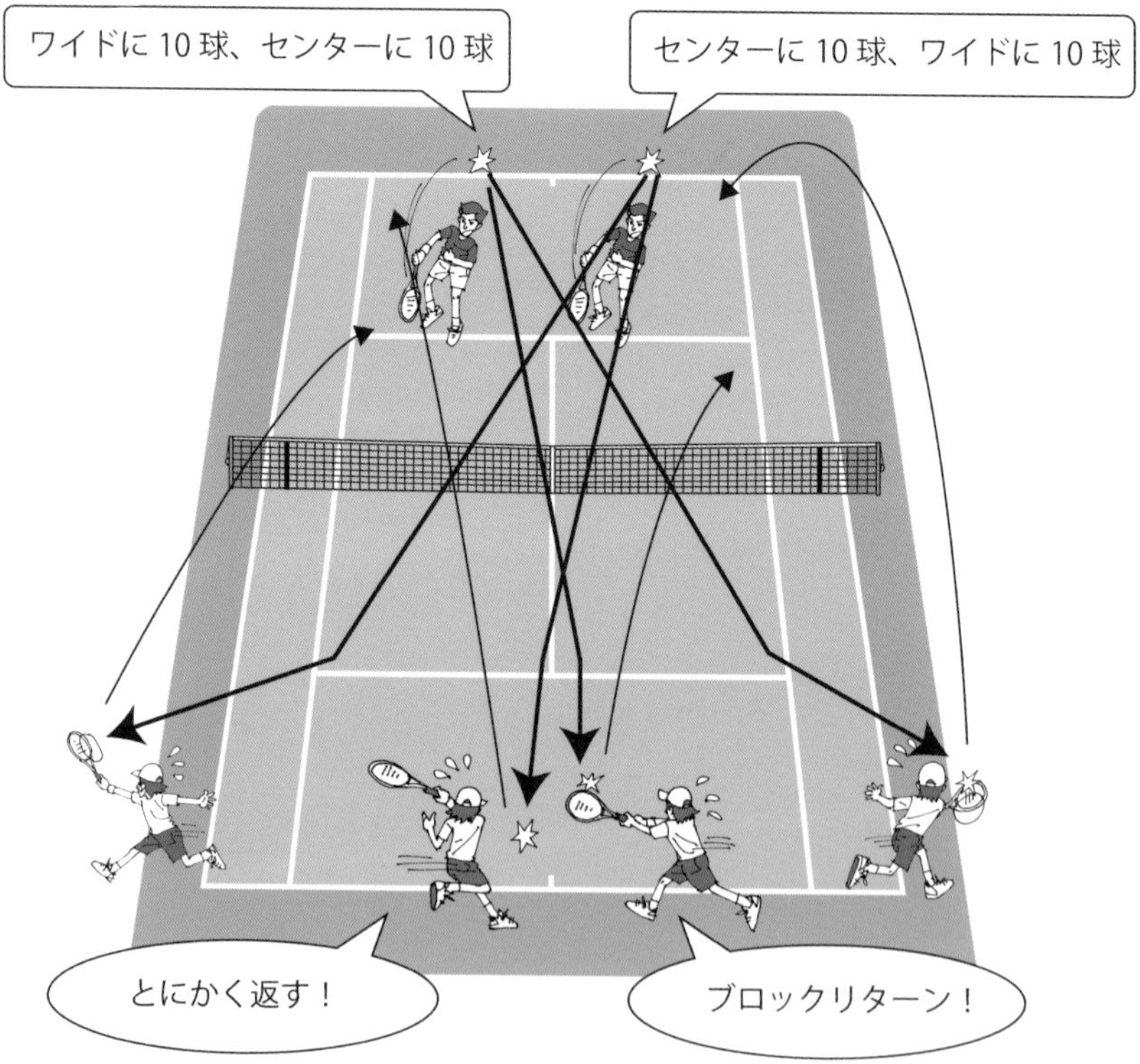

## 練習方法 2

### 50%の確率で返せなかったコースをもう一度練習する

練習方法1で4つのコースをそれぞれ確率を計算しながら練習したら、50%以上の確率で返せなかったコースをもう一度練習して、50%以上を目指します。苦手なコースをつくらず、確率を追求します。

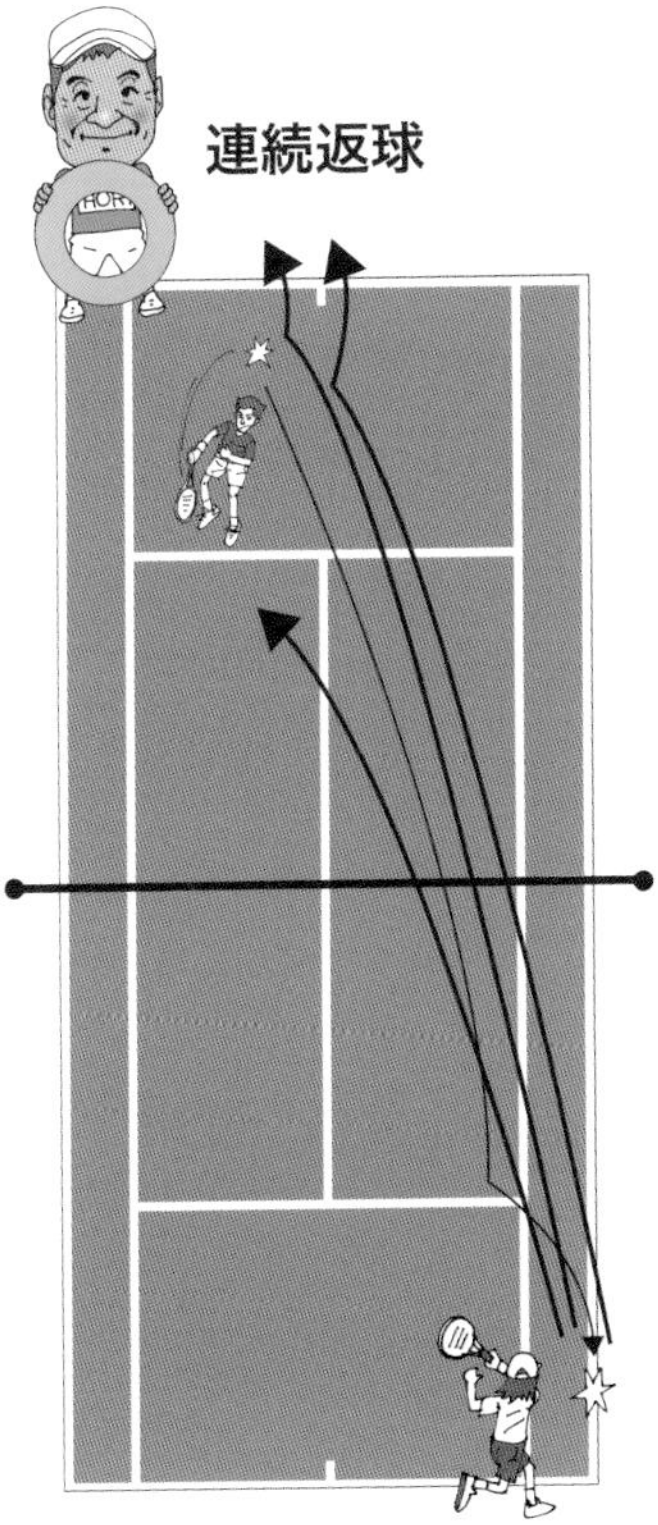


HORI

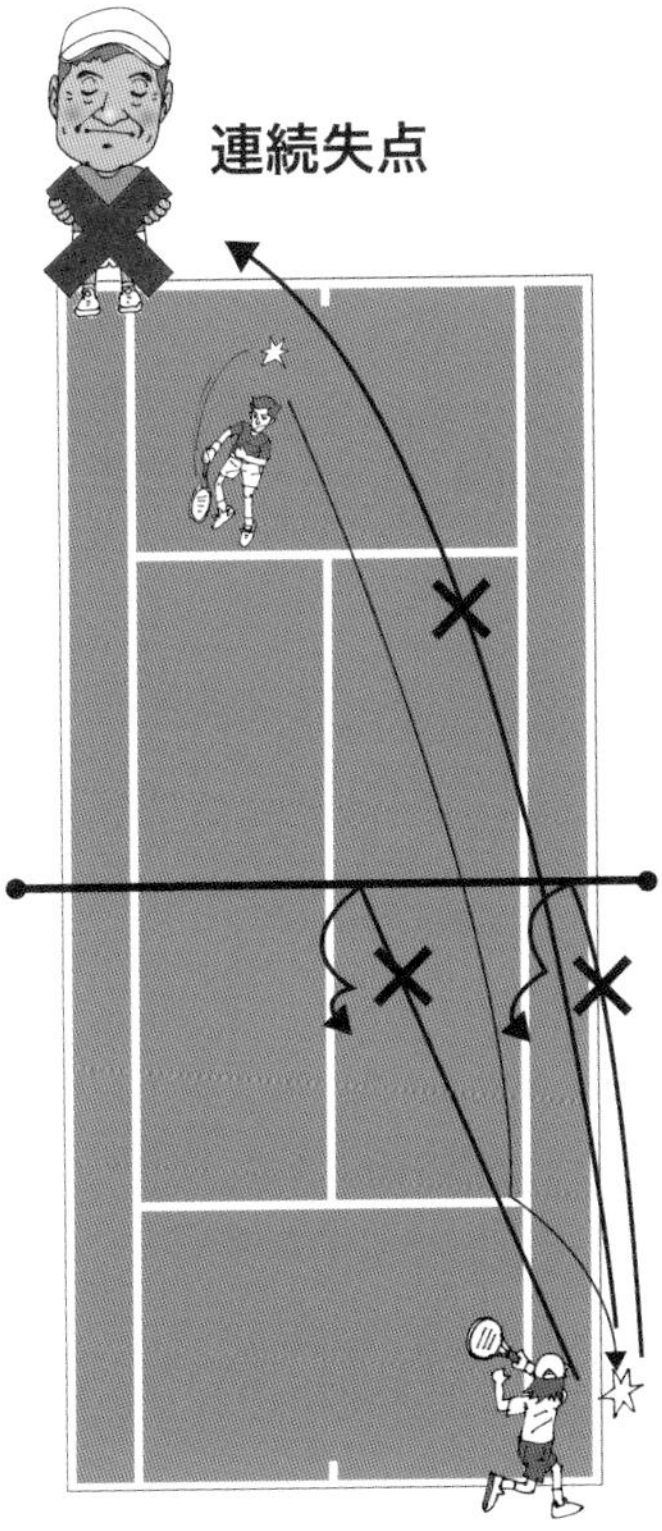


10球のうち5球以上返せないコースは
もう1回練習しよう！
HORI

## 練習方法 3

### 連続返球を目指す、そして連続失点をなくす

次は連続返球を目指します。実際の試合では連続ポイントが勝利を手繰り寄せるもの。そこで、できた、できなかったという1球ずつのジャッジではなく、繰り返しできるように追求していきます。2球連続を5セットやろうなど、繰り返すことをしながら負荷もかけていきます。そういう繰り返しが連続ポイントを増やすことにつながるのです。

一方で連続失敗は避けなければいけません。集中を高め、負の連鎖は断ち切ること。何とかして返すのです。

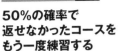

# レシーバーに負荷をかける練習

## 練習方法 4

### 返球エリアを決めて行う

練習方法3まではコート全体を使って返球の確率を高めましたが、今度は返球エリアを決めて、コート図のようにセンターバック、ミドルバックにエリアをつくって、そこに入れていきます。エリアを狙いながら5球中3球、10球中6球(すなわち60%)を入れることが目標です。クリアできるようならもっと目標の確率を上げて負荷を上げて行います。エリアを狙っていくと精度が格段に上がってきて自信となります。試合でより使いやすくなります。

**練習 4 からエリアを狙う**

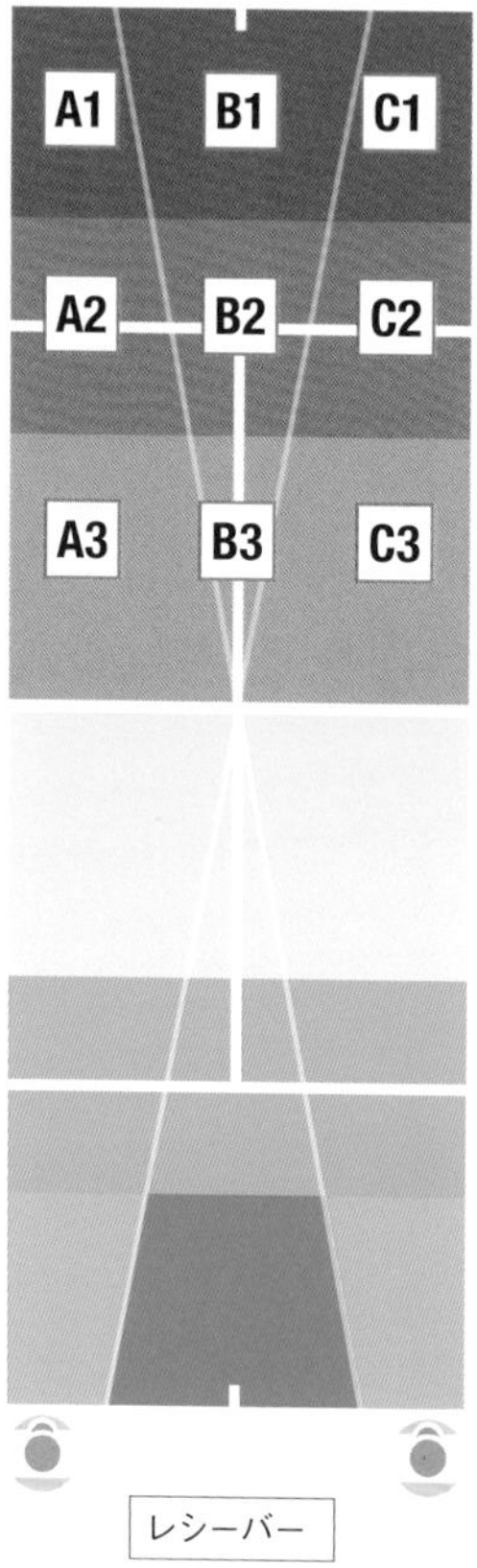


**最初は(コート全面)返球できればOK**

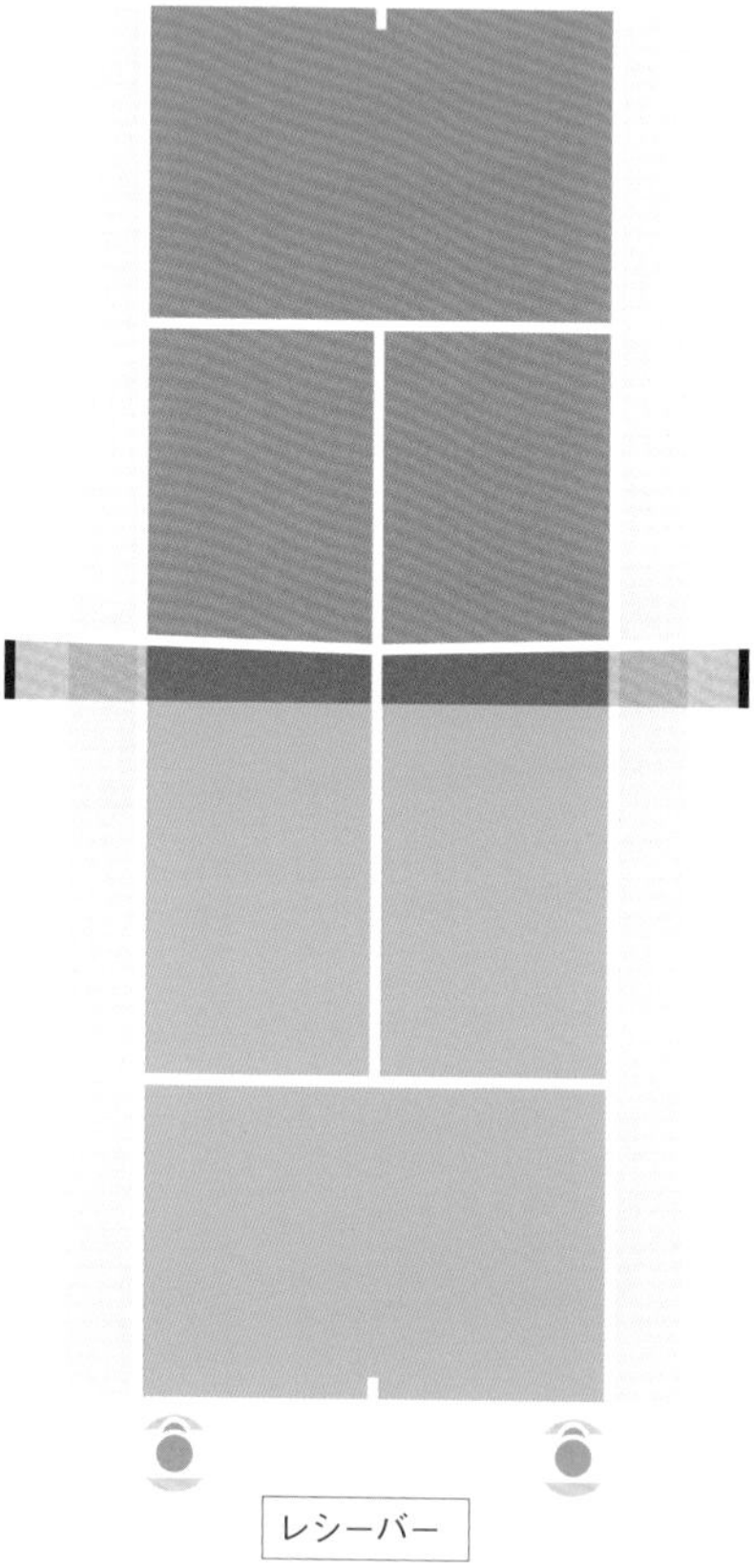

## 練習方法 5

### サーバーを変えて練習する

練習方法4までは同じサーバーにサービスを打ってもらうのがよいと思いますが、そろそろ慣れてくるので、ここでサーバーを変えて練習します。もう一度、練習方法1から4へ進みましょう。サーバーが変わると違う球質のサービスを受けられます。同じサーバーと練習を続けていくと、そのサーバーの球質にあったタイミングの取り方を自ずと学習してしまうので、さまざまな球質に対応できるようにするために、ときどきサーバーを変えながら行います。

サーバーを変えると
球質も変わる！
Da

## 練習方法 6

### サーバーに後ろに下がって打ってもらう

ここまで練習が進んだら、サーバーにベースラインまで下がってもらい、練習方法4をやってみましょう。おそらく時間があまって余裕が実感できるはずです。そうしたらそのあまった時間を使って前進してリターンを打っていきます。

実戦では、レシーバーが前進してリターンを打つと、3球目を打つサーバーは早いタイミングでボールが返ってくることから攻撃が難しくなります。つまりレシーバーはサーバーから時間と場所を奪うことができるのです。

ベースラインからファーストサービス
余裕！
楽だ！
簡単だ！

# 具体的な練習方法を学び、練習のやり方がわかった今 組み立てるのはみなさん自身です

テニス丸ごと一冊シリーズ「戦略と戦術」の4冊目、サブタイトル「あなたは必ずゲームがうまくなる！「ドリル編」」はいかがでしたでしょうか。シリーズを続けて読んでくださっている方は、いよいよ具体的な練習だ！と思っていただけたかもしれません。ドリル編という文字を見て、初めてこのシリーズの本を手に取ったという方もいるかもしれません。その方は、「○○が上手くなるドリル」「○○が強くなるドリル」など、練習対象のショットやプレー、具体的な練習方法、コート図での解説、練習回数や時間の指示があると思ったかもしれません。しかし、ページをめくればわかりますが、その想像とは違い、「読むドリル集」「創造するドリル集」になりました。

私はこれまで36年間、学生の強化に取り組んできました。それとともに、ジュニアや指導者の育成・普及・強化にも取り組んできました。いったいどれくらいの試合を観てきたことでしょう。時々ふと思い出す試合というのがあって、不思議な勝ち、悔しい負け。不思議な負けはなくて、興奮や感動をくれた試合、ヒントや課題をくれた試合は、ふとしたときに思い出します。総じてテニスのゲームは奥深く、面白いです。

私がゲームを指導するときにずっと大切にしてきたものが3つあります。1つ目は学生に対して――「個性」を大切にしたいということ。2つ目は「過程」を大切にしたいということ。そして3つ目は「主体性」です。

大学のテニス部にいると、限られた時間の中で結果を出そうと、負けられない試合、勝ちにこだわる試合にぶつかります。しかし、私は彼らに勝ち方は教えません。でも、自分で見つけ出せるように手助けはします。こうすれば勝てるとその方法はいくらでも口から出てきますが、でも、それはやりません。そんな面白くないことは

やりません。ヒントを与え、自分自身で方法を見つけることこそが大事なのです。

負けられない試合で、序盤はリードしていたのに追い上げられ、思わぬ苦戦を強いられているとき、そこで私がベンチコーチとして入っていても、勝つ方法（答え）は教えないでしょう。なぜならそれをしたら自分で考えず、いつも答えをほしがる選手が育ちます。テニスはコートに入ったら自分自身で答えを探すスポーツです。「自分で答えを見つける習慣」と「練習」が一番必要なのです。

形式的な練習はプレーヤーの想像力を奪い、創造力を生み出せません。また、習慣的に行う練習では、プレーヤーは疑問を持たなくなり、ハプニングに弱くなります。本編を3つのテーマでくくったのは、練習する際に必要な考え方の根拠と練習の精神を表現したかったからです。

テーマ❶想像力（イマジネーション）を膨らませる
テーマ❷時間と場所を乗り換える
テーマ❸精度を追求する

これらを理解した上で、あなたがオリジナルのメニューをつくっていってください。テニスは「間」と「場」のスポーツ。テニスは考えるスポーツです。そしてボールを打っている時間より、打っていない時間のほうがはるかに長いスポーツです。それを知っているあなたが自分で考えてつくり上げるメニューが、一番ためになるに違いありません。

◇　◇　◇

ベースボール・マガジン社、テニスマガジン編集部のみなさん、牧野正・前編集長、長年私の担当をしてくれた青木和子さんに心より感謝申し上げます。

月刊『テニスマガジン』で20年以上にわたりサービスや戦略と戦術の連載、特集を担当させていただきました。そのときの記事がベースとなり、こうして『テニス丸ごと一冊シリーズ』が出来上がりました。テニスマガジンの読者コミュニティであるテニマガ・テニス部では、このシリーズを教科書にして何度も部活動を担当させていただきました。ボロボロになった本を手にコートにやってくる読者のみなさんを見るにつけ、私はそのたび背中を押してもらいました。

編集部はいつも読者目線から指摘をしてくれ、私は〝搾りに絞られて〟、今回の丸ごと5冊目が完成しました。本書で解説している、要約力の必要性とまとめる力はテニスに通じるという話は、この経験からヒントをもらいました。これもテニスマガジンの「戦略と戦術」だったのかもしれませんね。次回、また『テニス丸ごと一冊シリーズ』がつくれるように、私は学生たちと、学びと発見の毎日を送り、テニスの面白さを探り続けます。

堀内昌一

協力　亜細亜大学テニス部
アシスタント　長久保大樹（亜細亜大学 女子部監督）
モデル　松田美咲、朝倉菜月、福室有那
写真　小山真司、毛受亮介、BBM、Getty Images
イラスト　サキ大地
カバーデザイン　泰司デザイン事務所
デザイン　荒牧のりえ、山﨑裕実華

Tennis Magazine extra

テニスなるほどレッスン

# テニス 丸《まる》ごと一冊《いっさつ》 戦略《せんりゃく》と戦術《せんじゅつ》 4

2023年10月27日　第1版第1刷発行

著者　堀内昌一《ほりうちしょういち》
監修　テニスマガジン
発行人　池田哲雄
発行所　株式会社ベースボール・マガジン社
〒103-8482
東京都中央区日本橋浜町2-61-9 TIE浜町ビル
電話　03-5643-3930（販売部）
03-5643-3884（出版部）
振替口座 00180-6-46620
https://www.bbm-japan.com/

印刷・製本　大日本印刷株式会社


ISBN978-4-583-11553-5 C2075